简牍学与丝路文明研究丛书
第二辑
主　编◎田　澍　刘再聪

兵动粮随

雍正朝平准战争西路军需补给研究

张连银◎著

中国社会科学出版社

图书在版编目（CIP）数据

兵动粮随：雍正朝平准战争西路军需补给研究 / 张连银著. -- 北京：中国社会科学出版社，2024. 8.（2024. 11 重印）
（简牍学与丝路文明研究丛书. 第二辑 / 田澍，刘再聪主编）.
ISBN 978－7－5227－3800－0

Ⅰ. E294. 9

中国国家版本馆 CIP 数据核字第 2024HA2597 号

出 版 人 赵剑英
责任编辑 李凯凯 李嘉荣
责任校对 郝阳洋
责任印制 李寡寡

出 版 中国社会科学出版社
社 址 北京鼓楼西大街甲 158 号
邮 编 100720
网 址 http://www. csspw. cn
发 行 部 010－84083685
门 市 部 010－84029450
经 销 新华书店及其他书店

印 刷 北京君升印刷有限公司
装 订 廊坊市广阳区广增装订厂
版 次 2024 年 8 月第 1 版
印 次 2024 年 11 月第 2 次印刷

开 本 710×1000 1/16
印 张 24
字 数 381 千字
定 价 128. 00 元

《简牍学与丝路文明研究丛书》总序

简牍是中国历史上最早的实用性书写材料，其书写制度在中国书籍发展史上产生了深远的影响。中国大规模使用简牍的时代一直延续至晋代，西北地区甚至还发现了唐代的木牍。可以说，竹木简牍是中国历史上最重要的文字载体之一，承载着华夏文明蕴含的无尽智慧。

西北简牍所承载的历史文化信息是丝绸之路文化、长城文化、敦煌文化的重要组成部分。20 世纪 70 年代以前发现的简牍，几乎全部出自西北，尤以甘肃为多。因此之故，前后出土了近 7 万枚秦汉晋简牍的甘肃，在学界享有“简牍之乡”的美誉。西北简牍是了解汉晋王朝开发河西、经略西北的最直接资料，展现了张骞“凿空”之后丝绸之路辉煌发展的历史，展现了中原与中亚、西亚等地民族之间友好交流、交往、交融的历史，展现了中国与丝绸之路沿线各国共同推进世界文明进程的历史。简牍文献资料、简牍考古资料的整理与研究，有助于阐发中华文明厚重的历史底蕴和丰富的文化内涵。

简牍学随着对丝绸之路的考察和研究的兴起而肇始。1914 年，罗振玉、王国维依据西方探险家在敦煌等地发现的简牍材料，整理出版了《流沙坠简》，被视为简牍学的开山之作。1925 年，王国维在《最近二三十年中中国新发见之学问》中提出近代学术资料的五项重大发现，其中一项就是“敦煌塞上及西域各地之汉晋木简”。可以说，中国简牍学的诞生直接得益于甘肃简牍的发现，而对甘肃简牍不断深入研究一直是国际简牍学发展的重要推动力。

西北师范大学是国内外最早开展简牍学研究的高等院校之一，具有悠久的学术传统，弦歌不辍。1939 年，考古学家黄文弼受聘为国立西北联合大学史地系教授，从教之余，着手整理新疆考察报告，完成了《罗布淖尔考古记》，其中第四篇就是《木简考释》。武威汉简出土之后，甘肃师范大学教授何士骥（乐夫）随即展开初步研究，并于1962年协助陈梦家先生完成《武威汉简》一书。改革开放以来，西北师范大学一直高度重视简牍学发展，在全国高校中率先创办简牍学研究所（1995年），同年开始编辑出版学术辑刊《简牍学研究》；最早开展简牍学方向硕士研究生（1995年）和博士研究生培养（2005年），编写出版国内第一部面向本科生的教材《简牍学教程》（2011年）。40多年来所取得的进步，学界有目共睹。

2021年底，甘肃省实施省属高校一流学科建设突破工程，简牍学作为“绝学”冷门学科名列其中，西北师范大学简牍学科发展迎来了历史上最好的机遇。在新的历史机遇面前，西北师范大学不断拓展学术空间，凝聚国内外多方面的研究力量，全面致力于以简牍学为核心的交叉学科建设。

首先，广泛开展与国内外文博系统及科研机构的合作。与甘肃省文物局签约共建简牍研究院，与甘肃简牍博物馆、甘肃省文物考古研究所、内蒙古额济纳博物馆等单位联合开展简牍文献整理与研究；与瑞典皇家科学院“斯文·赫定基金会”、雅典大学等单位联合开展海外藏简牍资料整理研究与人才培养；与清华大学、武汉大学、复旦大学、东北师范大学及香港大学冯平山图书馆等科研院所开展高水平学术交流合作。目前，各类合作项目稳步推进，已经取得了良好效果。

其次，坚持基础研究，注重交叉发展，提升文化服务能力。从“简牍文化资源”的角度定位“简牍学”的学术覆盖范围，凝练出简牍语言文字研究、西北简牍文献研究、简牍与丝绸之路文明研究、简牍文化资源保护利用研究四个方向。坚持以传统的文字、文献研究为核心，注重简牍与语言文字研究、简牍与秦汉史研究、简牍与丝绸之路史研究、简牍与书法艺术研究。着眼于以“数字简牍”网站为重点的学术资源数据库整合和网络平台建设，主动服务于全国简牍学科建设与发展。并引领以信息技术为支撑的简牍文化推广活动，主动服务地方文旅事业发展。

最后，着力于简牍文本整理，注重内涵式发展，及时推出高水平科研成果。开展简牍研究，最基础的工作就是对简牍内容的整理。西北简牍所系残章断句，文本不完整、内容缺少系统性。为适应简牍学学科内涵式发展的需求，在开展悬泉汉简、肩水金关汉简等整理研究的基础上，西北师范大学简牍研究院正在组织实施西北简牍再整理、二十世纪简牍考古资料汇编等系列工作。目前，已经编辑出版了《简牍学与丝路文明研究丛书》第一辑。本次编辑出版《简牍学与丝路文明研究丛书》第二辑，将更进一步发挥简牍“新史料催生新问题”的学术功能，开拓丝绸之路文明史研究的新领域。

田澍　刘再聪

2024 年 2 月 23 日

目　录

绪　论

第一节　问题的缘起及相关学术史回顾

一　问题的缘起

历史、地理、文化等条件是经济发展不可或缺的因素，复杂的历史传统和社会环境与经济发展的成效紧密相关。长期以来，中国西北地区社会经济发展一直处于相对落后的状态。西北地区的落后固然与气候、环境等自然条件有直接的关系，但复杂的历史传统和社会环境也是制约经济发展的重要因素。汉、唐以降，西北地区的社会经济发展一直与中原王朝经略西北息息相关。明清两代为维护西北边疆安全、社会稳定，将大量人力、军费投入西北边疆，这对西北边疆社会经济的发展影响深远。日本学者香坂昌纪曾言："明清以来由于政治的、军事的原因投入了大量的军事费用对甘肃、陕西、山西周边地区的发展，无疑是最大的一个契机。"① 有清一代，为维护国家统一、边疆安稳，清王朝在西北大量驻军，平定祸乱，稳定局势，西北的战事持续不断，尤其是清王朝对准噶尔的战争从康熙朝中叶开始，历经雍正朝，到乾隆朝二十二年（1757）才彻底结束，持续将近70年。据魏源记载，康熙、雍正两朝平定准噶尔的战争，"先后军饷七千余万"②。雍正朝平准战争历时6年，清王朝所调动的兵力最多时达到10万之众，人力、物力、财力消耗颇巨。此次战争的军费总额，根据乾隆二十一年十一月十四日军机大臣的奏折：

① ［日］香坂昌纪：《清朝前期对准噶尔作战的经济效果》，《史学集刊》2000年第4期。

② （清）魏源：《圣武记》卷3，《雍正两征厄鲁特记》，《近代中国史料丛刊三编》，第11辑，台北：文海出版社1989年版，第280页。

查雍正年间，西路军需用过银三千五百三十万三千两零，北路军需用过银一千九百九万一千两两零，西、北两路总共用过银五千四百三十九万四千两零。此次平定准噶尔，西路用过银九百一十一万九千八百两零，北路用过银八百六十五八千六十两零，总共西北两路陆续用过银一千七百七十七万七千九百两零，比较雍正年间，计少用银三千六百六十二万七千两零。①

雍正年间平准战争用银为5400余万两。乾隆皇帝比较雍正、乾隆两朝平准战争费用时曾谈道："至用兵之费，雍正年间，西北两路，费至五六千万。"②《圣武记》称："雍正间渐积至六千余万，自西北两路用兵，动支大半。"③ 香坂昌纪估计，整个平准战争期间约有超过1亿两白银的军费被消耗在西北边疆④。平准战争中巨额的财政消耗必然对清王朝及西北的社会经济产生影响。20世纪90年代以来，国外学者注意到了这场战争对清代中国西部社会经济的影响。

不仅国外学者看到了平准战争对西北边疆社会经济的影响，其实，在战争进程中，清朝最高统治者也十分关注战争对清代西北边疆社会的影响。清朝的官员也耳闻目睹了平准战争对西北社会经济以及民众社会生活的影响。雍正十年（1732）正月，钦差署内务府总管郑禅宝亲历陕甘后，清晰描述了平准战争对河西走廊社会经济的影响，郑禅宝奏道：

查陕省所办军需约十之二三，甘省则十之七八，而河西之凉甘肃尤为各项军需之总汇，但平番至肃州一带居民办运军需经历年久，

① 转引自庄吉发《清高宗十全武功研究》，"台北故宫博物院"1982年版，第494页。

②《清高宗实录》卷527，乾隆二十一年十一月庚戌，中华书局1985年影印本，第15册，第634页。

③（清）魏源：《圣武记》卷11《兵制兵饷》，《近代中国史料丛刊三编》，第11辑，台北：文海出版社1989年版，第892页。

④ 香坂昌纪认为，"从康熙中期到乾隆二十年前后这么长的期间内，若干仅按雍正年间就使用了五六千万两的数目来推算的话，其总数恐怕达到了亿两。""从康熙中期到乾隆二十年前后，清政府与准噶尔势力之间曾经发生了多次大规模的战争。为了彻底解决准噶尔问题，其间清朝政府投入了大量的军费，其总数恐怕达亿两。"见［日］香坂昌纪《清朝前期对准噶尔作战的经济效果》，《史学集刊》2000年第4期。

更属谙练，率多获利，如向之赤贫者今以温饱矣，向之温饱者今已充裕而殷实矣。凡有田产畜养车骡之家办运军需固胜伊等之贸易，即无业之民人亦赖办运军需赡养家口，实无一夫不得其所。①

当年二月，陕西巡抚史贻直亦奏道：

陕省人民连年承办军需，凡有存长薄技皆得自食其力，藉以谋生，向之贫窘无依者，今竟至充裕殷实矣。②

两名官员的言论并非夸大之词。在平准战争期间，每年支出军费动辄几百万两，甚至上千万两，巨额军费除了支发兵饷，还包括为了远征而必须配备的粮食、牲畜、车辆等军需物资的购置。平准战争期间，粮食、肉类军需无论是仓储供应还是由市场采购，或移民屯田生产，都由临近战区的周边省份供应，边陲地区的农牧业、商业、运输业都被纳入了战时保障体系为战争服务，军需粮食的筹集不仅提高了西北边陲粮食市场的整合程度，间接刺激了农牧业生产的积极性，推动了边陲地区的农牧业、商业、运输业的发展。在战争期间人力需求巨大，陕甘民众不仅豢养牲畜，还参与军需运输工具和军服等军需物品的生产，还有一部分民众被雇佣成为军需运送的组织者、承担者，直接参与战争的后勤保障。民众从平准战争军需补给中获益。在战争期间，为了保障军需，缓解因战争、灾荒给陕甘人民造成的困顿，清王朝不断蠲免陕甘两省的赋役、抚恤补给区受灾的民众。

平准战争给边疆地区的社会经济带来了活力，宁夏平原、河西走廊、湟水流域以及新疆东部也得到了开发。战争前后大量屯田，西北的农牧交错带不断向西移动，改变了西北的社会经济结构，加速了边疆内地化的进程。在军需的生产、筹措、运输过程中，作为军饷的货币有相当一

① 中国第一历史档案馆编：《雍正朝汉文朱批奏折汇编》，雍正十年正月十八日，钦差署内务府总管郑宝禅奏报办理甘省宣谕化导事务及士民感戴踊跃急公情形折，江苏古籍出版社1989年影印本，第21册，第195件，第241页。

② 中国第一历史档案馆编：《雍正朝汉文朱批奏折汇编》，雍正十年二月初三日，钦差兵部尚书史贻直等奏报陕甘二省宣谕化导已竣及随办官员俱各敬谨办理折，江苏古籍出版社1989年影印本，第21册，第659件，第794—795页。

部分又通过购买内地生产的商品、服务，回流到了内地，强化了西北边陲社会与内地的经济联系。

雍正七年（1729），经过与准噶尔长时间的对峙，清王朝与准噶尔和谈破裂，清王朝从西路、北路对准噶尔用兵。本书以雍正朝平准战争西路清军的军需补给为研究内容，在梳理西路清军军需补给过程的基础上，考察清王朝平准战争与西北社会经济发展间的内在联系。从雍正朝清军劳师远征既可以窥见前现代社会军需补给的艰难、战争进程的漫长，体会到后勤补给在战争中的重要性，又可以从战争的补给过程中感受到"康雍乾"盛世时期清王朝的强大，战争动员的周密。正是有了康熙朝、雍正朝两次平准战争的经验积累，乾隆二十二年（1757），清军乘准噶尔内部动荡之际，清军西、北两路进军一举荡平准噶尔，维护了多民族国家的统一，西北边疆的稳定。

二 相关学术史回顾

清代平准战争属于厄鲁特蒙古史、满蒙关系史、清史研究的范畴。马大正、达力扎布、阿拉腾奥奇尔等学者曾在与蒙古史相关的研究学术综述中不同程度论及平准战争的相关研究状况。[①] 在前辈学者对平准战争研究的基础上，本书对平准战争的研究现状作一简述。

（一）关于平准战争的研究

平准战争的研究肇始于民国时期。早在20世纪初，杨敏曾《青海罗卜藏丹津战地考》就涉及平准战争。[②] 20世纪30年代，萧一山、曾问吾等人的论著对平准战争都有简述。[③] 中华人民共和国成立后，准噶尔史研究一度遭到冷遇。20世纪70年代末，随着清史、厄鲁特蒙古史研究的复苏和发展，作为清史、准噶尔史重要内容的平准战争研究受到重视。自

① 相关综述参见马大正《厄鲁特蒙古史研究综述》，《中国史研究动态》1984年第8期；马汝珩《1977—1989年卫拉特蒙古史研究》，《卫拉特史论文集》，《内蒙古师大学报》1990年第3期专号；达力扎布《近十年国内蒙古史研究的回顾与展望》，《中央民族大学学报》（哲学社会科学版）2019年第6期；阿拉腾奥奇尔《卫拉特蒙古史研究述评（1949—2019）》，《中国边疆史地研究》2020年第4期。

② 杨敏曾：《青海罗卜藏丹津战地考》，《地学杂志》1914年第3期。

③ 萧一山：《清代通史》，商务印书馆2019年版，第671—673页；曾问吾：《中国经营西域史》，商务印书馆1936年版，第246—251页。

20 世纪 90 年代至今，随着大量文献资料的整理、翻译、出版以及我国蒙古史、清史、满蒙关系史研究的逐步深入，平准战争的研究也步入了新阶段，研究成果丰硕。平准战争研究既有宏观的论述，又有详细的考证。宏观的论述主要是关于平准战争的整体论述，国内外众多专著从军事史、民族史、区域史的视角论及平准战争。军事通史著作主要关注战争进程，代表性的成果有高锐主编的《中国军事史略》、军事科学院主编的《中国军事通史》、尹伟先主编的《西北通史》、武国卿和慕中岳所著的《中国战争史》。[①] 杨建新、马曼丽、张羽新、杨学琿、戴逸、成崇德等学者所编著的民族史著作将平准战争纳入清政府与准噶尔关系演变的范畴。[②] 此外，伊·亚·兹拉特金、卢明辉、马大正、蔡家艺、白翠琴、乌云毕力格、翁独健等人的专著涉及准清关系时都会对平准战争进行概述[③]。随着平准战争研究的进一步深化，研究平准战争的视角愈加多元，从准噶尔上层统治者论述平准战争则是许多国内外学者采用的视角。[④] 李秀梅则从清王朝高层决策角度分析了康、雍、乾三朝对准噶尔的军事战略。[⑤] 张羽新、赵艳

① 高锐主编：《中国军事史略》，军事科学出版社 1992 年版；军事科学院主编：《中国军事通史》，军事科学出版社 1998 年版；尹伟先主编：《西北通史》，兰州大学出版社 2005 年版；武国卿、慕中岳：《中国战争史》，人民出版社 2017 年版。

② 杨建新、马曼丽主编：《西北民族关系史》，民族出版社 1990 年版；张羽新：《清代前期西部边政史论》，黑龙江教育出版社 1995 年版；杨学琛：《清代民族史》，四川民族出版社 1996 年版；戴逸主编，成崇德著：《18 世纪的中国与世界·边疆民族卷》，辽海出版社 1999 年版；杨建新主编：《中国西北少数民族通史·清代卷》，民族出版社 2009 年版。

③ ［苏］伊·亚·兹拉特金著：《准噶尔汗国史》，马曼丽译，商务印书馆 1980 年版；《准噶尔史略》编写组：《准噶尔史略》，人民出版社 1985 年版；中国社会科学院民族研究所民族历史研究室主编：《卫拉特蒙古史入门》，青海人民出版社 1989 年版；卢明辉：《清代蒙古史》，天津古籍出版社 1990 年版；白翠琴：《瓦剌史》，吉林教育出版社 1991 年版；内蒙古社科院历史所：《蒙古民族通史》，民族出版社 1991 年版；翁独健主编：《中国民族关系史纲要》，中国社会科学出版社 2001 年版；乌云毕力格：《蒙古民族通史》（第四卷），内蒙古学出版社 2002 年版；乌云毕力格、白拉都格其主编：《蒙古史纲要》，内蒙古人民出版社 2006 年版；马大正、成崇德主编，乌云毕力格、阿拉腾奥其尔等副主编：《卫拉特史纲》，新疆人民出版社 2006 年版；郝维民、齐木德道尔吉主编：《内蒙古通史纲要》，人民出版社 2006 年版；丹碧格·李杰编著：《卫拉特蒙古简史》，新疆人民出版社 2008 年版。

④ 白翠琴、杜荣坤：《关于民族分裂主义分子阿睦尔撒纳》，《文史哲》1979 年第 4 期；［俄］A. M. 波兹德涅耶夫：《噶尔丹与策妄阿拉布坦》，李佩娟译，《蒙古学信息》1987 年第 1 期；马汝珩：《论阿睦尔撒纳的反动一生》，《新疆大学学报》（哲学社会科学版）1979 年第 1 期；杜江：《从普宁寺的修建略述达瓦齐与阿睦尔撒纳》，《新疆大学学报》（哲学社会科学版）1982 年第 2 期；巴赫：《论噶尔丹汗》，《新疆师范大学学报》（哲学社会科学版）1988 年第 4 期。

⑤ 李秀梅：《清朝统一准噶尔史实研究——以高层决策为中心》，民族出版社 2007 年版。

玲亦论述乾隆皇帝在平准战争中的决策。[①] 关于乾隆朝的平准战争，除对战争进程的叙述，庄吉发、周轩、杨秉新、袁森坡、吴学轩、纳森巴雅尔等学者的研究主要围绕班第、阿睦尔撒纳叛乱，阿睦尔撒纳与班第的关系、班第平定准噶尔的功绩，班第之死等问题展开。[②]

关于准噶尔入侵西藏及清军平准援藏战争，王钟翰依据《抚远大将军奏议》论述了清军入藏打败准军的基本史实，为后人研究提供了线索和方法。[③] 王辅仁、陈庆英、高淑芬等学者从西藏地方史的视角论述平准援藏战争。[④] 李绍明、成昌文、朵喀·才仁旺杰、陈金钟、石滨裕美子、罗丽达、赵天、刚索南草、柳升祺、邓锐龄、齐光从不同的视角论述了准噶尔入侵西藏及清军入藏驱逐准噶尔这一历史事件。[⑤]

---

① 张羽新：《乾隆对彻底平定准噶尔的指导作用》，《新疆社会科学》1984 年第 1 期；赵艳玲、于多珠：《乾隆帝用兵统一准噶尔蒙古的决策刍议——以乾隆帝在热河的活动为例》，《河北民族师范学院学报》2015 年第 4 期。

② 庄吉发：《清高宗十全武功研究》，“台北故宫博物院”1982 年版；杨鸿英：《乾隆朝两次平定准噶尔始末》，《故宫博物院院刊》1988 年第 4 期；周轩：《论乾隆皇帝在平准战争中的用人之误》，《伊犁师范学院学报》（社会科学版）2007 年第 1 期；杨秉新：《班第、鄂容安殉难地考》，《西域研究》2009 年第 3 期；袁森坡：《乾隆帝进军西北失误续议》，《中国边疆史地研究》1992 年第 2 期；周轩：《乾隆皇帝御制诗文研究》，《伊犁师范学院学报》（社会科学版）2013 年第 2 期；吴学轩：《班第在平定准噶尔战争中的武功述略》，《和田师范专科学校学报》2016 年第 5 期；纳森巴雅尔：《伊犁格登山纪功碑相关史实考辨——以清代满文档案资料为线索》，《满族研究》2018 年第 4 期。

③ 王钟翰：《胤祯西征纪实》，《燕京学报》1950 年第 48 期。

④ 王辅仁、陈庆英编著：《蒙藏民族关系史略：十三至十九世纪中叶》，中国社会科学出版社 1985 年版；陈庆英、高淑芬主编：《西藏通史》，中州古籍出版社 2003 年版。

⑤ 李绍明：《清初平定准部扰藏和抵御沙俄侵略的斗争》，《西南民族学院学报》（哲学社会科学版）1979 年第 1 期；成昌文：《清代前期“平准保藏”挫败沙俄染指西藏的斗争》，《西藏民族学院学报》1980 年第 2 期；朵喀·才仁旺杰著，李凤珍译：《策妄阿拉布坦侵扰西藏——译自〈颇罗鼐传〉》，《西藏民族学院学报》1982 年第 1 期；刘如仲：《〈抚远大将军西征图卷〉考释》，《西藏研究》1984 年第 1 期；陈金钟：《阿尔布巴阐述平定准噶尔之战》，《中国藏学》1989 年第 4 期；［日］石滨裕美子、伊力娜：《清代抚远大将军奏折、奏议评介》，《蒙古学信息》1990 年第 3 期；罗丽达：《一七一七年准噶尔侵扰西藏及清政府平定西藏的斗争》，《西与研究》1996 年第 2 期；赵天：《策妄阿拉布坦侵扰西藏的原因》，《西域研究》1996 年第 2 期；柳升祺：《十八世纪初清政府平定西藏准噶尔之乱始末》，《民族研究》1998 年第 1 期；邓锐龄：《1720 年清军进入西藏的经过》，《民族研究》2000 年第 1 期；刚索南草：《18 世纪前期准噶尔蒙古侵扰西藏研究》，硕士学位论文，中央民族大学，2013 年；齐光：《清朝的准噶尔情报收取与西藏王公颇罗鼐家族》，《中国边疆民族研究》第 10 辑，中央民族大学出版社 2017 年，第 88—109 页；齐光：《拉达克与 18 世纪前半期的清朝、准噶尔在西藏的角逐》，《历史地理》第 30 辑，上海人民出版社 2014 年版，第 206—214 页。

详细的考证主要是关于平准战争具体战役，如乌兰布通之战、昭莫多之战、平准援藏战争、乌尔会河之战等战役的考证。战前的决策、战争的原因、战役的胜败、战役的影响等都受到学者关注。袁森坡、邢玉林、洪用斌、张羽新、黑龙都对乌兰布通之战的进程、结局进行了细致研究。[①] 近年来，对域外文献的利用成为平准战争研究的新动向，唐博利用法国耶稣会士李明的个人书信集《中国近事报道》中有关乌兰布通之战的论述考释乌兰布通之战。[②] 华立利用在日本流传的“唐船风说书”中的有关记载分析得出经济因素是噶尔丹进犯漠南的主因。[③]

关于昭莫多之战，洪用斌、袁森坡、王勇、王思治、黑龙等学者分析了昭莫多之战的经过与影响、康熙帝的决策对昭莫多之战胜利的影响等。[④] 康熙帝先后三次对噶尔丹用兵，关于康熙帝“亲征”噶尔丹的时间问题，学界观点不一。其中，康熙二十九年（1690），康熙是否亲征成为争论的焦点。马汝珩认为，康熙二十九年“康熙举行第一次亲征”；1696年，第二次亲征；1697年，第三次亲征。[⑤] 孟昭信、杨珍、黑龙、刘锦增等均认为，康熙二十九年，康熙帝并未“亲征”噶尔丹，康熙帝第一次“亲征”噶尔丹的时间为康熙三十五年（1696）。[⑥] 学界关于康熙帝第二次

---

① 袁森坡：《乌兰布通考》，《历史研究》1978年第8期；《乌兰布通之战考察》，《历史研究》1983年第4期；洪用斌：《试论乌兰布通战争的结局》，《内蒙古社会科学》1984年第6期；邢玉林：《乌兰布通之战》，《民族研究》1986年第4期；张羽新：《乌兰布通之战的胜败问题》，《历史研究》1986年第5期；王思治：《康熙帝对乌兰布通之战的检讨与多伦会盟》，《清史研究》1989年第3期；黑龙：《乌兰布通之战再考》，《中央民族大学学报》（哲学社会科学版）2006年第4期。

② 唐博：《乌兰布通之战考释——关于〈中国近事报道〉的讨论》，《兰州学刊》2008年第9期。

③ 华立：《从日本的“唐船风说书”看康熙二十九年的乌兰布通之战》，《中国边疆史地研究》2010年第3期。

④ 洪用斌：《昭莫多之战》，《内蒙古社会科学》1980年第2期；袁森坡：《康熙与昭莫多之战》，《故宫博物院院刊》1980年第1期；王勇：《费扬古和昭莫多战》，《吉林师院学报》1983年第1期；王思治：《康熙的决策与昭莫多之战》，《史学月刊》1991年第1期；黑龙：《康熙帝首次亲征噶尔丹与昭莫多之战》，《满语研究》2009年第2期。

⑤ 马汝珩：《康熙三征噶尔丹》，《文史知识》1983年第10期。

⑥ 齐木德道尔吉：《康熙之路——纪康熙皇帝首次亲征噶尔丹》，《蒙古史研究》第6辑，内蒙古大学出版社2006年版，第197—199页；孟昭信：《康熙帝亲征噶尔丹的时间问题》，《清史研究通讯》1988年第3期；齐木德道尔吉：《昭莫多之战以后的噶尔丹》，《内蒙古大学学报》（哲学社会科学版）1994年第1期；黑龙：《康熙帝首次亲征噶尔丹与昭莫多之战》，《满语研究》2009年第2期；杨珍：《康熙二十九年“亲往视师”再析》，《清史研究》2013年第3期；刘锦增：《平定准噶尔战争中的军粮供应问题研究》，博士学位论文，陕西师范大学，2018年。

“亲征”噶尔丹的时间，存在着康熙三十四年、康熙三十五年两种观点。范沛潍、刘锦增认为康熙第二次“亲征”噶尔丹的时间为康熙三十五年。[①]

齐木德道尔吉从细微之处入手，利用康熙皇帝的亲笔信件，参考官方史料，论述康熙皇帝亲征的过程，考察和分析其第一次亲征噶尔丹途中的言行和心理状态。[②] 王东平依据一份清代档案并结合《平定准噶尔方略》等文献，对平准战争中被俘并转卖到库车的两名清军战俘的人生际遇进行了评析，以此剖析战争与个体的关系。[③]

关于平准战争的评价及其影响的研究，史棣祖、郭蕴华、齐吉祥、朱诚如、任伟、齐清顺、李秀梅从统一西北边疆的高度论述平准战争。[④] 汤代佳、香坂昌纪、吕强等学者则关注了平准战争对西北地区经济发展的影响。[⑤] 吐娜、裴杰生、项勇则分别论述了清朝征服准噶尔汗国这一历史事件对察哈尔蒙古、土尔扈特部、喀尔喀蒙古的影响。[⑥]

（二）关于平准战争军需问题的研究。

军需补给中最重要的三个因素：军需来源、军队驻扎区域、军需运

---

① 范沛潍：《康熙第二次亲征噶尔丹的时间》，《史学月刊》1982 年第 4 期；刘锦增：《平定准噶尔战争中的军粮供应问题研究》，博士学位论文，陕西师范大学，2018 年。

② 齐木德道尔吉：《1696—1697 年间康熙皇帝同皇太子胤礽之间的谕奏往来——兼评第一次准噶尔战争》，《满族研究》1995 年第 3 期；齐本德道尔吉：《康熙之路——纪康熙皇帝首次亲征噶尔丹》，《蒙古史研究》第 6 辑，内蒙古大学出版社 2006 年版，第 197—199 页。

③ 王东平：《战争的角落：平定准噶尔战争中两个清军战俘的人生际遇》，《中国边疆史地研究》2010 年第 6 期。

④ 史棣祖：《清朝平定准噶尔部贵族的叛乱及其意义——从新疆昭苏县格登山石碑谈起》，《文物》1976 年第 12 期；郭蕴华：《清政府统一新疆的历史意义》，《新疆史学》1979 年创刊号；齐吉祥：《清朝平定准噶尔贵族的叛乱》，《历史教学》1982 年第 1 期；朱诚如：《清代康雍乾三朝对准噶尔部战争述评》，《辽宁师范大学学报》（社会科学版）1986 年第 2 期；任伟：《读〈平定准噶尔告成太学碑〉》，《中原文物》1993 年第 3 期；齐清顺：《清朝“平准”战争战略方针的转变及其影响》，《西域研究》1998 年第 1 期；史棣祖：《清朝平定准噶尔部贵族的叛乱及其意义——从新疆昭苏县格登山石碑谈起》，《内蒙古社会科学》1998 年第 6 期；齐清顺：《18 世纪前半期清朝与准噶尔对吐鲁番地区的争夺》，《西域研究》2005 年第 1 期。

⑤ 汤代佳：《试论甘肃在平准之战中的地位》，《甘肃社会科学》2000 年第 4 期；［日］香坂昌纪著，李小林译：《清朝前期对准噶尔作战的经济效果》，《史学集刊》2000 年第 4 期；吕强：《康乾平叛战争与肃州城镇经济的发展》，《兰州学刊》2009 年第 1 期。

⑥ 吐娜：《清朝出兵准噶尔中的察哈尔蒙古》，《内蒙古社会科学》1998 年第 6 期；裴杰生：《准噶尔部的平定与土尔扈特部回归祖国原因探析》，《伊犁师范学院学报》（社会科学版）2007 年第 2 期；项勇：《略论准喀之战与喀尔喀附清》，《新疆大学学报》（哲学·人文社会科学版）2008 年第 2 期。

送。军需补给的研究都归结到这三个核心问题上。关于军需的来源，赖福顺的《乾隆重要战争之军需研究》对乾隆年间两次对准战争的所耗军需物资进行了简单统计。① 军需是军费开支的重要组成部分，陈锋所著《清代军费研究》分析了平准战争中的军费开支问题。② 张连银的博士学位论文《雍正朝西路军需补给研究——以粮食、牲畜为中心》探讨了雍正朝平准战争中西路军需补给中粮食、牲畜的补给过程。③ 张建斌《康熙朝平准援藏战争中军粮保障问题研究》论述了平准援藏战争中的军粮筹集方式，军粮的运输方式及供给情况等问题。④ 其后，刘锦增的博士学位论文则对整个平准战争的军需补给作了论述。⑤ 此外，在一些专门的军事后勤史著作中，如陈高华、钱海皓总主编的《中国军事制度史》、廖德清主编的《中国古代军事后勤史资料汇编》等对平准战争中的军需供应问题也多有论及。⑥

屯田是平准战争重要的军需来源，关于清代西北屯田的研究，首推王希隆先生，其所著《清代西北屯田研究》《平准战争中的转输与屯田》对清代西路、北路的兵屯、回屯、犯屯等各类屯田作了全面的研究，⑦ 成为学者研究清代西北屯田的指南。方英楷先生的《新疆屯垦史》，详细论述了这一时期的新疆屯田。⑧ 张连银、刘壮壮，崔永红、黄建华、刘锦增、苏奎俊等多视角考察了清代河西走廊、新疆的屯田。⑨

---

① 赖福顺：《乾隆重要战争之军需研究》，"台北故宫博物院" 1984 年版。

② 陈锋：《清代军费研究（第二版）》，武汉大学出版社 2013 年版。

③ 张连银：《雍正朝西路军需补给研究——以粮食、牲畜为中心》，博士学位论文，厦门大学，2007 年。

④ 张建斌：《康熙朝平准援藏战争中军粮保障问题研究》，硕士学位论文，中国人民大学，2008 年。

⑤ 刘锦增：《平定准噶尔战争中的军粮供应问题研究》，博士学位论文，陕西师范大学，2018 年。

⑥ 陈高华、钱海皓总主编：《中国军事制度史》，大象出版社 1997 年版；廖德清主编：《中国古代军事后勤史资料汇编》，金盾出版社 1996 年版。

⑦ 王希隆：《清代西北屯田研究》，新疆人民出版社 2012 年版；《平准战争中的转输与屯田》，《西北民族大学学报》（哲学社会科学版）1996 年第 2 期。

⑧ 方英楷：《新疆屯垦史》，新疆青少年出版社 1989 年版。

⑨ 崔永红：《清代雍、乾时期河西屯田的述论》，《中国社会经济史研究》1990 年第 1 期；黄建华：《清代前期吐鲁番盆地的兵屯》，《吐鲁番文史资料》1991 年第 6 辑；苏奎俊：《清代巴里坤屯田论述》，《新疆社科论坛》2010 年第 1 期；张连银：《西路军需补给与西北屯田——以 1729—1735 年为考察时段》，《青海社会科学》2011 年第 1 期；刘壮壮：《绩效 · 技术选择 · 政策演变：清统一前新疆屯垦（1644—1759）》，《农业考古》2016 年第 6 期；刘锦增：《清代吐鲁番的屯田及其影响》，《新疆大学学报》（哲学 · 人文社会科学版）2017 年第 1 期。

关于平准战争军需的运输，齐吉祥、王宏钧在其论著中通过文物图册与史料互补，对平准战争军需补给有所论述。① 戴良佐则高度肯定了平准战争中骆驼西征军粮饷物资后勤供给上所起的重要作用。② 驿站、台站是平准战争军需补给研究的重要内容。金峰详细分析和考证了清代前期内蒙古五路驿站、新疆西路台站等建设状况及总里程。③ 左书谔《平准战争与康熙的后勤供应》对平准战争中的后勤供应问题做了简述。④ 刘文鹏《清代驿传及其与疆域形成关系之研究》分析了清代前期新疆、内蒙古沿线的驿站。⑤ 张连银、李运超认为台站递运是军需补给的方式之一。西路粮运台站的设置具有临时性和不确定性，粮运台站对其他运输机构的依赖性较强。⑥

近百年以来，国内外学界对平准战争的研究呈现以下特征：

第一，随着国内外对准噶尔史的研究逐渐深入，准噶尔史的研究逐渐转向对平准战争的研究，再转向对平准战争军需补给的研究，军需补给研究逐渐走向深入。

第二，新资料的运用。大量满文、藏文档案资料被翻译出版，域外资料，包括俄文资料被运用到研究之中。这无疑深化、拓宽了准噶尔蒙古及西北政治、军事、文化等方面的历史研究⑦。齐木德道尔吉、乌云毕力格等蒙古族学者对蒙古文、满文档案的利用深化了平准战争的研究。

第三，多学科、多视角。除从历史学的范畴下展开研究外，军事史、

① 齐吉祥：《清朝平定准噶尔贵族的叛乱》，《历史教学》1982 年第 1 期；王宏钧、刘如仲：《清代平定准噶尔贵族叛乱的历史画卷》，《文物》1976 年第 12 期；王宏钧：《准噶尔的历史与文物》，青海人民出版社 1984 年版。

② 戴良佐：《清代用兵新疆驼运所起作用》，《清史研究》1994 年第 2 期。

③ 金峰：《清代内蒙古五路驿站》，《内蒙古师范学院学报》（哲学社会科学版）1979 年第 1 期；金峰：《清代新疆西路台站（一）》，《新疆大学学报》（社会科学版）1980 年第 1 期；金峰：《清代新疆西路台站（二）》，《新疆大学学报》（社会科学版）1980 年第 2 期。

④ 左书谔：《平准战争与康熙朝的后勤供应》，《新疆师范大学学报》（哲学社会科学版）1987 年第 1 期。

⑤ 刘文鹏：《清代驿传及其与疆域形成关系之研究》，中国人民大学出版社 2004 年版。

⑥ 张连银、李运超：《清代台站功能辨析——以 1715—1759 年间的西路粮运台站为例》，《青海师范大学学报》（哲学社会科学版）2013 年第 2 期。

⑦ 郭美兰：《清代军机处满文〈熬茶档〉与准噶尔史研究》，《中国边疆民族研究》2008 年第 1 辑。

民族史是研究清准关系中非常重要的视角。

不过，上述研究成果也存在明显不足。首先，从军事史、民族史的视角研究平准战争的成果都过于宏观，缺乏微观的研究；其次，军需补给中屯田生产与军粮供应是这一时期军需补给的重点，但对其他军粮或物资获取手段关注较少。军需问题不只包括军需获取，还应包括军需预算、转输、军需的管理、奏销等问题，军需补给的研究需要进一步深化；最后，对档案资料的利用尚显不足。随着研究的进一步深化，全面系统开展搜集、整理分散在国内外的卫拉特蒙古档案，提高对档案材料的利用将是深化相关研究的方向之一；另外，平准战争军需补给与地方社会经济的发展、城市的发展也是未来需要重点研究的内容。

第二节　研究思路与基本框架

一　基本思路与框架

雍正七年（1729）年初，准噶尔汗国统治者噶尔丹策零不愿将罗卜藏丹津解送给清廷，清廷与准噶尔汗国议和破裂。是年二月，雍正帝命领侍卫内大臣三等公傅尔丹为靖边大将军北路出师，屯兵阿尔泰，川陕总督三等公岳钟琪为宁远大将军西路出师屯兵巴里坤，西征准噶尔丹策零①。清王朝开始了第二次平定准噶尔的战争。第二次平准战争从雍正七年持续到雍正十三年（1735）。本书主要聚焦于这一时期的西路清军在前线与准噶尔对峙时期的军需补给过程。由于平准战争的军需筹备从雍正四年就已经开始了，② 再加上本书的研究内容涉及清代西北的气候、西北行政区划的变动、西北社会经济、清军西北驻军的布防等问题，本书部分章节的内容将会追溯到雍正七年之前。

中国古代的军需最重要的是粮食、牲畜，尤其是牛、马等大牲畜，既能弥补谷物的不足，又能为军队提供动力。军需补给中最重要的三个因素，军需来源、军队驻扎区域、军需运送。军需补给的全部内容都可

① （清）傅恒等奉敕纂：《平定准噶尔方略》卷 18，雍正七年二月丙辰，景印文渊阁四库全书，第 357 册，台北：台湾商务印书馆 2008 年版，第 278 页。

② 《清世宗实录》卷 109，雍正九年四月庚子，中华书局 1985 年影印本，第 8 册，第 390 页。

归结到这三个核心问题上。

军粮是最重要的军需。粮食来源就是供应的起点，无外乎有两种形式：当地战区生产或由后方运输。前者在中国古代中原王朝与草原民族对抗的历史中并不罕见，当地生产尤其适合供应长期屯驻在边境地区的军队；后者几乎是任何战争时期后勤补给都要采取的方式。如果补给来自后方的运输，则军需补给产自何处？产地是否唯一？为何要选择这样的产地？无论是前线补给还是后方运输，军需补给与当地的气候、社会经济状况直接相关，气候变迁影响农业生产，影响当地的社会经济，也影响军需的供应。

前线军队是军需供应的对象，军队的驻扎地决定了军需供应的方向和途径。驻扎军队的数量、补给标准决定了军需补给的数量。拙著需要解决的问题是，雍正朝平准战争期间，西路清军在西路战区的军事布防格局是怎样的？平准战争期间，西路清军的数量如何随着战局的发展变动？西路清军数量的变动如何影响军需补给的体量？

从起点到终点的过程就是粮食的运输问题，现代军事理论认为，“运输问题是一个调度问题，就是通过大规模的车辆运输队，将物资由许多补给点堆集场所运往许许多多的需要点上的问题”①。军需供应从众多分散的点上收集起来，再通过运输线，运到前线再分散给前线驻军。在研究军需物资由起点到终点的过程时，首先必须弄清谁是军需运输的承担者，是参战方征发调集的民夫，还是通过经济手段吸引而来的民间商人？承担者的不同，影响着运输的力度、速度；其次，运输方式是另一个重要因素，运输方式将决定运输的效率。交通道路的选择是运输中最重要的地理问题，不同的粮食来源地，不同的士兵驻所决定了连接它们之间的交通道路也必然不同。路况、距离、运输方式等因素决定了不同道路在粮食补给中的不同地位。除此之外，军需补给还需要保护，尤其是在接近战场的军事前沿地带，这样的保护措施就更显得尤其必要。

除粮食外，冷兵器时代，牲畜是仅次于粮食的军需物资，马、骡、骆驼等牲畜既是冷兵器时代战争中的作战工具，又是军需粮饷的运输工具，甚至可以当作粮饷。牲畜补给同谷物军需补给在理论上是一样的，

---

① ［美］帕特里克·奥沙利文等：《战争地理学》，荣旻译，解放军出版社1988年版，第8页。

即牲畜的出产地在哪里？军队驻扎在哪里？军队的数量如何影响军需牲畜的补给数量？这些牲畜是如何从后方运输到前线军队驻扎地的？当然，牲畜自身的特点决定了牲畜补给同粮食补给不同，这也是拙著要解决的问题。

战争与战役不同，尤其是平准战争，持续时间长、战争规模大，军需补给的体量更大，如此大体量的军需补给，从整体来看，影响到清王朝的财政收支；从局部来看，必然影响到战区周边补给区的社会经济发展。因此，西路军需补给对西北边陲社会的影响也是拙著思考的问题。

二　基本概念与术语的厘定

（一）关于本书的“西路”

本书中的“西路”属于军事地理词汇。在康熙、雍正、乾隆朝对准噶尔的战争当中，“西路”常常出现在清廷对准噶尔用兵的战略部署中。“西路”最早出现在康熙二十九年（1690）。康熙二十九年，“上谕曰：阿喇尼、纪尔他布仍往前所指示之地，额赫纳等既往西路，止带扎萨克及喀尔喀兵，恐力寡不敌，阿南速领军往额赫纳处策应”①。在《清史稿》朋春、萨布素、费扬古、硕岱、殷化行等人的传中，都多次提及“西路”。例如，《清史稿·朋春传》：“三十一年，命解职赴西路军前管队。三十五年，复授正红旗蒙古都统，旋以费扬古为抚远大将军，朋春仍参赞军务，出西路，破噶尔丹于昭莫多。”② “三十五年，上亲征噶尔丹，自独石口出中路，大将军费扬古自归化城出西路，命萨布素扼其东路。”③ 康熙三十五年（1696），康熙亲征，兵分三路，以黑龙江将军萨布素所率东北之兵为东路，遏噶尔丹东窜之要冲，以大将军费扬古、振武将军孙思克等率陕甘之兵出宁夏为西路，以截断噶尔丹之退路，康熙亲统禁旅出独石口为中路，欲赴瀚海，会噶尔丹于克鲁伦。“三十五年二月，诏亲征，三路出师，以黑龙江将军萨布素出东路，费扬古出西路，振武将军孙思克、西安将军博霁自陕西出镇彝并进，上亲督诸军自独石

---

① 《清圣祖实录》卷145，康熙二十九年四月乙亥，中华书局1985年版，第5册，第601页。

② 《清史稿》卷280《朋春》，中华书局1977年点校本，第10137页。

③ 《清史稿》卷280《萨布素》，中华书局1977年点校本，第10139页。

口出中路。上与费扬古期四月会师图拉。"[①] 根据康熙朝平准战役进程判断，康熙二十九年、三十一年的西路指向不一。康熙三十五年，"西路"比较明确。三十五年，议政大臣、大学士等会议，"略曰葛尔丹今在柯布兔，乘其势未涨，令陕西为一路，期以三月中旬，草初青时出肃州之镇彝、顺黑河、洮涞河流处前往昆都伦，以喀尔喀、渣萨克部人为向导，发西安、满洲甲士三千人，合并进剿，汉军甲士千人，河西提督及四镇标骑卒六千人，合满汉万人，为西路兵，深入剿寇"[②]。噶尔丹在科布多，清廷计划中路军由独石口出关，经内蒙古察哈尔、阿巴嘎及苏尼特境，由达里冈嘎出境，然后直接向克鲁伦河抵近。西路大军则从宁夏、归化城出发，四月三日在翁金会合，四月二十四日抵达土拉，然后东向到达巴颜乌兰完成合击。[③] 从后来的战役执行情况来看，从归化城出发的主力在费扬古的率领下，按照计划执行，只不过途中延误，没有按期抵达。康熙六十一年(1722)，清世宗即位后"谕总理王大臣曰：'西路军务，大将军职任重大，但于皇考大事若不来京，恐于心不安，速行文大将军王驰驿来京。'允禵至，命留景陵待大祭。"[④] 当时允禵因驻军甘州，显然，此时的西路明显是指黄河以西。雍正朝平准战争期间，准噶尔在伊犁河谷，清军两路出击，西路即为清军出击的方向，"西路"频频出现在雍正皇帝的谕旨、大臣的奏折中。例如，雍正九年四月，上谕："即以西陲用兵之事言之，北路军需，交与怡贤亲王等办理。西路军需，交与大将军岳钟琪办理。"[⑤]"西路"遂成为被清代皇帝、臣工接受的军事地理词汇，在《清史稿》岳钟琪、查郎阿、查弼纳、马会伯、常赉等的传记中频频出现。例如，"七年，师征准噶尔，靖边大将军傅尔丹出北路，宁远大将军岳钟琪出西路，查弼纳赴肃州督西路军需"[⑥]。《新疆志稿》对雍正朝、乾隆朝平准战争中的"北路""西路"概括颇要："当西征之始，北出蒙古、

① 《清史稿》卷281《费扬古》，中华书局1977年点校本，第10144页。

② （清）殷化行：《西征纪略》卷1，世揩堂藏本，第2页a。

③ （清）傅恒等奉敕纂：《平定准噶尔方略》卷21—22，景印文渊阁四库全书，第357册，《史部115·纪事本末类》，台北：台湾商务印书馆1983年版。

④ 《清史稿》卷220《诸王六·圣祖诸子·允禵》，中华书局1977年点校本，第9081页。

⑤ 《清世宗实录》卷105，雍正九年四月庚子，中华书局1985年影印本，第8册，第390页。

⑥ 《清史稿》卷298《查弼纳》，中华书局1977年点校本，第10414页。

科布多、乌里雅苏台为北路。西出嘉峪关至哈密、巴里坤者为西路。"[①] 因此，雍正朝平准战争中的"西路"是指清廷以陕甘作为军需补给的基地，以陕甘驻扎的绿旗、八旗为主要军事力量，经河西走廊、哈密、巴里坤、乌鲁木齐向西平定准噶尔。清廷承办军需时，将这一路称为西路。乾隆朝平定准噶尔时亦如此。

（二）军需

军需特指军队所需的给养、被服、装具等，泛指军队作战训练和生活所需的物资[②]。

雍正朝平准战争始于雍正七年，结束于雍正十三年。军需物资的筹备早在雍正四年就开始了。雍正六年十二月，陕甘总督岳钟琪所奏的军需案内，军需事项包括：驮马、骆驼、骡、羊只、鞍屉、火炮、官兵盐菜银、粮车、苫毡、草束，州县喂养马驼所需棚、槽、磨、铡、笼缰、席片、木料、锅、缸盆桶、盐、茶、酥油、柴、烛、锨、镢等项杂用器具。屯田农具，包括犁铧、锨、镢、镰刀、斧、凿、锄、锯、绳索等项。[③] 实际上，所需不止岳钟琪所罗列之物，例如在战争进程中，清军需要贵州苗族药匠制造的蛇药也应在军需之列。《果亲王允礼为雍正八九十年办理西路军需钱粮销算事题本》内，果亲王允礼核算军需的内容远远超过岳钟琪所罗列之需，核算军需内容除过粮草、牲畜外，火绳、火药、铅弹、鞍屉、夹杆、绳索、草包、盖粮苫毡，战争期间钦差出口赴营途中需用各项，包括：口粮、骑驮驼骡、生活用具、工具。口粮除过粟米、粳米、白面，还有白砂糖、咸肉、酱菜、面酱、茶叶；锅帐等物，包括：各类铁锅、铁锅撑、锅盖、铁勺、铁漏勺、木勺、蒲篮、罩篱、桦木碗、桦木盘、水斗、铜壶、瓷碗、锡盘、大锡背壶、锡烛台、铁肉叉、铁烛插、铁丝灯笼、铁铲、酒笼、蒙古包；工具，包括：牲畜笼缰、马绊、铁锤、铁锨、铁镢头、斧头、各类麻绳、驮筐、毛毡、各类口袋、水皮

① 袁大化修，王树枬、王学曾纂：《中国地方志集成·省志辑新疆·宣统新疆图志》卷29《实业二》，凤凰出版社·上海书店·巴蜀书社2012年版，第293页。

② 《辞海》，上海辞书出版社2002年版，第893页。

③ 中国第一历史档案馆编：《雍正朝汉文朱批奏折汇编》，雍正六年十二月十四日，川陕总督岳钟琪奏汇陈官兵出征军需支用项目折，江苏古籍出版社1989年影印本，第14册，第145件，第203—218页。

袋等项；巴里坤筑城应需各项工具，如铁锹、各类镢头、铁钩、铁镩、铁斧、铁钯、铁铲均在军需项下核算[①]。上述物资均是军需物资。筹备军需内容与核算军需内容存在差异，恰恰反映出军需补给的复杂，军需补给过程的艰巨。赖福顺在其所著《乾隆重要战争之军需研究》中所列军需比较笼统，但包括夫马、船只、盐菜银、抚恤银、安家旅费、牲畜、粮食、解送军营马匹物件、战场所用军器等项[②]，拙著所讨论的军需主要是大军需，即平准战争期间西路清军所需要的最主要的军需——各类军粮和作为交通工具、军事装备的牲畜。

三　史料来源

（一）档案资料

档案资料是拙著最主要的资料来源。主要档案有《康熙朝满文朱批奏折全译》《康熙朝汉文朱批奏折汇编》《雍正朝满文朱批奏折全译》《雍正朝汉文朱批奏折汇编》《明清档案》《宫中档雍正朝奏折汇编》《雍正朝内阁六科史书》《宫中档乾隆朝奏折汇编》《雍正朝起居注》《乾隆朝上谕档》等档案史料。

（二）正史史料

主要有《明史》《清史稿》《明实录》《清实录》《平定准噶尔方略》等。

（三）地方志资料

明清时期所修的边镇志书，如《肃镇华夷志》《西镇志》《秦边纪略》，另有成文出版社有限公司印行的《中国方志丛书》。此外，还有王锡祺所辑《小方壶舆地从钞》中与本书有关的陕甘的地方志，包括清代官修的《甘肃通志》《新疆通志》等，尤其是《甘肃通志》“从雍正七年初开始动手，到雍正十三年正月全书撰成”[③]，该志书的修撰几乎与平准战争相始终。该志的兵防类、蠲恤补充了本书的史料不足。

---

① 丁进军编选：《雍正年间清廷办理西路军需钱粮销算史料》，《历史档案》2007年第4期。

② 赖福顺：《乾隆重要战争之军需研究》，“台北故宫博物院”1984年印行。

③ （清）许容监修，（清）李迪等撰，刘光华等点校整理：《甘肃通志·前言》，兰州大学出版社2018年版，第4页。

（四）私人笔记

主要的笔记如林则徐的《荷戈纪程》、方士淦的《东归日记》、董醇的《度陇记》、裴景福的《河海昆仑录》、冯军光的《西行日记》、阔普通武的《湟中行记》等，这些资料主要用来补充军需运输交通道路资料。

（五）今人论著

在本书中，还参考了大量的今人论著。今人论著的目录均列于文后参考文献之中，在此不再赘述。

第一章

雍正朝平准战争前军需粮食的筹备

用兵以筹饷为先。雍正七年（1729）二月，川陕总督岳钟琪向雍正帝奏报了西路清军的军需案。此时，清王朝内部筹备军需已三年。岳钟琪奏报的军需案中，军需种类齐全、名目繁多，其中粮食、兵器、马匹、被服等都是西路清军最重要的军需。毫无疑问，粮草问题是军需的核心问题。粮草作为最重要的军需，关系到整个战争的成败。其他军需，例如马匹、军器、被服的供给有时段性和延缓性，一旦筹备齐全则不需在短期内更换，而粮食则不同，无论战斗期间抑或对峙时期，军队每天都消耗粮食，粮草消耗频繁，消耗量巨大，需要不断补充，而粮草的生产具有季节性、区域性，这就决定了粮草的供给要未雨绸缪，在战前要提前筹备，在战争过程中要持续供给。历代西北军需粮草的补给都是多渠道筹措，以北宋为例，宋代在西北地区制定了一套完整的后勤补给体系，通过屯田、运输、就食等方式解决粮饷问题。[①] 军需补给是战争胜败的要素，左右战争的走向，甚至决定战争的胜负，这就决定了无论是屯田、运输、就食等补给方式，补给区距离前线越近越好，越安全越好，但这两者之间往往相悖，距离前线最近的补给区最容易受到敌人侵扰，补给区的距离和安全性是决策者在选择补给区时必须权衡的因素。补给区往往选择在离战区较近的沿边地区。但沿边地区又往往是军需生产相对落后的区域。粮食生产与补给区的自然气候环境关系密切，沿边地区的气候变化、自然灾害往往对粮食补给造成严重影响。

雍正朝西路清军的军需口粮主要包括驻扎在河西一提三镇驻军的口

---

① 程龙：《北宋西北战区粮食补给地理》，社会科学文献出版社2006年版，第6—11页。

粮及平定准噶尔的西路前线大军所需的粮饷。从雍正七年起，绿营、八旗兵调拨无定，军队往来频繁。军需口粮既有西路清军出征携带的行粮，又有运送到前线的坐粮。无论是清军的行粮，还是坐粮，军粮主要来自离前线相对较近的陕甘地区，尤其是河西走廊离战场相对较近，首当其冲成为西路清军的补给区。西路清军的军需口粮主要是通过陕甘官方的仓储、市场购买、屯田三种途径来解决。无论通过哪种途径补给，都与清代陕甘地区的气候状况、行政沿革、社会经济、道路交通密切相关。首先，"甘肃地瘠民贫，布种收获与内地迥别。纵遇丰年，输将国赋，仅赡八口，并无盖藏。兵马粮料不敷供支。"① 雍正朝进行平准战争，陕甘是否有充足的粮食生产及粮食储备及时供应给西路清军；其次，人口分布不均的陕甘是否有充足的人力、物力将这些粮食运输到前线；再次，当陕甘的仓储不足以供应军需时，如何解决前线的军需口粮？这是清廷在西北用兵之前及战争进程中要解决的问题，也是本章首先要讨论的问题。由于西路清军的补给区主要是在甘肃，本书主要讨论的内容涉及甘肃的社会经济状况，对陕西补给区的讨论仅仅涉及雍正朝的陕西雨雪、收成状况、仓储等与军需补给直接相关的问题。

第一节　平准战争前地瘠民贫的甘肃社会

一　清初甘肃的社会经济与政区的变动

（一）清初甘肃社会经济的恢复与行政区划变革

经过明末农民战争，清初的甘肃镇土地荒芜，人烟稀少，甘肃社会经济凋敝已极，"无处不有荒田，无户不有绝丁"②。甘肃陇东南，康熙五十四年（1715）前后，西和县"地多荒芜，民无完室"③。庆阳府所属一州四县"所遗残民，十仅有一。"④ 巩昌府属之宁远县（今甘肃省天水市武山

① （清）赵尔巽等：《清史稿》卷255《孙思克》，中华书局1977年标点本，第9784页。

② （清）杨应琚撰，崔永红校注：《西宁府新志》卷34《艺文·为目击秦民荒粮之累万不能支，恳祈圣恩速赐除豁以全孑遗疏》，青海人民出版社2016年版，第671页。

③ （清）邱大英纂修：《（乾隆）西和县志》卷3，《名宦》，《中国地方志集成》，凤凰出版社2008年影印本，第34册，第336页。

④ （清）赵本植：《（乾隆）庆阳府志》卷39《艺文》，《中国地方志集成》，凤凰出版社2008年影印本，第484页。

县）“城市丘墟，亦多仅识其名”①。自崇祯七年（1634）以来，巩昌府两当县“旧城无一椽一瓦，四野十室九空。虽留一二孑遗，皮骨空立。旧粮一千三百余石，今止熟粮三百二石；旧丁六千三百，今清见在人止四百余丁”②。两当县城“城口为斗，居民数十家，合境内计之仅以千计，萧条之状，不可名言”③。河州（今甘肃省临夏市）全境“瘠垠尽荒山，田宅皆无葳”“行来竟日无烟火，到处逢人哭野坟”④。陇中金县（今甘肃省兰州市榆中县），“顺治十八年，户一百六十九，口九百三十五。康熙二十四年，户一百六十二，口八百八十五”⑤，25 年后，金县户口不增反减。地方志中的户口数据不一定准确，但社会经济凋敝，人口增长缓慢是当时甘肃的特征之一。

明末河西人口大约有余万，经过明末清初的兵燹，河西“甘、肃焚掠尤酷”⑥，再加上天灾，百姓逃死，河西人口锐减。清初的河西本来就地僻民穷，景象荒凉，丁国栋、米喇印叛乱之后，不少地方“庐舍已空，有土无人”⑦“军民客旅尽罹其殃，财产孳畜悉被其掠，官署私舍焚毁殆尽，军储民粮费掳一空”⑧ 肃州兵备道朱国诏上任后，顺治七年（1650）五月，朱国诏目睹地方城郭尽为圻墟，人民寥落情景，多方抚恤，劝谕招徕，“虽维恢复，仅存一二孑遗，即有土可归，无巢可栖，裸体枵腹，耕薅无赀。……五、六两年十分之中只种一、二”⑨。顺治七年，陕甘巡

① （清）冯同宪修，（清）李樟纂：《（康熙）宁远县志》卷 2，凤凰出版社康熙四十八年刻本影印，第 18 页。

② 顺治四年三月总督陕西、四川等处粮饷王来用奏折，《户部钞档：地丁题本—陕西（三）》，转引自彭雨新《清代土地开垦史》，农业出版社 1990 年版，第 2 页。

③ 道光《两当县志》卷 11《艺文》，《中国地方志集成》，凤凰出版社 2008 年钞本影印本，第 498 页。

④ （清）王全臣纂修：《（康熙）河州志》卷 6，《乙酉秋日郊行纪事》《初入河境》，甘肃文化出版社 2004 年版，第 312 页。

⑤ 《金县志》卷 6《田赋志・户口》，《中国西北稀见方志续集》第 7 册，中华全国图书馆文献缩微复制中心，第 167 页。

⑥ 吴生贵、王世雄等校注：《肃州新志校注》，中华书局 2006 年版，第 54 页。

⑦ （清）杨应琚撰，崔永红校注：《西宁府新志》卷 34《为亟陈地方情形疏》，青海人民出版社 2016 年版，第 669 页。

⑧ 张伟仁主编：《明清档案》，顺治七年五月之十一，陕甘巡抚张中元揭报肃州军民交困请速拨银接济，台北：联经出版事业公司 1986 年版，第 11 册，A11－151（2－1），B6203。

⑨ 张伟仁主编：《明清档案》，顺治七年五月之十一，陕甘巡抚张中元揭报肃州军民交困请速拨银接济，台北：联经出版事业公司 1986 年版，第 11 册，A11－151（2－1）；B6203。

抚张中元奏报巡历河西时的景象："一目沙漠，另一世界，百里断烟，山不产材，地不生禾，沿途只有番人前后围绕。"[①] 顺治十四年，永昌"灾祲死徒之余"，荒芜废弃的田地占十之一二，"军民之存活者十无一二"[②]。据地方学者研究，康熙末年，凉、甘、肃三府人烟稀少，仅近12万人[③]。

由于清初甘肃地广人稀，社会经济残破，官署缺空，粮饷不继，地方政府几乎无法维持运行，"窃照秦中前此官皆委署，比新官交代，莫不扣仓库银两，自称俸薪而去，今正印虽强半除授，而佐贰、教职以及营堡武弁委署尚多"[④]。顺治四年（1647），各道府佐州县官员之中未补者如分巡西宁道、肃州监收通判、秦安县知县、漳县知县、临洮府推官、巩昌府岷州抚民同知等急缺，"至于久悬未补各属教职，经历、典史、仓、巡等官共一百三十七员皆有任事之责，其数偬多，不敢琐赘"[⑤]。以宁夏镇为例，顺治四年，宁夏巡抚胡全才奏：

> 不意宁地废弛，匪朝伊夕，如文职则州县原无只有六厅，今止存一人矣。武职则阵亡，缘事征调不一，莅任者数人，率家口无度乞讨，俸薪不给矣。兵丁则中协中卫尚未补足，粮饷则本色压欠，京民二运不来矣。问民之食则糟皮充腹，问民之衣则花布不产，草衣遮体矣。甚至河东之石田难耕，人烟断绝，邻封之伏莽窥伺，敉抚未结，百孔千疮，亟需整顿。[⑥]

---

① 张伟仁主编：《明清档案》，顺治七年七月，陕甘巡抚张中元揭报甘肃情形，台北：联经出版事业公司1986年版，第11册，A11－185（2－1）；B6293。

② （清）李登瀛、（清）张玿美、（清）沈绍祖纂修：《永昌县志》卷10，艺文志，乾隆五十年刻本，第1页。

③ 姜清基：《河西历代人口研究》，内蒙古人民出版社2008年，第125页。

④ 张伟仁主编：《明清档案》，顺治二年九月二十五日，陕甘巡按魏琯题请议定署官俸廪，台北：联经出版事业公司1986年版，第3册，A3－71，B1203。

⑤ 张伟仁主编：《明清档案》，顺治四年五月之二十三，陕甘巡按许弘祚揭请速补缺官，台北：联经出版事业公司1986年版，第5册，A5—2002；B2763—B2764。

⑥ 张伟仁主编：《明清档案》，顺治四年四月二十六日，宁夏巡抚胡全才揭报地方情形并请敕部速覆远地本章，台北：联经出版事业公司1986年版，第3册，A5—161，B2655。

如何恢复甘肃镇的社会经济，重构地方政权是清王朝亟待解决的问题。一方面，清王朝不断招徕流民复业，蠲免赋役，恢复经济；另一方面，由于清初局部战争尚未结束，清政权财政困难，虽署空官缺，清王朝不得不因陋就简，裁并前朝遗留卫所，重构基层行政制度。顺治十二年（1655）三月，裁陕西西安左卫右所、右卫中所、中卫、岷州卫前、后2所，潼关卫、洮州卫左、前、后3所，平凉卫、庆阳卫、靖远卫左、右、中、后4所，固原卫、河州卫右、中、前、后4所，秦州卫后所，兰州卫左、右、后3所，临洮卫右、中、后3所，汉中卫右所及河东所，以甘州中护卫归并兰州卫。① 顺治十三年，裁洮州、岷州、庄浪、山丹4卫经历。② 顺治十五年，裁安东中护卫并平凉卫，裁宁夏前卫并宁夏卫，裁宁夏中屯卫并宁夏右屯卫，裁兴武所并宁夏后卫。③ 顺治十六年闰三月，裁陕西甘州屯操都司，并前卫于左卫，后卫于中卫④，裁陕西西安左右中前后、汉中、宁羌、兰州、河州、临洮、巩昌、秦州等卫，阶州、文县、礼店、环县、凤翔、沔县、兴安等所。⑤ 康熙二年（1663），裁卫所85个，以右布政司分管临洮、巩昌、平凉、庆阳四府，驻扎巩昌府。康熙三年，裁撤甘肃平远所⑥，将陕西靖远卫改为靖远县。⑦ 康熙八年八月，甘肃藩、臬二司，由巩昌移驻兰州，临洮道由兰州移驻临洮，陇右道由秦州移驻巩昌。⑧

雍正二年（1724），川陕总督年羹尧以河西各卫所“今生齿繁庶，不

① 《清世祖实录》卷90，顺治十二年三月丙申，中华书局1985年影印本，第3册，第707页。

② 《清世祖实录》卷99，顺治十三年二月丁酉，中华书局1985年影印本，第3册，第770页。

③ 《清会典事例》卷556，《兵部一五·官制·卫所》，中华书局1991年影印本，第7册，第211—212页。

④ 《清世祖实录》卷125，顺治十六年闰三月丁丑，中华书局1985年影印本，3册，第967页。

⑤ 《清世祖实录》卷125，顺治十六年闰三月戊子，中华书局1985年影印本，第3册，第968页。

⑥ 《清会典事例》卷556《兵部一五·官制·卫所》，中华书局1991年影印本，第7册，第212页。

⑦ 《清圣祖实录》卷11，康熙三年正月丁戊，中华书局1985年影印本，第4册，第169页。

⑧ 《清圣祖实录》卷31，康熙八年八月庚午，中华书局1985年影印本，第4册，第426页。

减内地，宜改卫所为州县”[①]，奏请将甘肃宁夏卫、河西各厅卫改设府、县。宁夏卫改为宁夏府，宁夏府下辖宁夏县、宁朔县、中卫县、平罗县、灵州，宁夏水利同知；西宁府所属西宁县、碾伯县、西宁盐捕通判，西大通卫；凉州府所属武威县、镇番县、永昌县、古浪县、平番县，庄浪同知；甘州府所属张掖县、山丹县、高台县；肃州通判管理肃州卫事务，靖远厅管理靖远卫事务。裁去所有卫所守备、千总及旧有3员大使。以上4府设知府4员，经历4员，知州1员，吏目1员，知县14员，典史14员，大通卫设守备1员，张掖县添设县丞1员[②]。肃州旧设卫守备1员，通判1员经理地方事务，一切钱谷刑名案件，俱由肃州道核明转移兰州布、按二司转结。雍正二年，沿边卫所议裁，肃州卫守备也在裁汰之列，因肃州无属县可设而无法改设府，地方事务统归通判，隶肃州道专辖，但通判一官难以兼顾地方事务。肃州道移驻安西后，通判之责任益重，且道员相距既遥，若将所有事宜复由肃州道核转，则往返迂回不便，所有的公务本地不能猝办，呼应不灵。况且肃州丰乐河，高台县黑河两河，水脉融合贯通，用水之时，两地民人争讼不断，地方官又各自管辖属民，导致争讼无法了结。高台县之下河清、马营堡、上盐池、三堡地方鞭长莫及。岳钟琪奏请将甘州府高台县改隶肃州，裁汰肃州通判，改为肃州直隶知州，再设肃州吏目1员，与知州同城驻扎，设立肃州州同1员分驻威虏堡，弹压附近寄住的维吾尔族民众[③]。

雍正六年（1728），岳钟琪、甘肃巡抚乔鹄立提请将秦、阶二州改为直隶州，并将徽州改为徽县，同秦安县、清水县、礼县、两党县俱分归秦州管辖，将文县、成县分归阶州管辖。[④] 雍正十一年，安西设立安西道

① 《宫中档雍正朝奏折》，雍正二年十月十三日，川陕总督年羹尧奏为河西各厅改郡县以清吏治以利民生事，“台北故宫博物院”1979年印行，第三辑，第310—311页。

② 《宫中档雍正朝奏折》，雍正二年十月十三日，川陕总督年羹尧奏为河西各厅改郡县以清吏治以利民生事，“台北故宫博物院”1979年印行，第三辑，第310—311页。

③ 中国第一历史档案馆编：《雍正朝汉文朱批奏折汇编》，雍正七年四月十八日，川陕总督岳钟琪奏请改肃州为直隶州并设州同一员分驻威远堡折，江苏古籍出版社1989年影印本，第15册，第81件，第109—110页。

④ 中国第一历史档案馆编：《雍正朝汉文朱批奏折汇编》，雍正十三年十月十七日，兰州巡抚许容奏请将秦州改府添设附郭一县并请定新县名折，江苏古籍出版社1989年影印本，第29册，第501件，第561—562页。

1员，安西道管辖口外一切事宜，原有安西同知移驻瓜州，办理水利屯田及教导维吾尔族民众诸事，瓜州同知，靖逆通判、沙州、安西、柳沟、靖逆四卫、赤金一所俱令该道管辖。[1]

清初甘肃行政区划的变动，一方面是清初甘肃经济发展的结果。清初，社会经济凋敝，清王朝迫于财政困难，不得不裁汰冗职、冗官；随着社会经济的发展，明代甘肃镇卫所的军事职能下降，逐渐州县化，甘肃独立设省的趋势逐渐明显，行政区划朝着独立设省的方向发展；另一方面，甘肃行政区划变动也是清王朝经略西北边疆，甘肃地位凸显的结果。行政区划的合理化，进一步推动了甘肃社会经济的发展。尤其是河西走廊、西宁、宁夏诸卫所设置府县后，清王朝移民实边，兴修水利，屯田开荒，推动了当地社会经济的发展。

（二）清初甘肃的赋役

经过顺治、康熙朝近80年的休养生息，甘肃的社会经济在恢复中缓慢发展，但地广人稀，社会经济落后的现状并没有彻底改变，尤其是康熙朝平定“三藩之乱”、平准战争期间，甘肃赋役负担承重，虽经清圣祖康熙均平、蠲免赋役，但康熙朝甘肃社会经济落后，地瘠、民贫的状况依旧，“钱粮最少者，惟有甘肃。通计正额共二十八万有奇，加耗亦止二万八千”[2]。雍正三年（1725）十二月，新任甘肃布政使钟保进入甘肃，“自奉命入境后备见荒山累累，悉未开垦，及问百姓，俱云明末兵荒之后百姓逃亡”[3]。据张德芳、郝树声两位先生估算，“雍正五年摊丁入亩时，甘肃摊入地亩的丁银为61904.33两，按人丁二钱算，丁额为309520多人”[4]。

清初甘肃的赋役征收，征粮、征草、征银。但甘肃河东、河西土地性质不一，河东土地性质复杂，河东临、巩、平、庆四府，直隶秦州、

---

① 中国第一历史档案馆编：《雍正朝汉文朱批奏折汇编》，雍正十一年正月二十六日，钦差都察院副都御使二格奏请于安西设立道官一员统率口外事宜折，江苏古籍出版社1989年影印本，第30册，第365件，第572页。

② 《清圣祖实录》卷214，康熙四十二年十一月庚寅，中华书局1985年影印本，第6册，第175页。

③ 《宫中档雍正朝奏折》，雍正三年十二月二十一日，甘肃布政使钟保奏开垦荒山折，“台北故宫博物院”1979年印行，第五辑，第487页。

④ 郝树声、张德芳：《略论清代甘肃的田赋》，《甘肃社会科学》1985年第4期。

阶州二州有民田、崆峒山、河滨弃土粮、额外开垦河滨弃土、接收各州县熟地、屯田、更名地、接收牧马草场地、投诚的藏族并喇嘛共种熟地；狄道县接收土司苏成威地、原管部落；河西土地性质相对简单，甘、凉、宁、西4府，直隶肃州、安靖二属有屯田、原额更名并新垦地、兰州改归平番实征更名熟地。各类土地性质不一导致征收赋役杂乱，就河东的屯田与河西的屯田而言，屯田有屯赋银，屯丁银。康熙二十四年，"巩昌等处，甘州等卫所、堡屯田七万五千五百五十一顷三十亩六分四厘六毫零；屯赋银八千八百三十七两八钱三分五厘六毫零；屯粮四十一万二千一百六十石四斗五升三合零；屯丁三万三千四百九十六丁；屯丁银八千二十五万两八钱二分二厘四毫。"[①] 河东屯田征收起运粮、征银，而河西除了运粮、征银，还要征草。雍正十年（1732）为例，河东民户应纳银252481两、粮35017石、草3717束，河东屯户并番民应纳银24242两，粮105871石，草25207束。河西屯户并番民应纳银10619两，粮371802石，草4782598束。[②] 河东、河西共征银263100两，粮512690，草4811522束，雍正十三年所修《甘肃通志》所载雍正朝甘肃所征钱粮数量："临、巩、平、庆四府，直隶秦、阶二州属实熟共地一十万八千一百八十二顷一十九亩三分八厘一毫，实征本折共粮一十七万八千二百三十四石六斗二升一合，实征民粮折色并均徭停免协济共银二十万二十七两三钱一分一厘六毫。"[③] 甘肃当年征银270027两，征银178234石。表1-1为清代顺治、康熙、雍正、乾隆朝个别年份的甘肃田赋。

① 《大清会典（康熙朝）》卷22，《户部六》，《近代中国史料丛刊三编》，台北：文海出版社1992年版，第72辑，第952—953页。

② 中国第一历史档案馆编：《雍正朝汉文朱批奏折汇编》，雍正十年六月二十六日，兰州巡抚许容奏覆遵议分别各属情形酌蠲钱粮事宜折，江苏古籍出版社1989年影印本，第30册，第354件，第551—554页。

③ （清）许容监修，（清）李迪等撰，刘光华等点校整理：《甘肃通志》卷13《贡赋》，兰州大学出版社2018年版，第557—579页。

表1-1　清初甘肃田赋

年代	耕地（亩）	人口（口）	田赋	
			银（两）	粮（石）
顺治十八年（1661）	37328588	2401364	1436033	61851
康熙二十四年（1685）	10308765	273292	153520	47617
雍正二年（1724）	11770663	302763	196343	23074
雍正三年（1725）	—	—	26000	490000
雍正十年（1732）	—	—	263100	512690
乾隆十八年（1753）	17783133	2133222	257723	503476
乾隆三十一年（1766）	23633095	11537539	287486	521746

资料来源：郝树声、张德芳：《略论清代甘肃的田赋》，《甘肃社会科学》1985年第4期。

从应征钱粮表中的人口、钱粮数目就可以概见，清初甘肃地瘠民贫，社会经济发展缓慢。康熙朝对准噶尔用兵，虽不断蠲免甘肃赋役，甘肃亏欠钱粮到康熙四十八年尚没有核销完毕，甘肃动用公费供应军需，“各官军需核减及亏空、挪用旧案，共五十八件，亏欠银共三十二万余两，粮二十四万余石”①。就亏欠钱粮总数而言并不多。为了归还亏欠库项，竟议以各级官吏的俸工捐补，甘属分捐银595000余两。直到雍正三年，除已捐还外，尚有未完银296000余两，粮37000余石。也就是说，从康熙四十九年到雍正三年的16年间，归还的银粮折在一起不到30万两。雍正三年十一月，“查甘属各年各案供应动用银两以文武各官俸工捐补，除完过外，现在尚有未完银二十九万二百六两零。又康熙五十二年夏灾案内动赈粮三万七千二百五十八石零，俱应俸工捐补之项”②。文职官员自司道以下，州县以上俸银全捐，武职提镇以至副、参、游、守各官俸银每年捐七留三。衙门各役员除伞扇、轿夫不捐外，其余役员工食亦系捐七留三，即便如此，每年捐银只有18474两，算至20年后才能捐完从前动用库银欠项，“是此项供应之费，虽有捐用之名，其实皆系借动库贮银

① 中国第一历史档案馆编译：《康熙朝满文朱批奏折全译》，康熙四十八年九月初六日，甘肃巡抚舒图奏报甘肃军需银粮亏空数折，中国社会科学出版社1996年版，第1494件，第645页。

② 《宫中档雍正朝奏折》，雍正三年十一月十六，甘肃巡抚石文焯奏报补赔钱粮折，“台北故宫博物院”1979年印行，第五辑，第383页。

两，虚悬待补”[1]。雍正三年七月，甘肃巡抚石文焯以文、武各官未能支食全俸，以俸工赡养家口为由，请将捐俸停止。当年，甘肃布政使钟保抵任后，核查司库钱粮，自原任布政使折尔金任内起至署布征使凉庄道陆旸书任内，应实在银 5292712.31 两、钱 53927 文，内除实存库银 255969.41 两，并原任布政使折尔金任内已经审明未完亏空银 257769.39 两；勒追赔补银 274208.12 两；各官捐俸未还银 50089.07 两；各官借支过各镇营俸饷，州县卫所官役俸工并各驿夫马工料等项银共 2968559.9 两。自雍正二年起至三年止，各官任内均钱粮不清，各案因公动用未拨还项银 1527226.81 两。折尔金任内借出银 2737.32 两，彭振翼任内借出并接受历任交代内悬项银共 5710.66 两，以上共借出银 8889.57 两。[2] 实在银近 530 万两，实存银不到 26 万两，这是当时甘肃司库钱粮的实际状况。

二 雍正朝甘肃官员的养廉银

养廉银的发放基于地方赋役收入，因此养廉银是观察清初甘肃社会经济状况的一个很好的指标。雍正三年以前，甘肃官员的养廉银都不能正常发放。宁夏、河西甘、凉、肃、西宁等处，各道厅旧日养廉皆取给于三边税羡。署巡抚傅德议定以州县征收钱粮耗羡为各官发放养廉，但甘属征收钱粮的方式不同。各属征收钱粮，平凉、临洮、巩昌三府所属州县历来俱收钱，每银 1 两收钱 1160—1170 文、1200 文以至 1250 文不等，以钱易银每银 1 两换钱 1070—1080 文、1100 文不等。钱在本州县境内不能易银，则需要驮至他处易换，所需脚价费亦计算在内。通盘计算，每两约收火耗 1 钱 5 分，按照钱的时价计算火耗是加 15% 征收，钱价便宜时，而每两所收之钱数并不增加，导致火耗不及 1 钱 5 分。庆阳府所属五州县及巩昌府所属阶州、文县，钱粮征银，每两收火耗 2 钱，虽名为加 2 钱，以库平足色计算，火耗只在加 1 钱 6 分或 7 分之间。河西各卫所改设州县皆系征粮，所收耗羡名为加 1 钱，实际上火耗约计有加 1 钱 2、

---

① 《宫中档雍正朝奏折》，雍正三年七月廿四日，甘肃巡抚石文焯奏报库项虚悬待补折，“台北故宫博物院”1979 年印行，第四辑，第 714 页。

② 《宫中档雍正朝奏折》，雍正四年二月十六日，甘肃布政使钟保奏请查藩库折，“台北故宫博物院印行”1979 年，第五辑，第 616 页。

3分不等。由于各地耗羡征收方式不一，导致火耗征收数量不一，缺乏可操作性，导致以耗羡作为养廉无法实行。

> 盖缘耗羡原有轻重不等，乃一概计算在经征之官，既不能加之于民，即不能敷所定之数，且以司道府之养廉散派各州县之中，款项零星分解烦琐，是故徒有议定之名而无遵行之实也。①

（一）石文焯议派官员养廉银

雍正三年，巡抚石文焯到任，议派官员养廉。甘属应征耗羡粮石通共计有63000余石，酌给各道府厅州县养廉及斗级、书役工食，铺垫席片、毡盖、折耗等项，共需粮35480石，每年可余粮27000余石存贮以备公用。布政司养廉除收平规外，尚有西宁口外税规1100两以及杂税平归共银6000余两。按察司养廉有西宁税规550两，加以耗羡内给银2400两，共2950两。巡抚衙门养廉向有西宁、灵州税规各1100两，另外茶马内有规例银24000两，经前巡抚绰奇以2万两为军需之用，余4000两，共5100两作为养廉。康熙六十一年、雍正元年，茶规共银4万两存贮司库。石文焯衙门养廉只有西宁、灵州税规共2200两，茶马奉旨仍交石文焯兼理，有茶规余银4000两，尚有随封家人等项共银1920两，另外新增茶引6000道，有茶规银6000两，以上共银14120两。②

巡抚石文焯革除各衙门旧规，各州县所收钱粮耗羡悉照旧例，即以钱粮之耗羡酌给各官养廉。雍正三年，甘属额征地丁银26万两，粮49万石，各属州县征收银钱耗羡有4万余两。甘肃布政司照起运解司之数每两有平规银2分5厘，共有银4628两作为养廉，奏销造册饭食等费银1200两。臬司养廉并公费银共2400两，衙门笔帖式3员共银900两，除有税规道府等官将税规抵作养廉，概不议给外，其余道府各给养廉银1000两，州县酌给800两、700两、600两、500两不等，同知、通判各给银600两，口内外卫

① 《宫中档雍正朝奏折》，雍正三年十月初一日，甘肃巡抚石文焯奏报官员养廉折，“台北故宫博物院”1979年印行，第五辑，第232—233页。

② 《宫中档雍正朝奏折》，雍正三年十月初一日，甘肃巡抚石文焯奏报官员养廉折，“台北故宫博物院”1979年印行，第五辑，第232—233页。

所给各给银400两，以上道、府、厅、州、县卫所各官共给养廉银29700余两。布政司库官、库吏等项每两6厘银1110两，衙门书吏饭食盐菜等银900两，布政司衙门书役饭食等银1200两，总共需银42038两。因此，甘肃的收成丰歉就成为决定仓储是否充裕、官员养廉银的重要因素。如果甘肃风调雨顺，钱粮能够全完，所收耗羡便足此数，否则，所收耗羡则不足。

河西各州县征粮，俱以耗粮为养廉。经巡抚石文焯，卫所改设之宁、甘、凉、西4府16州县并极边卫所官员，酌定将征粮耗米分派养廉公费，按地方大小卫僻各给2000、3000石不等，自雍正四年六月，各处税务盈余奉旨尽收尽解，据实报解归入藩库。河西道府厅官养廉公费不得不在三边耗米内派给，“道府尽及千余石，州县大者七八百石，小者四五百石”①。由于河西、宁夏、西宁连岁丰收，粮价较低，每仓斗千石值银不过五六百两，而边地道府官差事冗杂，州县卫所公务繁多，州县耗粮虽至二三千石，但变价之后不敷办公开支。

但这时甘肃官员的养廉银，可以说是“因陋就简，多寡不均，或将税羡盈余照数留给，或以司茶管驿不复另议，更如布政司于州县起解耗羡内扣收平规均属陋习”②。

（二）西路军需补给背景下的甘肃馆员养廉

雍正六年八月，岳钟琪议将河西各属税务盈余银两赏给河西各官添作养廉公费，将河西道府、厅县、卫所分别大小、冲僻，于河西税羡、耗粮二项下比照陕省官员银数支给养廉银，得到雍正帝的允准。③ 雍正帝担心地方官员借此长贪婪贿赂之弊，命岳钟琪“宁可以州县应出之项解至藩库从公发给”④。但河西甘州、凉州、宁夏、西宁等府属俱系卫所改

---

① 中国第一历史档案馆编：《雍正朝汉文朱批奏折汇编》，雍正六年八月二十五日，川陕总督岳钟琪奏请将河西盈余税银赏作该处各官养廉折，江苏古籍出版社1989年影印本，第13册，第237件，第287—288页。

② 中国第一历史档案馆编：《雍正朝汉文朱批奏折汇编编》，雍正七年闰七月初九日，甘肃巡抚许容奏报通省并河东各官养廉公费银两数目折，第16册，第43件，第43—44页。

③ 中国第一历史档案馆编：《雍正朝汉文朱批奏折汇编》，雍正六年八月二十五日，川陕总督岳钟琪奏请将河西盈余税银赏作该处各官养廉折，江苏古籍出版社1989年影印本，第13册，第237件，第287—288页。

④ 中国第一历史档案馆编：《雍正朝汉文朱批奏折汇编》，雍正七年五月初九日，川陕总督岳钟琪奏覆议给河西各员并估杂职等官养廉折，江苏古籍出版社1989年影印本，第15册，第223件，第298—299页。

设，道府、同知、州县卫所等官员养廉办公费虽于征收耗羡之内支给，但耗羡银为数无几，不敷用。

雍正七年五月，岳钟琪斟酌之后，除驿臣经管驿马，不需要议给养廉外，其余佐杂、教职等官应分别酌给养廉。雍正五年，河西各属额征耗羡银两内，除拨除社仓等项银粮外，尚余耗羡银 1585. 6 两，耗羡粮 40099 石，每石约估价 8 钱，共价银 32079. 2 两，至税羡盈余无定额，以雍正五年分河西各属首报之数计算，共银 24239. 8 两。以上引粮税羡 3 项共有银 57904. 6 两，将河西道府同知、州判、州县卫所等官比照陕省之例，分别大小、冲僻，应给养廉公费，并议给佐杂、教职等官养廉银各按数统计，每年共应给银 44880 两。[①] 全省所有的都统、学政、布按二司并河东道府同知、通判，州县卫所佐杂等官养廉公费以及户刑二部、将军巡抚、布按各衙门书办饭食，每年共需银 79740 两，河东额征耗羡除社仓银粮照旧扣贮外，每年应有耗羡银 40153 两，耗羡粮 20737. 3 石，每石约估价银 6 钱 5 分，共价银 13479. 2 两，通省收茶各官引归银 7529. 4 两，管盐通判盐归银 1000 两。

雍正七年六月，雍正帝以道员办理军需，事务亦繁，比起其他各省道员，2000 两养廉银太少，要求再加 1000 两或加倍给予，教官系闲员不予给养廉银。许容遵旨于存公银内酌加银 1000 两，每年共给银 3000 两，停止给教职养廉。[②] 河西耗羡、税羡除支用外，每年余省解司银 18788. 9 两，另外，布政司孔毓璞报雍正六年司库平余归公银 3181. 7 两，以上 6 项共银 84062. 2 两，除议给各官养廉公费银 79740 两外，余银 4322. 2 两留贮司库，作为通省公用。钦差进藏往来以及达赖喇嘛、班禅喇嘛往来盘费脚价再加上地方公事杂项差使，需用浩繁，所余公费银量不敷用。许容奏请在西安藩库公用银内每年酌拨银 15000 两解交甘省，连前余剩银 4320 余两，共银 19320 余两存贮司库，遇有应用之处令布政司动支。河

① 中国第一历史档案馆编：《雍正朝汉文朱批奏折汇编》，雍正七年五月初九日，川陕总督岳钟琪奏覆议给河西各员并估杂职等官养廉折，江苏古籍出版社 1989 年影印本，第 15 册，第 223 件，第 298—299 页。

② 中国第一历史档案馆编：《雍正朝汉文朱批奏折汇编》，雍正七年六月二十八日，宁远大将军岳钟琪奏酌加道员养廉并停止议给教职养廉折，江苏古籍出版社 1989 年影印本，第 15 册，第 506 件，第 644—645 页。

东耗粮价格原比河西低，每石只议6钱5分，照岳钟琪议奏之例，凡将耗粮作为养廉者，无论时价高低，俱定为6钱5分。各处当商向有规礼，临洮道经管通省驿站，原以解部饭食为名派有驿规，临洮道的养廉原来取自驿规银。巡抚许容咨询兵部查明饭食确数，照旧令司驿各官办解外，取消驿规，该道养廉一体议给。①

总之，清初的甘肃地瘠民贫，社会经济发展极不平衡，就人口数量而言，在雍正朝平准战争以前，人口在30万以下徘徊，人口分布亦极不平衡，人口大量分布在河东，河西地广人稀；就全省财政状况而言，额征地丁银只有26万两，额粮不足50万石；就地方财政而言，地方政府穷困，官员的养廉银基本上靠天吃饭，甚至一度无法发放。清代甘肃官员的养廉银发放是清代甘肃贫困的一个缩影。

第二节　雍正朝陕甘的雨雪状况与粮食收成

一　雍正时期陕甘的雨雪状况

陕甘地区地处中国西北内陆，本区大部分地方属温带大陆性干旱、半干旱气候，由于深处内陆，受季风影响较小，气候干燥、降水较少。由于本区大部分地区降水较少，靠天吃饭，雨雪状况对陕甘地区的收成影响极大。关于雍正朝陕西、甘肃的雨雪状况，主要在《宫中档雍正朝奏折》《雍正朝朱批奏折汇编》中有大量记载。《宫中档雍正朝奏折》《雍正朝朱批奏折汇编》的档案中，每年的雨雪奏折所存不一。例如，雍正元年，关于甘肃的雨雪状况，只有布政使傅德的一份奏折。雍正七年关于甘肃雨雪的奏折却多达11份，分别来自署甘肃巡抚西安布政使张廷栋，陕西总督岳钟琪、宁远大将军岳钟琪、兰州巡抚许容、陕西总督查郎阿、陕西粮盐道杜斌等官员。雍正十二年则有12份之多，这些雨雪奏折成为判断地方降水量，预判地方收成的依据之一。地方官亦根据雨雪状况来预测收成。陕甘地理差异性较大，导致农作物的播种时间、生长

① 中国第一历史档案馆编：《雍正朝汉文朱批奏折汇编》，雍正七年闰七月初九日，甘肃巡抚许容奏报通省并河东各官养廉公费银两数目折，江苏古籍出版社1989年影印本，第16册，第43件，第43—44页。

周期不一，这种差异性在地方官的奏折中多有反映，例如，岳钟琪奏，"臣查陕甘两省地方虽称接壤，但耕种之期先后不一。陕省地亩向系冬耕播种，必须腊雪盖护根株交春借以滋长。至甘属地气寒冷，每年所种大、小二麦、豌豆、青稞、粟谷杂粮必于二三月间方得播种"①。"再查甘肃地气寒冷，与西安不同。每年正月初十以后，始种小麦、豌豆、青稞，四月初间方种谷子，四月尽五月初间种糜子，到六月半间先收青稞、豌豆，六月尽七月初间方收麦子，九月初间始收谷子、糜子。"② "甘省地处边陲，风高土燥，雨雪稀少。小民耕耘田亩类皆坡坳沙碛，全赖冬雪则春融布种麦苗始能畅茂。"③ "窃照甘省地土，春二、三月民间尚不望雨，而既经播种之处，若五风十雨自益向荣。"④ 雨雪对各地的收成的影响不一，例如，甘肃河东多赖雨雪，靠天吃饭，而宁夏府、河西水利灌溉相对较小，对雨雪的依赖较小。因此，雨雪状况仅仅是判断影响收成的参考。

(一) 甘肃的雨雪状况及庄稼长势

雍正朝甘肃的雨雪状况，主要由布政使傅德、四川陕西总督年羹尧、署甘肃巡抚布政使彭振翼、甘肃巡抚石文焯、陕西总督岳钟琪、查郎阿、刘於义、兰州巡抚许容奏报。根据陕甘两地的地方官奏报的雨雪状况，雍正年间，甘肃可以说是风调雨顺。由于官员的奏报内容间接获得，奏报里均充斥着风调雨顺的内容，从雨雪奏折中很难判断地方的收成，雨雪仅是地方风调雨顺的参考，收成丰歉还要看雨雪是否应时。正如岳钟琪所奏，"甘凉等属数年以来雨旸时若，兼之地土饶沃，收获甚丰。惟兰州一区地俱沙土易于渗漏，必须大雨连绵方克沾足。是以近年雨水虽属调匀，而收成较之各属稍觉单薄。"⑤ 表 1-2 是依据《宫中档雍正朝奏折》列出的关于

① 《宫中档雍正朝奏折》，雍正七年三月初九日，陕西总督岳钟琪奏覆甘省雨雪并无不足，"台北故宫博物院" 1979 年印行，第十二辑，第 660 页。

② 《宫中档雍正朝奏折》，雍正三年五月十三日，署甘肃布政使彭振翼奏报雨水田禾折，"台北故宫博物院" 1979 年印行，第四辑，第 331 页。

③ 《宫中档雍正朝奏折》，雍正七年正月廿九日，署甘肃巡抚西安布政使张廷栋奏报地方得雨日期并分数折，"台北故宫博物院" 1979 年印行，第十二辑，第 351 页。

④ 《宫中档雍正朝奏折》，雍正十年四月初六日，兰州巡抚许容奏报地方得雨雪折，"台北故宫博物院" 1979 年印行，第十九辑，第 601 页。

⑤ 《宫中档雍正朝奏折》，雍正七年七月初十日，宁远大将军岳钟琪奏报甘凉地方得雨势折，"台北故宫博物院" 1979 年印行，第十三辑，第 580 页。

1723年至1735年诸年甘肃雨雪不足的一些区域。这些主要分布在宁夏、河西，所占面积不是很大。

表1-2　　　　雍正朝各年雨雪不足区域

年份	月份	雨雪不足区域	资料来源
雍正元年	九月	河西四月缺雨，五月连得大雨	1-724
雍正二年	闰四月	凉州	2-596
	九月	平凉得雨迟	3-117
雍正六年	二月	甘属各地方得雨雪尚未甚沾	8-746
雍正七年	四月	甘凉肃、宁夏各府所属亦有缺雨之处	8-883
雍正十年	—	靖远未沾足	19-601、774
雍正十一年	五月	文县雨少	21-546
雍正十一年	六月	安化、固原州得雨迟	21-687
雍正十二年	二月	兰州、平番、西宁去冬得雪较少	22-576
雍正十二年	四、五月	宁夏、凉州得雨有限。成县雨不足	23-25、123
	六月初	武威、宁夏得雨不足	23-193
	八月	巩昌、秦州七月雨水不足	23-397
雍正十三年	四月	兰州西北隅、灵州花马池雨稍不足，河西得雨未沾足	24-443
	闰四月	固原先亢旱，后雨	24-620

资料来源：《宫中档雍正朝奏折》，1-724是指第1辑，第724页。

雨雪缺失、不盈时会影响农作物的收成，进一步影响粮价。雍正二年，雨水较多，反而导致当年九月粮价高于往年，“而连岁俱属有秋理应大减，只因今年秋雨连绵，场湿穗润，虽已收割者不能及时碾晒入仓，以致新粮目下多未上市”①。雍正五年，安西甚至出现了雨水过多，麦、豆生芽的状况。“本年甘肃地方春夏雨水愆期，交秋阴雨过多，以致间有麦、豆生芽，收成少歉。”② 雨雪对粮价的直接影响表现为雨雪会影响人们对当下乃至当年区域内粮食供求的预期，进一步影响人们的市场行为，导致粮食的供求

① 《宫中档雍正朝奏折》，雍正二年九月十八日，署甘肃巡抚事布政使傅德奏报收成粮价折，“台北故宫博物院”1979年印行，第三辑，第210页。

② 《宫中档雍正朝奏折》，雍正十一月初八日，陕西安西镇总兵官潘之善奏报边地垦荒事宜折，“台北故宫博物院”1979年印行，第九辑，第256页。

在短期失衡，引起粮价上涨；间接影响在于雨雪状况影响将来粮食的收成，影响粮食的供应，引起粮价上涨。雍正八年三月下旬，兰州巡抚许容、陕西提督纪成斌等人的奏折就反映出雨雪对粮价的直接影响。

> 今春所得雪雨极为优渥，米粮价值甚平，而平巩各属小米每石有价止三钱者，黄米豌豆每石有价止二钱八分者，麦子每石有价止三钱七分者，当此青黄不接之时，粮价如此平贱，则民食饶足可知。至河西之宁夏、甘凉西肃，年前冬雪富余，今春即气又蚤，各处渠水于二月初旬俱已通流，又兼雨雪时有亦俱沾足……宁西粮价俱平，甘凉亦渐就平减。①
>
> 三月至五月通省雨水沾足，甘凉一带粮价顿减十分之三，据各属所禀咸称丰收在望。②
>
> 固原地方四月以前田地缺雨，自五月迄今雨水甚为调匀，谷禾播种得时，土膏和润长养畅茂。目今市价每春麦京斗一斗价银五分七厘，豌豆一斗价银三分六厘，黄米一斗价银五分七厘，粟米一斗价银五分七厘。③

青黄不接之时，并不是米粮大量上市的时节，但由于雨雪及时，人们对未来的收成可期，并不担心粮食供求会短缺，并不会出现大规模抢购的情况，粮价平稳。

对于清王朝来说，“西边正当用兵之际，军需民食，全赖甘肃收成”④。“查甘省地当孔塞，时值用兵，连年俱得有收，军需民生赖以养济。”⑤ 雍

① 《宫中档雍正朝奏折》，雍正八年三月廿六日，兰州巡抚许容奏报夏禾长发及粮价折，“台北故宫博物院”1979年印行，第十六辑，第25页。

② 《宫中档雍正朝奏折》，雍正八年五月廿一日，兰州巡抚许容奏报地方得雨日期折，“台北故宫博物院”1979年印行，第十六辑，第456页。

③ 《宫中档雍正朝奏折》，雍正七年七月初十日，陕西提督纪成斌奏报地方得雨粮价折，“台北故宫博物院”1979年印行，第十三辑，第601页。

④ 《清世宗实录》卷119，雍正十年闰五月丙戌，中华书局1985年影印本，第8册，第575页。

⑤ 《宫中档雍正朝奏折》，雍正十年五月二十七日，兰州巡抚许容奏报地方得雨泽及时折，“台北故宫博物院”1979年印行，第十九辑，第775页。

正帝“则急待甘霖”的心理，导致官员的奏折里总是对收成充满了希望，例如，署甘肃巡抚事布政使傅德奏道：“自兹以往雨泽及时，于小民歌颂，太平之中早可卜有，丰亨气象也俟秋收。”① 雍正十二年二月初四日，兰州巡抚许容折奏，“今春正月初三四、十二三、十七八、二十二三以及二十七八，河东河西各属又复连次得雪，地土甚是滋润，颇见丰年景象”②。

总之，甘肃雨雪应时是粮食收成较好的前提。从陕西总督、甘肃布政使、甘肃巡抚、宁远大将军岳钟琪的奏折中还是能够间接反映出雍正年间甘肃雨雪状况较好的情形。

（二）雍正朝陕西的雨雪状况

陕西雨雪收成情况主要由陕西巡抚、陕西总督、途经陕西的中央官员奏报，奏折中见到的奏报官员有：陕西巡抚范时捷、署理陕西巡抚张保、西安巡抚石文焯、法敏、西琳，陕西按察使硕色，史贻直、陕西提督纪成斌、署理川陕总督岳钟琪、陕西总督岳钟琪、查郎阿、刘於义等人。陕西巡抚和陕西总督奏报雨雪是其职责，巡抚基本上每月都要奏报，而总督则是三个月奏报一次。从雨雪奏折判断，雍正朝陕西的雨雪情况较甘肃更好。表1－3是雍正年间个别月份陕西雨雪不足区域统计。

表1－3　　雍正朝陕西雨雪不足区域统计

年份	月份	雨雪不足区域	资料来源
雍正三年	二月	西安附近州县少雪	3－604
雍正五年	八月	西安府入夏以来雨水稍缺，自六月中以至七月终旬数次得雨	8－723
雍正七年	—	西凤二属缺雨，西安亢旱	13－900
雍正七年	十二月	西安各属尚未得雪	15－337
雍正八年	三月	各属虽皆得雨而雨力尚未沾足	15－824
雍正十年	八月	闰五月后雨泽衍期，交秋以来甘霖叠沛，西安府属得雨稍迟	20－405
雍正十三年	四月	二月以来得雨，城固、宜川未沾足	24－443

资料来源：《雍正朝宫中档》，3－604是指第3辑，第604页。

① 《宫中档雍正朝奏折》，雍正二年闰四月十九日，署甘肃巡抚事布政使傅德奏报雨水田禾折“台北故宫博物院”1979年印行，第二辑，第596页。

② 《宫中档雍正朝奏折》，雍正十二年二月初四日，兰州巡抚许容奏报地方得雨情形折“台北故宫博物院”1979年印行，第廿二辑，第576页。

显然，陕西的雨雪情况比甘肃更好。风调雨顺在上述官员的奏折反映更多。雍正二年九月，陕西巡抚范时捷奏报:“今岁夏麦丰收，万民共歌乐利，入秋以来雨水沾足，秋禾更庆盈宁，臣所辖四府一州，据报秋禾均有十分收成，天时和畅，风雨调顺，夏麦秋禾咸称大有洵数十年来未有之盛事。”① 雍正五年，陕西夏秋田禾虽被冰雹零星打伤，但不成灾，雨雹之后粮价未长。“今夏田收获小麦每一市石时值七钱八、九分，固原斗大，每一市斗折京斗二斗二升二合，粮价较前更贱，秋禾发生茂盛。”② 雍正五年十二月，陕西巡抚西琳由山西至西安的途中，奏报“沿途小米每斗价银自一钱至钱二、三分不等，豆子自六分至八、九分不等，麦子自八九分至钱一、二分不等”。③ 陕西巡抚张保七月抵达陕西境内，见到各处秋禾茂盛，各属以及西安府省会的粟米、麦、豌豆的价格低平④。雍正七年，陕西的降水状况不佳，这一年的雨雪奏折较少，从雍正七年十二月十八日，从陕西总督查郎阿的奏折里得知，“谕旨数年来陕省从未有如此薄收”。⑤ 再就是陕西盐粮道杜斌的奏折反映“陕之延漢属雨水亦多，惟西凤二属缺雨，西安亢旱尤甚，六七两月全无雨泽，秋禾播种者不过十之二三，已经枯槁，各色粮价较前渐长”。⑥ 雍正十年七月，咸、长二县以及省东之临潼、渭南、华阴，省西之咸阳、兴平等县雨水延迟，导致粮价昂贵⑦。除雍正七年、十年，其他年份陕西的雨雪状况较佳。

---

① 《宫中档雍正朝奏折》，雍正二年九月初四日，陕西巡抚范时捷奏报秋收折，“台北故宫博物院”1979年印行，第三辑，第127页。

② 《宫中档雍正朝奏折》，雍正五年七月廿四日，陕西提督路振阳奏报雨不成灾折，“台北故宫博物院”1979年印行，第八辑，第585页。

③ 《宫中档雍正朝奏折》，雍正五年十二月十八日，陕西巡抚西琳奏报得雨分数折，“台北故宫博物院”1979年印行，第九辑，第498页。

④ 《宫中档雍正朝奏折》，雍正五年八月十六日，陕西巡抚张保奏报秋禾情形折，“台北故宫博物院”1979年印行，第八辑，第689页。

⑤ 《宫中档雍正朝奏折》，雍正七年十二月十八日，陕西总督查郎阿奏报陕省得雨沾足折，“台北故宫博物院”1979年印行，第十五辑，第336页。

⑥ 《宫中档雍正朝奏折》，雍正七年闰七月二十日，陕西粮盐政杜斌奏报地方事务折，“台北故宫博物院”1979年印行，第十三辑，第900页。

⑦ 中国第一历史档案馆编:《雍正朝汉文朱批奏折汇编》，雍正十年七月初六日，署西安巡抚马尔泰等奏报各属秋禾情形并得雨日期及酌动仓谷减价平粜缘由折，江苏古籍出版社1989年影印本，第22册，第687件，第901页。

总之，雍正朝平准战争期间，陕甘补给区没有出现大的旱灾，雨雪状况相对较好，粮食供应充足。

二　雍正朝陕甘的自然灾害

灾害性气候引起各类灾害的发生，直接影响粮食收成。旱灾是影响陕甘地区粮食收成最主要的灾害，除旱灾外，水涝、雹灾亦有影响。雍正年间，陕甘灾害相对较少。袁林先生的《西北灾荒史》是研究这一时期陕甘灾荒最权威的著作。表 1 - 4 是根据袁林先生的研究，所作的雍正间陕甘各类主要灾害等级表。表中用 A—E 表示陕甘灾荒等级。其中，A 级最低，E 级最高。

表 1 - 4　　雍正朝陕甘各类灾害等级

年份	1723	1724	1725	1726	1727	1728	1729	1730	1731	1732	1733	1734	1735
旱灾级别	A	—	A	—	A	A	A	—	—	—	—	A	B
水涝灾害	—	—	—	A	A	C	—	A	A	D	A	—	A
雹灾级别	A	A	—	—	A	B	A	A	A	D	A	—	—

资料来源：袁林：《西北灾荒史》，甘肃人民出版社 1994 年版，第 68 页。

从表 1 - 4 中可以看出，雍正时期陕甘虽不能称得上风调雨顺，但此时陕甘的灾荒等级相对来说较低。由于灾荒等级低，波及范围小，个别地区的局部灾害对陕甘二省的收成影响不大。

三　雍正朝陕甘的收成分数

地方收成分数也是由地方官奏报，主要是巡抚、布政使奏报。在地方官奏报雨雪状况时，就已经开始对收成分数进行预测。此外，粮食收获后，地方官还要单独对粮食收成状况进行奏报。收成分数以十分为最好，最差一般都是五分，五分以下就判定为受灾，官方要进行赈灾。

（一）雍正时期甘肃的收成分数

表 1 - 5 是雍正年间甘省的收成分数。收成以分数表示，甘肃收成计

算办法，“向来统计收成分数，俱系多少相乘，折中定数”[①]。该表的数据来源于《雍正朝汉文朱批奏折汇编》《宫中档雍正朝奏折》《明清档案》。由于奏报人不同，对同一地区的收成分数的估算，往往差异很大，计算时采取平均值。中国古代社会的农业生产方式决定了粮食产量与气候、劳动人数、耕地数密切相关，收成系数仅仅表示该地区各年的收成状况，同一地区不同年的收成系数不同，则粮食产量不同，同一年不同地区的收成系数相同，但粮食产量肯定不同。例如1725年，肃州的收成系数为9.5，庆阳府的收成系数为7，但由于庆阳府的耕地数量远远高于安西，再加上两地的地理条件、气候条件等因素影响，肃州的粮食总量与庆阳府的粮食总量无法相比。

表1-5　　雍正朝甘肃收成分数

区域	1723年	1724年	1725年	1726年	1727年	1728年	1729年	1730年	1731年	1732年	1733年	1734年	1735年
巩昌府	8	8.5	8.5	8	7	7.5	8	8	7.9	6	7.8	7	7.1
平凉府	8	8. 5	7.75	6.5	7	6.5	8	8	6.4	6.4	7.3	6.4	5.4
临洮府	8	8.5	7	8	6	6.5	5.3	8	7.7	6	7.7	6.4	6.4
庆阳府	8	8.5	7	6.5	5	6	8	8	5.9	5.4	6.2	5.7	5.7
凉州府	7	8.5	—	8	8	8.3	8	8	7.5	6.5	8.6	7.3	6.8
宁夏府	7	8.5	7.6	8	8	8	8	8	8.9	8.4	9.2	8.1	8
西宁府	7	8.5	6.5	7.5	6	8	8	8	6.7	5.3	7.7	6.8	7.7
甘州府	7	8.5	8.4	8	8	8	8	8	7.5	7.1	7.2	5.5	5.5
直隶阶州	—	8.5	—	8	7	—	8	8	8.2	6.5	8.2	6.3	7.3
直隶秦州	—	8.5	—	8	7	—	8	8	7.7	6.5	7.4	6.6	6.6
直隶肃州	7	8.5	9.5	8	7	—	8	8	7.5	7.3	8.1	7	7.2
安西厅	—	8.5	—	—	7	—	8	8	—	5.7	9.3	7.2	7.5
靖逆厅	—	8.5	—	—	7	—	8	8	7	7	8	7.4	8

资料来源：《雍正朝朱批奏折汇编》《宫中档雍正朝奏折》。

收成分数可以直观反映当年的收成状况。例如雍正元年，甘肃各府州的收成都在七、八分，署甘肃巡抚事布政使傅德奏报当年甘肃的收成，

① 《清高宗实录》卷917，乾隆三十七年九月戊申，中华书局1985年影印本，第20册，第285页。

"统计甘肃今岁处处皆获有收，且今秋天气和暖，霜来甚迟。是以田禾无伤，俱已收割，村市商民含哺乐岁，各安生业，咸谓数年以来未有如今岁收获之广，未有如今年雨泽之多者"①。当然，不同的大臣奏报的雨雪与收成分数有时存在差异，例如，雍正三年五月初，署理陕西总督岳钟琪从西宁赴西安途中，奏报地方少雨情况，"臣于四月二十四日自西宁起程经过河西地方，夏麦俱好，至兰州地方无雨苦旱，夏麦已是失望，秋禾亦难布种，至安定县、会宁县、静宁州、隆德县四处地方，难得微雨不能沾足，夏麦必致歉收……至平凉府以东，夏秋禾苗聚俱好"②。五月十三日，甘肃布政使彭振翼所奏报的情况与岳钟琪所奏报情况略有差异，彭振翼奏折中，平凉府属之各州县、巩昌府属自春至夏雨水均沾，田禾茂盛。庆阳府属、临洮府属，本年正月至三月内雨雪微小，自四月以来雨水，田禾茂盛。环县、庆阳卫、陇西、两当、西和、通渭、徽州、秦州、成县、漳县、礼县、秦安、清水、安定、会宁等县及西固、洮岷二卫雨水细微，田禾正在发长。宁夏府属各州县、西宁、凉、甘三府属之各州县及肃州道属，自春至夏雨雪细微，"查此数处向来均赖河渠之水，今岁天气和暖山中积雪融化，入于河渠得资浇灌，田禾发长"③。

当年十月，甘肃巡抚石文焯奏报收成分数：

> 今年夏秋以来……雨水调匀十分沾足，到处俱庆丰收。臣查兰州、河州、兰州卫、归德所收成俱有十分，又临洮府属之狄道、渭源、金县收成有九分、七分不等，平凉府所属十州县收成有九分、八分、七分不等，庆阳府所属五州县收成有八分、七分、五分不等，巩昌府所属十七州县收成有十分、九分、八分不等，甘州府所属三县收成有九分、八分收成有不等，凉州府所属五县、西宁府所属二县收成有七分、五分不等，宁夏府所属五州县收成有九分、八分、

① 《宫中档雍正朝奏折》，雍正元年九月十六日，署甘肃巡抚事布政使傅德奏报收成粮价折，"台北故宫博物院"1979年印行，第一辑，第724页。

② 《宫中档雍正朝奏折》，雍正三年五月初六日，署理川陕总督岳钟琪奏报沿途所见少雨地方折，"台北故宫博物院"1979年印行，第三辑，第275页。

③ 《宫中档雍正朝奏折》，雍正三年五月十三日，署甘肃巡抚布政使彭振翼奏报雨水田禾折，"台北故宫博物院"1979年印行，第三辑，第331页。

七分不等，粮食价值平减，户庆盈宁，兵民乐业。[①]

从岳钟琪的奏报来看，兰州的收成应该很差，但从，甘肃巡抚石文焯的奏报来看，兰州收成没有受到影响，收成是十分。可见，官员的雨雪奏折带有很大的主观成分，无论是雨雪状况还是收成分数，仅仅是参考。

（二）雍正时期陕西的收成分数

雍正年间，由于奏折中关于陕西全省收成分数并不全面，表1－6反映的收成分数主要是1727—1733年部分府州的收成状况。

表1－6　雍正朝陕西诸府收成

区域	1723年	1724年	1725年	1726年	1727年	1728年	1729年	1730年	1731年	1732年	1733年	1734年	1735年
西安府	—	10	—	—	9	9	8	8.1	—	7.7	10	—	—
延绥府	—	10	—	—	—	9	8	9.9	—	5.4	8	—	—
凤翔府	—	10	—	—	9	9	8	9.4	—	8.3	10	—	—
汉中府	—	10	—	—	8.5	9	8	7.9	—	7.7	8	—	—
乾州	—	—	—	—	8	9	8	9	—	8.4	10	—	—
华州	—	—	—	—	8	9	8	9.8	—	7.8	10	—	—
同州	—	—	—	—	8	9	8	9.8	—	7.2	10	—	—
耀州	—	—	—	—	8	9	8	10	—	7.2	10	—	—
鄜州	—	—	—	—	—	9	8	9.9	—	6.6	8	—	—
邠州	—	—	—	—	8	9	8	9.4	—	7.4	10	—	—
商州	—	—	—	—	8	9	8	9	—	7.0	9	—	—
兴安	—	10	—	—	8	9	8	8.9	—	7.5	9	—	—
葭州	—	—	—	—	—	9	8	9.9	—	6.4	8	—	—
绥德	—	—	—	—	—	9	8	9.9	—	6.6	8	—	—
榆林	—	—	—	—	—	9	8	—	—	5.7	—	—	—

资料来源：《雍正朝汉文朱批奏折汇编》，江苏古籍出版社1989年影印本；《宫中档雍正朝奏折》，“台北故宫博物院”1979年印行。

① 《宫中档雍正朝奏折》，雍正三年十月初一日，甘肃巡抚石文焯奏报秋收分数折，“台北故宫博物院”1979年印行，第五辑，第232—233页。

雍正朝收成系数表所反映的雍正朝的收成状况与气候状况是基本一致的。雍正二年九月初三、初四日，川陕总督年羹尧、陕西巡抚范时捷所奏报的陕西四府一州的收成分数一致[①]。雍正十年，陕甘的水灾和雹灾的级别都是D级，整个甘肃的收成系数都略有降低。陕西巡抚范时捷奏，“查得今岁秋收后雨泽时敷，麦皆下种。十月十一月得雪未遍。十二月十三、十五、十六等日，接连得雪，所沾颇广，明年二麦可望收成。目下米、豆价皆平减，各府州县虽多寡不同，总在一两内外”[②]。陕西的米、豆价格在一两内外，参考陕西各年的粮价，这个价格实际上是相对较高。

雍正朝陕甘风雨调顺，仓贮充足，成为雍正朝西路乃至北路清军粮食补给的保证。清廷在筹备军需时，实际上对陕甘的收成、仓储、粮价都已做了充分的了解。雍正六年十二月十四日，陕西总督岳钟琪在预备军需时提到“合甘属各府属俱有仓贮粟米可以动用”，并对应需粳米、青稞、糜谷的采买区域、价格做了预估。[③]

第三节　捐纳与雍正朝甘肃的粮食仓贮

自然灾害的发生难以避免，但若预先采取预防措施，则可大大减轻自然灾害带来的损失和对社会的冲击。中国古代建立备荒设施来应对灾害引起的灾荒，其中最重要的莫过于粮食仓储，其中常平仓和义仓专门为备荒所建。常平仓与社仓（义仓）构成了中国古代社会保障仓储体系的主体。常平仓和义仓虽皆为备荒而设，但二者在诸多方面存在着区别。常平仓为官方出资建设，设立于城镇，其救济方法主要为“平粜”即“丰年米贱，官为增价籴之；歉年米贵，官为减价粜之”[④]，起到稳定物价

① 《宫中档雍正朝奏折》，雍正二年九月初三日，太保公四川陕西总督年羹尧奏报秋谷收成折；九月初四日，陕西巡抚范时捷奏报秋收折，“台北故宫博物院”1979年印行，第三辑，第117、127页。

② 《宫中档雍正朝奏折》，雍正元年十二月十九日，陕西巡抚范时捷奏报得雪日期折，“台北故宫博物院”1979年印行，第二辑，第178页。

③ 《宫中档雍正朝奏折》，雍正六年十二月十四日，陕西总督岳钟琪奏覆阅看周开捷奏折并疑质审周开捷折，“台北故宫博物院”1979年印行，第十二辑，第75页。

④ 《元史》卷96，《食货四》，中华书局1976年版，第2467页。

和救济灾民的作用。义仓虽为官方倡立，但粮食来自民间，主要设立于乡村，其救济方法为无偿赈给，所谓“每社立义仓，社长主之。如遇丰年收成去处，各家验口数，每口留粟一豆，若无粟，抵斗存留杂色物料，以备俭岁就给各人自行食用”①。清代的常平仓和义仓互为补充，救济面基本覆盖了城乡广大地区。

清代甘肃省的仓储亦由官方仓廒、民间常平仓与义仓构成。甘肃地处边陲，地瘠民贫，清初地方政府贫困，无法大规模建设仓廒，增加仓储，甘肃的仓储规模无法与陕西等地相比。在雍正朝平准战争之前，甘肃官方仓廒储粮可以满足本地驻军所需，例如，康熙五十四年（1715），“甘肃存仓米、麦及现在采买米石，尽足配给兵丁，又庄浪、西宁、巩昌三处有旧贮粟米四万余石，将此米运送三万石至甘州与甘肃存仓之麦，继续运至军前，相兼支给，军需有余”。② 康熙五十七年，西宁等处驻军，“所需米豆关系紧要，若临时采买，恐米价腾贵”，准于“平巩、宁夏等处，各仓所贮粮石，拨米四万石，豌豆六万石运至兰州、庄浪，以备军需”③。

雍正朝平准战争中，地瘠民贫的甘肃承担了大部分粮食的补给。为了减轻甘肃承办军需的负担，平准战争前夕乃至战争进程中，罪犯赎罪捐纳米石、捐纳贡监及各衙门吏员捐米、捐官就成为战时增加粮食储备的手段。

一　雍正朝甘肃的粮食仓贮

就名义上的仓储建设而言，陕甘一体，但甘肃的仓储建设不如陕西。在清初，就仓廒而言，甘肃仓廒较少。康熙四十三年（1704）议准：“其甘肃地方，既无仓廒，即于常平仓粮内十分之中，动用一分盖造，将用过粮米缺数，照原定数目补还。”④ 以处在平准战争西路的河西走廊为例，

① 陈高华、张帆、刘晓、党宝海点校：《元典章》卷23《户部九·立社·劝农立社事理》，中华书局·天津古籍出版社2011年版，第917页。

② 《清圣祖实录》卷265，康熙五十四年八月乙丑，中华书局1985年影印本，第7册，第603页。

③ 《清圣祖实录》卷282，康熙五十七年十二月壬子，中华书局1985年影印本，第7册，第756页。

④ 《大清会典则例》卷40《积贮》，景印文渊阁四库全书，第621册，《史部379·政书类》，台北：台湾商务印书馆1983年版，第225页。

康熙朝河西走廊官仓有44所，以常平仓为例，玉门县的预备仓，康熙五十六年建；高台县的预备仓，雍正十年建。在平准战争之前，地广人稀的河西走廊的仓储无论是规模还是储量都不大，反而是平准战争促进了河西仓储的发展，雍正朝河西的官仓增加到60所①。就仓储粮而言，甘肃官仓的储量不足。甘省僻处西陲，每年兵粮供支，农民的借贷均由仓储支出，导致仓粮存贮无几。就仓储的规模及储粮来看，有限的储粮显然无法支持长期战争。捐纳就成为增加储粮的措施。甘肃常平仓捐纳米由各州、县、卫、所分征者比较多。按照定例，各县钱粮年终查运奏销，康熙四十二年春季，甘肃就开始常平仓捐纳米。康熙四十三年，酌定甘肃省常平收捐积储等事案内共收仓斗粮86万石。康熙四十六年，川陕总督博霁奏请清查甘肃常平仓捐纳米石，各属所征捐纳米共计90万余石，在清查过程中，暴露出甘肃捐纳混乱，"又从各属地征米者有之，征银者亦有之"②。康熙五十一年，了拜奏甘肃各地粮仓所贮米谷共2447190余斗，其中"河西甘州、肃州、凉州、西宁、宁夏五道属各厅、卫所现今所贮、捐纳、籴入及由西安运抵之各种米谷共一百二十五万三千二十七斗余。平凉、庆阳、临洮、巩昌等四府所属各厅、州、县、行都司所属卫所粮仓，现今所贮、捐纳、由西安运抵之各种米谷共一百一十九万四千一百七十二斗余"③。康熙五十三年绰奇的奏折中道："甘肃地方距边口近，与兵丁钱粮、生民关系紧要，圣主通鉴，于各属地贮存米二百余万石米谷。近二年陆续赈济，共需米谷至三十五、六万石。"④ 根据甘肃军粮发放以及各地春季发放籽种、赈灾所需，了拜所奏可能有误，储量单位应该是"石"而不是"斗"。针对康熙五十三年甘肃有21处夏灾、16处秋灾，所需赈济米谷较多，五十三年冬天需要发放军粮，五十四年春季需要籽种，各地所贮米不过百万余石的状况，总督鄂

① 王玉春：《清代河西仓储研究》，硕士学位论文，陕西师范大学，2014年。

② 中国第一历史档案馆编译：《康熙朝满文朱批奏折全译》，康熙四十六年十二月初五日，川陕总督华显奏请清查常平仓捐米折，中国社会科学出版社1996年版，第1245件，第555页。

③ 中国第一历史档案馆编译：《康熙朝满文朱批奏折全译》，康熙五十一年十一月二十五日，甘肃巡抚了拜奏闻仓贮米石数目折，中国社会科学出版社1996年版，第2071件，第830页。

④ 中国第一历史档案馆编译：《康熙朝满文朱批奏折全译》，康熙五十三年十月初三日，甘肃巡抚绰奇奏请甘肃地方捐纳军粮办法折，中国社会科学出版社1996年版，第2505件，第978页。

海为筹措军粮奏请捐纳80万石，却出现了并无一人捐纳的窘境，绰奇建议："或暂停近处之捐纳，令捐纳之人俱于甘肃地方捐之，或将米谷、银两各半，或应将米数稍减捐纳之处。"[①] 康熙五十九年，甘属常平仓贮粮672000石，所存数量与陕西仅差20000石。雍正年间，甘肃省也将一部分耗羡用来补充社仓，但部分州县只有常平仓，没有义仓。即使常平仓也是建盖较迟，常平仓的亏空比较严重。河西走廊雍正二年才由卫所改设府县，虽基本仓储设施都建立起来，常平仓贮粮主要分布在兰州以东各州县。

社仓在甘肃河东应该建设相对较早。雍正四年，甘肃巡抚石文焯曾奏报甘肃的社仓建设，"又臣奏请于宁夏地方买贮米石，奉旨批令臣具体督臣岳钟琪，已饬巩昌布政司将米价存剩银内动银一十二万两分发宁夏、凉州、西宁、甘州、临洮、巩昌等六府，委员协同地方官采买粟谷等项"[②]。至于甘肃各地社仓的规模、社仓粮食的来源缺乏详细数据。雍正十年，凉州府属平番县秋收歉薄，平番市集无粮粜卖，"查平番并无仓贮粮石，止有社仓减粜存剩粮一千一百余石"[③]。乾隆《镇番县志》载："本城社仓于雍正三年捐置，雍正四年随民捐输，有丰年捐、歉年停之议；雍正五年随额粮每石外加五升屯科，学更名等粮一体纳上。"[④] 雍正十二年春，西宁所属两县一卫牛羊染上瘟疫，西宁道杨应琚"议请借动社仓粮石，按牛只倒毙之多寡，酌量散给易买驴头，以济农务"[⑤]。可见，雍正年间，社仓制度在陕甘得到了落实，即便是地广人稀的河西走廊，各县都建立了社仓。

---

① 中国第一历史档案馆编译：《康熙朝满文朱批奏折全译》，康熙五十三年十月初三日，甘肃巡抚绰奇奏请甘肃地方捐纳军粮办法折，中国社会科学出版社1996年版，第2505件，第978页。

② 《宫中档雍正朝奏折》，雍正四年二月二十日，甘肃巡抚石文焯奏缴朱批折，"台北故宫博物院"1979年印行，第五辑，第623页。

③ 中国第一历史档案馆：《雍正朝设立社仓史料（下）》，雍正十年十一月二十四日，署理陕西总督刘於义为平番县借动减粜银两及社仓粮石事奏折，《历史档案》2004年第3期。

④ （清）张玿美、（清）曾钧、（清）魏奎光纂修：《镇番县志》，《中国地方志集成》，凤凰出版社2008年影印本，第27页。

⑤ 中国第一历史档案馆：《雍正朝设立社仓史料（下）》，雍正十二年二月初四日，《兰州巡抚许容为借社仓粮石易买驴头事奏折》，《历史档案》2004年第3期。

二　罪犯赎罪捐纳米石与边储

雍正初年，随着西北战事缓和，作为增加边储的捐纳已失去了存在必要。雍正元年，国子监祭酒伊尔登等奏请停止监丞、助教、博士、学正、学录等员司教之职的捐纳[①]。雍正二年九月，雍正帝命停止捐纳。

> 又谕，开例捐纳，少助军需，原属一时权宜，非可行之久远。皇考曾屡言捐纳非美事。朕缵承大统，亦以军需浩繁，户部供支不继，捐纳事例，仍暂开收。今仰赖皇考在天之灵，西边军务将已告竣，即现有需用钱粮之处为数无多，著将户部与陕西各项事例即行停止。其运粮赴巴里坤与肃州，所动西安藩库银两，悉作正项报销。[②]

雍正七年，清王朝对准噶尔用兵，随着西路清军驻军规模的扩大，对本色粮食的需求陡增。作为军需总汇集之地的甘、凉、肃积贮不足，通过采买、运送粮食，路途遥远，挽运维艰，雍正初年停止的捐纳被重新提上议事日程。雍正十年，当清军与准噶尔战事处于胶着状态时，鄂尔泰由京赴肃，经与刘於义、许容商酌后，雍正十年九月，鄂尔泰奏请将现行捐纳款项变通，在甘、凉、肃等处改收本色粮石。由于甘、凉、肃里程远近不同，导致粮价悬殊，肃州京斗粟米每石4.83两，甘州每石3.45两，凉州每石2.482两，鄂尔泰奏请各照价值贵贱合定银两，将户部营田免罪条例暂行停止，通过捐纳粮食免罪[③]。“不论旗民罪非常赦不原者”，从四品官、五品官、六品官，七品官以下进士、举人，贡、监生员，平民在肃州、甘州、凉州捐纳数量不等的粟米，“俱准其免罪”[④]。军

① 《清世宗实录》卷6，雍正元年四月丙寅，中华书局1985年影印本，第8册，第133页。

② 《清世宗实录》卷24，雍正二年九月癸卯，中华书局1985年影印本，第8册，第378页。

③ 户部营田例，不论旗民罪非常赦不原者四品官营田五十顷、五六品官营田四十顷，七品官以下进士举人营田二十五顷，贡监生营田二十顷，俱准其免罪；其军流罪犯，各减十分之四，徒罪以下各减十分之六。再有所犯军流以下之罪情重法轻者按其所定之数再加十分之六，准其免罪，仍记档，倘再犯徒罪以上前后通论从重治罪。

④ 中国第一历史档案馆编：《雍正朝汉文朱批奏折汇编》，雍正十年九月二十八日，督巡陕甘经略一应军务鄂尔泰奏请将现行捐纳款项改收本色粮石以备边地仓储折，江苏古籍出版社1989年影印本，第23册，第298件，第361—363页。

流罪犯各减4/10，徒罪以下各减6/10。所犯军流以下之罪，情重法轻者按所定捐纳之数的基础上，再加6/10，准其免罪，仍记档，“倘再犯，徒罪以上前后通论从重治罪”①。表1－7为各类人员捐纳粟米数量。

表1－7　官员、贡监生、平常人捐粮免罪数量

官员品级	各区域捐粮数量（石）			备注
	肃州	甘州	凉州	
四品	1000	1400	1950	其军流罪犯各减4/10，徒罪以下各减6/10。再有所犯军流以下之罪，情重法轻者按其所定之数，再加6/10，准其免罪
五、六品	800	1120	1560	
七品以下进士举人	510	715	1000	
贡监生员	400	560	780	
平民	248	347	483	

资料来源：《雍正朝汉文朱批奏折汇编》，江苏古籍出版社1989年影印本，第23册，第298件，第361—363页。

根据营田例，军流罪犯各减4/10，徒罪以下各减6/10，鄂尔泰参照营田例，奏请已到配所者军流罪犯各减2/10，徒罪以下各减4/10。所犯军流以下之罪情重法轻者，按其所定之数的基础上再加6/10，依照甘凉粟米石数目分别捐纳，准其免罪回籍。②

根据边省仓储紧要等事案内开：“不论旗民，罪非常赦不愿者，平人在凉州府捐纳京斗粟米四百八十三石，准其免罪，其军流罪犯各减十分之四，准其免罪。”③ 湖广黄州府黄冈县民人游燕俊与宋茂远争田，

① 中国第一历史档案馆编：《雍正朝汉文朱批奏折汇编》，雍正十年九月二十八日，督巡陕甘经略一应军务鄂尔泰奏请将现行捐纳款项改收本色粮石以备边地仓储折，江苏古籍出版社1989年影印本，第23册，第298件，第361—363页。

② 中国第一历史档案馆编：《雍正朝汉文朱批奏折汇编》，雍正十年九月二十八日，督巡陕甘经略一应军务鄂尔泰奏请将现行捐纳款项改收本色粮石以备边地仓储折，江苏古籍出版社1989年影印本，第23册，第289件，第361—363页。

③《宫中档雍正朝奏折》，雍正十一年八月二十四日，陕西总督刘於义奏报流犯游燕恳请援例纳米赎罪折，“台北故宫博物院”1979年印行，第二十二辑，第33页。

殴死宋茂远案问拟流罪。雍正十一年，其子游弘道请求捐米免罪，被允准。[①] 边省仓储紧要事例内开："不论旗民罪非常赦不愿者，五、六品官在肃州捐纳京斗粟米八百石，准其免罪。"[②] 军犯王原博系江南太仓州人，原任直隶武清县知县，王原博及族户人等拖欠各年地漕芦课银米，经署总督范时绎援照势豪大户恃顽不纳本户秋粮200石以上发边卫充军律，雍正六年，王原博被发遣到陕，安插口外柳沟卫充军。雍正十一年，其子四川成都府知府王瞻情愿在肃州捐纳京斗粟米800石，恳准其父免罪回籍，雍正帝允准。[③] 边省仓储紧要案内开："不论旗民，罪非常赦不原者，七品官以下，在甘州捐纳京斗粟米七百一十五石后，准其免罪，徒罪以下各减十分之六，已到配所者各减十分之四。"[④] 山西灵石县县丞张某雍正十年十月发配太原府阳曲县，雍正十一年照七品官以下徒罪已到配所应捐米数，在甘州捐纳京斗粟米429石，自备车辆运送缴纳，免罪回籍。[⑤] 河南南阳府邓州斥革监生王振候因诬告，照律杖一百，流三千里，发遣浙江严州府遂安县，按照边省仓储紧要事案内规定："不论旗民罪非常赦不原者，贡、监生员在肃州捐纳米四百石准其免罪。军流罪犯各减十分之四，准其免罪。已到配所者各减十分之二，准其免罪回籍。"王振候在肃州捐纳粟米320石赎罪，雍正帝朱批：

---

① 《宫中档雍正朝奏折》，雍正十一年八月二十四日，陕西总督刘於义奏报流犯游燕恳请援例纳米赎罪折，"台北故宫博物院"1979年印行，第二十二辑，第33页。

② 中国第一历史档案馆编：《雍正朝汉文朱批奏折汇编》，雍正十一年十月初七日，署陕西总督刘於义奏报军犯原候补主事王原博情愿在肃捐赎准否请旨遵行折，江苏古籍出版社1989年影印本，第25册，第166件，第208页。《宫中档雍正朝奏折》，雍正十一年十月初七日，陕西总督刘於义奏报成都知府王瞻捐粟代父赎罪折，"台北故宫博物院"1979年印行，第二十二辑，第195页。

③ 中国第一历史档案馆编：《雍正朝汉文朱批奏折汇编》，雍正十一年十月初七日，署陕西总督刘於义等奏报徒犯原山西灵石县县丞张情愿在甘捐赎准否请旨遵行折，江苏古籍出版社1989年影印本，第25册，第167件，第209页。《宫中档雍正朝奏折》雍正十一年十月初七日，陕西总督刘於义奏报蒲州知府刘登庸等捐粟代父赎罪折，"台北故宫博物院"1979年印行，第二十二辑，第197页。

④ 中国第一历史档案馆编：《雍正朝汉文朱批奏折汇编》，雍正十一年十月初七日，署陕西总督刘於义等奏报徒犯原山西灵石县县丞张情愿在甘捐赎准否请旨遵行折，江苏古籍出版社1989年影印本，第25册，第167件，第209页。

⑤ 中国第一历史档案馆编：《雍正朝汉文朱批奏折汇编》，雍正十一年十月初七日，署陕西总督刘於义等奏报徒犯原山西灵石县县丞张情愿在甘捐赎准否请旨遵行折，江苏古籍出版社1989年影印本，第25册，第167件，第209页。

“准赎”①。雍正十二年六月，流犯王遵原任平凉府泾州吏目，以官员互相交结夤缘作弊，拟斩监候，后经秋审，改入可矜减等发遣，因年已六旬，请求遵例运粮缴纳赎罪，经鄂尔泰与刘於义条奏奉旨允准，“不论旗民罪非常赦，不原者，七品官以下在肃州捐纳京斗粟米五百一十五石，准其免罪。其军流罪犯各减十分之四准其免罪。”② 肃州监生茹甲振被发配沙井驿，雍正十二年请求在肃州捐纳粟米赎罪，根据边省仓储紧要等事案，“不论旗民罪非常赦不原者，贡监生员在肃州捐纳京斗粟米四百石，准其免罪。徒罪以下各减十分之六，准其免罪。”③ 该犯缴纳米粮赎罪的请求均被允准。

雍正十一年以来，战时的一部分军粮就是通过罪犯捐纳获得，至于通过罪犯免罪捐纳获得了多少粟米，因史料缺乏难以判断，仅上面的几例捐纳事例，捐纳的粟米就超过 2000 石。由此可见，捐纳粟米充作军粮的数量较大。

三　捐纳贡监及各衙门吏员捐米与边储

捐纳贡监及各衙门吏员捐米是筹备西路军粮的第二种捐纳手段。根据甘肃省现有事例，暂停捐银改捐米石，除甘省本地人，包括陕西人都可以在甘肃捐纳。捐纳内容包括捐纳贡、监及各衙门吏员捐米免其赴部考试。捐纳对象有俊秀、附生、增生、廪生、监生、各衙门吏员、历役未满者，在河西捐纳不同数量的粮石，就可以获得做监生、岁贡、免赴部考试的特权。具体捐纳数目如表 1 – 8 所示。

---

① 中国第一历史档案馆编:《雍正朝汉文朱批奏折汇编》，署陕西总督刘於义奏陈流犯王振侯情愿在肃州捐粟赎罪请旨遵行折，江苏古籍出版社 1989 年影印本，第 25 册，第 267 件，第 340 页。《宫中档雍正朝奏折》，雍正十一年十一月初四日，陕西总督刘於义奏报流犯王振候援例纳粟赎罪折，“台北故宫博物院”1979 年印行，第二十二辑，第 286 页。

② 中国第一历史档案馆编:《雍正朝汉文朱批奏折汇编》，雍正十二年六月二十五日，署陕西总督刘於义奏报徒犯茹甲振恳请援理在肃州纳米赎罪条例，江苏古籍出版社 1989 年影印本，第 26 册，第 506 件，第 600—601 页。《宫中档雍正朝奏折》，雍正十二年六月二十五日，陕西总督刘於义奏报流犯王遵援例纳米赎罪折，“台北故宫博物院”1979 年印行，第二十三辑，第 241 页。

③ 中国第一历史档案馆编:《雍正朝汉文朱批奏折汇编》，雍正十二年六月二十五日，署陕西总督刘於义奏报徒犯茹甲振恳请援理在肃州纳米赎罪条例，江苏古籍出版社 1989 年影印本，第 26 册，第 506 件，第 601—602 页。

表1-8　　　　　生员、吏员捐纳粮石

生员名称	河西各府捐纳数量（石）			备注
	肃州	甘州	凉州	
俊秀	20	28	40	俱准作监生
附生	18	25	35	
增生	16	22.5	31.5	
廪生	12	17	24	
监生、附生	40	56	78	俱准作岁贡
增生、廪生	36	50.5	70	
各衙门吏员	10	14	20	免其赴部考试
历役未满者	14	19.5	27	

资料来源：中国第一历史档案馆编：《雍正朝汉文朱批奏折汇编》，江苏古籍出版社1989年影印本，第30册，第791件。

捐纳之粮在甘、凉、肃各属州县仓收纳，按季造册报部。每米1石准收铺垫册费银1钱。各项米石数目根据目前时价核算银两商定，将来米价平减时再行酌议加增米石。[①] 由于路途遥远，且凉、甘、肃等处的米价波动很大，导致赴凉、甘、肃等处捐纳者相对较少。雍正十年九月，鉴于河西积贮米石缺少，军需粮食需用本色，鄂尔泰与刘於义等商议，将甘、凉、肃现在米价，仿照户部营田例银数拟定赎罪捐监数条，于边省仓贮紧要事案内缮折会奏，雍正帝允准了通过边地改捐米石以备积贮方案，但为杜绝捐纳米者在本地采买，规定"除甘、凉、肃本地民人援例捐纳者，准即以所有粮石缴纳外，其他处捐纳人等所捐米石俱应在别处采买运交，不得于甘、凉、肃采买，以致价值腾贵"[②]。雍正十二年，甘、凉、肃年成丰稔，雍正十三年，正月时价，肃州每京斗米1石价银3.864两，甘州每京斗米1石价银2.436两，凉州每京斗米1石价银

① 中国第一历史档案馆编：《雍正朝汉文朱批奏折汇编》，雍正十年九月二十八日，督巡陕甘经略一应军务鄂尔泰奏请将现行捐纳款项改收本色粮石以备边地仓储折，江苏古籍出版社1989年影印本，第23册，第289件，第361—363页。

② 中国第一历史档案馆编：《雍正朝汉文朱批奏折汇编》，雍正十三年二月初六日，署陕西总督刘於义奏请酌增甘凉肃三属捐纳人员捐纳米石等情折，江苏古籍出版社1989年影印本，第27册，第530件，第650—651页。

1.79193两。如果以雍正十年价格计算，肃州每捐米1石，应该加捐米2斗5升，甘州每捐米1石应该加捐米4斗，凉州每捐米1石应该加捐米3斗5升。甘凉肃本地捐纳人员应遵照加捐米数捐纳，其别省别府赴捐人员俱从甘肃河东、宁夏等处买米运交。加上脚力、路费导致米价昂贵，雍正十三年二月，刘於义奏请“别处赴捐人员量加酌减，肃州捐米1石准加捐米1斗5升，甘州捐米1石准加捐米3斗，凉州捐米1石准加捐米2斗5升”①。生员、吏员捐纳米的数量缺乏准确的数据，但通过生员、吏员捐纳，确实增加了河西的仓储。

四 捐官与平准战争期间的边储

雍正十年，兰州巡抚许容以甘肃城堡营房边墙倒塌甚多，亟须修整，而西路军需浩繁，兴筑困难，许容奏请照云南营田事例陆续收捐②。许容四月上折具奏，六月，奏请被允准，但收捐的效果并不理想，以下半年为例，“查自七月至今，已经半载，仅报收银一万五千余两，计作本案工程费用不过百分之一”③。报捐少的原因是照搬云贵营田事例，正项银两比云贵数目加增。再加上正值西路军需补给，物价昂贵，报捐数目增多，导致报捐者观望不前。同月，兰州巡抚许容请求变通报捐事例，请求照云贵事例另立一班，将原奏例内分出贡、监等项四条，改在甘肃各州县捐收本色粮石，本省的土著只准在本处上纳，不许在邻邑，更不许远赴外省避重就轻；外省人听其随地交收。④ 表1-9是监生、附生、各级官吏改加捐纳数目。

---

① 中国第一历史档案馆编：《雍正朝汉文朱批奏折汇编》，雍正十三年二月初六日，署陕西总督刘於义奏请酌增甘凉肃三属捐纳人员捐纳米石等情折，江苏古籍出版社1989年影印本，第27册，第530件，第650—651页。

② 中国第一历史档案馆编：《雍正朝汉文朱批奏折汇编》，雍正十年十二月十八日，兰州巡抚许容奏请酌改捐款原例以收修整甘省城堡等公费之实折，江苏古籍出版社1989年影印本，第23册，第647件，第788—791页。

③ 中国第一历史档案馆编：《雍正朝汉文朱批奏折汇编》，雍正十年十二月十八日，兰州巡抚许容奏请酌改捐款原例以收修整甘省城堡等公费之实折，江苏古籍出版社1989年影印本，第23册，第647件，第788—791页。

④ 中国第一历史档案馆编：《雍正朝汉文朱批奏折汇编》，雍正十年十二月十八日，兰州巡抚许容奏请酌改捐款原例以收修整甘省城堡等公费之实折，江苏古籍出版社1989年影印本，第23册，第647件，第788页。

表1－9　　原监生、附生、各级官吏改加捐纳数目

报捐身份	报捐名称	土方原捐数目（方）	部文改定（方）	增加数目（方）	部文再改定（方）	土方折银（两）①
监生、附生	准作岁贡	900	1700	800	—	204
增生、廪生		700	1500	800	—	180
现任通判	以知州用	10000	15000	5000	—	1800
候补候选者		15000	18000	3000	12000	2160
府同知运同等缺	即用现任知县	15000	18000	3000	9000	1080
候补候选者	以通判用	12000	—	—	10000	1200
候补候选者	以知州用	20000	24000	4000	—	2880
现任知县		15000	18000	3000	—	1080
现任布经布理州同	以知州用	16000	18000	2000	—	1080
候补候选者		20000	24000	4000	—	2880
现任布经布理州同按经	通判运判用	12000	16000	4000	—	1920
候补候选者		15000	20000	5000	—	2400
现任州判、府经历、教授、学正、教谕	以知县用	12000	18000	6000	考职捐职州同县丞等官各加捐3/10	1080
候补候选者		16000	20000	4000	—	2400
候选州同已捐应升者	以知州即用	15000	18000	3000	以通判运判等缺即用	1080
候选州判、县丞府经历教谕等官已捐应升者	一知县用	10000	12000	2000	—	1440
候补候选知州	准其即用	10000	—	—	—	1200
候补候选通判、运判、提举、知县等官	准其即用	8000	8500	500	其愿改归单月各项再加3/10，部文改再加5/10，较原奏加2分	1020

资料来源：中国第一历史档案馆编：《雍正朝汉文朱批奏折汇编》，第23册，第647件，第789—791页。

① 土方折银标准，每土方1方折银1钱2分。

雍正十年十二月，许容变通了康熙末年的旧例款项，提高捐粮的价格，以提高捐纳者的积极性。表1－10是各类生源、官吏捐纳的数目。京官至郎中，外官至同知，除捐纳银两正项外，每百两收取公费银3两。

表1－10　　各类生员、官吏捐银数目

<table>
<tr><th>原官名称</th><th>捐官名称</th><th>土方折银（两）</th><th>备注</th></tr>
<tr><td rowspan="7">贡生、监生</td><td>七品小京官</td><td>1200</td><td rowspan="7">康熙五十九年肃州所开，每石由7.2两增加至10两</td></tr>
<tr><td>七品小京官应升之缺即用</td><td>1500</td></tr>
<tr><td>八品小京官</td><td>1000</td></tr>
<tr><td>八品小京官应升之缺即用</td><td>1200</td></tr>
<tr><td>九品小京官</td><td>800</td></tr>
<tr><td>九品小京官应升之缺</td><td>900</td></tr>
<tr><td>未入流小京官即用</td><td>600</td></tr>
<tr><td>现任通判</td><td rowspan="2">以同知现用</td><td>1512</td><td rowspan="4">康熙五十六年钦奉上谕事</td></tr>
<tr><td>候补候选通判</td><td>1872</td></tr>
<tr><td>现任知州</td><td rowspan="2">捐员外者以员外用，捐同知者以同知用</td><td>2160</td></tr>
<tr><td>候补候选知州</td><td>2520</td></tr>
<tr><td>道员</td><td rowspan="4">除贪酷大计不准捐纳，因公革职者以原官补用</td><td>4000</td><td rowspan="6">康熙五十三年筹画边防捐例</td></tr>
<tr><td>郎中、员外、知府</td><td>3200</td></tr>
<tr><td>主事、同知、运同、参将</td><td>2400</td></tr>
<tr><td>通判、知州、知县、游击、都司</td><td>2000</td></tr>
<tr><td>州县佐贰、守备</td><td></td><td>800</td></tr>
<tr><td>降级调用已用未用文武官员</td><td>将所降一级复还，再有多余以此计算复还降级仍照原职补用</td><td>480</td></tr>
<tr><td>不论满洲汉军监生</td><td>准其免考</td><td>240</td><td rowspan="2">康熙五十七年肃州所开湖滩河所捐例，每石由7.2两增加至10两</td></tr>
<tr><td>候选笔帖式</td><td>准其先用</td><td>加捐银240</td></tr>
</table>

资料来源：中国第一历史档案馆编：《雍正朝汉文朱批奏折汇编》，雍正十年十二月十八日，兰州巡抚许容奏请酌改捐款原例以收修整甘省城堡等工费用之实折，江苏古籍出版社1989年影印本，第23册，第647件，第791—792页。

除捐银外，改捐本色粮石。改捐本色，每捐粮 10 石内，交粟米 4 石，其余 6 石小麦、豌豆各缴纳 3 石。由于甘肃各地粮价悬殊，捐纳的数量有所不同。正项捐粮之外，每粮 10 石交公费银 1 两。

表 1－11　　甘肃各地捐纳粮石

捐纳者身份	捐纳职衔	捐纳标准		各地区实际捐纳标准及粮银								备注
				肃州减半		甘州凉州及肃属高台减四成		西宁及临属兰州减三成		平凉、巩昌及临洮府属狄道、河州、渭源金县减两成		—
		粮（石）	银（两）	粮（石）	银（两）	粮（石）	银（两）	粮（石）	银（两）	粮（石）	银（两）	
俊秀	监生	60	6	30	3	36	3. 6	42	4. 2	48	4. 8	—
附生		50	5	25	2. 5	30	3	35	3. 5	40	4	
增生		40	4	20	2	24	2. 4	28	2. 8	32	3. 2	
廪生		30	3	15	1. 5	18	1. 8	21	2. 1	24	2. 4	
候补候选布经布理州同州判县丞府经教谕等官	准其即用	100	10	50	5	60	6	70	7	80	8	愿改归单月各项再加 3/10，准其改归单月即用。
考职捐职州同县丞		120	12	60	6	72	7. 2	84	8. 4	96	9. 6	
候补候选训导主簿吏目以下杂等官		50	5	25	2. 5	30	3	35	3. 5	40	4	—
贡生监生	准与州同职衔	30	3	15	1. 5	18	1. 8	21	2. 1	24	2. 4	—
	准与州判县丞职衔	24	2. 4	12	1. 2	14. 4	1. 44	16. 8	1. 68	19. 2	1. 92	—
	准与主簿吏目职衔	20	2	10	1	12	1. 2	14	1. 4	16	1. 6	—

续表

捐纳者身份	捐纳职衔	捐纳标准		各地区实际捐纳标准及粮银								备注
				肃州减半		甘州凉州及肃属高台减四成		西宁及临属兰州减三成		平凉、巩昌及临洮府属狄道、河州、渭源金县减两成		—
		粮（石）	银（两）	粮（石）	银（两）	粮（石）	银（两）	粮（石）	银（两）	粮（石）	银（两）	
不论外省本省已未考职吏目	准以从九品未入流即用	40	4	20	2	24	2.4	28	2.8	32	3.2	如有别省寄籍甘省人民愿在甘省各衙门挂名顶缺者，准其顶缺，一体报捐，仍咨回原籍出结
历役未满者	准以从九品未入流即用	50	5	25	2.5	30	3	35	3.5	40	4	如有别省寄籍甘省人民愿在甘省各衙门挂名顶缺者，准其顶缺，一体报捐，仍咨回原籍出结

资料来源：《雍正朝汉文朱批奏折汇编》，江苏古籍出版社 1989 年影印本，第 23 册，第 791—792 页，第 647 件。

即便如此，甘省捐修城堡营房边墙事例，报捐者寥寥。雍正十一年正月，许容奏请酌改条款，并将原款四小条改捐本色缮折具奏，大学士鄂尔泰以甘、凉、肃为军需总汇，所属向无积贮，奏请将现行捐纳条款内贡、监生及吏员捐职改在甘、凉、肃上纳本色并增添赎罪各条程。雍正十一年春，各属民间缺少籽种，酌议发仓借给，但仓贮有限，不能满足各项动支，许容请求开此报捐，因地酌减，等粮价平贱时，再行议增[①]。雍正十一年八月，兰州巡抚许容奏称，候补、候选、布经、布理、州同、州判、县丞、府经教谕等官捐粮 100 石，考职、捐职、州同、县丞等官捐粮 120 石，候补候选训导、主簿、吏目以下杂职等官捐粮 50 石，俱准其即用其原该归单月各项，再加 3/10，准其改归单月即用一条。廷

---

① 中国第一历史档案馆编：《雍正朝汉文朱批奏折汇编》，雍正十一年正月十七日，兰州巡抚许容奏请敕部将河东各府及宁西两属改捐本色各款建议施行折，江苏古籍出版社 1989 年影印本，第 23 册，第 703 件，第 868 页。

议以改收粮数较之原奏土方事例折收银数甚属短少，议令各加 5/10，其原该归单月各项再加 3/10。贡生、监生捐粮 30 石准予州同职衔，捐粮 24 石准予州判县丞职衔，捐粮 20 石准予主簿吏目职衔。又不论外省、本省已未考职吏员捐粮 40 石，历役未满者捐粮 50 石，准以从九品未入流即用。如有别省寄籍甘省人民原在甘省各衙门挂名顶缺者准其顶缺，一体捐纳，仍咨回原籍出结报部查核。廷议以所定粮数与原奏土方银数相等，准其照数改收粮石。原议肃州应减半缴纳，凉、甘二府属并肃属之高台县应减四成缴纳，西宁并临洮府属之兰州应减三成缴纳，平凉、巩昌及临洮府之狄道、河州、渭源、金县应减两成缴纳，其宁夏、秦州、庆阳、阶州毋庸议减，廷议以甘省各属粮价不一，势难划一收捐，应照所奏行并令等粮价平贱时再行增加。同月，许容以收成丰稔，粮价渐平，将河东各府及河西、宁夏所属收捐粮数奏请增加。应如许容所奏，除甘、凉、西、肃仍照原减数目收捐外，平、临、巩三府属内兰州一处应照原议粮数缴纳，停其减三成外，原议减两成各州县除不减外，应于原议粮数之外各加 2/10；原未议减之宁夏、秦州、庆阳、阶州应于原议粮数之外各加 4/10，仍照原议每 10 石内收粟米 4 石，小麦、豌豆各 3 石，并每 10 石交公费银 1 两。雍正十三年，甘省收成胜于往年，河东各府州及河西、宁夏所属，米、麦、豌豆价格逐渐平减，以本年春季为始，遵廷议照河东、河西现在粮价增加捐纳粮食数量，肃州从减半成改为减四成，肃属高台从减四成改为减三成。甘州府属之张掖、从减四成改为减两成，山丹从减四成改为减一成。凉州府属武、永、镇、古五县原系减四成，西宁府属西、碾、大通三县卫原系减三成俱应改照原额。临洮府属之兰州从减三成改为加两成，临洮府属之狄、金、河四州县及平凉、巩昌两府属从减两成恢复到原额，今加两成收纳，狄、渭、金河四州县应改为加四成，平凉府属改为加三成，巩昌府属改为加五成。庆阳、宁夏、秦州、阶州所属各州县原照额数收纳，前已增至加四成，庆阳、宁夏阶州应俱改为加五成、秦州改为加七成。每粮 10 石仍应交粟米 4 石，麦豆各 3 石，每 10 石交公费银 1 两①。

---

① 中国第一历史档案馆编：《雍正朝汉文朱批奏折汇编》，雍正十三年二月二十日，兰州巡抚许容奏报军需减少粮价平减酌给捐款粮石缘由折，江苏古籍出版社 1989 年影印本，第 27 册，第 547 件，第 737—739 页。

清廷通过各类捐纳，增加了甘肃的仓储，缓解了平准战争西路清军筹运粮食紧张的局面。乾隆元年，西北用兵暂时告竣，西路清兵渐撤。军需减少，正月，议停捐纳事宜，经九卿翰詹科道会同确议，户部捐监一条应留，各省一概停止。"并请以每岁捐监之银，留为各省一时岁歉赈济之用，从之。"① 但将赎罪一条仍照旧例办理。②

第四节　雍正朝平准战争前的陕西仓储

地方的粮食仓储与当地的气候、地理位置、社会经济发展状况密切相关。如果当地气候适宜，五谷丰登，则官仓、常平仓、社仓和义仓及百姓家中仓储充实；如果当地灾荒不断，粮食消耗过多则仓储空虚。图1－1是1700—1799年陕西历史饥荒等级。频繁的饥荒，相对稠密的人口，促使陕西重视粮食仓储体系的建设。

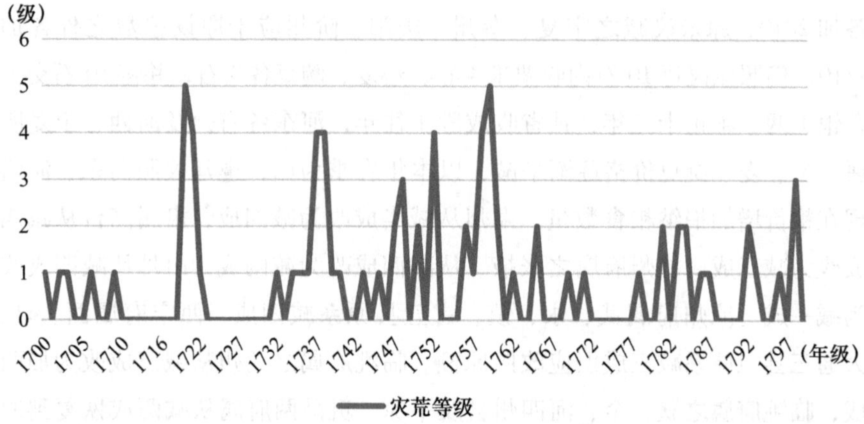

图1－1　18世纪陕西的灾荒等级

注：级别标准为：0级，无饥荒；1级≤10分；2级，11—20分；3级，20—30分；4级，30—50分；5级，50分以上。对个别灾情极重的饥荒予以6级处理。

资料来源：根据袁林《陕西历史饥荒等级式年表》所作，该年表见《陕西历史饥荒统计规律研究》，《陕西师范大学学报》2002年第5期。

① 《清高宗实录》卷11，乾隆元年正月丙辰，中华书局1985年影印本，第9册，第353页。

② 《清高宗实录》卷15，乾隆元年三月庚申，中华书局1985年影印本，第9册，第416页。

一 雍正朝平准战争前的陕西常平仓储

清代陕西的地方仓储主要有常平仓、社仓和义仓。其中常平仓规模最大。康熙三十年（1691）到乾隆十三年（1748），陕西常平仓发展并达到高峰。[①] 清代各地常平仓的粮食来源不一，捐纳是清代收集粮食的手段之一，陕西常平仓的粮食部分系来自捐纳。康熙四十二年，西安地方各官、监生仅欠捐米就达到81万余石，陕西巡抚华显催追二年，仅完结11万余石，鄂海到任复催追12万余石。康熙帝允准代捐，武功、三县原欠捐纳米共397142石，鄂海代为捐纳，折取银603890余两，米137600余石[②]。康熙四十二年，川陕总督华显奏定，“额征银一钱或米一斗捐米一合，以备民饥，积少成多，以备赈济之法”[③]。该米被称为三合米。征收四年后，陕西、甘肃属地所贮三合米皆不少于10万石。但各级地方官将用来赈灾的三合米充公作为正供，下属官吏将三合米当作额外追征，“未完则遣衙役往催，所遣之人到彼不无取盘缠、饮酒、用饭之情。若遣而未追完，则强行殴打追取，因此民皆不悦。”[④] 康熙四十六年，博霁奏请征收钱粮时，将此三合米放入正项征收，“每征正项钱粮一斗，兼收捐助米三合，每收银一钱，兼收银三厘，以此三厘银购三合米则易得之。”[⑤] 雍正元年，雍正帝将三合米豁免，劝谕民间行社仓之法，但民间对社仓之法颇为疑惧，雍正帝想动用正项代民购买，但岳钟琪以州县皆有常平官仓。如果再动用公费采买，“不但糜费滋多，且恐买贮之项仍与常平仓无疑”[⑥]。

---

① 胡波：《试析清代陕西黄土高原地区常平仓储粮规模的时代变化》，《陕西师范大学学报》（哲学社会科学版）2002年第1期。

② 中国第一历史档案馆编译：《康熙朝满文朱批奏折全译》，康熙四十四年五月初九日，陕西巡抚鄂海奏报完结西安捐纳米事折，中国社会科学出版社1996年版，第728件，第368页。

③ 中国第一历史档案馆编译：《康熙朝满文朱批奏折全译》，康熙四十六年十二月初五日，川陕总督博霁奏请更改捐助三合米例折，中国社会科学出版社1996年版，第1244件，第554页。

④ 中国第一历史档案馆编译：《康熙朝满文朱批奏折全译》，康熙四十六年十二月初五日，川陕总督博霁奏请更改捐助三合米例折，中国社会科学出版社1996年版，第1244件，第554页。

⑤ 中国第一历史档案馆编译：《康熙朝满文朱批奏折全译》，康熙四十六年十二月初五日，川陕总督博霁奏请更改捐助三合米例折，中国社会科学出版社1996年版，第1244件，第554页。

⑥《宫中档雍正朝奏折》，雍正三年十二月十五日，川陕总督岳钟琪奏报社仓收贮折，“台北故宫博物院”1979年印行，第五辑，第462页。

陕西常平仓储粮最多。康熙五十九年，陕属常平仓存贮粮 692000 石，雍正六年贮粮 42 万余石。[①] 例如乾州常平仓，虽建于明洪武时期，雍正二年，存贮米、麦、豆、谷各色粮 21071.9 石。[②] 雍正六年二月，陕西巡抚西琳奏报“惟是陕省仓储内有豆麦兼贮者，又有米麦豆互相折抵存贮者，统计十二万石有奇”[③]。每遇青黄不接之时，陕省各州县常平仓向来只准民户借领，而不准屯户借领。雍正十三年，史贻直、硕色奏请将雍正十一年拨运豫米 10 万石至陕，易贮谷 20 万石内，除运肃军需及支放勇健营兵丁月饷，共用过谷 32800 余石外，将实应贮谷 167100 余石分拨咸宁、长安、临潼、蓝田、盩厔、鄠县、醴泉、渭南、咸阳、泾阳、三原、兴平、高陵、同、华、乾三州及蒲城、武功等县存贮，以为屯户之常平仓，“即饬该管州县准照常平仓民户借领之例春借秋还，丰年存七出三，歉岁不拘分数出借”[④]。

二 雍正年间的陕西社仓

陕西的社仓最早应建于雍正三年。如乾州社仓即于“雍正三年奉访部咨行督抚令建设”[⑤]。康熙六十年，川陕总督年羹尧曾擅自增加火耗，“每正额银一两加征耗羡银二钱，内六分为督抚司道府厅养廉，四分为各官补苴亏空并州县养廉”[⑥]。如果通省耗羡不用来填补亏空，只用作官员养廉银，加 1 钱 5 分火耗即有余。雍正三年，岳钟琪曾奏请火耗裁去 5

---

① 中国第一历史档案馆编：《雍正朝汉文朱批奏折汇编》，雍正七年十一月二十二日，署陕西总督查郎阿奏报将夏阳川仓廒移建郃阳城内情由折，江苏古籍出版社 1989 年影印本，第 17 册，第 231 件，第 304 页。

② 雍正《乾州新志》卷 1《仓库》，《中国方志丛书》，台北：成文出版社 1966 年影印本，第 59—60 页。

③《宫中档雍正朝奏折》，雍正六年二月初九，陕西巡抚西琳奏报地方仓储折，“台北故宫博物院”1979 年印行，第九辑，第 783 页。

④ 中国第一历史档案馆编：《雍正朝汉文朱批奏折汇编》，雍正十三年正月二十九日，总理陕西巡抚史贻直等奏请分拨豫米之仓储接济屯民之缓急折，江苏古籍出版社 1989 年影印本，第 27 册，第 494 件，第 604 页。

⑤ 雍正《乾州新志》卷 1《仓库》，《中国方志丛书》，台北：成文出版社 1976 年影印本，第 60 页。

⑥ 中国第一历史档案馆编：《雍正朝汉文朱批奏折汇编》，雍正十三年十二月初一日，陕西西安布政使程仁圻奏陈钱粮耗羡每两征收一钱五分已足养廉请免前增五分折，江苏古籍出版社 1989 年影印本，第 30 册，第 96 件，第 112—113 页。

分，留1钱5分作为各官养廉及公用。但到了雍正四年，岳钟琪奏请暂请缓减每两5分火耗，雍正四、五、六三年内的火耗仍照每两2钱征收，每年留此5分耗羡，可多得银8万余两，分发各州县购买米粮收贮社仓。三年之后，各社仓积贮丰盈再行减免5分耗羡银，“是以出之民间者仍还民间，隐寓社仓之法于不言之中，如此行之三年，若照今岁贱价购买，每一州县皆可贮京斗米粮六、七千石，将见荒歉无虞”①。每两5分耗羡，每年可得银79098两，雍正四、五两年，司库从耗羡银内发145801.785两采买麦398755.63石，实用过价银138236.38两，各州县尚有未买银7000余两。② 各州县社仓“州县小者二、三千石，大者七、八千石”③。最小州县亦必须有4000京石，每年又发借放本银88700余两分发各州县盖造社仓，“约以京斗谷一千石为一社，每社仓一所不拘房屋间数，总以足贮二千石为率”④。各州县四乡分社建仓，公举仓正、仓副经营。例如乾州，雍正三年，接奉部咨重新建设，巡抚捐银20两买谷约67石，知府捐银买谷100石，共176石。四乡各里社仓24所，每仓也照例选举仓正、仓副二人管理。⑤ 陕属买粮40万石，应建社仓400余处。雍正四、五两年，岳钟琪因不能常驻西安，陕西发银采买社仓粮石的事由布政司张廷栋禀明历任抚臣办理，前任巡抚图理琛离任，接任抚臣如法敏、张保、西琳、武格，由于怕积贮亏空受处分，发银采买社仓粮虚有其名，社仓粮成为累民之举。

是以每逢州县请领社仓银两，则巡抚、藩司过于慎重，未免辞

---

①《宫中档雍正朝奏折》，雍正三年十二月十五日，川陕总督岳钟琪奏报社仓收贮折，“台北故宫博物院”1979年印行，第五辑，第462页。

② 中国第一历史档案馆编：《雍正朝汉文朱批奏折汇编》，雍正十三年十二月初一日，陕西西安布政使程仁圻奏陈钱粮耗羡每两征收一钱五分已足养廉请免前增五分折，江苏古籍出版社1989年影印本，第30册，第96件，第112—113页。

③ 民国《西安府志》卷12《食货》，《中国方志丛书》，台北：成文出版社1970年影印本，第569页。

④ 民国《西安府志》卷12《食货》，《中国方志丛书》，台北：成文出版社1970年影印本，第569页。

⑤ 雍正《乾州新志》卷1《仓库》，《中国方志丛书》，台北：成文出版社1966年影印本，第60页。

> 色加严，诫谕加切，使州县领银之日早怀贻累之尤，以致将所领银粮不肯直交仓正、仓副，大抵按地粮均摊，勒令里甲采买运交，甚至有二、三年来并不敢设立仓正、仓副，而仍令胥役、家人、募宾收放社仓谷麦者，始而勒买，继而勒借。农民之交谷、籴谷梭织往来，官役之签票追呼急于正赋。[①]

即便如此，雍正四、五、六等年，共采买社仓麦、谷423400余石分贮各州县。如“陇州社仓……今共十社，贮雍正三年官绅、士庶捐京斗谷三百九十八石八斗二升，四年采买京斗谷八千八百九十六石一斗，二共额京斗谷九千二百九十四石九斗二升外”[②]。再如白河县“社仓三处……雍正五年建，共贮京斗谷二千七百四石四斗二升二合、麦二百八十三石六斗九升六合五勺”[③]。西安府雍正时有社仓172处，按照每社平均1000石的标准估算应储粮17万余石。[④] 周至县，雍正四年有社仓11处，实贮谷11685石。[⑤]

雍正七年，陕西省动5分耗羡发各州县采买粮石存贮社仓，二格奏请动5分银买补足数。[⑥] 雍正九年，陕省应征加两成毫羡银317500.39两，用5分银79375.09两买备社仓谷石。[⑦] 陕西初建时共有社仓545处，

---

① 《宫中档雍正朝奏折》，雍正三年十一月十五日，川陕总督岳钟琪奏报社仓收贮折，“台北故宫博物院”1979年印行，第五辑，第462页。

② 乾隆《陇州续志》卷2《建置志》，《中国方志丛书》，台北：成文出版社1966年影印本，第156页。

③ 嘉庆《白河县志》卷8《食货》，《中国方志丛书》，台北：成文出版社1966年影印本，第200页。

④ 民国《西安府志》卷12《食货》，《中国方志丛书》，台北：成文出版社1970年影印本，第569页。

⑤ 乾隆《盩厔县志》卷2《建置志》，《中国方志丛书》，台北：成文出版社1969年影印本，第156页。

⑥ 中国第一历史档案馆编：《雍正朝汉文朱批奏折汇编》，雍正七年七月初九，陕西巡抚武格奏请买补州县漂没米石折，江苏古籍出版社1989年影印本，第15册，第573件，第722页。

⑦ 中国第一历史档案馆编：《雍正朝汉文朱批奏折汇编》，雍正十二年三月初六日，署陕西总督刘於义等奏销雍正九年耗羡收支养廉公费银两数目折，江苏古籍出版社1989年影印本，第25册，第768件，第994—995页。

其中陕北地区 91 处，关中地区 401 处，陕南地区 53 处。[①] 自雍正七年，经总督岳钟琪奏明奉上谕颁发条约买粮建仓，雍正十一年新仓告竣。陕省各州县共采买易贮折京斗谷 520422 石，又原捐、续捐、易贮共折京斗谷 39810 石。数年以来共得生息京斗谷 98391 石。以上三项共粮 658624 石，除历年共给过仓正、仓副口食谷 19737 石，实有京斗谷 638887 石，内民借谷 168707 石，现存谷 470179 石零。[②]

自雍正四年起至十一年年底，陕省五分耗银共 630583.6 两。内采买社粮并建盖社仓立碑等项用银 214000.6 两，各属有社粮 63 万余石。[③] 雍正十二年共收过生息谷 12552.4 石，又收续捐谷 200 石，加上雍正十二的 638887 石谷，共有实存京斗谷 651639.5 石，除给过仓正、仓副口食并修仓、鼠耗等项，共有京斗谷 646947.5 石，内民借未还谷 239972.1 石，现存京斗谷 406975.3 石。[④] 至雍正十二年岁底，原买之麦易谷并历年生息共谷 658600 余石。[⑤]

陕西个别地方也建立起了一些义仓，如雍正年间径阳县许元勋“出粟百石置义仓”；但义仓为数零散，规模和仓贮粮食数量较少。

三 陕西仓储粮食流通

康熙朝中叶以来，陕西省非常注意仓贮建设，“仓粮所关綦重，储备之法，必于该管地方城内择其宽广高燥之区盖仓积贮。责令官吏人等稽

---

① 刘於义纂修：《（雍正）陕西通志》卷 37《仓庾》，景印文渊阁四库全书，台北：台湾商务印书馆 1982 年影印本，第 553 册，第 166—178 页。

② 中国第一历史档案馆编：《雍正朝汉文朱批奏折汇编》，雍正十二年四月初六日，总理陕西巡抚史贻直等奏报社仓粮石及五分耗银事宜折，江苏古籍出版社 1989 年影印本，第 26 册，第 97 件，第 118—119 页。

③ 中国第一历史档案馆编：《雍正朝汉文朱批奏折汇编》，雍正十二年四月初六日，总理陕西巡抚史贻直等奏报社仓粮石及五分耗银事宜折，江苏古籍出版社 1989 年影印本，第 26 册，第 97 件，第 118—119 页。

④ 中国第一历史档案馆编：《雍正朝汉文朱批奏折汇编》，雍正十三年三月初四日，总理陕西巡抚史贻直等奏报上年社仓粮石数目折，江苏古籍出版社 1989 年影印本，第 27 册，第 646 件，第 800 页。

⑤ 中国第一历史档案馆编：《雍正朝汉文朱批奏折汇编》陕西西安布政使程仁圻奏陈钱粮耗羡每两征收一钱五分已足养廉请免前增五分折，江苏古籍出版社 1989 年影印本，第 30 册，第 96 件，第 112—113 页。

查典守，所以示慎重而防疏虞也”[①]。雍正七年十一月，查郎阿接准户部咨会，凡各省未有仓廒之州县，命督抚查明建造。常平仓虽与社仓管理模式不同，“常平每岁呈请藩司动项买贮以时籴粜；社仓则民间自为捐置者也”[②]。但实际上，陕西社仓由官方用耗羡银代为购买，为官方干预社仓提供了契机。由于陕省的社仓、常平仓所存粮石数额巨大，充裕的粮食如何推陈易新，防止红腐是难题。陕西仓粮久未粜卖，雍正四年，覆准于每年二、三月内存七粜三，八、九月买补还仓。陕省的仓贮虽存在弊端，但并没有对陕省的粮食储备造成大的损失。雍正六年，陕西粮监道杜滨奏道：

> 查得陕省钱粮无大亏空，而仓贮之弊在所不免，或借存七粜三之说，或藉以米易谷之故，那前掩后不无之饰，今岁秋收丰稔，谷价甚贱。惟在盘查之官不少假借便可买补足额。至于甘属颇闻亏空，又宁夏地方有因派军需，而村民逃避者，远路传闻实未得其确也。[③]

武格到任后，以借粜均为定例，曾允准富平、安塞两县借粜，“但后见各属具文请借者十具八九，请粜者十之一二，因深自思维，细加访察，始知州县仓储之易于粜，而不宜于借者”[④]。雍正七年，西安巡抚武格对雍正五年所定的出陈易新之例提出异议，认为存七粜三，春借秋还的济民之法很周备，存七粜三的目的有二：一是恐富豪囤积，造成粮价高涨；二是防止州县掩饰亏空，这两项很容易稽查，亟待遵行存七粜三之法。但他对春借秋还提出批评，认为“是春借秋还饱奸贪婪之壑者，难以数

---

① 中国第一历史档案馆编：《雍正朝汉文朱批奏折汇编》雍正七年十一月二十二日，署陕西总督查郎阿奏报将夏阳川仓廒移建郃阳城内情由折，江苏古籍出版社1989年影印本，第17册，第231件，第304页。

② 舒其绅等修，严长明纂：《西安府志》卷14，乾隆四十四年刊本，华北地方志第313号，第1册，第660页。

③ 中国第一历史档案馆编：《雍正朝汉文朱批奏折汇编》，雍正六年十月初四日，陕西粮盐道杜滨奏陈陕省仓贮积弊等七事折，江苏古籍出版社1989年影印本，第13册，第489件，第605—607页。

④ 中国第一历史档案馆编：《雍正朝汉文朱批奏折汇编》，雍正七年五月十一日，西安巡抚武格奏报仓粮粜借情形折，江苏古籍出版社1989年影印本，第15册，第231件，第306—307页。

计也。……其流弊更难尽述，是春借秋还穷民得沾实惠者恐无几也”，为了保证仓贮的数量和质量，武格随即让富平、安塞二县只许出粜，不准出借，所粜价银提贮司库请于秋收时饬发买谷还仓，“似于民食有济，于仓储无亏”①。

陕西省西安各府州属从前仓贮各案粮石原系米、麦、豆三种兼收，因豆易变色，麦易生虫，粟米石亦难久贮，遵旨易谷贮仓。雍正七年，署陕西总督查郎阿查各属内有全数易谷者，有未曾易完者，“合计各属存贮小麦尚有七万六千六百余石”②。查郎阿奏请秋收之后，将所存小麦以一麦二谷的标准兑换。陕属西、延、凤、汉四府，乾、华、同、耀、邠、商、鄜、葭、绥德、兴安等十州所属仓贮各案粮石，“统计一百三十余万石，分计各州县仓内所贮有自二、三万石以至十余万石不等”③。虽渐次易谷贮仓，但必须按年出陈易新以免浥耗。武格任巡抚之后，怕不肖官吏乘出借侵蚀，只令出粜解价，秋收即可买谷还仓。但武格只令出粜，不令出借与仓粮存七粜三之例，借粜兼行之意不合，且陕西“今计可以出粜地方只在十之二，而出借之区居十之八也”④。西安府属之咸宁、长安二县、临潼、渭南、咸阳、兴平、泾阳、三原、富平等县，凤翔府属之凤翔、岐山等县，化州并所属之华阴、潼关、蒲城等县，同州并所属之韩城、朝邑、郃阳等县，地当孔道，商贾辐辏，居民稠密，食指殷繁，仓粮出粜便宜。汉中、延安二府以及各府州属有地处山僻的农民，青黄不接之时需要口粮接济，“仓粮出粜洵属便民，但伊等家无余赀，欲买无力，且仓粮粜价即关库项，不比寻常市店可以赊欠，所以仓粮出粜，民

---

① 中国第一历史档案馆编：《雍正朝汉文朱批奏折汇编》，雍正七年五月十一日，西安巡抚武格奏报仓粮粜借情形折，江苏古籍出版社1989年影印本，第15册，第231件，第306—307页。

② 中国第一历史档案馆编：《雍正朝汉文朱批奏折汇编》，雍正七年十月初五日，署陕西总督查郎阿奏报仓贮麦石难以经久请旨易谷存贮折，江苏古籍出版社1989年影印本，第16册，第647件，第844页。

③ 中国第一历史档案馆编：《雍正朝汉文朱批奏折汇编》，雍正七年五月初五日，署陕西总督查郎阿奏陈仓粮宜借粜兼行并请令同城教职武员监粜兼借以遏弊端折，江苏古籍出版社1989年影印本，第16册，第648件，第845页。

④ 中国第一历史档案馆编：《雍正朝汉文朱批奏折汇编》，雍正七年五月初五日，署陕西总督查郎阿奏陈仓粮宜借粜兼行并请令同城教职武员监粜兼借以遏弊端折，江苏古籍出版社1989年影印本，第16册，第648件，第846页。

间难以买食者职此之故”[①]。既要防止官吏侵蚀，又要出借仓粮，查郎阿建议，出粜仓粮之州县于每年应粜之时，同城教职、武员按照粜三之数各照时价公同粜卖，将粜过粮数并所得银两封贮县库，山僻不能出粜之州县及粜不如数之地方俱照存七借三之例，青黄不接之时，亦令同城教职、武员公同监借，“凡系借粮民户即令开明乡村住址、同里邻乡报互结核明借给”[②]。

雍正年间，陕西省的仓储体系及其运行机制相对完备，在荒年发挥了抚恤陕西灾民、平籴陕西粮价波动的作用，同时也是平准战争军需粮食的重要来源，有利于仓储粮食的流动、推陈出新。例如，雍正十年七月，咸、长二县以及陕西东部的临潼、渭南、华阴，西部的咸阳、兴平等县雨水衍期，导致粮价昂贵，马尔泰、史贻直檄行司道饬令咸、长二县酌动常平仓谷5000石、道仓兵麦5000石设厂减价粜卖，平抑粮价。[③]西、凤二府属及同、华、乾、耀四州属因夏季雨水衍期，秋收歉收，导致各属粮价昂贵。十二月初一日开仓碾米平粜，西、凤二府及同、华、乾、耀等州各属存仓谷石虽尚有40余万石，但各属平粜之际，先后接准部咨令运送甘省军需米60000石。为防止来年春夏间青黄不接，马尔泰等计划从豫、楚二省运米[④]。

总之，康熙中叶以来，陕西重视仓储建设，陕西的仓储处在快速发展期，再加上雍正朝陕甘地区虽不是年年风调雨顺，但特大的旱灾极少发生，无论是常平仓还是社仓都有充足的粮食贮备。这些粮食，需要推陈出新，无论是出借还是出粜都不能解决大的问题，而西路军需的粮食

---

① 中国第一历史档案馆编：《雍正朝汉文朱批奏折汇编》，雍正七年五月初五日，署陕西总督查郎阿奏陈仓粮宜借粜兼行并请令同城教职武员监粜兼借以遏弊端折，江苏古籍出版社1989年影印本，第16册，第648件，第846页。

② 中国第一历史档案馆编：《雍正朝汉文朱批奏折汇编》，雍正七年五月初五日，署陕西总督查郎阿奏陈仓粮宜借粜兼行并请令同城教职武员监粜兼借以遏弊端折，江苏古籍出版社1989年影印本，第16册，第648件，第846页。

③ 中国第一历史档案馆编：《雍正朝汉文朱批奏折汇编》，雍正十年七月初六日，署西安巡抚马尔泰等奏报各属秋禾情形并得雨日期及酌动仓谷减价平粜缘由折，江苏古籍出版社1989年影印本，第22册，第687件，第901页。

④ 中国第一历史档案馆编：《雍正朝汉文朱批奏折汇编》雍正十年十二月十二日，署陕西巡抚史贻直奏报秋收歉薄粮价日昂请拨楚之米以实仓储折，江苏古籍出版社1989年影印本，第23册，第616件，第755—758页。

需求为粮食的推陈出新提供了可能。

小　结

雍正朝平准战争的军需案中将陕甘作为西路清军最主要的补给区。从地理空间上看，陕甘是距离西路清军最近的补给区，但就实际补给距离而言，陕甘离清军前线补给路线过远。补给区越靠近前线，人口越少，社会经济状况越差，粮食储备越少。就陕甘两省而言，雍正年间，陕甘自然气候条件相对较好，陕西仓储充实，尤其是雍正年间，陕西的仓储更充足，但陕西补给区离前线超过两千里，而甘肃距前线相对较近，河西走廊距离前线更近，但河西地广人稀，粮食不足。陕甘作为西路清军的补给区既是现状，也是清王朝流治者的无奈选择。为充实仓储，弥补补给区军需粮食供应不足的状况，在平准战争前及战争过程中，清王朝不得不通过捐纳、屯田、市场等方式来筹集军需粮食。

第二章

雍正朝平准战争西路驻军的变动

军需补给规模与补给对象数量、补给对象驻扎区域、补给时长相关。本章主要讨论雍正朝西路军需补给对象的规模及补给对象驻扎的区域。本章拟解决的主要问题有：第一，顺治、康熙朝以来河西走廊以西清军军事格局的变动；第二，雍正朝河西诸提镇驻军的数量变动；第三，雍正朝平准战争期间西路驻军数量的变动。

第一节　清初甘肃镇防御体系的构建

一　清初甘肃镇防御体系的调整

顺治元年（1644），清军入关。顺治二年，清政权建立了绿营，开始调整陕甘的军事部署，都御史黄图安巡抚甘肃，总兵官刘有宝镇守甘州，按察副使罗旷为分巡西宁道，以故明柳沟副将毛镔为甘肃凉州副将，宣府副将张世耀为西宁副将。① 清初战争仍在持续，财政困绌的清王朝无暇顾及甘肃镇，不得不对甘肃镇裁兵。陕甘原旧营堡食粮兵丁22800余名，其中五道属、卫所、驿递、巡城、仓场局军、墩军共计4600余名。按照兵部定制，临洮镇标下五营设兵4000名，营路兵4050名，共8050名，镇属洮、岷、阶、文、兰、永、红、归、保等处现有军兵11469名，裁去3419名。顺治二年，总兵官范苏到任后，招募标兵1458名，其不足标兵从营路抽补。由于归德、保安、起台，旧洮州、西固五堡原属临洮镇所

---

① 《清世祖实录》卷3，顺治二年六月丁卯，中华书局1985年影印本，第3册，第152页。

辖，经制内裁属固镇，“盖封疆各有境界，远隔□□，而越属西南，不惟固镇亦苦鞭长，而临境隶属他镇，诚非便计”[①]。范苏认为临洮地处腹衺，洮岷位置冲要，洮岷副将改驻临洮是挪急就缓，若确保西南无虞，各堡的隶属关系必须依旧，况且4000标兵驻扎巩昌弹丸之地，恐标兵扰民，请求将左右前后四营分移秦、兰、河、阶四路驻扎，“且相离不远，声势大张。职俱中营驻扎巩昌适中调度，一有警报，互相驰援，朝呼可以夕应也”[②]。顺治二年，甘镇五道属马、骡共计1600余匹头，“率多羸弱，难供驰驱”[③]。当年十月，兵部揭覆固原兵数不准议增[④]。顺治三年，奉经制甘镇五道所属只留兵20650名，裁减6800余名。刘有宝认为甘镇裁减后势难守御周备，请求再留兵3600名。为了不裁兵，只有节饷，甘肃镇战兵每月饷银1.5两，守兵每月饷银1两。经制兵额20650名，战兵、守兵各半，应设战兵10325名，月食饷银15480余两。刘有宝与巡抚黄图安等商议只设战兵6000名，其余4325名令归入守兵之数，每食饷银1两各节银0.5两，可节银2160余两，应设守兵10325名内，驿军1400余名，各兵只给0.7两，各节银0.3两，约可节银420两，“以上二项每月共撙节银二千五百余两，即可分给前项应留之兵，则饷不加益，兵不外增，而地方守御，又得人矣”[⑤]。本来河西各营额设驻军不足，为了平复清初的动乱，顺治三年，清廷从甘镇征调壮健马步兵4500名，“而甘城愈加空虚，目今海彝不时出犯，贼犯在在截抢。见在兵马尽皆赤贫，遇警何裨缓急，防御机宜实难凑手。”[⑥] 面对青海蒙古诸部的挑衅，“抚之则不敢专擅，以言赏剿之则兵饷匮诎，疏请易马缮器之旨未下，扑剿又复

① 张伟仁主编：《明清档案》，顺治二年九月十二日，署陕西临洮总兵官范苏揭请酌改镇标营制，台北：联经出版事业公司1986年版，第3册，A3—66；B1193。

② 张伟仁主编：《明清档案》，顺治二年九月十二日，署陕西临洮总兵官范苏揭请酌改镇标营制，台北：联经出版事业公司1986年版，第3册，A3—66；B1193。

③ 张伟仁主编：《明清档案》，顺治二年十二月之十四，甘肃巡抚黄图安揭报请动支茶篦以易马匹，台北：联经出版事业公司1986年版，第3册，A3—207；B1547。

④ 张伟仁主编：《明清档案》，顺治四年六月之五，宁夏巡抚胡全才揭请速发马匹，台北：联经出版事业公司1986年版，第3册，A3—102；B1271。

⑤ 张伟仁主编：《明清档案》，顺治三年一月之十一，陕甘总兵刘有宝揭报通融酌用兵饷，台北：联经出版事业公司1986年版，第3册，A3—230；B1599。

⑥ 张伟仁主编：《明清档案》，顺治三年一月十一日，甘肃总兵官刘有保揭报甘省兵马空虚请速酌议，台北：联经出版事业公司1986年版，第3册，A3—217；B1567。

无资”①。顺治三年，宁夏镇缺马，镇臣刘芳名具疏恳请拨给战马，户部议覆先发100匹给该镇，其余通过茶马兑给，督臣孟乔芳批准洮、岷、西宁、河州等处茶马司发给茶马400匹，直到顺治四年六月，“督臣批准四百匹已逾一载，俱未发给”②。其他各镇如同宁夏镇军需物资同样奇缺。顺治四年，裁陕西肃州参将，以所领兵1200名隶西协副将，余兵530名分拨新城、嘉峪等各堡。驻军的防守压力增大。顺治五年，陕甘监察御史王世功奏道：

> 窃照河西五道，属西宁、庄浪、甘、肃是也。自罹逆闯残戮居民，十无二三，室如悬磬，人皆菜色，其荒凉凄楚景状职巡历其地，未尝不为之痛哭流涕者。我皇上御极五载，德威广播，督抚诸臣多方抚绥，西宁等道边警少宁，百姓粗安。惟肃镇远界西陲，遐荒绝域，东接甘州四百七十里，南距祁连八十里，西距嘉峪关七十里，北面三十里与诸虏接壤，边墙塌损日久，毫无障蔽，河西一带惟肃最冲。查宪纲肃镇裁路归协，设副将一员，马步官兵一千三百有奇，其兵敝裘露体，身无盔甲，手无兵器，职责之道将皆云，自闯贼将火炮、盔甲、器械卷载而去，穷军月饷仰给糊口，何暇复能置办再造。再查雉城一十六处，烽台空设，竟无炮火接号传警，冯何所恃？③

经过顺治五年米剌印、丁国栋之乱后，历经兵燹的河西走廊更是残破不堪。平定动乱后，清廷调整了河西的军事部署，顺治七年三月，以原任副将毛贵为河道督标中军副将、札委副将刘有源为署都督佥事，管凉州副将事卜爱为参将，管西宁副将军汉中参将齐升为肃州副将。④ 同

---

① 张伟仁主编：《明清档案》，顺治三年四月三日，陕甘总兵刘有宝揭报番彝犯抢请定剿抚，台北：联经出版事业公司1986年版，第4册，A4—74；B1787。

② 张伟仁主编：《明清档案》，顺治四年六月，宁夏巡抚胡全才揭请速发马匹，台北：联经出版事业公司1986年版，第5册，A5—216；B2809。

③ 张伟仁主编：《明清档案》，顺治五年四月之十六，陕甘巡按王世功揭报河西缓急并请设将拨给军器，台北：联经出版事业公司1986年版，第8册，A8—52（2—1）；B4129。

④《清世祖实录》卷48，顺治七年三月丙午，中华书局1985年影印本，第3册，第388页。

年，周文烨奏请加强河西营伍：

> 窃照甘肃一镇素号冲险，南番北虏，西扼诸彝，中通一线，在在俱当毖防，但河西各营额设兵丁不为厚重，若再为缺额，益见单虚。查职属各营路于顺治三年七月内奉调川兵丁于五道派发不等，共调去马步兵丁二千，迄今额制虚悬，营伍不实，押御何资，况逆回初灭，人心乍宁，必当为地方虑万全之计。①

清初的河西本来就地僻民穷，景象荒凉，丁国栋、米喇印动乱之后，"军民客旅尽罹其殃，财产孳畜悉被其掠，官署私舍焚毁殆尽，军储民粮费掳一空"②。河西耕地"五、六两年，十分之中只种一、二，所纳粮草远供大军支尽，其应领折色饷银虽蒙拨发，亦未按期令到"③。缺少粮饷的河西驻军守御艰难。顺治七年五月，肃州兵备道副使朱国诏上奏，"移文饷部务将军饷按期早发，拯救饥军之苦，题请赈济亟拯残黎之苦，速发打造盔甲枪刀弓矢银两，以资守御"④。顺治八年，总兵官张勇开市洪水（今甘肃省张掖市民乐县城关区），河西走廊南部处在蒙藏的双重威胁之下。面对新的河西形势，尤其是河西走廊南部的西宁成为军事重镇，庄浪、西宁、巩昌为往来必由之地，而巡抚仍驻扎甘州，调度不便，对河西的军事部署进行调整显得尤为必要。顺治十二年三月，"以甘州中护卫归并兰州卫"⑤。顺治十三年，临、巩驻军移驻西宁。顺治十六年闰三月，裁陕西甘州屯操都司，并前卫于左卫，后卫于中卫⑥。顺治十六年，

① 张伟仁主编：《明清档案》，甘肃巡抚周文烨揭报照数募调征兵额，台北：联经出版事业公司1986年版，第11册，A11—87（2—1），B6001。

② 张伟仁主编：《明清档案》，顺治七年五月之十一，陕甘巡抚张中元揭报肃州军民交困请速拨银接济，台北：联经出版事业公司1986年版，第11册，A11—151（2—1），B6203。

③ 张伟仁主编：《明清档案》，顺治七年五月之十一，陕甘巡抚张中元揭报肃州军民交困请速拨银接济，台北：联经出版事业公司1986年版，第11册，A11—151（2—1），B6203。

④ 张伟仁主编：《明清档案》，顺治七年五月之十一，陕甘巡抚张中元揭报肃州军民交困请速拨银接济，台北：联经出版事业公司1986年版，第11册，A11—151（2—1），B6203。

⑤《清世祖实录》卷90，顺治十二年三月丙申，中华书局1985年影印本，第3册，第707页。

⑥《清世祖实录》卷125，顺治十六年闰三月丁丑，中华书局1985年影印本，第3册，第967页。

巡按张吉午请求将甘肃巡抚由甘州移驻河西适中之地凉州。[①] 次年，甘州巡抚驻扎凉州。[②]

随着清初国内局势的稳定，清王朝开始不断强化河西走廊南部的防守。顺治十二年，设黑城营守备。顺治十七年秋，将甘肃镇标后营游击守备、千、把总官8员，兵800名移驻距洪水市口三十里的黑城堡，从黑城堡守备并守兵140名内拨120名移驻高古城，将上古城堡守备1员、守兵80名内拨20名及黑城剩兵20名俱移驻蒙古族、藏族出没要口，西把截仅设防守1员，守兵80名，合本堡兵共120名，上古城只留守兵60名，防守1员。[③] 康熙元年，改设黑城营守备为游击。甘肃巡抚佟延年上疏，黑城堡、西把截堡地险兵单，不足弹压。康熙八年，置永固城守备，马步兵322名，改洪水游击为参将，改增马兵100名。康熙十年，置马营墩守备，马步兵148名，把总1员，始定永固协副将。康熙十一年，裁拨永固仍设游击。康熙十三年十二月，仍设山丹营游击，置硖口营守备。厄鲁特蒙古“彝情叵测，久蓄侵犯内地之心，今闻大草滩帷幕满野，麾逐不去”[④]。清廷担心厄鲁特噶尔丹经大草滩进攻西海蒙古，康熙十四年六月，令总兵官孙思克回甘州防御。康熙十七年夏四月，为防止吴三桂从松潘、茂州等地交接达赖台吉等，命甘肃提督张勇自兰州移镇甘州。[⑤] 康熙十七年六月，改设黑城营游击为都司。康熙三十三年，大马营守备改设游击1员，千总、把总各1员，马步兵500名驻守大马营，仍令永固城副将兼辖、肃州总兵官统辖。永昌副将、派千把总各1员、统领马步兵轮流驻防唐家沙沟。北边硖口等处添设把总1员、马兵30名，驻扎定

① 张伟仁主编：《明清档案》，顺治十六年十月之二十二，陕甘巡按张吉午请调移抚臣驻节凉州，台北：联经出版事业公司1986年版，第35册，A35—45，B19727。

② 《清世祖实录》卷142，顺治十七年十一月庚辰，中华书局1985年影印本，第3册，第1097页。

③ 《清世祖实录》卷138，顺治十七年七月甲寅朔，中华书局1985年影印本，第3册，第1073页。

④ 《清圣祖实录》卷56，康熙十四年六月癸丑，中华书局1985年影印本，第4册，第732页。

⑤ 《清圣祖实录》卷73，康熙十七年四月乙未，中华书局1985年影印本，第4册，第940页。

羌庙、令硖口守备管辖。[①] 大草滩是河西走廊联结蒙古高原与青藏高原的过渡带，清军不断加强大草滩附近各堡的防御力量，一方面阻止蒙古占据大草滩，“时因夷人刁尔吉怀阿尔赖布落侵入大草滩，因分置副将、游击、守备于滩之南北边堡，以昭弹压”[②]；另一方面，防止厄鲁特蒙古进入大草滩，由此向南进攻西海蒙古。

二　河西一提四镇防御格局的形成

清王朝在强化河西走廊南部军事部署的同时，河西走廊西部的防务也在不断强化，张勇上奏疏请求甘肃、西宁二镇增兵 4520 名，“查肃州副将营地处极陲，当河西上游，三面番彝险要第一，原设兵一千名”[③]。康熙三十年正月，应甘肃提督孙思克所请，肃州设立总兵官 1 员，增兵 2015 名，合协标旧兵，立中、左、右三营，每营设游击 1 员、守备 1 员、千总 2 员、把总 4 员。[④] 当年四月，升陕西肃州副将潘育龙为肃州总兵官。[⑤] 康熙三十三年，川陕总督佛伦以肃州镇标马兵尚少，请添 200 名，再将步兵 400 名改为马兵，共马兵 2400 名，步兵 800 名分为四营，添设游击 1 员、守备 1 员、千总 2 员、把总 4 员。肃州镇驻军达到 3200 名。甘州提标应添设火器兵 500 名，西宁镇逼近青海，亦应添火器兵 500 名。北川营逼近雪山，应添马兵 70 名，设游击 1 员，添千总、把总各 1 员。镇海堡步兵 90 应改为马兵。西大通地方把总 1 员应改为千总，添马兵 20 名。西宁之老鸦堡，凉州之武胜、岔口等堡，各将本堡步兵 10 名改为马兵。[⑥] 康熙五十七年正月，嘉峪关外的西吉木设立赤斤卫，达里图设立靖逆卫，各添设卫

① 《清圣祖实录》卷 164，康熙三十三年六月甲辰，中华书局 1985 年影印本，第 5 册，第 788 页。

② （清）钟赓起：《甘州府志》卷 8《戎兵 · 镇汛》，乾隆四十四年刊本，华北地方志第 561 号，第 690 页。

③ （清）钟赓起：《甘州府志》卷 14《艺文中 · 河西防御机宜疏》，乾隆四十四年刊本，华北地方志第 561 号，第 1448 页。

④ 《清圣祖实录》卷 150，康熙三十年正月辛丑，中华书局 1985 年影印本，第 5 册，第 659 页。

⑤ 《清圣祖实录》卷 151，康熙三十年四月辛亥，中华书局 1985 年影印本，第 5 册，第 678 页。

⑥ 《清圣祖实录》卷 164，康熙三十三年八月丁未，中华书局 1985 年影印本，第 5 册，第 793—794 页。

守备1员，锡拉谷尔设立柳沟所，添设守御所千总1员，再添设同知、通判各1员，兼管二卫一所。其驻防兵丁、武职官员令肃州镇管辖，卫所官员令肃州道员管辖。① 康熙朝，在旧有军事格局的基础上，河西形成了一提四镇格局，河西驻军超过2万余人。

表2-1　　河西一提三镇驻军

标营名称	驻守地点	节制	兵丁数量（名）
甘肃提督	甘州	提标五营，兼辖永固城守协，节制西宁等四镇	6000
西宁镇总兵	西宁	镇标五营，兼辖镇海协、西宁城守等营	3600
凉州镇总兵	凉州	统辖镇标五营，兼辖永昌、庄浪二协	9600
肃州镇总兵	肃州	镇标三营，兼辖金塔、安西二协，肃州城守等营	3200
合计			22400

资料来源：《清史稿》卷131，《兵二·绿营》。

康熙朝以前，河西地广人稀，粮草不足，除本地驻军外，客兵在河西驻扎受限。康熙三十二年，护军统领苏丹等以甘州、凉州所种只有麦、黍、豌豆等杂粮，甘州所属种稻甚少，大兵驻扎甘州粮草不足为由，乞求自京拨驻甘凉之大兵暂驻宁夏，驻扎兰州之西安兵暂驻兰州，西安调至督标官兵发回省城。② 康熙三十六年，驻扎甘州之西安满兵1000名仍回西安驻防。③ 尤其是肃州，地方辖小，军队一般都愿意驻扎在甘州。康熙五十四年，噶斯一路官兵撤回肃州牧养马匹，但肃州地方狭窄，不能容纳2000兵丁，令西安满洲兵1000名驻扎肃州，督标绿旗兵1000名驻扎甘州。④ 康熙六十年五月，议政大臣等议覆抚远大将军允禵奏疏，驻扎巴里坤之兵征取吐鲁番，但甘州、肃州等处之满洲、绿旗兵俱拨往巴里

① 《清圣祖实录》卷277，康熙五十七年正月己丑，中华书局1985年影印本，第6册，第717页。

② 《清圣祖实录》卷160，康熙三十二年九月丙辰，中华书局1985年影印本，第5册，第755页。

③ 《清圣祖实录》卷186，康熙三十六年十一月己丑，中华书局1985年影印本，第5册，第984页。

④ 《清圣祖实录》卷266，康熙五十四年十二月丙寅，中华书局1985年影印本，第6册，第615页。

坤，应将其处所有之兵带进甘州、肃州驻扎，声援前线，但允禵嫌肃州地方褊小，甘州稍广阔，令大将军允禵带领西宁所有之兵前赴甘州驻扎。此处所指的“褊小”“广阔”，应该是指驻军驻扎的军营。另外，肃州当地由于地广人稀，农业开发迟缓，补给无法满足驻军需求。

第二节　雍正朝河西走廊驻军的变动

河西走廊既是西路清军西进的通道，又是平准战争中西路清军的后方基地。平准战争期间，河西走廊大量驻军，一方面控驭西北，满足巴里坤前线增兵的需要；另一方面，西路军需补给艰难，使得西路清军部分援军驻扎在河西走廊就食。从康熙五十四年开始，随着平准战争的态势变化，河西走廊及口外驻军的驻防区域不断调整，驻军数量不断变动。雍正元年，清廷与准噶尔议和，继而年羹尧平定青海，口外的驻军和河西走廊驻扎的后备客兵徐徐后撤，口外及河西走廊的驻军不断减少。雍正七年闰七月，岳钟琪率陕、甘诸镇标驻军出口，河西的驻军短暂减少。为弥补西路清军后备军的不足，从雍正八年开始，外省客兵开始涌入河西走廊，哈密、巴里坤驻扎的清军亦不断增加。雍正十二年，清廷再度与准噶尔议和，河西走廊的客兵回撤，河西和口外驻军都减少。河西走廊作为西路军需的后方和西路清军进军的通道，从雍正七年开始，随着战局的变动、清军部署的不断调整，主客兵调动频繁，各提镇驻军数量模糊不清。

一　雍正七年以前西路的军事格局

（一）雍正朝平准战争前口外驻军的变动

随着清王朝与准噶尔的战场从西藏向西北移到青海，再移向新疆。清廷根据战场态势，不断调整军事布局，不断回撤援藏官兵，将防备准噶尔进藏的军队减少，大量兵力投入西路、北路。

平准援藏战争期间，清王朝与准噶尔在青海、新疆东部哈密一带激烈交锋，从康熙五十四年到康熙五十九年，清王朝在西路、北路调兵遣将，将战场逐渐推向西推进到吐鲁番、巴里坤一带。康熙五十四年(1715)六月，“西安满洲兵三千名，跟役三千名，督标下兵二千名，甘州提督、肃州、凉州、宁夏等地兵共六千名，以及众官员之跟役等，总计有二万人”[①]，清军集结准备抵御准噶尔。原驻扎噶斯口的西安满洲、绿旗兵各1000名原计划分驻肃州、甘州，[②] 康熙五十五年三月，此2000兵丁从肃州发往巴里坤。[③] 九月，康熙帝又下令调拨盛京、吉林等处军队1000名，跟役2000名，给予马匹、器械前往西北前线。待一切准备就绪后，康熙五十九年，清军战线向前推进。三月，康熙帝命“靖逆将军富宁安进师乌鲁木齐，散秩大臣阿喇衲进师吐鲁番，祁里德领7000兵从布娄尔，傅尔丹领8000兵从布拉罕，同时进击准噶尔”[④]。康熙六十年六月，命副都统穆克登、贝勒丹金多尔济带兵500名赴巴尔库尔（巴里坤）军营。[⑤] 七月，富宁安在阿克塔斯击败准噶尔军队。清军不断强化吐鲁番的防守，康熙帝谕令将军富宁安调派官兵前往吐鲁番驻扎。八月，康熙帝谕令副都统庄图管领派兵2000名前赴吐鲁番，九月，又谕令副都统穆克登等管领续派兵2000名往吐鲁番。阿喇衲亲率兵4000名进驻伊尔布尔和韶，都统睦森管领留兵3000名驻扎巴里坤。[⑥] 康熙六十一年十二月，噶斯驻扎满洲、绿旗兵共1687名，留满洲绿旗兵500名暂于噶斯一路防守，其余兵丁俱撤回原处。从清军的进攻态势来看，清军西路推进到巴里坤、吐鲁番一线，同时在柴达木盆地噶斯口严防准噶尔入侵青海、西藏。

雍正元年（1723）九月，因策妄阿拉布坦与清廷议和，清廷开始筹划北路阿尔泰兵丁、西路的吐鲁番、巴里坤、布隆吉尔等处兵丁回撤、驻防，再加上青海的罗卜藏丹津有进藏的动向，西路清军回撤显得比较迫切，年羹尧令靖逆将军富宁安调都统穆森驻防吐鲁番，调驻防吐鲁番

① 中国第一历史档案馆编译：《康熙朝满文朱批奏折全译》，康熙五十四年六月十四日，议政大臣苏努等奏报备办进剿军需折，中国社会科学出版社1996年版，第1025页。

② （清）傅恒等奉敕纂：《平定准噶尔方略》前编卷之三，全国图书馆文献缩微复制中心1990年，第64页。

③ 《清圣祖实录》卷267，康熙五十五年三月丙辰，中华书局1985年影印本，第6册，第625—626页。

④ （清）赵尔巽等：《清史稿》卷8《圣祖本纪三》，中华书局1977年影印本，第2册，第298页。

⑤ 《清圣祖实录》卷293，康熙六十年六月辛丑，中华书局1985年，第6册，第845页。

⑥ 《清圣宗实录》卷294，康熙六十年八月庚子，中华书局1985年影印本，第6册，第856页。

副将军阿喇衲带领满洲、蒙古、绿旗兵2000名暂驻布隆吉尔，防御噶斯路。雍正二年三月，青海平定，抚远大将军年羹尧奏防守边口八款，奏请将前线巴里坤、吐鲁番兵丁内选满洲、蒙古、绿旗兵，暂于巴里坤驻扎2000名，吐鲁番驻扎1500名，哈密地方驻扎绿旗兵2000名，其余兵丁俱撤回原处。吐鲁番驻防兵丁撤回后，每年轮班派出兵500名防守。雍正三年五月，清廷将吐鲁番等处驻扎兵丁俱撤到巴尔库尔，吐鲁番、鄂龙吉、阔舍图等处兵丁撤回，“巴尔库尔、吐鲁番、阔舍图、鄂龙吉四处兵，共计九千八百七十四名，吐鲁番兵内，将种地兵一千名暂留彼处，交与副都统克什图管辖，其余兵丁，照巴尔库尔原有兵数，暂留巴尔库尔驻扎，所余兵丁俱行撤回”①。八月，吐鲁番撤到巴里坤的护军、绿旗兵开始撤回。雍正四年，吐鲁番、巴里坤的清军回撤后，清军从安西兵内调拨500名前赴哈密，哈密驻军共1000名，富宁安带军队回京，驻扎甘州的京城满洲兵300余名亦撤回，自嘉峪关经安西、沙州、哈密的军站被保留。清军回撤以后，在巴里坤的驻军应该有4000名，加上吐鲁番的驻军应该超过5000名，雍正四年，岳钟琪奏折中称：“至巴尔库尔驻防之兵仅止四千，且已越十年。”② 多罗郡王允礼等奏，“去年由将军富宁安、尚书绰奇奏称，于巴里坤留有官兵、跟役、斗级等，共计为六千五百九十八口……于吐鲁番留有官兵、跟役及驿站之笔帖式、领催、役使、马牌子，共计为一千五百五十一口”③。雍正四年八月，巴里坤、吐鲁番的驻军撤入西吉木、布隆吉尔一带。靖逆将军富宁安于雍正四年七月初六日率领官兵从巴里坤起行，八月初一日，抵达西吉木，“现已撤巴里坤、吐鲁番兵五千来布隆吉尔，两处兵力稍弱，未可逆料”④。

（二）雍正朝平准战争前河西驻军的变动

雍正元年七月，川陕总督年羹尧奏请在北连哈密，西接沙州，离嘉

---

① 《清世宗实录》卷32，雍正三年五月己未，中华书局1985年影印本，第7册，第492—493页。

② 《宫中档雍正朝奏折》，雍正四年四月初六日，川陕总督岳钟琪奏报调兵驻防折，“台北故宫博物院”1979年印行，第五辑，第787页。

③ 中国第一历史档案馆编译：《雍正朝满文朱批奏折全译》，雍正四年三月二十二日，多罗郡王允礼等奏议巴里坤吐鲁番官兵所需钱粮折，黄山书社1998年版，第1309页。

④ 中国第一历史档案馆编译：《雍正朝满文朱批奏折全译》，雍正四年八月初二日，靖逆将军富宁安奏报率官兵到西吉木情形折，黄山书社1998年版，第1388页。

峪关500余里的布隆吉尔地方建城屯兵，屏捍柳沟、赤金诸卫。[①] 原议新设的镇驻兵5000名，甘、凉、肃三处出征兵马回撤时即留驻布隆吉，“如有不敷，亦于三处抽调”[②]。雍正二年三月，青海平定，抚远大将军年羹尧在其所奏防守边口八款中，奏请将口外驻军回撤的同时，按照原议强化河西走廊西端的防守，令总兵1员统兵5000名分为5营驻扎布隆吉尔，分1营官兵驻扎沙州。布隆吉尔兵丁出缺，由现有甘、凉、肃三州撤回兵丁内挑选充补，肃州4营共有兵3200名，将肃州镇标兵拨出1营800名归入布隆吉尔，再将柳沟所兵100名，靖逆卫兵100名俱拨入布隆吉尔兵丁数内，靖逆卫设都司1员，赤金卫、柳沟所各设千总1员，俱属布隆吉尔总兵管辖。[③] 表2－2是雍正二年年羹尧防边八款中预计河西走廊乃至口外驻兵数量。清军共驻扎33800名。其中，河西驻扎23800名。哈密以西，驻扎5500名，西宁驻扎4500名。

表2－2　雍正二年河西走廊及口外驻兵数量　单位：名

驻军区域	驻军数量
巴里坤	2000
哈密	2000
肃州	3200
凉州	9600
吐鲁番	1500
安西镇	6000
甘州	5000
西宁	4500
合计	33800

资料来源：《清世宗实录》卷17，雍正二年三月丙申，中华书局1985年影印本，第7册，第292—293页。

雍正二年八月，清军从河西东撤5000名客兵，包括驻防凉州等处西安满洲兵1000名，驻扎甘州之鄂尔多斯土默特兵1000名，驻扎山丹之大同兵

① 《清世宗实录》卷9，雍正元年七月丙戌，中华书局1985年影印本，第7册，第186页。

② 《宫中档雍正朝奏折》，雍正三年五月十三日，署理甘肃提督宁夏总兵王嵩奏报安西镇驻兵折，“台北故宫博物院”1979年印行，第四辑，第322页。

③ 《清世宗实录》卷17，雍正二年三月丙申，中华书局1985年影印本，第7册，第292页。

1000 名，驻扎布隆吉尔之满洲、蒙古、乌喇、索伦、察哈尔厄鲁特兵 2000 名。[①] 雍正三年二月，定布隆吉尔为安西镇，设总兵 1 员，标下 5 营兵 5000 名，升陕西神木副将孙继宗为安西总兵官。[②] 三月，川陕总督年羹尧奏请于他拉渡川有水之地设立游击 1 员、千总 1 员、把总 1 员，马步兵 500 名，移凉州高古城游击等调兵驻防，仙米寺设立守备、把总各 1 员，马步兵 300 名，移高沟堡守备、黑松堡把总调兵驻防。[③] 雍正四年，清廷与策妄阿拉布坦议定疆界，雍正帝命将巴里坤、吐鲁番官兵俱行撤回，哈密地方驻兵 500 名，安西兵内再拨 500 名驻扎哈密，等哈密建城完工，再行撤回 500 兵，甘州现有京城满洲兵 300 余名亦东撤。[④] 雍正五年八月，西宁北川口外、大通川、白塔川及野马川测尔兔地方城垣营房完工，肃州、凉州二镇所属永固、永昌等 18 营马兵裁 960 名，宁夏镇标后营裁去马兵 600 名，共裁马兵 1560 名。大通镇照马步各半之例，设马兵 1000 名，步兵 1000 名，测尔兔游击设马兵 320 名，步兵 480 名，白塔川参将设马兵 240 名，步兵 560 名。[⑤] 雍正六年十一月，回撤进藏清军，其中凉州兵 230 名、西宁兵 800 名。[⑥]

从雍正七年以前的军事布局来看，雍正朝在巩固康熙朝清平准战争成果的基础上，不断强化河西走廊西部、西宁镇周边的防务，进一步强化清王朝逐渐西移的军事防御体系。

二　雍正七年以后的河西走廊驻军

雍正七年四月，在征调陕甘各标营汛出口之前，雍正与陕甘总督岳钟琪都意识到陕甘各标营汛在征调兵丁出征后，“未免汛守兵单”[⑦]。清廷

---

① 《清世祖实录》卷 23，雍正二年八月丙子，中华书局 1985 年影印本，第 7 册，第 364 页。

② 《清世宗实录》卷 29，雍正三年二月己巳，中华书局 1985 年影印本，第 7 册，第 430 页。

③ 《清世宗实录》卷 30，雍正三年三月乙巳，中华书局 1985 年影印本，第 7 册，第 450 页。

④ 《清世宗实录》卷 43，雍正四年四月癸酉，中华书局 1985 年影印本，第 7 册，第 630 页。

⑤ 《清世宗实录》卷 60，雍正五年八月乙酉，中华书局 1985 年影印本，第 7 册，第 912—913 页。

⑥ 《清世宗实录》卷 75，雍正六年十一月己巳，中华书局 1985 年影印本，第 7 册，第 1119 页。

⑦ 中国第一历史档案馆编：《雍正朝汉文朱批奏折汇编》，雍正七年四月初十日，川陕总督岳钟琪奏陈酌减各提镇标营招募兵丁情由折，江苏古籍出版社 1989 年影印本，第 15 册，第 21 件，第 29—31 页。

开始着手加强西路防务。在兵源的调动及招募兵丁数量上，雍正帝与岳钟琪有分歧，雍正帝拟派西安八旗兵1000名驻防弹压。岳钟琪建议满兵3000名永驻凉州，减少汉兵的招募，以防将来凯旋之后，花费大量钱粮安置招募之兵，紧要的地方，例如固原、甘州、西宁、肃州4提镇标各招募马、步兵1000名，共4000名。雍正帝认为岳钟琪不必考虑靡费钱粮，甘凉等处招募绿旗兵丁不必从简。西安满兵1000名移拨凉州暂时防守，凉州镇标属应招募汉兵1000名，甘州提标属招募2000名，固原暨各边营招募7000名，"俟征兵凯旋之日，将此七千名招募之兵或移拨吐鲁番以外，伊里以内轮班驻防，或酌量给赀安插"①。雍正七年四月，川陕总督岳钟琪统领大兵出口之后，西安满洲驻防兵1000名暂行移驻凉州。② 雍正八年，肃州镇标并各属营共派拨马、步兵2000名前赴军营。③ 雍正八年，除出征兵丁外，甘属提镇各标营除新募马、步、守兵及车兵不议外，马、步兵共22436名。各提标镇马步兵人数见表2－3。

表2－3　雍正八年甘肃河西、宁夏各镇兵丁数量

提镇名称	营数（个）	驻军总数（名）	马兵（名）	步兵（名）	马步兵比例
甘州提标	5	5000	3618	1382	7:3
凉州镇标	5	3500	2618	882	7:3
宁夏镇标	4	3000	1833	1167	6:4
肃州镇标	3	1936	1700	236	8:2
安西镇标	3	3000	1800	1200	6:4
大通镇标	2	2000	1000	1000	5:5
西宁镇标	5	4000	2400	1600	6:4
合计	27	22436	14969	7467	1.8:1

资料来源：张伟仁主编：《明清档案》，雍正八年七月十二日之一，陕西甘肃提督宋可进揭报详议马步守兵食粮数目折，台北：联经出版事业公司1986年版，第44册，A44—90，B25247。

① 中国第一历史档案馆编：《雍正朝汉文朱批奏折汇编》雍正七年四月初十日，川陕总督岳钟琪奏陈酌减各提镇标营招募兵丁情由折，江苏古籍出版社1989年影印本，第15册，第21件，第29—31页。

② 《清世宗实录》卷80，雍正七年四月丙子，中华书局1985年影印本，第8册，第45页。

③ 中国第一历史档案馆编：《雍正朝汉文朱批奏折汇编》，雍正八年十二月十七日，署陕西总督查郎阿奏报采买西路军需骡马并动用银两数目折，江苏古籍出版社1989年影印本，第19册，第469件，第684—685页。

雍正八年末，准噶尔威胁巴里坤，河西走廊驻军西调。护宁远大将军印务提督纪成斌咨请调拨安西、肃州二镇官兵各3000名赴巴里坤应援，护安西镇总兵印务参将卫维康奉命就近在肃州镇标并肃属协营暨甘提标三处各派兵1000名分批前行；而肃镇额兵派拨塘汛并调赴大营应援后，存营马兵只有300余名，步守兵400余名，甘提标派马步兵1000名赴安西驻防，凉州镇标马兵500名驻扎肃州，驻防凉州满兵1000名内派兵500名赴肃州驻扎，檄调宁夏镇标镇标马兵1000名、步兵500名移驻甘州。[①]

雍正八年十二月十二日夜半，噶斯口哈吉尔卡伦遭到准噶尔百余人侵扰。准噶尔的侵扰使西路局势顿显紧张。雍正九年正月初，查郎阿复将从前调拨移驻甘州之宁夏马步兵1500名移驻肃州。[②] 大将军岳钟琪奏报将西安八旗兵丁派拨3000名前往西宁、甘州、凉州驻扎。[③] 雍正九年正月十七日，岳钟琪途次凉州府属镇羌驿地方，上折陈述了调兵理由。岳钟琪认为巴里坤军营现存马、步兵25000余名足够调遣。现有驻防肃州之八旗兵1000名，岳钟琪又派调宁夏镇马、步兵3000名，固原提标马、步兵2000名，西安督抚两标马、步兵1000名。宁夏八旗兵1000名由凉州一路前赴甘州驻扎，又有副都统僧保等奉旨统领西安八旗兵1000名驻防凉州，又有前次派往西宁改派往肃州之凉州镇兵1000名，共计甘、凉、肃州现有预备调遣之满洲兵10000名就近调拨，应援巴里坤。[④] 岳钟琪认为，西路军营兵精粮足，不过因准噶尔出其不意抢去马、驼，“惟西宁地方外夷切近边口，内番夹居官道，不但有事宜防，即无事之时亦须留心提防”，准噶尔于水冷草枯之时千里偷袭卡伦，不仅仅是偷盗马匹，“其间诡

---

① 中国第一历史档案馆编：《雍正朝汉文朱批奏折汇编》，雍正八年十二月十七日，署陕西总督查郎阿奏报分派马兵赴金塔寺营防范并驻扎肃州甘州以资调用折，江苏古籍出版社1989年影印本，第19册，第472件，第689—690页。

② 中国第一历史档案馆编：《雍正朝汉文朱批奏折汇编》，雍正九年正月初三日，署陕西总督查郎阿奏报移行各镇官兵防守哈吉尔卡及宁夏官兵改驻肃州缘由折，江苏古籍出版社1989年影印本，第19册，第521件，第780页。

③ 中国第一历史档案馆编：《雍正朝汉文朱批奏折汇编》，雍正九年正月初十日，大学士马尔塞等为召募兵丁前往甘凉等处驻扎事致大将军岳钟琪等寄谕，江苏古籍出版社1989年影印本，第19册，第540件，第805—806页。

④ 中国第一历史档案馆编：《雍正朝汉文朱批奏折汇编》，雍正九年正月二十日，宁远大将军岳钟琪奏陈再派拨西安八旗官兵前往西宁驻扎情由折，江苏古籍出版社1989年影印本，第19册，第561件，第840—841页。

计或先遣些许之兵抢略我卡伦人众，探我虚实，然后大队继来，抑或乘此抢夺马匹骚扰之际，潜伏青海，勾结内应，以便秋冬马肥之时大肆猖獗，均未可定”[①]。岳钟琪陈述了派拨八旗兵1000名驻防西宁之缘由：

一、弹制青海并可遥援柴旦木驻军；

二、便于就近补给，以省民力。甘凉乃粮运兵马的孔道，粮草价格昂贵，青黄不接之时若驻兵过多，补给困难。西宁县有仓贮料豆二万余石，兵粮充足；

三、应援甘州，调遣便捷。西宁由大通镇、扁豆口赴肃州程途与凉州至肃州远近相等，且大通镇一路水草好，道途平坦，较甘凉道路更好行。[②]

雍正帝不同意岳钟琪将满洲兵1000名拨往西宁，行文武格、马尔泰于西安绿旗兵丁内或督标、抚标之兵或城守兵共拣选1000名，并会同秦布挑选满洲兵100名，令二格即行带领前往西宁驻扎，令巡抚苏穆尔齐带派出之满洲兵丁1000名往凉州，所拨驻扎甘州之满兵1000名令张正文带领前往听候调遣，拨往凉州之兵仍在西安候旨。[③] 对于岳钟琪奏称肃州召募兵1000名，甘州召募兵1000名，西安督抚标兵召募步兵1500名，不需要募补固原标属的计划，雍正帝认为岳钟琪轻视战局，“想未接到朕之谕旨，又于见今巴尔库尔情形未能确知，是以尚存轻事之意见”[④]。甘、凉二州、西宁等处皆沿边要镇，“必得重兵防驻既可弹镇边陲，若有调

① 中国第一历史档案馆编：《雍正朝汉文朱批奏折汇编》，雍正九年正月二十日，宁远大将军岳钟琪奏陈再派拨西安八旗官兵前往西宁驻扎情由折，江苏古籍出版社1989年影印本，第19册，第561件，第840—841页。

② 中国第一历史档案馆编：《雍正朝汉文朱批奏折汇编》，雍正九年正月二十日，宁远大将军岳钟琪奏陈再派拨西安八旗官兵前往西宁驻扎情由折，江苏古籍出版社1989年影印本，第19册，第561件，第840—841页。

③ 中国第一历史档案馆编：《雍正朝汉文朱批奏折汇编》，雍正九年正月初十日，大学士马尔塞等为召募兵丁前往甘凉等处驻扎事致大将军岳钟琪等寄谕，江苏古籍出版社1989年影印本，第19册，第540件，第805—806页。

④《清世宗实录》卷102，雍正九年正月癸酉，中华书局1985年影印本，第8册，第350—351页。

用，又可分拨策应”[①]。固原标属虽系内地，但提标之兵已拨2000名，则自应召募补额，令仍照马步兵6∶4之例速行募足2000名。武格接准大学士马尔太等两次寄信后，一面咨会将军秦布将满洲兵100名照数预备外，于督抚两标并城守营兵内拟派马步兵900名，又于附近潼关营内拟派步兵100名，共足1000名之数，初八日由副都御史臣二格统领官兵自西安起程前赴西宁驻扎。[②]

雍正八年十二月末，岳钟琪转接到大学士马尔赛等议奏，将凉州现驻满兵1000名令哈尔纪鄂善带往肃州驻扎，再于固原调拨兵2000—3000名或于甘、凉二镇各调兵，分别拨往肃州、安西，口外军营，再令西安将军秦布将西安满洲兵预备3000名，遇有调拨之处即行拨遣。[③] 雍正九年，分驻甘州、凉州、肃州之满兵4000名，归化城兵1000名，令各副都统等带领前往安西驻扎，肃州现驻之凉州绿旗兵1500名，宁夏绿旗兵1500名，固原兵丁2000名，共5000名，与肃州本镇之标兵属兵约共10000名仍在肃州驻守。安西、沙州兵丁3000名派赴巴里坤，甘州提标派拨兵2000名前往驻扎防守，并续派固原镇属兵2000名。陕甘诸镇标调动后，各镇标拨出兵丁之后，各镇标兵数不敷弹压地方，陕甘总督会同提镇商议后奏请募补，岳钟琪遵旨酌议于肃州、甘州俱以马步兵6∶4比例各募补兵丁1000名。[④] 雍正九年正月，岳钟琪遂派固原提标兵2000名，陕西督标兵8000名、抚标兵2000名。提督纪成斌派已调兵3000名前赴巴里坤，署陕西总督查郎阿虽已调甘提标兵丁1000名前赴安西、沙州二处驻扎，但每处只派补兵500名防守，地广兵单，岳钟琪于甘州提标

① 中国第一历史档案馆编：《雍正朝汉文朱批奏折汇编》，雍正九年正月初十日，大学士马尔塞等为召募兵丁前往甘凉等处驻扎事致大将军岳钟琪等寄谕，江苏古籍出版社1989年影印本，第19册，第540件，第805—806页。

② 中国第一历史档案馆编：《雍正朝汉文朱批奏折汇编》，雍正九年二月初八日，西安巡抚武格等奏办理军需各项事务情形折，江苏古籍出版社1989年影印本，第19册，第648件，第981—982页。

③ 中国第一历史档案馆编：《雍正朝汉文朱批奏折汇编》，雍正九年正月初三日，宁远大将军岳钟琪奏覆派调官兵出口并请钦点大臣二员驰赴西安或领兵即赴甘凉折，江苏古籍出版社1989年影印本，第19册，第513件，第761—762页。

④ 中国第一历史档案馆编：《雍正朝汉文朱批奏折汇编》，雍正九年正月初三日，宁远大将军岳钟琪奏覆肃州甘州及督抚两标招募兵丁数目折，江苏古籍出版社1989年影印本，第19册，第512件，第760页。

再派兵 1000 名前往安西、沙州二处驻扎。甘州提标兵丁两次派调后，“甘州地处边缴，接壤蒙、藏等少数民族，甚属紧要，留汛之兵守御不敷。再西宁为青海门户，不特急宜防范准噶尔逆夷，即青海各部落宜亦预为严备”[①]。岳钟琪遵旨将西安八旗兵丁派拨 3034 名，正月十二日派 1000 名前往西宁驻扎，再派兵 1000 名于正月二十日以后起程赴甘州驻扎，其余 1000 名接续起程暂驻凉州。雍正九年二月，都统良敦统领归化城兵丁 1000 名前赴凉州，听大将军岳钟琪调遣。[②] 大学士等以甘、凉二镇皆系沿边重地，必须兵力富足，“方可内为保障，外供调拨”，命提督宋可进于凉州召募兵丁 2000 名，甘州召募 3000 名，西宁召募 2000 名，共募 7000 兵丁，俱照例马六步四支给钱粮。[③] 二月，以肃州、甘州、凉州、移驻满洲兵 4000 名，凉州有归化城兵 1000 名，命镇安将军常赉前往统领，仍听大将军岳钟琪调遣，作为应援，[④] “此五千兵丁，如有调遣，俾其自为一队，令常赉统领，不可零星分派，与绿旗兵丁混杂一处。”[⑤] 雍正九年，派调西安、宁夏满兵并凉州移驻肃州满兵共 4000 名，固原、宁夏、凉州、西安督抚两标绿旗兵共 5000 名，又派调总兵王绪级带领凉州镇标兵 1000 名，共合满、汉兵 10000 名分札于凉州以西甘、肃一带地方，随时调遣。[⑥]

雍正九年，岳钟琪在巴里坤、乌鲁木齐等处修城屯田，准备与准噶尔进行持久战，计划从内地调兵，内地各提镇“其所缺之额均令各该营照数招募补足，以实营伍”[⑦]。巴里坤军营原派出征马步车兵共 27500 名，

---

① 中国第一历史档案馆编:《雍正朝汉文朱批奏折汇编》，雍正九年正月初三日，宁远大将军岳钟琪奏覆派调官兵出口并请钦点大臣二员驰赴西安或领兵即赴甘凉折，江苏古籍出版社 1989 年影印本，第 19 册，第 513 件，第 761—762 页。

② 《清世宗实录》卷 102，雍正九年正月辛未，中华书局 1985 年影印本，第 8 册，第 350 页。

③ 《清世宗实录》卷 102，雍正九年正月癸酉，中华书局 1985 年影印本，第 8 册，第 350—351 页。

④ 《清世宗实录》卷 103，雍正九年二月戊戌，中华书局 1985 年影印本，第 8 册，第 359 页。

⑤ 《清世宗实录》卷 103，雍正九年二月己亥，中华书局 1985 年影印本，第 8 册，第 359—360 页。

⑥ 中国第一历史档案馆编:《雍正朝汉文朱批奏折汇编》，修订折，江苏古籍出版社 1989 年影印本，第 19 册，第 977—979 页。

⑦ 中国第一历史档案馆编:《雍正朝汉文朱批奏折汇编》，雍正九年二月初九日，宁远大将军岳钟琪奏覆酌议吐鲁番巴里坤等地军务敬陈广为屯种等管见十六条折，江苏古籍出版社 1989 年影印本，第 19 册，第 654 件，第 990—1001 页。

内除出征带伤并冻坏手足兵丁共计3500余名，再除1000余名兵赶送驮马赴安西，存营者计有22000余名。岳钟琪复令留驻塔尔纳沁、土古鲁之甘、肃应援兵3000名先赴军营，共有兵25000有余。岳钟琪请求将从前调派安西镇属应援兵3000名仍令其暂驻塔尔纳沁、土古鲁，无事守粮牧马，有事则便于就近调遣，再将前派满汉兵10000名，内除带领6000名外，尚有满兵2000名，绿旗兵2000名，俱令驻扎肃州附近。①

总之，雍正七年以后，河西走廊驻军人数剧增，既有当地招募的军队，又有从陕西、内蒙古、宁夏府调动的满洲八旗军队，还有从口外撤入河西的军队，军队的调遣行动相对缓慢，再加上雍正帝、岳钟琪对军队驻扎地点的分歧，导致这一时期河西驻军的人数不清。但除当地驻军外，河西的客兵人数至少在10000人以上。尤其是雍正九年以后，河西驻军基本稳定。

三　平准战争西路客兵回撤

雍正十二年九月，暂驻凉州之直隶兵500名，驻肃州之河南兵500名，驻凉州之河南满洲兵500名，驻宁夏之太原满兵300名，驻靖逆之固原兵500名，驻沙州之甘州兵1500名，凉州兵1000名开始撤退回汛。此次东撤兵共4800名。②

表2-4　　河西走廊部分西路客兵回撤

<table>
<tr><th>兵丁名称</th><th>分起</th><th>管押官员</th><th colspan="2">行走路线及日期</th></tr>
<tr><td rowspan="3">驻宁夏、太原满兵300名</td><td rowspan="3">分作三起</td><td rowspan="3">每起派章京1员，骁骑校1员，押兵100名，苦独力100名</td><td>头起九月二十二日自宁夏起程</td><td rowspan="3">俱由固原、西安一路回太原</td></tr>
<tr><td>二起九月二十四日</td></tr>
<tr><td>三起九月二十六日</td></tr>
</table>

① 中国第一历史档案馆编：《雍正朝汉文朱批奏折汇编》，修订折，江苏古籍出版社1989年影印本，第19册，第977—979页。

② 中国第一历史档案馆编：《雍正朝汉文朱批奏折汇编》，雍正十二年九月二十四日，总理青海夷情事务德龄奏谢恩命办理夷情事务并报由肃起程赴宁日期折，江苏古籍出版社1989年影印本，第27册，第37件，第40—41页；雍正十二年十月二十五日，署陕西总督刘於义奏覆调贴防满汉官兵起程回汛日期折，第160件，第181—186页。

续表

兵丁名称	分起	管押官员	行走路线及日期	
驻凉之河南满兵500名	分作三起	头起派夸兰大1员，章京1员，骁骑校委章京1员，领催委骁骑校3员管押兵164名，苦独力164名	十月初一日自凉起程	由兰州、西安回河南
		二起派夸兰大1员，章京1员，骁骑校委章京1员，领催委骁骑校3员管押兵164名，苦独力164名	十月初三日自凉起程	
		三起派夸兰大1员，章京2员，骁骑校委章京1员，领催委骁骑校2员管押兵164名，苦独力164名	十月初五日自凉起程	
直隶驻凉绿旗兵500名	分作二起	头起派守备1员，千总1员管押兵250名	十月初七日自凉起程	由兰州、西安回直隶
		二起派委参将赵伟亲身管押250名	十月初九日	
河南驻肃绿旗兵500名	分作二起	头起派守备1员，千总1员管押兵250名	九月二十五日	由肃起程由兰州西安赴河南
		二起派参将杨玉先管押兵250名	九月二十七日	
沙州驻甘州兵1500名，留拨踏实堡420，应撤1080名	—	—	九月二十九日	—
			三十日	
			十月初一	
			十月初二日	
凉州兵1000名，留拨踏实堡280名，撤720名	—	—	十月初四	—
			十月初七	
			十月初十	

资料来源：《雍正朝汉文朱批奏折汇编》第27册，江苏古籍出版社1989年影印本，第40—41页，第37件；第181—186页，第160件。

西路清军回撤后，清廷再次调整河西的军事布局。首先调整的是嘉峪关周边的驻军。金塔寺营为肃州北面藩篱，金塔营旧设游击 1 员改设副将，再添设都司 1 员，旧额千总 1 员，把总 2 员，请再添设千总 1 员，把总 2 员。附近清水堡都司、镇夷营游击并所属双井等处原属永固协之高台营游击并所属之守备就近改归金塔营副将管辖。金塔寺营原有步兵 134 名，马兵 193 名，尚缺步兵 153 名，马兵 174 名，其不敷马、步兵共 327 名。

金塔营所属之威虏堡在金塔寺营之北，逼近孤红山，安插内迁的维吾尔族民众，本镇派属之下古城离金塔寺六十里，旧设守备 1 员，马战守兵 145 名，应改千总 1 员，在金塔营千总 2 员内摘派，留兵 100 名即可满足防守。将下古城守备改为威鲁堡守备，再请添设兵 150 名，由下古城摘步兵 45 名，按照马四步六，请添设马兵 60 名，应添设马、步兵 105 名从甘标现驻金塔寺新兵内照数添拨补。甘标拨防金塔寺新兵共 500 名，马兵 300 名，步兵 200 名，除拨补金塔、威鲁二处马兵 234 名，步兵 198 名，其中金塔 174 名马兵，金塔步兵 153 名，威鲁堡 60 名马兵，步兵 45 名，尚余马兵 66 名，步兵 2 名。肃镇合计新旧兵共 2900 余名，准拨归肃标添足 3000 名。①

雍正十三年，口外驻军回撤之后，嘉峪关以西军事力量需要加强。安西镇总兵驻扎布隆吉城内，于布隆吉、桥湾、双塔等城堡共分驻兵 3000 名，其余 2000 名应于靖逆、塔儿湾、合驻兵 1000 名，赤金驻兵 600 名，惠回堡驻兵 400 名，各派将弁分管，令副将驻扎赤金居中管辖调度，仍归总兵统辖。② 乾隆元年正月，署宁远大将军查郎阿等奏请巴里坤撤兵后请仍于哈密地方永远分驻兵 5000 名，应即于甘、凉、西、肃、安西、各提镇兵内派出更换。布隆吉、赤靖等处分驻 5000 名，兵丁于内地标营兵内轮班派往。等数年后边界大定之后量减安西防兵时，将布隆吉、赤靖等处防兵陆续议撤。③

---

① 中国第一历史档案馆编：《雍正朝汉文朱批奏折汇编》，雍正十三年八月二十五日，署陕西总督刘於义奏覆遵议肃州金塔寺地方改设副将添设官兵事宜折，江苏古籍出版社 1989 年影印本，第 29 册，第 41 件，第 46—50 页。

② 中国第一历史档案馆编：《雍正朝汉文朱批奏折汇编》，雍正十三年十一月初十日，宁远大将军查郎阿等奏覆遵议暂驻肃州选派兵丁操演巡防十二条事宜折，江苏古籍出版社 1989 年影印本，第 29 册，第 738 件，第 839—841 页。

③《清高宗实录》卷 10，乾隆元年正月丙午，中华书局 1985 年影印本，第 9 册，第 341—342 页。

第三节　河西诸提镇驻军数量的变化

“甘州提督军门总兵官一员，河西领四镇曰凉州、曰宁夏、曰西宁、曰肃州。”① “甘提兼领四镇，自五十四年兵兴以来，提镇正署不一，兵马调拨无定。”② 名义上，一提四镇兵马共 51256 名，实际上各镇俱有公费空粮明立名目，雍正三年，公费空粮已有 2221 名，加上提镇以下直至千把额定亲丁名粮 3255 名，则一提四镇经制 51256 名兵内已缺 5476 名，在伍差操之兵只有 45780 名。③ 再加上调拨出征，河西一提四镇兵马数量变化很大。由于宁夏镇驻扎客兵较少，再加上宁夏镇远离西路战场，故宁夏镇驻军不在本节讨论之列。

一　雍正朝的凉州镇驻军

凉州驻军除凉州镇标外，还有驻扎的各营堡以及城守营驻军。雍正七年以前，凉州镇拥有绿骑官兵 9763 名，战马 4200 匹。其中，凉州镇标驻扎马步兵 3200 名，其中马兵 2618 名，步兵 882 名。雍正元年，抚远大将军年羹尧调集凉州兵 2000 名平定罗布藏丹津叛乱。④ 雍正二年八月，从前调集驻防凉州等处西安满洲兵 1000 名，陆续撤回。⑤ 雍正五年八月，将肃州、凉州二镇所属永固、永昌等 18 营马兵裁 960 名拨大通镇。⑥ 雍

① （清）钟赓起：《甘州府志》卷 8《戎兵·军门》，乾隆四十四年刊本，华北地方志第 561 号，第 682 页。

② 中国第一历史档案馆编：《雍正朝汉文朱批汉文朱批奏折汇编》，雍正三年二月二十八日，署甘肃提督岳钟琪奏密陈清厘提镇营伍情形折，江苏古籍出版社 1989 年影印本，第 4 册，第 421 件，第 535—536 页。

③ 中国第一历史档案馆编：《雍正朝汉文朱批汉文朱批奏折汇编》，雍正三年二月二十八日，署甘肃提督岳钟琪奏密陈清厘提镇营伍情形折，江苏古籍出版社 1989 年影印本，第 4 册，第 421 件，第 535—536 页。

④ 《清世宗实录》卷 13，雍正元年十一月丙戌，中华书局 1985 年影印本，第 7 册，第 234 页。

⑤ 《清圣祖实录》卷 23，雍正二年八月丙子，中华书局 1985 年影印本，第 7 册，第 364 页。

⑥ 《清世宗实录》卷 60，雍正五年八月乙酉，中华书局 1985 年影印本，第 7 册，第 912—913 页。

正六年十一月，撤回进藏凉州兵230名。① 雍正七年，凉州镇标及各营招募马战兵421名，步战兵304名，守兵348名，总共增兵1073名，兵马及官马425匹，凉州镇“马、步、战、守兵共一万二千八百七十八名，兵马五千八百三十匹，驮炮马驼一百匹只”②。雍正八年十二月，山西太原总兵王绪级带领凉州绿旗兵丁1000名前往赴肃州。③ 雍正九年，凉州召募兵丁2000名，马战兵1200名，步战兵800名，增加兵马1200匹，官马24匹。雍正九年二月，都统艮敦统领归化城兵丁派1000名前赴凉州，听大将军岳钟琪调遣。④ 此时，凉州至少驻扎客兵2000名，雍正帝曾“谕大学士等，肃州、甘州、凉州、移驻满洲兵4000名，又凉州有归化城兵一千名”⑤。雍正九年三月，凉州兵500名被拨驻扎图呼鲁克、毛垓图等处。⑥ 雍正九年七月，大学士等议奏，将西安驻防直隶河南之绿旗兵调拨1000名，遣往庄浪驻扎。⑦ 雍正十年三月初五日，湖广兵2000名抵凉州。⑧ 当年闰五月，以原任提督陈天培带领勇健营兵1660名往凉州驻扎。⑨ 庄浪驻防之江宁、河南满兵1000名，直隶河南绿旗兵1000名，雍正十年夏，平番夏田歉收，本地所产不敷供支，为解决军需口粮的供支，“若勇健兵丁于八月以前调拨起程，则将庄浪之满汉官兵二千名或俱移驻凉州，或于凉、甘二处各分驻一千名，亦属近便，如八月以前，勇健兵尚无

---

① 《清世宗实录》卷75，雍正六年十一月己巳，中华书局1985年影印本，第7册，第119页。

② （清）许容监修，（清）李迪等撰，刘光华等点校整理：《甘肃通志》卷14《兵防》，兰州大学出版社2018年版，第589页。

③ 《清世宗实录》卷101，雍正八年十二月丁巳，中华书局1985年影印本，第8册，第341—342页。

④ 《清世宗实录》卷102，雍正九年正月辛未，中华书局1985年影印本，第8册，第350页。

⑤ 《清世宗实录》卷103，雍正九年二月戊戌，中华书局1985年影印本，第8册，第359页。

⑥ 《清世宗实录》卷104，雍正九年三月丙寅，中华书局1985年影印本，第8册，第376—377页。

⑦ 《清世宗实录》卷108，雍正九年七月庚午，中华书局1985年影印本，第8册，第427页。

⑧ 中国第一历史档案馆编：《雍正朝汉文朱批奏折汇编》，雍正十年三月十九日，署陕西总督查郎阿等奏报驻防甘肃满汉官兵马匹分别收槽经牧各缘由折，江苏古籍出版社1989年影印本，第22册，第40件，第40—41页。

⑨ 中国第一历史档案馆编：《雍正朝汉文朱批奏折汇编》，雍正十年五月二十一日，署陕西总督查郎阿等奏报遵议料理赴西路军营用健营兵丁及官员马匹锅杖等事折，江苏古籍出版社1989年影印本，第22册，第455件，第547—548页。

调拨之信，则请勇健兵移驻甘州，将庄浪满汉官兵移驻凉州”①。雍正十年十一月，将凉州现有直隶、河南兵1000名调至多巴地方驻扎。② 雍正十一年八月，刘於义以肃镇兵丁出征拨防，驻防之兵单弱，凉州现驻河南满兵500名，直隶、河南绿旗兵1000名，请将凉州现驻河南绿旗兵500名于十月初旬移驻肃州。③ 雍正十三年二月，清军班师在即，预行酌定边境驻防事宜。办理军机大臣议准，西安驻防满洲、蒙古兵内挑选兵丁添兵河西走廊，作为甘肃咽喉的凉州驻兵2000名，包括向与满洲、蒙古一同效力行走的西安汉军一并派入。凉州添设城守步兵600名，设将军一员统领，驻扎凉州。西宁逼近青海（青海湖）驻1000名，包括汉军步兵400名，西安将军秦布奏请凉州兵丁改驻凉州城外大七巴地方，分驻西宁兵丁改驻庄浪。

二 雍正朝的甘州提督驻军

雍正朝平准战争期间，甘州驻军包括两部分，第一部分是本标的驻军，另一部分是西路后援驻军。甘州提标额设马步兵5000名，马兵3618名，步兵1382名。雍正元年十一月，抚远大将军年羹尧条奏进剿青海事宜，其中甘州是进攻一路，其中有西安满兵500名防守甘州。④ 此外，还有客兵驻扎甘州。雍正二年八月，年羹尧平定青海后，驻扎甘州之鄂尔多斯土默特兵1000名，驻扎山丹之大同兵1000名，俱令陆续撤回本处。⑤ 雍正六年，甘州提标招募车兵600名，募兵1500名随西路军出口，系在原额兵5000名之外。⑥ 甘州提标一部作为后援军队驻扎肃州、安西。

---

① 中国第一历史档案馆编:《雍正朝汉文朱批奏折汇编》，雍正十年六月十四日，署陕西总督查郎阿奏请酌量移驻庄浪等处官兵以便供支折，江苏古籍出版社1989年影印本，第22册，第569件，第704页。

② 《清世宗实录》卷125，雍正十年十一月己酉，中华书局1985年影印本，第8册，第648—649页。

③ 《清世宗实录》卷134，雍正十一年八月庚午，中华书局1985年影印本，第8册，第729页。

④ 《清世宗实录》卷13，雍正元年十一月己亥，中华书局1985年影印本，第7册，第239页。

⑤ 《清世宗实录》卷23，雍正二年八月丙子，中华书局1985年影印本，第7册，第364页。

⑥ 中国第一历史档案馆编:《雍正朝汉文朱批奏折汇编》，雍正十年十一月十二日，暂署甘肃提督二格奏报宋可进并未赏给新募兵丁营运生息银两亦未呈请部示折，江苏古籍出版社1989年影印本，第23册，第480件，第590页。

雍正七年招募1479名，其中马兵593名，马593匹，步兵441名，守兵445名。雍正八年末，准噶尔威胁巴里坤，护宁远大将军印务提臣纪成斌调拨甘提标派马步兵1000名赴安西驻防，檄调宁夏镇标镇标马兵1000名、步兵500名移驻甘州。[①] 雍正八年末，安西沙州兵丁3000名派赴巴里坤，甘州提标派拨兵2000名前往驻扎防守，陕甘诸镇标调动后，议奏募补，甘州以马六步四募补兵丁1000名。[②] 雍正九年招募3000名，马兵1800名，步兵1200名，共有9479名，“以上提督、参将、游击、守备、千、把共官五十九员，坐马一百六十八匹。马、步、战、守兵共九千四百七十九名，兵马六千一十一匹，驮炮骆驼一百只”。[③]《甘肃通志》中所记载的甘提标的招募数量与《雍正朝汉文朱批奏折汇编》所记载的招募数量基本一致。雍正七年招募的马步守兵1500名以及雍正九年招募新兵3000名，率多无籍之徒，甘提标原额、续募马步守兵共9500名，内除出征驻防以及各官亲丁外，雍正十年十一月，存营马步守兵5200余名，当月，二格将雍正七年招募马步守兵1500名守兵内裁去360名，再将雍正九年新募之3000兵内裁退步兵640名，共裁汰步、守兵丁1000名，尚存营马步兵4200余名。[④] 甘提标现存新旧兵丁8000余名，原议陕提及陕甘各镇新募之兵丁俱应裁汰。刘於义等奏请将各标凡有应行募补者据各于本标新兵内挑选补额，不必另募。甘提标原额马兵3618名应请于甘提新募兵内再按照马步兵8∶2比例留存兵1000名，共6000名。雍正十三年，西路清军回撤，甘州提标兵丁数达到6000名，“兵六千名内系马战兵四千四百一十八名，步战兵一千五百八十二名，兵马四千四百一十八

① 中国第一历史档案馆编：《雍正朝汉文朱批奏折汇编》，雍正八年十二月十七日，署陕西总督查郎阿奏报分派兵马赴金塔寺营防范并驻扎肃州甘州以资调用折，江苏古籍出版社1989年影印本，第19册，第472件，第689—690页。

② 中国第一历史档案馆编：《雍正朝汉文朱批奏折汇编》，雍正九年正月初三日，宁远大将军岳钟琪奏覆肃州、甘州及督抚两标招募兵丁数目折，江苏古籍出版社1989年影印本，第19册，第512件，第760页。

③ （清）许容监修，（清）李迪等撰，刘光华等点校整理：《甘肃通志》卷14《兵防》，兰州大学出版社2018年版，第585页。

④ 中国第一历史档案馆编：《雍正朝汉文朱批奏折汇编》，雍正八年十二月十七日，署陕西总督查郎阿奏陈酌办预备西路军需事宜五条折，江苏古籍出版社1989年影印本，第23册，第470件，第687—688页。

匹，骆驼百头，又军门马二十匹，以上乾隆元年以前原额”[①]。

三 雍正朝的肃州镇驻军

肃州是西路清军必经之地，被称为“军需总汇”。平准战争期间，肃州镇的驻军调动尤其频繁。年羹尧的议奏防守边口八款，设置安西镇后，肃州的军事地位下降，肃州镇原额马步兵4营共3200名，雍正二年三月，鉴于肃州在口内，布隆吉尔已有清军驻扎，肃州兵丁在口外分守台战，经理事情较少，“应将肃州镇标兵，拨出一营八百名，归入布隆吉尔。”[②]雍正五年八月，再次对肃州镇属驻军裁撤。[③]

从雍正八年开始，肃州客兵增多，雍正八年十二月，雍正帝谕令凉州驻防满洲兵1000名、凉州绿旗兵1000名前往肃州驻扎。[④] 此外，肃州还驻扎固原、宁夏兵2500名一直到雍正九年三月，这批固原、宁夏兵拨补军营。[⑤] 雍正九年八月，山西省奉派马兵1500百名移驻肃州听候调遣。[⑥] 雍正十年五月，肃州之兵与河西甘、凉、安西兵于五月间起程赴军营，数量不详。[⑦] 雍正十一年八月，署陕西总督刘於义认为肃镇现在驻防之兵单弱，奏请将驻凉州河南绿旗兵500名于十月初旬移驻肃州。[⑧] 雍正十三年，巴里坤兵丁全撤之时，廷议于肃镇添城守一营，设都司1员，千总1员，把总2员，于标营兵内派步兵200名，专司城守汛防之事，肃镇标合计新旧兵添足3000名，“以上总兵、副将、参将、游击、都司、

---

① （清）钟赓起：《甘州府志》卷8《戎兵·军门》，乾隆四十四年刊本，第682页。

② 《清世宗实录》卷17，雍正二年三月丙申，中华书局1985年影印本，第7册，第292页。

③ 《清世宗实录》卷60，雍正五年八月乙酉，中华书局1985年影印本，第7册，第912—913页。

④ 《清世宗实录》卷101，雍正八年十二月丁巳，中华书局1985年影印本，第8册，第341—342页。

⑤ 《清世宗实录》卷104，雍正九年三月丙寅，中华书局1985年影印本，第8册，第927页。

⑥ 中国第一历史档案馆编：《雍正朝汉文朱批奏折汇编》，雍正十年七月二十日，署陕西总督查郎阿等奏报查拿撞骗兵丁马干银两之犯杨起等人缘由折，江苏古籍出版社1989年影印本，第22册，第741件，第982—983页。

⑦ 《清世宗实录》卷119，雍正十年闰五月己酉，中华书局1985年影印本，第8册，第581页。

⑧ 《清世宗实录》卷134，雍正十一年八月庚午，中华书局1985年影印本，第8册，第729页。

守备、千、把共官八十四员，坐马二百六十八匹。马、步、战、守兵共九千六百一十四名，兵马四千七十九匹，驮炮马驼一百只”①。

四　雍正朝的安西镇驻军

安西在雍正二年设镇，经制5000名，实际上，安西镇的驻军增加到6500名。② 雍正二年八月，年羹尧平定青海，驻扎布隆吉尔之满洲、蒙古、乌喇、索伦、察哈尔厄鲁特兵2000名，俱令陆续撤回本处。③ 雍正九年五月，镇安将军常赉统领肃州、甘州、凉州、移驻满洲兵4000名、凉州移驻归化城兵1000名，共5000兵丁，前往安西驻扎。④ 雍正九年九月前，在安西镇尚驻扎满兵4000名，雍正九年九月，归并到巴里坤大营。⑤ 雍正十年三月，除出征、防守、安设塘站等差外，安西镇存营不到2000名。雍正十年，调驻安西甘标兵1500名，固原兵2000名，凉州兵500名。⑥ 当年，安西主、客兵应该在5000名左右。巴里坤兵丁全撤之时，廷议于安西等处添设一提一镇，驻兵10000名，驻防哈密兵5000名，就近于肃镇、甘提、凉镇、西宁镇、安西镇，各派拨1000名，合足5000名驻防哈密。安西地方不必添设提镇兵丁，陕西督标派拨1000名，固原提标并各协属、派拨1500名，延绥派拨1000名，宁夏派拨1000名，河州派拨500名，共5000名，在赤金、靖逆、柳沟、布隆吉尔、桥湾5处驻防，派提督1员驻扎哈密。节制两处驻防总兵，居中调度。赤靖5处之兵两年期满，应全行更换。哈密兵丁应每年更换一半。

---

① （清）许容监修，（清）李迪等撰，刘光华等点校整理：《甘肃通志》卷14《兵防》，兰州大学出版社2018年版，第598页。

② 中国第一历史档案馆编：《雍正朝汉文朱批奏折汇编》，雍正十年三月，陕西安西总兵张嘉翰奏请谕示哈密防兵每年以一半更番选换或照往例全换折，江苏古籍出版社1989年影印本，第22册，第73件，第75—76页。

③ 《清世宗实录》卷23，雍正二年八月丙子，中华书局1985年影印本，第7册，第364页。

④ 《清世宗实录》卷106，雍正九年五月甲子，中华书局1985年影印本，第8册，第367页。

⑤ 《宫中档雍正朝奏折》，雍正九年九月十四日，宁远大将军岳钟琪奏报派兵前往塔尔纳沁驻扎折，“台北故宫博物院”1979年印行，第十八辑，第801页。

⑥ 中国第一历史档案馆编：《雍正朝汉文朱批奏折汇编》，雍正十年三月，陕西安西总兵张嘉翰奏请谕示哈密防兵每年以一半更番选换或照往例全换折，江苏古籍出版社1989年影印本，第22册，第73件，第75—76页。

第四节　西宁镇与噶斯路驻军

一　西宁与噶斯路驻军

第二次平准援藏战争结束后，噶斯路、柴达木一路的战略地位逐渐下降，平准援藏战争及平定青海以后，西宁、噶斯一路驻防清军的任务首先要防范准噶尔从噶斯口侵扰西藏。雍正元年三月前，西宁驻扎有绿旗兵6000名，而满洲兵则较少。① 雍正元年十月，西安将军公普照派西藏撤回鸟枪骁骑400名、前锋100名，交副都统觉罗伊礼布带领赴西宁。② 当年十一月，抚远大将军年羹尧条奏进剿青海事宜，其中提到西安满兵500名留守西宁各边口，该满兵应该就是副都统觉罗伊礼布带往西宁的满兵。年羹尧奏请将陕西督标、西安、固原、宁夏、四川、甘州、大同、榆林、土默特、鄂尔多斯、巴尔库尔（巴里坤)、吐鲁番等处兵丁共挑选19000名，令提督岳钟琪等分领，从西宁、松潘、甘州、布隆吉尔四路进剿，防守边口土司兵2000名及西安满兵500名留守西宁各边口。准援藏及平定青海以后，清军在噶斯一路主要是防守，一方面是防范准噶尔，另一方面则是弹压当地。雍正二年，平定青海后，抚远大将军年羹尧条奏青海善后事宜十三条，关于军事布局主要有：调整驻军的布局，强化甘州、噶斯路的防守。表2－5是青海善后事宜中青海驻军的区域及人数。

表2－5　西宁镇周边驻军　单位：名

驻军地点	军官		驻军人数	驻军地点	军官		驻军人数
	名称	人数			名称	人数	
大通河	总兵	1	3000	恒铃子			500
大通河南边	参将	1	800	南川旧营	千总	1	100

① 《清世宗实录》卷5，雍正元年三月庚辰，中华书局1985年影印本，第7册，第110页。

② 《清世宗实录》卷12，雍正元年冬十月壬戌，中华书局1985年影印本，第7册，第222页。

续表

驻军地点	军官		驻军人数	驻军地点	军官		驻军人数
	名称	人数			名称	人数	
大通河北边	游击	1	800	河州保安堡	游击、千、把总各一	3	400
盐池地方	副将	1	1600	归德堡	把总	1	200
	左右都司	2		拉科暗门	守备	1	250

上述各营堡驻军人数达到7650名，加上西宁镇的驻军，超过13000名，驻军人数显然过多，因此，归并、裁汰边地弁兵非常必要。“查西宁地方，设立总兵，留兵四千，即可敷用，应裁五百名，归并于大通镇属甘、凉、庄浪等处，其余营汛兵丁，可裁一千名。”① 可见，在裁兵之前，西宁周边驻扎绿旗兵5500名。此后，青海驻军基本上按照年羹尧的建议实施。雍正三年设大通镇总兵。② 雍正三年九月，应一等侍卫副都统达鼐奏请，西宁留驻1000兵交其办理军情事务，西宁镇标绿旗兵丁满足调遣需求，请将留驻西宁的陕督标兵300名，固原提标兵200名，四川提标兵300名，宁夏镇标兵200名，共1000名，俱令撤回原处。③ 雍正五年八月，西宁北川口外大通川、白塔川及野马川测尔兔地方城垣营房告竣，大通镇照马步各半之例，设马兵1000名，步兵1000名，测尔兔游击设马兵320名，步兵480名，测尔兔马步兵800名，白塔川参将设马兵240名，步兵560名，西大通及白塔川原议拨马步兵共2800名，共计3600名。④ 雍正六年四月，裁拨肃、凉镇属之永固、张义堡、洪水等营堡马兵共400名，西宁裁拨步兵900名，裁拨宁夏后营马兵600名，兴汉镇步兵

---

① 《清世宗实录》卷20，雍正二年五月戊辰，中华书局1985年影印本，第7册，第335页。

② 中国第一历史档案馆编：《雍正朝汉文朱批奏折汇编》，雍正六年四月初二日，署陕西西大通总兵冯允中奏报大通与西宁肃州凉州三镇营堡程途里数折，江苏古籍出版社1989年影印本，第12册，第111件，第116—117页。

③ 《清世宗实录》卷36，雍正三年九月辛亥，中华书局1985年影印本，第7册，第541—542页。

④ 《清世宗实录》卷60，雍正五年八月乙酉，中华书局1985年影印本，第7册，第912—913页。

100名，共2000名俱令于三月起程前赴大通、白塔川、测尔兔驻扎。[①] 十一月，回撤进藏清军，撤回西宁兵800名。[②] 新设大通标营暨白塔、永安两营共额设马、步兵丁3600名，其中，大通镇和白塔川营有马、步兵2800名，雍正八年春，出口安设台站马步兵丁1000名，存营只有马、步兵丁2600名。[③] 雍正八年，冯允中在西宁标营挑选壮健马战兵1000名，步战兵500名听候调遣，十二月接到命令，带绿旗兵前往应援，存营尚有壮健马战兵500名、步战兵500名。从西宁镇檄调安站及应援、存营马步兵数量来判断，西宁镇在雍正八年前后有镇兵6000名。冯允中恐不敷用，檄调洮、河两协所属马、战兵500名来西宁驻防，冯允中酌派附近宁城各土司土兵1600名，洮岷土司杨汝松土兵2000名，共派土兵3600名听候调遣。[④]

雍正九年正月，岳钟琪与将军秦布商议，将西安八旗兵丁派拨3000名派出副都统苏穆尔齐于正月十二日统领1000名前往西宁驻扎。[⑤] 雍正九年正月，雍正帝谕令岳钟琪募兵，西宁按照马六步四募兵2000名。[⑥] 雍正九年二月，武格于正月十四、十六日接到谕旨，令于督抚两标或城守营内预备绿旗兵1000名，满洲兵100名统领前赴西宁驻扎。二月初八日，副都御史二格自西安起程前赴西宁驻扎。[⑦] 雍正九年，太原驻防兵丁

① 中国第一历史档案馆编:《雍正朝汉文朱批奏折汇编》，雍正六年四月初二日，署陕西西大通总兵冯允中奏报到任日期料理营务事宜折，江苏古籍出版社1989年影印本，第12册，第110件，第113—116页。

② 《清世宗实录》卷75，雍正六年十一月己巳，中华书局1985年影印本，第7册，第1119—1120页。

③ 中国第一历史档案馆编:《雍正朝汉文朱批奏折汇编》，雍正八年十二月二十六日，管理陕西大通西宁总兵冯允中奏报预备大通镇营方堵准噶尔事宜折，江苏古籍出版社1989年影印本，第19册，第498件，第739页。

④ 中国第一历史档案馆编:《雍正朝汉文朱批奏折汇编》，雍正八年十二月二十六日，管理陕西西大通西宁总兵冯允中奏报遣派官兵前赴柴达木应援并预备防堵等四事折，江苏古籍出版社1989年影印本，第19册，第499件，第740—742页。

⑤ 中国第一历史档案馆编:《雍正朝汉文朱批奏折汇编》，雍正九年二月二十日，宁远大将军岳钟琪奏报预遣官兵前往青海驻守及改调满汉官兵剿情折，江苏古籍出版社1989年影印本，第19册，第560件，第835—840页。

⑥ 《清世宗实录》卷102，雍正九年春正月癸酉，中华书局1985年影印本，第8册，第350页。

⑦ 中国第一历史档案馆编:《雍正朝汉文朱批奏折汇编》，雍正九年二月初八日，西安巡抚武格等奏报办理军需各项事务情形折，江苏古籍出版社1989年影印本，第19册，第684件，第981—982页。

300名前往西宁。“诺尔布之变”发生后，雍正九年六月，甘肃巡抚许容折奏青海事宜，提及无须增加西宁兵马。当时，西宁镇标额兵4000名，城守营额兵254名，再加上西安绿旗兵1000名、满兵100名，又应援兵1000名，共有6354名，而镇海、南川等兵亦千有余名，“更济之以土兵协防”，[①] 当地土兵的数量估计有至少2000名，“防守边口土司兵二千名”[②]，驻军人数比较宽裕。西宁驻军存在问题，一是西宁缺少满兵驻扎；二是西宁噶斯口一线的驻军布局不合理，“查西宁至柴达木地方相去八百余里而青海居其中，若不于适中行胜之地驻兵防范弹压，设有匪类乘隙潜起，断我台站，截我粮道，所关匪细”[③]。许容请求增将调来西宁驻防的满兵100名、绿旗兵1000名在青海适中之地驻扎；调整西大通镇驻军的数量，调拨应援兵2000名防范西大通汛地。最终，将西安驻防之江宁河南、满洲兵内调拨1000名，直隶河南之绿旗兵内调拨1000名驻扎庄浪，再将四川预备4000兵内拨2000名移驻松潘，以备西宁调遣。雍正九年十月，大学士等议奏撤回台吉滚济扎布所领驻扎在西宁科尔沁兵700名。[④] 雍正十年正月，四川兵2000名于正月赴西宁，经达鼐等议分三处驻扎，西宁县属多巴镇海堡驻兵700名，大通卫属向阳堡驻兵600名，碾伯县驻兵700名。[⑤] 雍正十年十一月，马尔泰奏请，每年十月初，马尔泰、达鼐二人轮班将西宁居住之西安绿旗兵丁1000名、京师满洲兵丁200名带往扎哈素泰等处驻扎。当年十一月，由四川调至多巴地方驻扎之兵2000名，因兵丁、川马不耐寒冷，“仍发回本省各归原汛”[⑥]。此时，“查西宁、大通二处，除出征及预备兵丁之外，尚有六千余名，足敷

---

① 《清世宗实录》卷107，雍正九年六月，中华书局1985年影印本，第8册，第156页。

② 《宫中档雍正朝奏折》，雍正九年六月二十四日，兰州巡抚许容奏陈青海地方攻防准噶尔贼夷事宜折，“台北故宫博物院”1979年印行，第十八辑，第427页。

③ 《宫中档雍正朝奏折》，雍正九年六月二十四日，兰州巡抚许容奏陈青海地方攻防准噶尔贼夷事宜折，“台北故宫博物院”1979年印行，第十八辑，第427页。

④ 《清世宗实录》卷111，雍正九年冬十月乙未，中华书局1985年影印本，第8册，第473—474页。

⑤ 中国第一历史档案馆编：《雍正朝汉文朱批奏折汇编》，雍正十年正月二十五日，兰州巡抚许容奏报动拨仓贮并借支备赏银两供应暂驻西宁川兵折，江苏古籍出版社1989年影印本，第21册，第641件，第742—743页。

⑥ 《清世宗实录》卷125，雍正十年十一月，中华书局1985年影印本，第8册，第648页。

防守。"[①] 西宁镇标自军兴以来两次增募，雍正十一年九月，存营额兵7351名。[②] 可见，最多时，西宁镇驻军超过8000人，加上土兵有近上万人。

雍正十二年，对大通镇周边、河州驻军进行了调整。一是驻军布局不合理，主要是大通镇周边驻军过多，而河州驻军相对过少。"河州沿边设有二十四关，离河州有一百二十里至六七十里不等，虽关外循化营设有游击，保安堡设有守备，起台堡设有守备，归德堡设有守备，所统官兵俱在二三百里之外，与州城不能联络"[③]。二是大通镇周边补给困难。年羹尧于青海善后事宜内奏请西大通一镇添设兵3600名，"西大通地处僻远，并不出产米粮，每岁兵米必须挽运，并且各营兵丁声势不能联络，四面应援俱莫相及，属为虚设"[④]。军事部署调整措施之一是降低西大通、永安营、白塔营驻军的级别，裁汰马、步兵，提高河州驻军的级别。大通镇、白塔营、永安营裁汰的不包括因出征空缺新兵募补者，只裁汰原设兵丁。大通镇原额马步兵2000名，因马、步兵丁出征巴里坤，又新募马兵480名，步兵150名，新旧共马步兵2630名。白塔营原额马步兵800名，又新募马兵120名，步兵250名，新旧共马步兵1170名。永安营原额马步兵800名；二是提高河州的驻军级别，增加驻军人数。临洮府属之河州向设副将1员，守备1员，千总2员，把总4员，马兵543名，步兵320名，守兵245名，共马步守兵1108名。表2－6是军事部署调整。

---

① 《清世宗实录》卷125，雍正十年十一月，中华书局1985年影印本，第8册，第648页。

② 中国第一历史档案馆编：《雍正朝汉文朱批奏折汇编》，雍正十一年九月初四日，署西宁总兵范时捷奏请用余存息银每年购贮兵粮次年散给兵丁照原价扣饷折，第25册，第35件，第41—42页。

③ 中国第一历史档案馆编：《雍正朝汉文朱批奏折汇编》，雍正十二年十一月十一日，署陕西总督刘於义等奏覆酌议裁汰西大通一镇兵丁等情折，江苏古籍出版社1989年影印本，第27册，第225件，第261—264页。

④ 中国第一历史档案馆编：《雍正朝汉文朱批奏折汇编》，雍正十二年十一月十一日，署陕西总督刘於义等奏覆酌议裁汰西大通一镇兵丁等情折，江苏古籍出版社1989年影印本，第27册，第225件，第261—264页。

表2－6　　　　　　西宁镇周边军事部署调整

	原设军官		裁革		原设驻军		调整（名）		
	军官	数量（名）	裁革后军官	数量（名）	原设驻军	数量（名）	裁革数量	裁革后所设	合计
大通镇	总兵	1	副将	1	马兵	1000	－520	480	800
	游击	2	都司	1					
	千总	4	千总	2	步兵	1000	－680	320	
	把总	8	把总	4					
白塔营	参将	1	都司	1	马兵	240	－80	160	400
	守备	1							
	千总	2	千总	1	步兵	560	－320	240	
	把总	4	把总	2					
永安营	游击	1	游击	1	马兵	320	－80	240	600
	守备	1	守备	1					
	千总	2	千总	1	步兵	480	－120	360	
	把总	4	把总	3					
河州	副将	1	总兵	1	马兵	543	＋457	1000	2000
	游击	0	游击	1	步兵	320	＋435	755	
	守备	1	守备	2	守兵	245	0	245	
	千总	2	千总	4	—	—	—	—	—
	把总	4	把总	8	—	—	—	—	—

资料来源：中国第一历史档案馆编：《雍正朝汉文朱批奏折汇编》，江苏古籍出版社1989年影印本，第27册，第225件，第261—264页。

从表2－6统计数据看出，此次裁汰马步兵的数量为4780名，裁汰后剩余3800名，裁汰了980名，大通、白塔、永安共裁马兵680名，步兵1120名，共裁军1800名。刘於义奏请将新旧兵丁暂停裁汰，河州协增加的马兵请将大通镇裁汰数内添设457名，步兵即请将大通镇裁汰数内添设435名，共添马步兵892名。大通一镇除新募马步兵丁外，共请裁汰额设马兵680名，除请添拨河州镇457名外，实裁马兵223名，裁汰额设步兵1120名，除请添拨河州镇435名外，实裁步兵685名。西宁、大通、河州各营汛嗣后遇有马步兵丁事故缺出，即将此项新旧兵丁陆续顶补。大通镇和河州的驻军军官的级别及数量进行了对调。白塔营军官由参将调整为都司，千总、把总的数量减少了一半。大通、白塔、永安裁去总兵 1 人，参将 1 员，游击 2 人，千总 4 人，把总 7 人，守备 1 人，增加都司 1 人，裁革参将 1 员，游击 2 员除请河州添设 1 员外，尚裁 1 员。守备 3 员，除请河州添设 1 员外，大通及白塔两处添设都司 2 员，请即将守备内拣选委署千总 4 员，除请河州添设 2 员外，尚裁 2 员。把总 7 员，除请河州添设 4 员外，尚裁 3 员，“此项裁汰之参、游、千、把免其赴部候补，留陕遇缺题咨补授”①。

二是调整驻防区域，将大通改设之副将并白塔、永安两营就近俱归西宁镇管辖，河东临、巩、秦、阶等营汛即请就近俱归改设河州镇管辖。增强大通镇与白塔营、永安营、扁都口之间的联系。白塔营南至西宁镇属之北川营只有 30 里，北距大通镇有 95 里，在大通镇白塔营适中之地筑一小堡，将白塔营千总 1 员带兵 50 名移驻。永安营东距大通镇城 130 里，于永安、大通适中之处筑一小堡，永安营派拨把总 1 员带兵 40 名移驻西北。永安距甘州属之扁都口 145 里，于永安营与扁都口相距 145 之内筑两小堡，令永安营每堡派把总 1 员各带兵 40 名移驻。② 加强二十四关的防守，尤其是河州咽喉重地土门、老鸦、沙麻三关，于镇标内派拨千、把 3 员，带兵分驻防守。

二 噶斯路的防守

噶斯这个地名，初见于清代康熙时，当时蒙古族游牧青海已久，所有其驻牧地带的地名，都改从蒙语。“噶斯”在蒙语中有苦咸或盐碱之意。根据清初以来史书记载，噶斯在今青海省海西州芒崖行政委员会芒崖镇与新疆维吾尔自治区若羌县接界之处。③ 自明中叶以后，弃哈密及塞外四卫封闭嘉峪关，今柴达木西部地区，不再有地方或军事建置。这个

① 中国第一历史档案馆编：《雍正朝汉文朱批奏折汇编》，雍正十二年十一月十一日，署陕西总督刘於义等奏覆酌议裁汰西大通一镇兵丁等情折，江苏古籍出版社 1989 年影印本，第 27 册，第 225 件，第 261—264 页。

② 中国第一历史档案馆编：《雍正朝汉文朱批奏折汇编》，雍正十二年十一月十一日，署陕西总督刘於义等奏覆酌议裁汰西大通一镇兵丁等情折，江苏古籍出版社 1989 年影印本，第 27 册，第 225 件，第 261—264 页。

③ 李文实：《噶斯池与噶斯口》，《中国历史地理论丛》1988 年第 2 期。

地区后来所以又形成要塞，为人所重视，则是清初顾实汗统一唐古特四部和准噶尔与西藏发生关系这个近因促成的。因为准噶尔当时游牧于天山南北两路，准噶尔无论派兵入藏或赴拉萨熬茶，均须通过今青海柴达木盆地西部南下，当时这一地区驻牧者为顾实汗和硕特部。若准噶尔欲派兵入藏，因清军在嘉峪关、安西一带设防，则当金山口和金鸡山口等要隘难以偷渡，从而噶斯口一路便成为由准噶尔入藏的重要通道，同时也是自青海赴准噶尔的一条捷径。正由于噶斯口与噶斯地区，在当时准噶尔与西藏和青海的争夺中，战略地位十分突出，清政府不仅组织青海和硕特部左翼严加防范，并先后派满汉兵分往噶斯口、布隆吉尔、得卜特尔和察汗乌苏等处驻守，一直到青海和硕特亲王罗卜藏丹津叛清时，噶斯口始终是清军截拒罗卜藏丹津西逃的要口。这条青海与准噶尔之间的防线，到乾隆二十二年荡平准部后才失去特殊战略地位。在雍正平罗卜藏丹津之乱后重新分划青海蒙古 29 旗牧地时，噶斯地区为和硕特左翼盟西右中旗所属，即此后的台吉乃扎萨牧地。

关于噶斯路防务，康熙五十四年，策妄阿拉布坦入侵西藏之时，清军就在西藏、柴达木、噶斯等地均驻兵设防。康熙五十四年四月，议政大臣议复派满洲兵 1000 名，绿旗兵 1000 名防守噶斯口。[①] 六月二十二日，銮仪卫銮仪使董大成率 2000 名满洲、绿旗兵由肃州出嘉峪关出发，沿途水草不好，又遭遇山洪，马匹大量倒毙。董大臣由柴达木地方挑选满洲、绿旗兵 500 名于八月十二日先期到达噶斯口。[②] 先前阿南达奏称由嘉峪关至噶斯口 1700 里，董大臣又奏有 3 千里，疏言：

> 臣至噶斯口巡查，并无来往人迹。噶斯地方，三面雪山，中有一线水草，皆系芦苇。其大路在得布特里地方，西南走藏；东南走青海、西宁、大通河，半月即到永固城；西北走柴旦木、吐鲁番等

① 中国第一历史档案馆编译：《康熙朝满文朱批奏折全译》，康熙五十四年四月三十日，议政大臣苏怒等议复派兵驻扎噶斯口事折，中国社会科学出版社 1996 年版，第 2589 件，第 1007 页。

② 中国第一历史档案馆编译：《康熙朝满文朱批奏折全译》，康熙五十四年九月初一日，议政大臣苏努等奏请兵由噶斯口返回肃州事折，中国社会科学出版社 1996 年版，第 2676 件，第 1053 页。

处，乃策妄阿拉布坦出入咽喉之路。[①]

按照董大臣描述方位、自然景观和山川形势，所谓噶斯地方乃指今噶斯口外阿尔金山支脉阿卡腾能山和南部齐曼塔格山之间的开阔地。康熙帝认为噶斯口路比较窄，策妄阿拉布坦断不能走此路，命董大臣放火烧毁噶斯口周围可驻牧之水草地，带领兵丁返回肃州。[②] 其后，清军在噶斯、柴达木、布隆吉尔等地，均驻有防守之兵，设有哨卡。后平定青海之后，上述各地之兵俱撤回。到康熙五十六年正月，噶斯驻军已达1000名，而康熙帝犹嫌单薄，一直到康熙六十一年十二月，噶斯一路无事，将噶斯现有满洲、绿旗兵共1687名，挑选满洲绿旗兵500名暂于噶斯一路驻扎防守，其余兵丁俱撤回原处。[③]

雍正年间，年羹尧平定青海，雍正决定平定准噶尔，噶斯等地是通往西藏、青海之要道，噶斯的战略地位再次显现了出来。“巴尔库尔之兵原为捣贼人巢穴而设，噶斯之兵乃为驻防而设。”[④] 雍正四年，多罗果郡王允礼等奏议“今于布隆吉尔、沙洲等地拟定驻兵……噶斯路口、噶克察戈壁哲斯肯图卢鲁路之哈吉尔口，乃准噶尔前来之两条要道”[⑤]。岳钟琪曾向雍正帝奏陈噶斯口的重要性：

> 臣岳钟琪前奏请噶斯、柴达木驻兵者，盖因西宁口外自哈基尔、柴达木由噶斯他林木河等处系伊里与苦苦脑儿相通之要路。从前罗布藏丹津带领青海之人实有此路逃奔伊里，若我大兵进剿准噶尔，

---

① 《清圣祖实录》卷265，康熙五十四年十月戊辰，中华书局1985年影印本，第6册，第604页。

② 中国第一历史档案馆编译：《康熙朝满文朱批奏折全译》，康熙五十四年九月初一日，议政大臣苏努等奏请兵由噶斯口返回肃州事折，中国社会科学出版社1996年版，第2676件，第1053页。

③ 《清世宗实录》卷2，康熙六十一年十二月己卯，中华书局1985年影印本，第7册，第65页。

④ 《清世宗实录》卷36，雍正三年九月辛亥，中华书局1985年影印本，第7册，第541—542页。

⑤ 中国第一历史档案馆编译：《康熙朝满文朱批奏折全译》，雍正四年三月初七，多罗果郡王允礼等奏议于噶克察等地设卡派兵折，中国社会科学出版社1996年版，第1297页。

> 败遁之后，恐罗布藏丹津从前带去青海之人勾引潜由熟路逃回藏匿，是噶斯地方甚关紧要，故请驻兵防范，倘有贼众逃出，以便堵御截杀。[①]

雍正七年，为防止准噶尔与青海、西藏的勾结，加强噶斯路的军事力量，派张廷栋、葛森、鼐满岱、傅宁派拨京城八旗兵200名、归化城挑选兵300名、科尔沁等四十三旗挑选兵1000名、青海等三十旗挑选兵1500名前往应援。由于噶斯地方狭小，驻兵100名，其余俱在柴旦木驻牧，柴旦木之西得布特里驻兵600名，察罕乌苏驻兵400名。[②] 雍正七年，西路清军出口后，青海噶斯路的防守任务陡然加重。雍正八年十二月，噶斯地方驻军达到2000名，分派驻扎于额尔贡木、柴旦木等处，其中有格默尔等带领满洲及归化城兵丁500名，还有从前派出之青海兵丁1500名。[③] 雍正九年正月，雍正帝担心准噶尔由噶斯一路偷袭青海地方，劫掠牲畜，特派二等侍卫殷扎纳加副都统衔前往青海，传谕各扎萨克拣选兵丁1万名，谕令王额尔得尼厄尔克托克托奈会同王盆苏、克汪扎尔、公阿拉布坦扎穆苏、公阿喇布坦统领，驻扎防范。[④] 正月，命工部左侍郎马尔泰协办西安军务，正红旗满洲都统德成协办青海噶斯军务。十月，岳钟琪以柴达木之北衣逊查汉齐老图地方乃直达安西沙州之路，巴里坤军营之后户，奏请此处建筑小城一座，驻兵800—1000名[⑤]。雍正九年，命噶斯一路交青海王台吉等，柴旦木地方不必用青海兵丁驻扎，派内地兵丁4600名戍防。[⑥] 雍正九年，清廷暂缓进剿，“噶斯地方冬月难以驻

① 《宫中档雍正朝奏折》，雍正九年十月初二，宁远大将军岳钟琪奏报派员勘查噶斯地方情形势折，“台北故宫博物院”1979年印行，第十八辑，第877—878页。

② 《清世宗实录》卷88，雍正七年十一月甲戌，中华书局1985年影印本，第8册，第178—179页。

③ 《清世宗实录》卷101，雍正八年十二月戊午，中华书局1985年影印本，第8册，第344页。

④ 《清世宗实录》卷102，雍正九年春正月乙亥，中华书局1985年影印本，第8册，第352页。

⑤ 中国第一历史档案馆编：《雍正朝汉文朱批奏折汇编》，雍正九年十月初二日，雍正九年十月初二，宁远大将军岳钟琪奏报派员勘查噶斯地方情形势折，江苏古籍出版社1989年影印本，第21册，第230件，第283—284页。

⑥ 《清世宗实录》卷108，雍正九年七月癸亥，中华书局1985年影印本，第8册，第424页。

兵，牧场遥远，马匹难以畜养”[①]。

巴尔库尔（巴里坤）兵丁全撤之时，西宁添驻兵丁1000名，俱从西安驻防满洲、蒙古兵、汉军兵丁挑选，其中添设步兵400名。雍正十二年六月，西安绿旗兵丁分五起于五月二十四日自西宁起程回西安，京城满兵于六月初六日到西宁，分三起行走，给予车辆骡头及盐菜月饷。西宁镇派兵700名，大通镇派兵300名，裹带一个月盐菜口粮前去换防。[②] 雍正十三年六月，哈尔垓图驻扎西宁大通绿旗兵2000名议令撤回，但青海扎萨克兵派2000名预备策应噶斯一路，其中挑选300兵丁在得布特里伊克、柴旦木等紧要地方安设台站卡伦。[③]

就河西一提四镇的驻军情况来看，雍正朝平准战争期间，河西作为西路清军前进的通道和主客兵的驻扎地，驻军来源不一，驻军数量随着前方战事的变化不断增减，河西驻军的数量超过巴里坤大营的驻军，一方面是为了控驭西北，应援前线；另一方面，补给的艰辛决定了河西是西路清军驻扎的理想之地。

第五节　雍正七年以后口外驻军的变动

一　口外巴里坤大营兵丁的增加

雍正七年，川陕总督岳钟琪奏西路出兵事宜。西路出兵，文武各官及马兵、步兵，“凡文武大小官三百二十四员，马兵、步兵二万六千五百名”[④]。西路官兵主要来自川陕。雍正七年，岳钟琪出兵之时，除车兵4500名外，西宁、凉州、肃州、宁夏、延绥、兴汉、固原等镇协派出14300名，川陕督标派出兵3400名，陕、甘二提标派出兵5800名，四川

---

① 《宫中档雍正朝奏折》，雍正九年十月初二，宁远大将军岳钟琪奏报派员勘查噶斯地方情形势折，“台北故宫博物院”1979年印行，第十八辑，第877—878页。

② 中国第一历史档案馆编：《雍正朝汉文朱批奏折汇编》，雍正十二年六月十五日，办理噶斯军需范时捷等奏报撤回官兵自西宁起程日期折，江苏古籍出版社1989年影印本，第26册，第473件，第568—569页。

③ 《清世宗实录》卷157，雍正十三年六月丁酉，中华书局1985年影印本，第8册，第929—930页。

④ （清）傅恒等奉敕纂：《平定准噶尔方略》卷18，雍正七年四月丁酉，中华书局1987年影印本，第157册，第281—282页。

松藩镇派出 1000 名，安台兵 2000 名，共原派出兵 26500 名，除去车兵 4500 名，马、步兵 22000 名。再新拨肃州、甘州兵 3000 名，安西兵 3000 名，共 28000 名。① 军队数量基本上与原奏相符。

随着战局的胶着变化，从雍正八年到雍正十三年，各类兵丁源源不断地被调赴巴里坤大营。雍正八年三月，岳钟琪以牧放巡哨标营兵丁不如蒙古兵丁娴熟谙练，奏请在喀尔喀扎萨克公托莫克部落内调拨 500 名，再从库库脑儿扎萨克多罗贝勒额驸阿宝处拨兵 500 名，两处共派兵 1000 名。这是巴里坤大营第一次增兵，这批兵丁由北路到达西路大营，此后，不断有增援兵丁前赴口外大营。雍正八年，西路大营损失“但查上年贼彝侵犯军营之时，其阵亡被掳并病故之兵三千八百四十六名”②。这部分所缺马步兵纪成斌从车兵内补 1288 名，余丁内补 2558 名。雍正八年，调驻扎青海的鄂尔多斯兵丁 1000 名赴大营，除领兵官 26 员，跟役 152 名，又兵丁跟役 500 名。雍正九年，调赴大营归化城兵丁 1000 名，除领兵官 12 员带跟役 70 名，兵丁跟役 500 名。③ 雍正八年，除过兵丁跟役，巴里坤增兵 4000 名。

雍正九年，北路清军在和通泊惨败，损失逾万，西路清军大营亦遭准噶尔偷袭，清军短时间内荡平准噶尔的希望落空，清廷内部遂改变战略，开始打持久战。雍正九年二月，岳钟琪计划在巴里坤、乌鲁木齐等处修城屯田，计划多派兵丁，巴里坤有蒙古、绿旗马步兵及车兵共 27500 名。岳钟琪的持久渐进之策为每修一城必须留兵驻守，议于吐鲁番驻防屯种共需兵 30000 名，而巴里坤只有 27500 名兵丁，显然军营之兵不足。阵亡兵丁未报有确数，军营出征带伤并冻坏手足兵丁共计 3500 余名，约计不敷兵 5500 名，随营余丁有 5000 余名皆系兵丁子弟，除汰其老弱外，仅可挑选数千名给予步战兵粮入伍差操，不足兵丁即在甘肃所派赴营应

---

① 中国第一历史档案馆编：《雍正朝汉文朱批奏折汇编》，雍正九年三月初六日，宁远大将军岳钟琪奏覆遵议派兵丁前往西路驻城防守折，江苏古籍出版社 1989 年影印本，第 20 册，第 56 件，第 93—97 页。

② 《宫中档雍正朝奏折》，雍正九年六月二十四日，宁远大将军岳钟琪奏报调补军营缺额兵丁折，“台北故宫博物院”1979 年印行，第十八辑，第 437—440 页。

③ 中国第一历史档案馆编：《雍正朝汉文朱批奏折汇编》，雍正十年十月初九日，兰州巡抚许容奏报添办改估调赴大营之蒙古官兵口粮数目折，江苏古籍出版社 1989 年影印本，第 23 册，第 346 件，第 419—421 页。

援之兵3000名内挑补，补足30000名满足吐鲁番等处驻防屯种之用。巴里坤之兵既移驻吐鲁番屯种后，岳钟琪计划将现在派调甘肃之西安满兵4000名，宁夏满兵1000名，共5000名；再于喀尔沁、鄂尔多斯等处派拨蒙古兵2000名派赴凉州，驻防之归化城蒙古兵1000名，共3000名；再派拨绿旗兵10000名，共计兵18000名驻防巴里坤。但沿边绿旗兵丁俱有防守地方之责，不便多派，甘肃应援兵3000名内，除派赴吐鲁番驻扎屯种，添足30000名之外，尚有余剩之兵留驻巴里坤，其余不足即将新近调赴甘肃之西安督抚两标兵1000名，固原兵2000名，宁夏兵1500名，凉州兵500名，共计5000名；派拨前往，如尚有缺少，应于延绥镇属派拨，再有不敷即于甘凉提镇各标营内派补足数。[①] 大将军岳钟琪统兵进驻第二城之时，计划于此内挑选精兵20000名，其挑存之兵仅8000名，实属不敷。岳钟琪等查核各镇标兵数计划于甘州、凉州、固原募兵额、甘提标、陕提标，延绥镇标，兴汉镇标内拨兵足20000名之数，令常赉、石云倬统领驻扎第一城固守城垣，且备运送军粮之用。[②] 雍正帝令岳钟琪统领20000精兵及驻城之夫役前进乌鲁木齐兴工筑城，巴里坤第一城用20000兵丁令常赉、石云倬统领驻扎，既可护送军需物资，又可以防止准噶尔偷袭巴里坤；岳钟琪奏进至乌鲁木齐建筑第二城，共需夫役10000名，以车兵4500名并各兵余丁5500名共10000名俱充筑城夫役外，再于军营挑选马步精兵20000名，防护筑城兵役有余。军营缺额7840余名计划由安西应援兵6000拨补之外，尚不敷兵1847名，应将派赴吐古鲁、毛害兔驻扎，调赴军营之固原、凉州及西安督抚两标共兵3000名内拨补1847名，原派出师马步兵丁只余剩马步兵1153名，军营共马步兵23153名，除挑选进驻第二城，应需兵20000名外，只多余兵3153名，加以大学士马尔赛等所议于陕甘各提镇标营新旧兵内派拨12000名，并京城挑赴军营之八旗役兵2000名，及前派赴桥湾等处护运粮车之宁夏兵1000名，

① 中国第一历史档案馆编：《雍正朝汉文朱批奏折汇编》，雍正九年二月初九日，宁远大将军岳钟琪奏覆酌议吐鲁番巴里坤等地军务敬陈广为屯种等管见十六条折，江苏古籍出版社1989年影印本，第19册，第654件，第990—1001页。

② 中国第一历史档案馆编：《雍正朝汉文朱批奏折汇编》，雍正九年三月初六日，宁远大将军岳钟琪奏覆遵议派兵丁前往西路驻城防守折，江苏古籍出版社1989年影印本，第20册，第56件，第93—97页。

亦请派驻防第一城兵数之内，以上驻守第一城已有马步兵18153名，不足兵1874名。雍正十年七、八月间，西宁、白塔川回兵派拨350名调赴军营。湖北现备兵2000名以候调拨，请派调1500名，满足第一城、第二城应需之兵4000名。①

雍正九年六月，岳钟琪奏巴里坤大营，“查原额出师征防马步车兵二万六千五百名，共余丁五千五百名，又鄂尔多斯及青海蒙古兵一千名，向导彝兵一百名，共余丁五百余名”②。“其征防马步车兵二万六千五百名内，战阵有功并冻伤手足病废回营以及阵亡被掳、病故，共缺额马步车兵七千八百四十七名”。其中，阵亡及被掳缺额兵共2977名，冻坏手足及有病并战阵有功应回营调治休息兵共4870名。缺额的这部分兵丁从应援军营的西安督抚两标、固原、凉州各标属兵各3000名，共9000名内如数补足7840名，“则军营多余之马步战兵较原额多余四千九百九十九名矣”③。但车兵不足，原额车兵4500名，挑补马步兵1288名，阵亡、病故并患病退回车兵1266名，导致车兵缺额2554名，从余丁内挑补车兵857名，缺额车兵1697名。雍正九年九月十五日，安西驻扎的满洲官兵4000名由署镇安将军卓鼐等统领抵达军营。④ 雍正九年九月十六日，岳钟琪在向雍正帝折奏清军固守整备兵马时，“查巴尔库尔现有之满汉、蒙古官兵、跟役、余丁共有五万余名，每岁需粮十五万石”⑤。“查军营现在满汉官兵挑选精健者不过三万，实属不敷。”⑥

---

① 中国第一历史档案馆编：《雍正朝汉文朱批奏折汇编》，雍正九年四月二十一日，宁远大将军岳钟琪奏覆遵议建造乌鲁木齐第二城派拨兵数折，江苏古籍出版社1989年影印本，第20册，第263件，第389—394页。

② 《宫中档雍正朝奏折》，雍正九年六月二十四日，宁远大将军岳钟琪奏报调补军营缺额兵丁折，“台北故宫博物院”1979年印行，第十八辑，第437—440页。

③ 《宫中档雍正朝奏折》，雍正九年六月二十四日，宁远大将军岳钟琪奏报调补军营缺额兵丁折，“台北故宫博物院”1979年印行，第十八辑，第437—440页。

④ 《宫中档雍正朝奏折》，雍正九年九月十六日，宁远大将军岳钟琪奏报镇安将军卓鼐与所率领之满兵抵营日期折，“台北故宫博物院”1979年印行，第十八辑，第828页。

⑤ 《宫中档雍正朝奏折》，雍正九年十月初二日，宁远大将军岳钟琪奏陈西路大军防守并进剿，“台北故宫博物院”1979年印行，第十八辑，第886—899页。

⑥ 《宫中档雍正朝奏折》，雍正九年十月初二日，宁远大将军岳钟琪奏陈西路大军防守并进剿，“台北故宫博物院”1979年印行，第十八辑，第886—899页。

雍正十年，口外大营各处驻扎之兵共45345名。[①] 这个数字与雍正帝、岳钟琪筹划在乌鲁木齐、巴里坤筑城的兵丁人数是差不多的。显然，这个数字不包括跟役。表2-7是各镇调拨兵数及到大巴里坤时间。

表2-7　各镇调拨到巴里坤兵数及时间

镇标名称	兵丁来源	调拨人数（名）	起程时间	到达时间
甘州募兵	新旧兼挑	3000	十年二月中旬，三月初先后起程	四月中到巴里坤
凉州募兵	新旧兼挑	1000	十年二月中旬，三月初先后起程	四月中到巴里坤
固原	募兵额内新旧兼挑	2000	九年十一、十二等月及明年正月陆续起程	十年四月中到巴里坤
甘提标上年募兵	新旧兼挑	1500	十年二月中旬，三月初先后起程	四月中到巴里坤
陕提标上年募兵额	新旧兼挑	1500	九年十一、十二等月及明年正月陆续起程	十年四月中到巴里坤
兴汉镇标	—	1500	九年十一、十二等月及明年正月陆续起程	十年四月中到巴里坤
延绥镇标	—	1500	九年十一、十二等月及明年正月陆续起程	十年四月中到巴里坤
合计	12000			

资料来源：中国第一历史档案馆编：《雍正朝汉文朱批奏折汇编》，江苏古籍出版社1989年影印本，第20册，第56件，第93—97页。

雍正十一年十一月，刘於义根据军营官兵、跟役余丁确数，估拨大营口粮，雍正十二年九月至雍正十三年八月十三个月实需官兵口粮，文武官

① 中国第一历史档案馆编：《雍正朝汉文朱批奏折汇编》，雍正十年十月初九日，兰州巡抚许容奏报派办运送大营兵丁增加口粮数目折，江苏古籍出版社1989年影印本，第23册，第345件，第417—418页。

生并供事人等共1411员，马步车兵42627名，亲丁随甲共13136名。[①] 清军在大营的人数是57174名，这是从雍正八年以来不断增兵的结果。雍正十三年五月初二日，查郎阿接到廷议，兵部对西路军的调动作了规划，西路军营共有满洲、蒙古、绿旗兵36800余名，[②] 显然，亲丁、随甲并不在其中，如果将亲丁、随甲包括在内，西路大营的清军人数约有5万人。

二　口外巴里坤大营清军的回撤

（一）战争期间西路清军的回撤

雍正七年闰五月，清军西进之后，从巴里坤大营就有兵丁陆续撤回。撤回口内的兵丁主要是获得战功的兵丁、战场受伤的兵丁、冻伤手足、病废兵丁。这些兵丁需要撤回原来的汛地休养。雍正九年，陕甘各标营路并松潘等营战阵有功兵2020名，有病兵2675名，“二共兵四千七百一名”[③]。这些回撤兵丁的口粮照数发给，鉴于前线马匹紧张，就便雇回空粮车，每兵8名给车1辆装载口粮等项，病兵2名给车1辆。这些兵丁进口后另换车辆递运。有病之兵需要调养在军营痊愈方可起程，“共雇车一千四百八十四辆半零三分，每车一辆脚价银二两三钱，该车价银三千四百一十四两九钱九分”[④]。车价银两在军营军需项内动用。

（二）议和之时清军回撤

雍正十二年，准噶尔开始与清廷议和。首河西走廊的驻扎的客兵最先开始回撤。巴里坤大营内满洲、绿营兵内有患病兵丁以及湖广、河南、山西、直隶四省兵丁首先撤回原驻地，满洲、绿旗兵共挑出2496俱撤回原汛，绿旗各营除陕、甘两省暨四川松藩兵丁驻汛地接近边塞，驻扎环

① 中国第一历史档案馆编：《雍正朝汉文朱批奏折汇编》，雍正十一年十一月二十七日，署陕西总督刘於义等奏明军营官兵跟役余丁确数及估拨明年八月以后口粮情形折，江苏古籍出版社1989年影印本，第25册，第401件，第517—518页。

② 中国第一历史档案馆编：《雍正朝汉文朱批奏折汇编》，雍正十三年五月十三日，署宁远大将军查郎阿等奏覆酌议撤留兵丁并派拨行走料理马驼等项各缘由折，江苏古籍出版社1989年影印本，第28册，第333件，第399—410页。

③《宫中档雍正朝奏折》，雍正九年六月二十四日，宁远大将军岳钟琪奏报运送伤患兵丁折，“台北故宫博物院”1979年印行，第十八辑，第446页。

④《宫中档雍正朝奏折》，雍正九年六月二十四日，宁远大将军岳钟琪奏报运送伤患兵丁折，“台北故宫博物院”1979年印行，第十八辑，第446页。

境与口外相宜应存留外，湖广、河南、山西、直隶兵丁统计3659名亦应撤回原汛。满洲、绿营各病兵于十月二十九日起发完毕。内有原驻塔尔纳沁之湖广官兵即从塔尔纳沁起程，其余俱挨次自军营给予车辆送至哈密，再雇给回空粮车起发前行。湖广官兵于十二月二十九日起发完毕，直隶官兵于雍正十三年正月初七日起发完毕，河南官兵于正月初九日起发完毕，山西官兵于正月二十七日起发完毕。[①] 满洲、蒙古兵内之打牲乌拉兵1000名令前赴北路军营驻扎，绿旗兵丁应挑留1000名在巴里坤驻防，哈密地方原有驻防安西兵1000名，应再留绿旗兵1000名添防，其余满洲、蒙古、绿旗兵俱等准噶尔额尔沁回后令回撤回各自驻扎处。将来边界定议之后，巴里坤留兵2000名、哈密留兵2000名，其余兵丁在沙州、安西、桥湾、布隆吉分驻。驻防兵丁例应轮班更换，请于安西等处添设一提一镇，于陕甘新募兵及额设兵内挑选1000名，各领搬移家口在安西、沙洲、桥湾布隆吉一带驻防，其应赴巴里坤哈密换班兵丁4000名即在安西镇及新设提镇所属兵内轮班派出。署大将军查郎阿、副将军张广泗等会同署陕督刘於义遵照廷议将打牲乌拉兵1000名前赴北路军营驻扎外，其余俱应撤回，等准噶尔额尔沁回去之后，按其程途之远近沿途水草之利便裹带宽余挨次分走。表2-8是撤回蒙古、满洲兵丁的行军路线。[②]

表2-8　　　　蒙古、满洲兵丁回撤的行军路线

队列	军队名称	人数（名）	拥有马驼		管领人员	行走路线
			马（匹）	驼（峰）		
第一起	科尔沁官兵	1000	2211	193	贝勒特古思	由喀尔喀河索纳尔济山前，赴原驻牧处
	索伦兵	100	300	48	外委夸兰大冀本、参领萨都拜	同科尔沁兵行走，至喀尔喀河分路前赴齐齐哈尔

① 中国第一历史档案馆编：《雍正朝汉文朱批奏折汇编》，雍正十三年二月初八日，署宁远大将军查郎阿等奏报撤回满洲绿营患病兵丁并湖广等省官兵起程日期折，江苏古籍出版社1989年影印本，第27册，第535件，第660—661页。

② 中国第一历史档案馆编：《雍正朝汉文朱批奏折汇编》，雍正十三年五月十三日，署宁远大将军查郎阿等奏覆酌议撤留兵丁并派拨行走料理马驼等项各缘由折，江苏古籍出版社1989年影印本，第28册，第333件，第399—410页。

续表

队列	军队名称	人数（名）	拥有马驼		管领人员	行走路线
			马（匹）	驼（峰）		
第二起	察哈尔官兵	1000	3095	—	内大臣顾鲁带领	由枈曼等路赴驻牧处所
	巴尔虎兵	100	—	600	侍卫喀查尔图管领	由枈曼等路赴驻牧处所
第三起	东四旗察哈尔官兵	1000	397	106	副都统达锡	从翁机河前赴驻牧处所
	奉天船厂官兵	100	3399	1151	副都统吴察拉	与前者同行至八沟分路各回本处
第四起	西四旗察哈尔官兵	1000	马300匹，骡2头	39	副都统班第	行至归化城，前赴本游牧处
第五起	巴图鲁	150	2646	732	副都统喀赍带领	前赴肃州，再由肃赴京
第六起	土默特兵	400	276	46	散秩大臣安楚护	由塔尔那沁进嘉峪关。会同都统艮敦沿边前赴归化城
第七起	鄂尔多斯兵	500	马630匹，骡44头	92	头等台吉丁扎拉锡	行至肃州，会同副都统班第等由宁夏出口，回至原游牧处
第八起	和辉兵	100	500	—	协理台吉罗卜藏	由枈曼明安一带前往驻牧处所
第九起	额鲁特兵	500	360	61	贝子衮布	由镇番前赴驻牧处所
	打牲乌喇官兵	1000	—	—	贝勒特古思	赴北路军营驻扎
合计	—	6950	—	—	外委夸兰大冀本参领萨都拜	由喀尔喀河索纳尔济山前，赴原驻牧处

资料来源：《清世宗实录》卷156，雍正十三年五月丙寅，中华书局1985年影印本，第8册。

蒙古、满洲兵丁回撤后，内地江宁满兵1000名，荆州满兵1000名、西安满兵3000名及宁夏满兵一营在巴里坤裹带口粮，由塔尔纳沁一带行走进嘉峪关到肃撤回各处。

除此之外，巴里坤现在各镇标营绿旗兵丁24070余名，廷议巴里坤挑留绿旗兵1000名，哈密添防绿旗兵1000名。应挑留兵11000名，撤回兵

13070余名。

（三）回撤之后的西路军事格局

西路清军回撤时，计划留驻11000名兵丁，哪些兵丁将被从24070余名兵丁中挑选出来留驻巴里坤大营？经廷议挑选甘、凉、肃、西一提三镇战兵22000名操练，应将甘提标、凉州镇、肃州镇、西宁镇之兵全行撤回，以备挑选操练，大通之兵已改隶西宁亦应撤回，陕甘两抚标及松藩兵丁亦应全数撤回。勇健营兵丁1183名到营日短俱应留驻。再从西安督标挑留兵2219名，固原协标挑留兵3937名，宁夏挑留兵1475名，延绥挑留兵1380名，兴汉挑留兵806名，共计兵9817名，合之勇健营兵1183名，共11000名。其中，留驻巴里坤10000名，添防哈密1000名，其余挑剩之兵亦俱撤回原汛。应撤回之绿旗兵统计13070余名，亦照各标营之远近分别前后挨次行走，满洲、蒙古官兵起行之后，巴里坤回撤兵丁照例裹带口粮统领起身前赴肃州。

待清王朝与准噶尔的边界定议之后，廷议巴里坤留兵2000名，哈密留兵2000名轮班驻防，均不能满足防守。查郎阿等酌议与其分驻于两地，不若合驻于山南，将留驻大营之2000名俱驻哈密，哈密原议连安西旧驻防兵共驻2000名，应再添1000名共计5000名，哈密驻扎3000名，其西之三堡、沙枣泉现有城堡应驻扎1000名，以防正西一路，其东北之塔尔纳沁现有城堡，应驻扎1000名以防正北一路。①

廷议驻防兵丁例应换班，安西等处添设一提一镇，于陕、甘新募兵及额设兵内挑选10000名，各令搬移家口在安西、沙州、桥湾、布隆吉一带驻防，其应赴换班兵丁4000名即在安西镇及新设提镇所属兵内轮班派出。新设提镇兵丁应等留驻巴里坤之10000兵撤回之时，再令搬移家口前往安西等处驻扎。查郎阿等认为，留驻巴里坤兵丁俱系雍正七年出征之兵，在塞外已历七载，则边界定议之后应全数撤回，若再于此10000兵内留驻哈密等处分防，等待换班则为其更远。安西镇标营额设及瓜州添设之兵共有7000余名，除派往哈密驻防1000名外，存营之兵尚有6000余

① 中国第一历史档案馆编：《雍正朝汉文朱批奏折汇编》，雍正十三年五月十三日，宁远大将军查郎阿等奏覆酌议撤留兵丁并派拨行走料理马驼等项各缘由折，江苏古籍出版社1989年影印本，第28册，第333件，第399—410页。

名，内有雍正八年派赴应援兵3000名，俱已熟悉军营地理情形，自雍正十年奉文撤回之后已有三年，应于安西兵内挑派4000名预备，边界定议之后，巴里坤官兵应撤之时即令大员统领前赴哈密驻防，留驻巴里坤之兵1000名俱全行撤回各汛。安西兵7000余名除原派哈密驻防1000名，今再挑派4000名驻防哈密，则安西只存兵2000余名，虽有哈密驻防之兵，安西可无虑其单弱，但安西、沙州、桥湾、布隆吉一带地方辽阔，俱须拨兵分驻，则2000余名之兵难以分派，应请先将甘属附近各营之兵早为挑出，先领搬移出口，分处驻防。①

准噶尔虽遣使与清廷议和，但定界之事尚未完结。为防备准噶尔，雍正十三年九月，雍正帝命查郎阿仍暂掌大将军印，驻扎肃州与刘於义共同商酌办理军务，留驻巴里坤、哈密之兵达到12000名，如不能满足防御需求，将撤回兵内未经远去者赶令等候。② 由于撤回之兵自七月初三日自营起身，不便令其返回，查郎阿与刘於义商议后，认为“与其止住进口之回兵，不若整顿挑派之战兵”③，决定将前经廷议，河西、西宁处挑派预备随时调遣战兵调拨出口。肃州镇标先挑派战兵2000名，甘提标挑派3000名，凉州挑派4000名，宁夏挑派1000名，河州先挑派500名，固原标协挑派2000名，共11500名。这些兵预备妥当，一有调遣立即起行，并在口外安西镇标署暂行挑派2000名预备，猝有需用则口内外预备之兵13500名即可接续前往策应。为了应对紧急局势，廷议预先在甘、凉、西宁、肃州一提三镇马步战守兵42000余名内挑选一部分，改变以往凡有差遣俱从各司哨按兵数摊派的原则，甘肃标属挑出战兵5000名，凉镇标属挑出战兵5000名，西宁镇标属挑出战兵7000名，并各领兵将一并派出，该提镇加意训练，“其马驼器械以及一切需用物件俱令预备齐全，

---

① 中国第一历史档案馆编：《雍正朝汉文朱批奏折汇编》，雍正十三年五月十三日，宁远大将军查郎阿等奏覆酌议撤留兵丁并派拨行走料理马驼等项各缘由折，江苏古籍出版社1989年影印本，第28册，第333件，第399—410页。

② 中国第一历史档案馆编：《雍正朝汉文朱批奏折汇编》，雍正十三年九月初九日，署宁远大将军查郎阿等奏覆驻扎肃州与刘於义等酌办军务坚固防守折，江苏古籍出版社1989年影印本，第29册，第128件，第143—146页。

③ 中国第一历史档案馆编：《雍正朝汉文朱批奏折汇编》，雍正十三年九月初九日，署宁远大将军查郎阿等奏覆驻扎肃州与刘於义等酌办军务坚固防守折，江苏古籍出版社1989年影印本，第29册，第128件，第143—146页。

务使一遇调遣即可起程，如此则边防实为严密”[①]。但各提镇的情况不一，甘提标现存新旧兵丁8000余名，凉镇标属原额及新募兵共12000余名。西宁镇属河东各营已分归河州镇统辖，地处极边且各有汛守之责，原议挑派战兵7000名必须酌减。肃镇统辖28营堡，汛防均数边要，欲挑战兵5000名，人数过多，宁远大将军查郎阿等请肃州镇挑派战兵3000名，西宁镇挑派战兵5000名，固原标协挑派战兵2000名，宁夏、河州两镇挑派战兵2000名以足22000之数。陕甘两提八镇经制额设之兵原各敷防守之用，自雍正七年奉派出征之后，陕甘两省节次招募新兵共24000余名，除甘提标、凉宁两镇裁过兵1850外，尚存新兵20000余名，原议陕提及陕甘各镇新募之兵，除肃州镇标添足3000名外，其余新募兵丁俱应一概裁汰，查郎阿认为这些兵丁业经入伍食粮，“一旦令其改业，诚恐穷兵毫无养赡，致有失所”。刘於义等奏请将各标凡有应行募补者据各于本标新兵内挑选补额，不必另募，其余新募之兵应行裁汰。奉文停募之后，凡旧兵缺出，均以新兵补额，毋庸招募。督标、固原、凉州、西宁撤回出征回营之车兵共548名，“嗣后凡有车兵各营遇有马步兵缺出，应先以车兵补额以示鼓励”[②]。

---

① 中国第一历史档案馆编:《雍正朝汉文朱批奏折汇编》，雍正十三年十一月初十日，署宁远大将军查郎阿等奏覆遵义暂驻肃州选派兵丁操演巡防十二条事宜折，江苏古籍出版社1989年影印本，第29册，第738件，第842—855页。

② 中国第一历史档案馆编:《雍正朝汉文朱批奏折汇编》，雍正十三年十一月初十日，署宁远大将军查郎阿等奏覆遵义暂驻肃州选派兵丁操演巡防十二条事宜折，江苏古籍出版社1989年影印本，第29册，第738件，第842—855页。

第三章

雍正朝平准战争西路清军粮食补给来源

军需粮食作为冷兵器时代最重要的战争物资，一直是战争中需要解决的首要问题。战前，统兵者要根据军队数量和战争持续时间对战争期间所需的粮食数量做出预估；在战争过程中，统兵者要随时根据战局的变化对军粮补给数量做出调整；同时，战争中粮食的供给要有明确的保障地域。因此，本章讨论以下几个问题：第一，从雍正七年西路清军出口到雍正十三年西路清军回撤，西路清军军需粮食的种类与数量变化。第二，清军军需粮食的补给区及其调整过程。

第一节　庞大的西路清军军需案

一　康熙朝平准战争军需补给的经验教训

康熙二十九年（1690）至康熙三十六年，清朝与厄鲁特蒙古的准噶尔部进行了长达七年的战争，学界称为康熙朝平准战争。康熙皇帝三次对噶尔丹用兵，尤其是康熙三十六年，康熙皇帝亲至宁夏，“每日筹画兵马粮饷之事，略无刻暇”①。“凡有可用兵之地，必详审行道水草，全备驰马粮糗什物。”② 为了保证军需物资的运送畅通无阻，康熙皇帝谕令设置台站。在中路和西路，“喜峰口外设立十五站，古北口外六站，独石外六站，张家口外八站，杀虎外十二站，每站安丁五十名，量给与马

① （清）温达等：《平定朔漠方略》卷40，《新疆文库》编辑出版委员会·新疆文化出版社2017年影印本，第3册，第1571页。

② （清）温达等：《平定朔漠方略》卷36，《新疆文库》编辑出版委员会·新疆文化出版社2017年影印本，第3册，第1415页。

匹牛羊”[①]。东路“拟派官兵自盛京、乌喇、墨尔根三处至索岳尔济山，一一丈量，分置程站”[②]。虽然清军设置了台站转移粮饷，清军还是转饷艰难，长途转运粮草成本极高，“输米馈军，率以百二十金致一石”[③]。尽管如此，清军粮饷补给不足，尤其是昭莫多大战，其中西路军“马匹既馁且冻，倒毙甚多……合而计之，一兵不足一马，且仅存皮骨，旭嬴殆甚。有马驮盔甲粮米，兵则徒步牵行者，有兵负盔甲粮米，马则推前却后者”[④]。康熙三十六年四月，康熙皇帝对此次军需补给作了总结。

> 至行师之道、调军转饷，必一人兼综其成，事乃易济。前西路进兵时，将军博霁、孙思克等专管军务，不与挽运，专责地方巡抚等官转饷，迨后粮饷稽迟，兵丁困馁致有道殣。顷朕自白塔至船站，犹见有遗骸，皆遣乡导沿途掩埋。朕统大兵由中路进时，多方筹画，催督督粮饷，比及旋师，无一人受馁且支给西路之兵，俱获全还。又令沿途各站多贮米粮，虽随营贸易之人皆不乏食。此次宁夏之行，料理粮饷悉有次第，然后进兵所以直至回军，供应皆足，无或稍误。以此观之，兵食两事，断宜一手区画，此后倘遇行师，当永以为法……朕此次宁夏之行，不用车辆，所需驼马骡驴，悉自京城发往，恐有不敷，复给公帑采买预备。一切什物，皆由官运略不累民。[⑤]

康熙皇帝对此次军需补给经验教训的总结还是很到位的，军需补给有两点比较重要：一是调军转饷需要一人综理，不能交给地方官员负责；二是军需补给一切皆用公帑，不能累民。

康熙朝能够取得平准战争几次战役的胜利，因素颇多，但康熙皇帝重视军需补给至为重要。康熙三十五年，清军三路大军约计10万人，西

---

① 《清圣祖实录》卷155，康熙三十一年四月甲申，中华书局1985年影印本，第5册，第714页。

② 《清圣祖实录》卷166，康熙三十四年正月甲子，中华书局1985年影印本，第5册，第804页。

③ 《清史稿》卷317《范毓》，中华书局1977年标点本，第10734页。

④ 俞益漠：《孙思克行述》，《清史资料》第二辑，中华书局1981年版，第45页。

⑤ 《清圣祖实录》卷183，康熙三十六年夏四月丙申，中华书局1985年影印本，第5册，第962页。

路大军官兵、厮役共计24260名，中路官兵、厮役共计32970名。清军除了自带几十日的行粮外，清政府组织了庞大的运输队，康熙帝命丁忧河道总督于成龙以都察院左都御史原衔督运中路军粮，大理寺卿李鈵、太常寺卿喻成龙协同料理。[①] 通政使司左通政喀拜协理中路运务，光禄寺卿辛宝、内阁侍读学士范承烈、督运西路军粮。康熙帝为防止军需运输中地方官苛派累民，军需运输中的一切费用都是动用库帑。例如，中路运米需要制造车4000辆，康熙帝为防止中路运米过程中地方官借机苛派直隶、山东、河南三省捐雇，康熙帝并没有动用户部我粮，"特发内帑银六万两，著于成龙等督造"[②]。

当然，强大的军需后勤保障的前提条件是国家富裕，加上康熙帝在战前的缜密筹备，清军的军需补给远胜于准噶尔。康熙三十五年（1696）十一月戊寅（二十五日），噶尔丹派遣的使者格垒沽英曾看到清军："车及万辆载粮于将军所驻喀伦之地，粮必以备我投降之人所食者。又黄河近岸拖克拖汉尔城之中仓内所积之粮，即如札巴哈河北之沙冈。……闻沿边俱有积粮之仓。"[③] 反观准噶尔，康熙三十六年三月，投诚的噶尔丹属下多尔济说，昭莫多之战后，噶尔丹的很多部众逃散，"人数不足二百。说到牛羊，根本没有……没有吃的，为饥饿所胁的人亦多，一直行围狩猎，马匹很瘦"[④]。显然，军需准备充足是清军获胜的原因之一。

噶尔丹覆灭后，准噶尔与清王朝的敌对关系并没有完全缓和。继位的策妄阿拉布坦基本控制了西北边疆地区，包括新疆大部分地区及中亚地区。康熙五十六年（1717）七月，策妄阿拉布坦遣其将策零敦多布经阿里入侵西藏。清军第一次入藏救援以失败而告终。粮道被截，补给不足是重要原因。康熙帝吸取第一次入藏进剿失败的教训，康熙五十九年，康熙帝命第二次入藏救援。清军对第二次入藏准备充分，这次进军，康

---

① 《清圣祖实录》卷169，康熙三十四年十一月乙亥。中华书局1985年影印本，第5册，第832页。

② 《清圣祖实录》卷169，康熙三十四年十一月戊寅。中华书局1985年影印本，第5册，第833页。

③ 上海书店出版社编：《清代档案史料选编（一）》，《关于噶尔丹文书》之《格垒沽英口供》，上海书店出版社2010年版，第694—695页。

④ 徐凯：《噶尔丹属下多尔济之口供》，《历史档案》1982年第4期。

熙帝令抚远大将军胤禵负责管理进藏的军粮事务，特别是对军粮等各类物资的筹备非常到位，保证了军粮的供应。清军与准噶尔在西藏交锋的同时，双方还在西北展开了激烈的争夺。面对策妄阿拉布坦的崛起和挑衅，从康熙五十四年开始，康熙帝调遣八旗、蒙古诸部、黑龙江、打牲索伦、达呼里喀嘛沁等处兵丁前往北路驻防；康熙帝命陕甘等地兵丁集合备战，西安满洲兵、甘州提督、肃州、凉州、宁夏等地兵分驻河西走廊西部。哈密、吐鲁番、噶斯口、巴里坤是西路清军与准噶尔相持的前沿，这种状况一直持续至雍正初年。

从康熙五十四年开始，清军为与长期与准噶尔长期对峙，开始在嘉峪关以西、哈密、巴里坤等地屯田解决军队的部分粮饷，这种状况一直维持到雍正初年。康熙六十一年，巴里坤等处地方屯田收获青稞 10570 石。[①] 雍正元年，吐鲁番等处地方屯田、收获麦子糜子共 9330 石。[②] 雍正二年，以副都统克什图管理吐鲁番等处屯田事务[③]。雍正二年，吐鲁番等处屯田收获麦、糜 5540 余石。[④] 当年，吐鲁番等处屯田收获麦子、糜子 6090 余石。[⑤] 雍正三年，巴里坤播种青稞籽粒 500 石，“将所储昔年种收青稞、今岁耕收青稞与米掺和，给以在巴里坤之兵丁、跟役，又兼给羊价，估算足以给至雍正七年十一月二十九日”[⑥]。雍正四年，巴里坤播种 300 石，3000 亩；吐鲁番播种减 490 石，播种麦子籽种 150 石，1500 亩。巴里坤清军所需的青稞，吐鲁番屯田小麦、黍子能够供给清军，但粳米、粟米则从陕甘运送到肃州，再由肃州运往前线。雍正四年，靖逆将军富宁安概算了雍正五年两地官兵军需补给的成本：

> 倘若仍需运送明年所需米石，则于巴里坤有贮存之青稞，故不议外，根据巴里坤、吐鲁番二地现有官兵数目概算，其行粮、盐菜、

① 《清世宗实录》卷 1，康熙六十一年十一月，中华书局 1985 年影印本，第 7 册，第 44 页。

② 《清世宗实录》卷 13，雍正元年十一月丁亥，中华书局 1985 年影印本，第 7 册，第 25 页。

③ 《清世宗实录》卷 22，雍正二年七月甲辰，中华书局 1985 年影印本，第 7 册，第 350 页。

④ 《清世宗实录》卷 25，雍正二年十月癸酉，中华书局 1985 年影印本，第 7 册，第 389 页。

⑤ 《清世宗实录》卷 37，雍正三年十月庚寅，中华书局 1985 年影印本，第 7 册，第 352 页。

⑥ 中国第一历史档案馆译编：《雍正朝满文朱批奏折全译》，雍正四年三月二十八日，靖逆将军富宁安等奏报于巴里坤种青稞亩数折，黄山书社 1998 年版，第 1312 页。

羊价、驿站等项，共需银二十六万余两，稻子、小米为一万石。又据各驿站之官兵、马牌子等，所需小米为一千石。再，从肃州至巴里坤所需运脚价银，奴才根据去年下半年之运脚价，酌减至每石十两。若至运输之时，或有节减，或有增加之处……恳请圣主敕部议拟，交该总督、巡抚速办所需银共三十六万两，稻米五百石，小米一万零五百石，于五月分内送至肃州。①

富宁安的奏折提供了在巴里坤、吐鲁番清军的军需补给模式，巴里坤屯种的青稞，吐鲁番屯种的小麦、黍足够供给清军，但粟米则由肃州提供，白米则由内地运送到肃州，再运送到巴里坤。1石粮食从肃州运送到巴里坤，成本是10两。不计台站兵，巴里坤、吐鲁番两地官兵、跟役约8149人，不计屯田所需粮食，从内地运送粮食不计生产成本，运输成本10万两，再加上行粮、盐菜、羊价、驿站等项需银26万余两，共36万两。清军在巴里坤、吐蕃驻扎超过10年，一方面，军需成本巨大，这是清王朝与准噶尔议和的原因之一；另一方面，清王朝采用多种方式对巴里坤、吐鲁番驻军的补给，为雍正七年西路清军军需补给提供了经验。

准噶尔与清王朝议定边界，清军开始陆续从西、北各路撤兵。康熙朝与准噶尔的战争，既有胜利，也有第一次援藏战争的失利，还有在西北的长期对峙。历次战争中的军需补给形式，既有通过台站从内地运输服务于短期战役，也有通过屯田与内地运送相结合，为长期对峙提供军需。军需补给的经验教训为此后雍正、乾隆朝的平准战争乃至后来西北的战争中的军需补给方式提供了决策依据。

二　雍正朝平准战争前的军需预案

雍正六年（1728）农历十二月十四日，宁远大将军岳钟琪向雍正皇帝奏报了一份全面、宏大的预备军需案，这份军需案包括西路清军官兵人数、马匹、粮食的补给标准及数量、盐菜银、驼只、骡子等运输工具的购买及牧放，羊只的购买等共二十六条，奏报的内容包括以下内容：

---

① 中国第一历史档案馆译编：《雍正朝满文朱批奏折全译》，雍正四年三月二十二日，多罗郡王允礼等奏议巴里坤吐鲁番官兵所需钱粮折，黄山书社1998年版，第1309页。

(一) 西路清军出口参战的官兵人数

西路清军所需马匹、口粮等一切军需都是按照清军官军、跟役的数量来估计,此次参加平准战争的西路清军将士包括文武员弁、马步兵丁、跟役余丁、推车夫卒等。文员跟役是参照了康熙五十九年川省之例以及云南入藏官兵人数。表 3－1 是清军官员及跟役的数量,其中官员 324 名,官弁及跟役的数量是 1594 名。①

表 3－1　西路清军预计官兵及跟役数量　(单位:名)

官员名称	官员数量	跟役标准	跟役数量
总统兵官	1	60	60
分领官兵提督	1	40	40
总兵	4	24	96
副将	10	16	160
管理台站副将	2	16	32
参将游击	20	—	170
管理台站游击	2	8	16
守备	40	6	240
管理台站守备	4	6	24
千总	8	—	600
把总	120	—	—
管理台站千、把总	8	3	24
道员	1	12	12
经理粮务知府	1	10	10
同知、通判、知州、知县	10	—	70
佐杂	20	2	40
合计	324	—	1594

西路清军主要来自山西、陕西、甘肃,包括"管理驻防台站马、步

① 中国第一历史档案馆编:《雍正朝汉文朱批奏折汇编》,江苏古籍出版社 1989 年影印本,第 14 册,第 203—218 页。

兵二千名”①。岳钟琪计划从陕甘各标营内挑选2万名马、步战兵，马、步战兵主要来自总督岳钟琪的标营以及陕甘提镇并各协营路。根据额兵的数量，岳钟琪计划共挑选精壮马步战兵19000名，再从松藩镇按照2∶8的比例预为挑选战兵1000名，共2万名。巴尔库尔（巴里坤）及乌鲁木齐二处的驻防任务由晋省选派马步兵丁2000名，副将2员，游击2员，守备4员，千、把总8员承担。晋省派拨驻防台站兵2000名，其中马、步兵各1000名。陕甘派拨军队20000名，马兵12000名，步兵8000名，又战车守兵4500名，余丁5500名，余丁按照计马兵4名带余丁1名的标准，共带余丁3000名，步守兵5名带余丁1名，共带余丁2500名，“以上统计大小武员共二百九十二员，大小文职共三十二员，马兵一万三千名，步守兵一万三千五百名，文武各官跟役共一千五百九十四名，余丁共五千五百名”②。“查兵丁、余丁、文武跟役、战车守兵共三万三千五百九十四名”③。

（二）预备军需的数量

军粮是最重要的军需，除军需粮食、马匹、骡头、骆驼，装运粮食的口袋、州县喂养马、驼所需马棚、马槽、石磨、铡刀、笼头、缰绳、席片、木料、锅、缸、盆、桶、盐茶、酥油、柴、烛、铁锨、镢头等项并杂用器具、沿途马匹的草束都被列在军需案中。西路清军军需的预备以预估的官兵数量为基础。

1. 预备军需的种类及数量

预备的军需可以分为以下几项：一是官兵、跟役的口粮及屯田籽种，包括粟米、糜子、青稞炒面、小麦粉、牛羊类；二是军队作战用的军马、驮马、运输军需的骆驼、骡子、驮马；三是马匹的鞍屉、口袋、苫布、帐篷、锣锅、屯田农具；四是盐菜银。表3－2是岳钟琪估算的军需内容

① 中国第一历史档案馆编：《雍正朝汉文朱批奏折汇编》，雍正六年十二月十四日，川陕总督岳钟琪奏汇陈官兵出征军需支用项目折，江苏古籍出版社1989年影印本，第14册，第145件，第203—218页。

② 中国第一历史档案馆编：《雍正朝汉文朱批奏折汇编》，雍正六年十二月十四日，川陕总督岳钟琪奏汇陈官兵出征军需支用项目折，江苏古籍出版社1989年影印本，第14册，第145件，第203—218页。

③ 中国第一历史档案馆编：《雍正朝汉文朱批奏折汇编》，雍正六年十二月十四日，川陕总督岳钟琪奏汇陈官兵出征军需支用项目折，江苏古籍出版社1989年影印本，第14册，第145件，第203—218页。

及数量。

表 3-2　　岳钟琪预估的军需名目及数量

名称	军需数量	来源	需银（两）	备注
兵丁驮马以及摘拨空马	42041 匹	采买及陕甘、豫省摘调	256328	不包括自己乘骑
鞍屉	42041 副	—	25224.6	—
20 个月官员粳米	1454.16 石	—	—	—
兵丁、余丁跟役并战车守兵口粮	京斗粟米 58554.342 石	—	—	—
面粉	7054740 斤	—	—	—
盐菜银	663519.6	—	663519.6	—
押运银粮文员盘费	—	—	38000	—
驼只	51037 峰	—	—	—
驼只鞍屉	51037 副	—	72948.1	—
战车骡	6000 匹	—		—
骡头鞍屉	600 匹	—		—
骆驼苦毡	—	—		—
战车苦毡	6000 个	—		—
口袋	221778 个	—	49796.1	—
毛口袋	100782 个	—		—
战车	3000 辆	西安、兰州	27985	—
战车骡	6000 匹	陕、甘	72000	—
粮车骡	7000 匹	豫、陕	84000	—
战车守兵帐篷	900 顶	—	3420	—
锣锅	900 个	—	1080	—
羊	604692 只	—	—	—
屯田农具	4500 副	—	7650	—

2. 军需口粮的估算及来源

“文武员弁、马步兵丁、跟役余丁并推车夫卒乃军营全势之总要，必须派有定额，则应需之马匹、口粮一切军需方可按此估计”①。

西路兵丁、余丁跟役并战车守兵口粮都是按数估计，口粮是以20个月估计，其中包括兵丁裹带2个月口粮，6个月发给兵丁羊只充抵口粮，运送12个月的米面。兵丁裹带并运送的口粮共14个月的米面均以米面各半计算，口粮的标准是“每名每日给京升粟米八合三勺，日给炒面一斤”②。

对于军需粮食补给的来源，岳钟琪也做了筹划。军需口粮有粳米、粟米、炒面并所带籽种，京斗粟米共58554.342石，动用甘属各府属仓贮。军官应需粳米1454.16石在出产大米的宁夏府、甘州府属之高台县按时价采买。清军行军，盐菜银是按照27个月准备。粮籽种粮9000石用战车带运，官兵、跟役、余丁人等裹带2个月粳米、粟米、炒面、白面作为口粮，其余的军需粮食通过后方运送补给。

清廷内部无法预测战争何时才能结束，对军需补给的筹划是按照27个月筹划。清军官兵于己酉年（雍正七年，1729）闰七月出口，在巴里坤驻扎至庚戌年（雍正八年，1730）六月，自巴里坤起营西进。第一阶段自雍正七年闰七月起至雍正八年五月止，共计11个月，官兵出口之时原裹带两个月口粮外，需要运送驻歇9个月的口粮；第二阶段进军从雍正八年六月持续到辛亥年（雍正九年，1731）九月屯田收获，共15个月。各类口粮针对的对象不一样，清军所需口粮甚多，若全部运送米、面则陕甘脚力不足，挽运不易，实际上是米面、羊兼支。官兵自带2个月口粮，运送粳米、粟米、小麦、青稞、羊只作为25个月的口粮。从军需案来看，清廷内部计划最早在雍正九年底结束战争，清军一开始就把后方运送和屯田作为军需口粮补给的手段。表3-3是官兵所需米面的数量及其来源。

---

① 中国第一历史档案馆编：《雍正朝汉文朱批奏折汇编》，雍正六年十二月十四日，川陕总督岳钟琪奏汇陈官兵出征军需支用项目折，江苏古籍出版社1989年影印本，第14册，第145件，第203—218页。

② 中国第一历史档案馆编：《雍正朝汉文朱批奏折汇编》，雍正六年十二月十四日，川陕总督岳钟琪奏汇陈官兵出征军需支用项目折，江苏古籍出版社1989年影印本，第14册，第145件，第203—218页。

表3-3　　　　官兵所需粮食种类及盐菜银估算

官兵种类	官兵员额	种类	每名每日标准	补给时间	总量（京石）	来源
武员	292	粳米	8合3勺	20个月	1454.16	甘属各府属仓贮
兵丁余丁跟役、战车守兵	33594	粟米	8合3勺	运送12个月并裹带2个月，米面各半	58554.342	宁夏府属并甘州府属之高台县
		炒面	炒面1斤		7054740斤	兰州布政司所属采买
籽种	—	青稞	—	—	6000石	
	—	糜谷	—	—	3000石	
—	33594	羊只	每兵10名每日给羊1只	6个月	604692（只）	—

驻歇阶段如果从原来估算的18个月羊只、米面内动用，则将来进剿官兵所需口粮扣至辛亥年（雍正九年，1731）九月屯田收获之时，计日计算还需7个月口粮，岳钟琪估计运送7个月口粮可以满足西路清军27个月口粮之用。[①] 后续7个月口粮需要花费570432.79两。表3-4是西路清军预估后续7个月口粮费用。

表3-4　　　　西路清军预估后续七个月口粮费用

军需粮食种类	数量	标准	购买所需
粟米	78072.456石	1两/石	78072.456两
粳米	508.956石	1.2两/石	610.7472两
粳粟米从内地运到哈密	—	运价银9两	356612.13两
磨面青稞	15677.2石	1两/石	15677.2两
磨面	2351580斤	每斤需工价银8分	1811.264两
合计	—	—	570432.79两

3. 估办马匹数量及来源

马匹的数量是根据出口军队人数预估。不包括兵丁乘骑的马匹，岳

① 中国第一历史档案馆编：《雍正朝汉文朱批奏折汇编》，雍正六年十二月十四日，川陕总督岳钟琪奏汇陈官兵出征军需支用项目折，江苏古籍出版社1989年影印本，第14册，第145件，第203—218页。

钟琪预估清军需要各类马匹42041匹。

表3-5　　　估办马匹名目及数量

军队所需马匹名目	军队数量（名）	所需马匹标准	所需马匹数量（匹）
陕省进剿马步兵及晋省驻防马步兵	22000	2兵合给驮马3匹	33000
战车守兵	4500	每名量给驮马1匹	4500
余丁	5500	每2名量给驮马1匹	3481
武员跟役	1462		
进剿兵所带威远炮、子母炮	200	每位驮马5匹	1000
驻防兵所带威远炮、子母炮	20	每位给驮马3匹	60
合计	—	—	42041

首先是采买马匹，在雍正七年之前，清军已经采买马1万匹；其次是摘调马匹。豫、晋两省并陕甘满汉各营摘调马32041匹，共42041匹。其中河南省摘调马3000匹，山西省摘调马3000匹，西安八旗兵内摘调马8000匹，陕甘二属各营马内照数摘给驮马18041匹，摘调后给马价买补，42041匹马应需鞍屉42041副，每副价银6钱，共需银25224.6两，马价并鞍屉价共应需银281552.6两。除战马外，战车马7000匹在归化城购买；战车骡共13000头，每头12两，其中6000头在陕甘购买，其中7000头在河南、山西购买，共需银156000两。

4. 官兵盐菜银两

总统兵官、提督、总兵官、副将、参将游击、守备44员、把总、马步守兵丁盐菜银两，其余丁跟役不支盐菜银。表3-6是各类官兵盐菜银的标准及其数量。

表3-6　　　西路官兵例应支给盐菜

官员名称	数量（名）	每日盐菜银标准（两）	盐菜银数量（两）
总统官员	1	0.5	2430
提督	1		
总兵官	4		
副将	12	0.24	2332.8

续表

官员名称	数量（名）	每日盐菜银标准（两）	盐菜银数量（两）
参将游击	22	0.14	2494.8
守备	44	0.08	5443.2
把总	124	0.04	4017.6
马步守兵丁	26500	0.03	643950
合计	26690	663519.6	

5. 驮具的数量及来源

表3－7　　西路军需补给口粮工具并盐菜银两之驮载具

驮载具名目	数量	购置标准	计划解决方案	落实
驮运米面驼	50945	51037只	粮车4辆抵驼10只，议制粮车7千辆，河南、陕西各购买粮车骡3500头，归化城等处购买马7000匹	归化城、鄂尔多斯榆林等处已购买驼15000余只，拨解丹津多尔济等骆驼15000只
驮盐菜银	92			
骆驼鞍屉	51037	1两	51037两	鞍屉苫毡等项共需银72948.1两
战车骡鞍屉	6000	0.8两	4800两	
骆驼苫毡	51037	0.3两	15311.1两	
战车苫毡	6000	0.3两	1800两	
骆驼所需料草	—	—	—	—

骆驼、马匹等牲畜的喂养。已经买到、尚未买到的驼计划由陕甘所属各州县喂养，贺兰山前后山、昌宁湖、大草滩等各牧放厂。归化城、鄂尔多斯采买马1万匹，分发各标营兵丁喂养。骆驼的喂养，每驼5只雇喂养夫1名，每夫每月给工价银2两，11个月，共需用6600两。每驼5只需牵送夫1名。骡头喂养夫、牵送夫，每名每日给工价银4分。

各州县购买战车骡6000头，自买到收槽起至分发各标营喂养。归化城购买粮车马7000匹即在归化城等处仍交各马主牧放至雍正八年六月，经由口外草地赶送肃州。河南、山西购买的粮车骡7000头喂养于陕甘督抚提镇副参以下等官，按额设亲丁名数照半分给骡头令其喂养。满洲、绿旗马兵内如有倒毙额马未经买补之兵，亦拨给骡头令其喂养。

其余军需物资的估价，主要涉及运送粮食的口袋、战车守兵的帐房、灶具、屯田农具。此外，包括制造战车3000辆，押运银粮文员出口盘费。

表3-8　　　　　　　　其余军需物资的估价

军需物资名称	数量	单价	所需银（两）	合计（两）
运粳米、粟米、籽种口袋	221778条	0.17两/条	37702.26	49796.1
炒面毛口袋	100782条	0.12两/条	12093.84	
战车守兵帐房	900顶	3.8两/顶	3420	3420
锣锅	900口	1.2两/口	1080	1080
屯田农具	4500副	1.7两/副	7650	7650
合计	—		61946.1	61946.1

以上是岳钟琪军需案所列二十六条内容，比较全面，军需补给区域涉及陕甘、豫省、鄂尔多斯。这个军需案有以下特点：

一是缜密。这个军需案虽是预估，但早在雍正五年就在筹备，有些军需物资便已准备就绪，例如顾鲁在归化城购买的马7000匹已经分发各台吉经管牧放。军需案中将军需的维护都纳入其中。粮车骡的喂养，计划骡头喂养于陕甘督抚提镇副参以下等官的亲丁、倒毙额马未经买的满洲、绿旗马兵喂养，“业蒙俞允，钦遵密行在案”①。骆驼、粮车骡、马、战车马从购买到解送、喂养过程中，人夫的雇觅、人夫的口食、工价、喂养草料的数量、价格都在军需案中进行了估算。

二是军需数量庞大。军需案涉及军需种类庞杂，军需数量巨大，采购军需的区域不仅包括陕甘，内蒙古，远至河南、河北。“内除应需银粮可以约估者，共计银二百三十六万余两”②。在筹划军需案之前，岳钟琪

① 中国第一历史档案馆编：《雍正朝汉文朱批奏折汇编》，雍正六年十二月十四日，川陕总督岳钟琪奏汇陈官兵出征军需支用项目折，江苏古籍出版社1989年影印本，第14册，第145件，第203—218页。

② 中国第一历史档案馆编：《雍正朝汉文朱批奏折汇编》，雍正六年十二月十四日，川陕总督岳钟琪奏汇陈官兵出征军需支用项目折，江苏古籍出版社1989年影印本，第14册，第145件，第203—218页。

已经拨给归化城银100万两，陕省银150万两，共银250万两；在筹划军需案时，已经入不敷出。岳钟琪请求再拨给银250万两。①

三是补给方案理想化。由于是预估，有些军需内容难以估算，例如官兵驮马42041匹，从起程赴肃州，再至巴里坤，起支草束数目难以估算。应需粮车尚无制造确数。采买骆驼、马匹、料草、各夫役等工价以及棚槽的价格无法估计。从实际战况而论，清廷对战争的进程无法准确地估计，对战争进程过于乐观，对屯田提供补给并没有预计准确。实际上从雍正八年开始，屯田就开始提供补给，但屯田并没有代替后方运粮。清军对战区即嘉峪关以西气候条件、交通运输条件实际上都不甚了解，这个军需案甚至没有将清军的军装、武器等军需纳入其中。

第二节　西路清军的军需粮食种类及数量

西路清军的军需口粮，根据用途分为四部分：第一部分是各类驻军的军需口粮。各类驻军根据区域分为口内驻军和口外驻军，口内驻军主要是陕甘各提镇驻军，包括各镇标额设马步兵以及临时驻扎在河西一提四镇的驻军；口外驻军主要是出口后驻扎在哈密、巴里坤、穆垒等大营驻军以及驻守沿途台站驻军。由于陕甘内地驻军在雍正七年出口以后，陕西当地驻军减少，军队大量驻扎在河西走廊的一提三镇以及口外的安西。因此，本章首先主要讨论河西走廊以及西宁噶斯一路驻军的军需，有关河西走廊以东驻军的军需不在本章讨论之列；第二部分是为保证上述军需口粮的供应而为运送民户提供的口粮；第三部分是战争期间东迁河西走廊的维吾尔族民众所需口粮、屯种的籽种。由于该口粮在军需口粮内提供，在军需案内报销，应当作为军需口粮的一部分；第四部分是从外省调入陕甘的军队在前进、撤退过程中的军需供给。

一　西路清军口粮支放标准的变化

战区附近的农业生产与军需口粮关系密切，军需口粮的种类与当地

① 中国第一历史档案馆编：《雍正朝汉文朱批奏折汇编》，雍正六年十二月十四日，川陕总督岳钟琪奏汇陈官兵出征军需支用项目折，江苏古籍出版社1989年影印本，第14册，第145件，第203—218页。

的物产有直接关系，陕甘各州县主要出产粟米、小麦、青稞、豌豆，糜子，尤其是甘肃"查各属所产，粟米、小麦为上。豌豆为次，大豆、青稞、糜子、大麦、青豆为下"①。因此，故西路军的军需口粮只能因地制宜，主要以粟米、小麦粉、青稞炒面为主。大米仅供官员食用，肉食以羊只为主，马匹、牛只为辅。

无论是军官需用的粳米、兵弁食用的粟米、白面、炒面、牛羊，需用数量与西路军的数量、驻扎时间、发放标准息息相关。雍正七年出兵之时，原定每兵支给粟米5合5勺，日给面10两。此后支放标准有所增加，"查西路兵丁口粮，原估每月十日粟米，十日炒面，十日羊只，支粟米之时，每名日支八合三勺，支面之日每名日支面一斤，其支羊之时，每名每十日支羊一只"②。雍正八年，驻歇一年军需案内用羊价代替羊只折给兵丁，但兵丁无处采买羊只，遂取消驻歇一年军需案中的羊只，米面以3∶7估计，一年酌估4个月粟米，8个月炒面。此后办运各军需案俱以米面各半估支，每名兵丁1月内米面各半，15日应支粟米1斗2升4合5勺，15日应支面15斤。雍正帝以每名日支粟米8合3勺或炒面1斤，兵丁食用不足，谕令增给，每名日支粟米由8合3勺增加为1升，应支炒面之日每名日支1斤4两，但1月以20日计算。查郎阿提出异议：

> 而廷议以二十日匀作一月，支给米一斗，面十二斤半，则每日只给米八合六勺，每日只给面十三两有零，较之米八合三勺，面一斤之数转觉较少，在廷臣所议或因慎重钱粮另有成见，或系一时错算，臣未能深知，但军营兵马口粮关系极大，若自雍正七年出兵之时原支给米五合五勺有零，日给面十两有零，则目今所议即属加增，今以原给米八合三勺、面一斤开领已经三载，一旦遽尔减少，似非

① 《清高宗实录》卷745，乾隆三十年九月壬寅，中华书局1985年影印本，第18册，第205页。

② 中国第一历史档案馆编：《雍正朝汉文朱批奏折汇编》，雍正十年闰五月二十四日，署陕西总督查郎阿奏报酌议西路驻扎官兵口粮情由折，江苏古籍出版社1989年影印本，第22册，第463件，第565页。

所以鼓舞士气而坚众心也。①

雍正十年十月，雍正命再次加增巴里坤大营兵丁口粮，增加的对象包括行走战兵及屯种耕作兵丁，每名日增粟米1合7勺，日增面4两，各处驻扎之兵共45345名，每名月加10日粟米1升7合，10日炒面，十日白面各2.5斤，雍正十年加增之后，日支米1升，日支面1.4斤。② 从雍正十年闰五月二十二日起估至十一年八月底，计15个月9日，“除蒙古兵二千名另案议加，并前加行走攻战等兵四万人三个月口粮外，实共应运粟米八千二百一十四石三升四合五勺，炒面白面二百八十六万五千八百九十二斤半。”③

军需口粮的数量除受支放标准的影响外，驻军人数直接决定军需口粮的数量。雍正九年到十年间，巴里坤军营官兵岁需口粮137000余石，雍正十年四月，岳钟琪计划增兵，添派湖广、甘、凉、肃、察哈尔兵10000名，又需粮32000余石，再加上原来大营兵丁所需，共约需粮170000石。④

军需口粮种类的变化也会影响到军需粮食的数量和来源。《户部军需则例》规定：羊只和米面一起搭放，“凡官兵口粮如搭放牛、羊者，以羊二只抵一月口粮；以牛一只抵羊四只作两月口粮。西陲及金川案内以羊六只抵牛一只，作三月口粮。”⑤ 在平准战争中，西路清军购买羊只作为口粮，羊只不足时，以米、面抵羊只，或者以牛只抵羊。

---

① 中国第一历史档案馆编：《雍正朝汉文朱批奏折汇编》，雍正十年闰五月二十四日，署陕西总督查郎阿奏报酌议西路驻扎官兵口粮情由折，江苏古籍出版社1989年影印本，第22册，第463件，第565页。

② 中国第一历史档案馆编：《雍正朝汉文朱批奏折汇编》，雍正十一年九月初六日，署宁远大将军查郎阿等奏请动支加耗米面酌情增给食量过大兵丁折，江苏古籍出版社1989年影印本，第25册，第55件，第65页。

③ 中国第一历史档案馆编：《雍正朝汉文朱批奏折汇编》，雍正十年十月初九日，兰州巡抚许容奏报派办运送大营兵丁加增口粮数目折，江苏古籍出版社1989年影印本，第23册，第345件，第417—418页。

④ 中国第一历史档案馆编：《雍正朝汉文朱批奏折汇编》，雍正十年十月十一日，署陕西总督查郎阿奏报商酌运送巴尔库尔军需粮石数目折，江苏古籍出版社1989年影印本，第22册，第112件，第117页。

⑤ （清）阿桂、（清）和珅：《钦定户部军需则例》卷8《折价抵支·牛羊抵米》，《续修四库全书》第857册，上海古籍出版社2002年版，第120页。

二　口外大营官兵所需军需粮饷数量

西路口外大营官兵所需口粮构成了整个西路军需的主体，在整个西路军需口粮中占很大比例，大营官兵所需口粮数量主要是通过几个大的军需案来估支。

雍正七年预备军需案内，预计闰七月清军出口时，大小武员共292员，文职共32员，马兵13000名，步守兵13500名，文武各官跟役共1594名，余丁5500名。官员每日例应给京升粳米8合3勺。兵丁、余丁、跟役并战车守兵共33594名，每名每日给京升粟米8合3勺，日给炒面1斤。岳钟琪计划从出兵到凯旋共27个月，即从雍正七年闰七月到雍正九年九月。官兵计划雍正七年闰七月（1729）出口在巴里坤驻扎，雍正八年六月自巴里坤起营前进，自闰七月起至次年五月止共计11个月，除官兵出口之时裹带2个月口粮外，尚需驻歇9个月口粮，若于原估18个月羊只、米面内动用，则只能供支到雍正九年二月份，则将来进剿官兵所需口粮扣至雍正九年九月屯田收获之时，共27个月，必须另为估计运送7个月口粮才可足用。① 表3-9是雍正七年闰七月至雍正九年九月所需军需口粮数量。

表3-9　　雍正七年闰七月至雍正九年九月所需粮饷数量

官兵名称	人数（名）	所需粮食种类	每名每日供应标准	供应时段	数量（石）	来源
官员	292	粳米	8.3合	雍正七年闰七月至雍正九年九月	1963.116	宁夏府属并甘州府属之高台县
兵丁	33594	粟米	8.3合		78072.456	甘属仓贮
		炒面	炒面1斤		68708.8	兰州布政司孔毓璞于所属采买

资料来源：中国第一历史档案馆编：《雍正朝汉文朱批奏折汇编》，江苏古籍出版社1989年影印本，第14册，第145件，第203—218页。

---

① 中国第一历史档案馆编：《雍正朝汉文朱批奏折汇编》，雍正六年十二月十四日，川陕总督岳钟琪奏汇陈官兵出征军需支用项目折，江苏古籍出版社1989年影印本，第14册，第145件，第203—218页。

雍正八年四月，雍正帝询问北路和西路军需的状况，五月，岳钟琪奏，西路清军进剿军需口粮米面俱已运送到营，所缺羊只由屯种抵补，“是西路军需通核进剿应备之口粮驼马、羊只以及一切需用之物，委系事至周极”①。岳钟琪意在按原定日期进兵，署陕西总督查郎阿甚至开始备办平定伊犁之后，兵丁凯旋的衣帽等军需物资。② 但葛尔丹策零派特垒至军营欲与清廷议和，雍正帝决定暂缓一年再进兵。原来估计的9个月住歇口粮自雍正七年九月到巴里坤，至雍正八年六月支用全完，六月以后，不得不借支原来预备的自雍正八年六月以后至九年九月准备的16个月的军需。驻歇时的军需采办与进口时有显著不同，进口时，作为口食一部分的羊只由兵丁持羊价自行采购，驻歇时如果按照前例，每月10日口粮仍支放羊只，驻歇一年，每兵当支120日的羊价。但大营附近缺乏采购的粮食和羊只，只能以巴里坤和吐鲁番的屯种粮抵补，驻歇口粮的结构发生了变化。六月，岳钟琪对驻歇一年军需进行预估。“此番驻歇一年内，当以米三面七估计，每月以十日支米，二十日支面，统计四个月支米共需三万三千余石，八个月支面共需八百余万斤。”③ 军营附近屯种的麦、稞七月份即将成熟，沙州尚有雍正七年采买的小麦6000石，“兹约计屯种、采买二项，约可得面四百余万斤，仍需运米三万三千余石，运面四百余万斤”④。雍正八年六月以后驻歇一年的军需粮饷暂时在进剿项下照一米二面的比例按月借支，秋冬陆续还补。

① 中国第一历史档案馆编：《雍正朝汉文朱批奏折汇编》，雍正八年五月十二日，宁远大将军岳钟琪奏覆军需齐备请按原拟日期进剿折，江苏古籍出版社1989年影印本，第18册，第496件，第673—674页。

② 中国第一历史档案馆编：《雍正朝汉文朱批奏折汇编》，雍正八年五月初十日，署陕西总督查郎阿等奏遵议商办进剿伊犁凯旋兵丁更换衣帽鞋袜事宜折，江苏古籍出版社1989年影印本，第18册，第478件，第650—652页。

③ 中国第一历史档案馆编：《雍正朝汉文朱批奏折汇编》，雍正八年六月初六日，宁远大将军岳钟琪奏覆年内暂缓进剿各事并请拨银购贮驼头粮石折，江苏古籍出版社1989年影印本，第18册，第661件，第889页。

④ 中国第一历史档案馆编：《雍正朝汉文朱批奏折汇编》，雍正八年六月初六日，宁远大将军岳钟琪奏覆年内暂缓进剿各事并请拨银购贮驼头粮石折，江苏古籍出版社1989年影印本，第18册，第661件，第889页。

表3-10　　　　雍正九年六月至雍正十年五月
巴里坤军营驻歇军需数量

官弁类别	人数	支放口粮种类	支放标准	支放时间	所需总量
大营文武官生	380名	粳米	8.3合	12	1135.44石
鄂尔多斯以及库库脑儿官弁	26名	粳米	8.3合	6	38.844石
鄂尔多斯并库库脑儿兵丁	1500名	粟米	8.3合	3	1120.5石
		炒面	1斤	3	135000斤
军营兵丁跟役	34273名	粟米	8.3合	4	34135.98石
		炒面	1斤	8	8225520斤

资料来源：中国第一历史档案馆编：《雍正朝汉文朱批奏折汇编》，江苏古籍出版社1989年影印本，第十九册，第167件，第227—228页。

驻歇一年口粮官弁所需粳米只能在甘州、宁夏采买。巴里坤军营大小文武官生、鄂尔多斯以及库库脑儿官弁，共需粳米1174.284升，“内除大军需案内张掖县存剩粳米四十八石九斗五升一合外，其余粳米在于宁夏、张掖、高台等处分派办运”①。

兵丁、跟役35773名供需粟米35369.952石，所需炒面8374200斤。军需所需粟米、小麦由于陕、甘普遍种植，甘、凉、肃大军需案内存剩粟米并平凉、宁夏等处仓贮拨运。炒面8374200斤除岳钟琪奏明口外吐鲁番、巴里坤、沙州采买麦子办磨400余万斤及肃州、甘、凉、西宁存剩粟米10000余石，炒面569464斤，全部拨用，其不足炒面384736斤分派甘、凉、西宁、临洮、肃州并口外卫所办磨。② 粟米则议于平凉、宁夏等府属仓贮内拨运20000余石，甘州、凉州等属采买4000余石，不足炒面则议派西宁办运150余万斤，甘州、凉州等府属办运200余万斤，并将西宁仓贮青稞拨运甘凉办磨。

岳钟琪首先考虑到运输成本问题，认为甘州、凉州现贮青稞不足，

① 中国第一历史档案馆编：《雍正朝汉文朱批奏折汇编》，雍正八年九月十八日，署肃州总兵办理军饷马会伯奏报起运大营米面数目日期暨现在催办各事折，江苏古籍出版社1989年影印本，第19册，第167件，第227—228页。

② 《宫中档雍正朝奏折汇编》，雍正八年九月十八日，肃州总兵办理军饷马会伯奏报承办军粮经过情形折，“台北故宫博物院”1979年印行，第十九辑，第13页。

但小麦较多，二者可以互相替代，而且，赴西宁拨运青稞所需时间较长，不如在甘、凉动用现存小麦办磨麦面，西路清军都是陕甘土著，习惯吃面食，可以从所估粟米内，以麦面一斤抵粟米8合3勺。平凉、宁夏距肃州二千余里，换运所需时间较长，如果甘州、凉州就近多办麦面，则平凉、宁夏即可减运粟米，既节省了民力、脚价，又减少了小麦贮仓的时间，加快了仓储粮食的流动性。岳钟琪也对孔毓璞等议派西宁动用仓贮办磨150余万斤提出异议，“且查上年因有驼只自西宁出口，是以派令西宁磨面甚多，且于雍正六年之秋冬，派办至七年之秋方自西宁起发，其磨面时日甚宽，至目下办运之项不能远至明秋出口，则西宁弹丸两邑，其能克期办磨如许之多，且由凉庄大路车运赴肃几二千里，脚费甚繁，而扁豆口一路又只可驴头行走，零星驮载，势必久延时日，不能积运”①。岳钟琪改议由肃州并嘉峪关外赤金、柳沟、靖逆、布隆吉各卫所仓贮动用12000余石就近磨面，“则起运便捷，既减内地之挽输，不致多延时日而内地脚价亦可节省”②。就藩司孔毓璞原议甘、凉二府采买米4000余石，岳钟琪复令于甘、凉二府属再增买粟4000石，共合8000石，宁夏、平凉二府属运数内减少8000石。

表3-11　　　　驻歇军需案粮食采买

所需军需粮食名目	数量	孔毓璞方案	岳钟琪方案	最终落实情况
白面	400余万斤	大营屯种及沙州采买	同	同
粟米	35000余石	河西1万石	同	同
		平凉、宁夏等府属仓贮内拨运2万余石	平凉宁夏等府属仓贮内拨运16000余石	同
		甘州凉州等属采买4000余石	甘州凉州等属采买8000余石	同

① 中国第一历史档案馆编：《雍正朝汉文朱批奏折汇编》，雍正八年九月初六日，宁远大将军岳钟琪奏报续办军粮事宜折，江苏古籍出版社1989年影印本，第19册，第91件，第119—121页。

② 中国第一历史档案馆编：《雍正朝汉文朱批奏折汇编》，雍正八年九月初六日，宁远大将军岳钟琪奏报续办军粮事宜折，江苏古籍出版社1989年影印本，第19册，第91件，第119—121页。

续表

所需军需粮食名目	数量	孔毓璞方案	岳钟琪方案	最终落实情况
炒面	430 万	西宁办运 150 余万斤	肃州并嘉峪关外赤金、柳沟、靖逆、布隆吉各卫所仓贮动 12000 余石就近办磨 1260000 斤	同
		甘凉西肃大军需案内存炒面 569464 斤	同	同
		议派甘州凉州等府属办运 200 余万斤	同	同

资料来源：中国第一历史档案馆编：《雍正朝汉文朱批奏折汇编》，江苏古籍出版社 1989 年影印本，第 19 册，第 119—121、227—228 页。

可见，与孔毓璞相比，岳钟琪的方案更加注重河西走廊的补给，河西走廊采办的军需增加到 20000 石，更加节省军需成本。

雍正十年八月起至十一年八月，巴里坤大营的军需案中，虽不知各府州采买的具体种类和数量，但估运总数为 137000 余石。[①] 除此之外，雍正十年，奉谕加增大营各类兵丁口粮，每名日增粟米，1 合 7 勺，日增面 4 两，各处驻扎之兵共 45345 名，每名月加 10 日粟米 1 升 7 合，10 日炒面、10 日白面各 2.5 斤。从雍正十年闰五月二十二日起估至雍正十一年八月底，计 15 个月 9 日，除蒙古兵 2000 名另案议加，并前加行走攻战等兵 4 万人 3 个月口粮外，实共应运粟米 8214.3345 石，炒面、白面 2865892.5 斤。[②]

雍正十年，刘於义等预估大营官兵雍正十一年九月至十二年八月底应需口粮，仍照原派、续派文武官生兵丁计算，共需粳米 3035.808 石，粟米 80198.836 石，炒面 9969870 斤，白面 9969870 斤。再加上安插吐鲁番维吾尔族民众尚需粟米 3000 石，共需粟米 83198.836。经户部议奏，大学士伯鄂尔泰等奏覆，军营口粮的分配区域及数量如表 3－12 所示。

① 中国第一历史档案馆编：《雍正朝汉文朱批奏折汇编》，雍正十年四月十一日，署陕西总督查郎阿等奏报商酌运送巴尔库尔军需粮石数目折，江苏古籍出版社 1989 年影印本，第 22 册，第 112 件，第 117 页。

② 中国第一历史档案馆编：《雍正朝汉文朱批奏折汇编》，雍正十年十月初九日，兰州巡抚许容奏报派办运送大营兵丁增加口粮数目折，江苏古籍出版社 1989 年影印本，第 23 册，第 345 件，第 417—418 页。

表3－12　　雍正十一年八月至雍正十二年八月大营官兵所需粮石表

所需口粮名目	数量	来源	数量
粟米	80198.836 石	陕省派拨	60000 石
		拨平凉、庆阳、宁夏、秦州仓存	30000 石
粳米	3035.808 石	宁夏府采买	3035.808 石
炒面	9969870 斤	屯田	3000000 斤
		凉州府属	1500000 斤
		甘州府属	1000000 斤
		肃州并所属高台	500000 斤
		甘凉肃仓贮	3969870 斤
白面	9969870 斤	屯田	6000000 斤
		临洮府属办磨白面	3000000 斤
		巩昌府属办磨白面	1500000 斤

资料来源：中国第一历史档案馆编：《雍正朝汉文朱批奏折汇编》，江苏古籍出版社 1989 年影印本，第 23 册，第 688 件，第 849—850 页。

雍正十一年，兰州巡抚许容根据往年大营所需口粮数量，预估雍正十二年九月至雍正十三年大营所需口粮数量。表3－13是许容所估大营所需口粮数量。

表3－13　　雍正十二年九月至雍正十三年九月大营官兵所需口粮

所需粮食名目	数量	制办地	数量
官员口粮粳米	5000 石	陕省	5000 石（由湖广拨）
兵丁口粮粟米	80000 石		60000 石
		平凉府	20000 石
兵丁口粮白面	8 万石计 1000 万斤	甘州府	15000 石
		凉州府	15000 石
		宁夏府	30000 石
		巩昌府	20000 石
		临洮	10000 石
		临洮府属仓贮	2592.5 石办磨白面 28 万斤
兵丁口粮炒面	80000 石	西宁道	80 万斤
		临洮府属狄渭河三州县	凑办 120 万斤
		屯田收获青稞	800 万斤

资料来源：中国第一历史档案馆编：《雍正朝汉文朱批奏折汇编》，江苏古籍出版社 1989 年影印本，第 25 册，第 199—200 页，第 158 件。

许容的采办方案经查郎阿造册咨覆刘於义后，雍正十一年十一月，刘於义根据巴里坤大营人数，对许容的采办方案作了修正。军营文武官生并供事人等共 1411 员，应需粳米 4567.409 石，马、步车兵并亲丁随甲共 42627 名，共需 4 个月 10 日粟米 55415.1 石，4 个月 10 日白面 6926887.5 斤，4 个月 10 日炒面 6926887.5 斤，跟役余丁共 13136 名，连闰应需 4 个月 10 日粟米 14173.744 石，4 个月 10 日白面 1707680 斤，4 个月 10 日炒面 1707680 斤，以上需京斗粳米 4567.347 石，粟米 69588.844 石，白面 8634567.5 斤，炒面 8634567.5 斤。[①] 关于各项粮石的采买数量及区域，刘於义调整了许容的方案，粳米的采买区域，原计划将陕西运到湖北粳米拨运，但“楚省运到粳米即系梭米，又兼起运时遇雨潮湿变味，恐不堪供支大营官员口粮”[②]，抚臣许容命布政司于宁夏地方采买粳米 5000 石运送到肃。许容派拨粟米 80000 石，大营一年食用粟米只有 69588.844 石外，余剩粟米 10411.156 石；许容派拨白面 1000 万斤，除大营一年食用白面 8634567.5 斤，剩余白面 1365432.5 斤，炒面一项，许容只派办 200 万斤，大营一年需用炒面 8634567.5 斤，尚少炒面 6634567.5 斤。军营、哈密及孔毓璞屯田并沙州采买共有青稞 35000 石，可磨炒面 3675000 斤，尚不敷炒面 2959567.5 斤，刘於义计划将许容多派 10411.156 石粟米照米 1 升抵面 1 斤 4 两核算，可抵炒面 1301394.5 斤，再将许容多派之白面 1365432.5 斤抵补炒面，共可抵炒面 2666827 斤，尚不敷炒面 292740.5 斤，在孔毓璞屯田收入小麦项下动用麦 2710.56 石抵补炒面，以足大营一年需用炒面 8634567.5 斤。[③]

---

① 中国第一历史档案馆编：《雍正朝汉文朱批奏折汇编》，雍正十一年十一月二十七日，署陕西总督刘於义等奏明军营官兵跟役余丁确数及估拨明年八月以后口粮情形折，江苏古籍出版社 1989 年影印本，第 25 册，第 400 件，第 517—518 页。

② 中国第一历史档案馆编：《雍正朝汉文朱批奏折汇编》，雍正十一年十一月二十七日，署陕西总督刘於义等奏明军营官兵跟役余丁确数及估拨明年八月以后口粮情形折，江苏古籍出版社 1989 年影印本，第 25 册，第 400 件，第 517—518 页。

③ 中国第一历史档案馆编：《雍正朝汉文朱批奏折汇编》，雍正十一年十一月二十七日，署陕西总督刘於义等奏明军营官兵跟役余丁确数及估拨明年八月以后口粮情形折，江苏古籍出版社 1989 年影印本，第 25 册，第 400 件，第 517—518 页。

表3－14　雍正十二年九月至雍正十三年八月十三个月实需官兵口粮

<table>
<tr><th>官兵种类</th><th>支放标准</th><th>需用口粮种类及数量</th><th>各种粮食总需求</th><th>制办地</th><th>剩余粮食的分配</th></tr>
<tr><td>文武官生并供事人等共1411员</td><td>粳米8合3勺</td><td>4567.49石</td><td>京斗粳米4567.49石</td><td>宁夏采买粳米5000石</td><td></td></tr>
<tr><td rowspan="3">马步车兵并亲丁随甲共42627名</td><td>粟米1升</td><td>粟米55415.1石</td><td>粟米69588.844石</td><td>许容派拨粟米8万石，除大营一年食用粟米69588.844外，尚余粟10411.156石</td><td rowspan="6">屯田并沙州采买青稞35000石可磨炒面，3675000斤，不足炒面2959567.5斤，请将许容多派10411.156石粟米照米1升抵面1斤4两核算，可抵炒面1301394.5斤再将许容多派白面1365432.5斤抵补炒面，共可抵炒面2666827斤，孔毓璞屯田收入小麦动用麦2715.56斤可磨白面292740.5斤</td></tr>
<tr><td>白面1斤4两</td><td>白面6926887.5斤</td><td>白面8634567.5斤</td><td>许容派拨白面1000万斤，大营一年食用，8634567.5斤，余白面1365432.5斤</td></tr>
<tr><td>炒面1斤4两</td><td>炒面6926887.5斤</td><td rowspan="4">炒面8634567.5斤</td><td>许容派办200万斤，尚少炒面6634567.5斤</td></tr>
<tr><td rowspan="3">跟役余丁共13136名</td><td>粟米8合3勺</td><td>粟米141737.44石</td><td rowspan="3">—</td></tr>
<tr><td>白面1斤</td><td>白面1707680斤</td></tr>
<tr><td>炒面1斤</td><td>炒面1707680斤</td></tr>
</table>

资料来源：中国第一历史档案馆编：《雍正朝汉文朱批奏折汇编》，江苏古籍出版社1989年影印本，第25册，第401件，第517—518页。

雍正十二年九月，兰州巡抚许容对雍正十三年九月至乾隆元年八月底止12个月口粮做了预估，许容鉴于清廷与准噶尔议和，口外官兵逐渐回撤，依照办过的成案，预估的数量较前案有所减少，需用粳米4300石，粟米 65000 石，炒面、白面各 800 万斤。[①] 并且许容对口粮的采买区域作了划分。关于口粮的采买数量及区域见表 3－15。

表 3－15　　雍正十三年九月至乾隆元年八月应需口粮预估

粮食种类	数量	采办区域	采办数量
粳米	4300 石	宁夏	4300 石
粟米	65000 石	巩昌府属	20000 石
		平凉府属	20000 石
		临洮府属	10000 石
		庆阳府属	10000 石
		秦州并所属	5000 石
炒面	800 万斤	临洮府	青稞 10000 石，办磨 105 万斤
		西宁府属	青稞 6000 石，办磨 630000 斤
		尚不敷炒面 632 万斤	口内外屯种收获及沙州采买粮石
白面	800 万斤	宁夏府属	采买小麦 24000 石，办磨白面 2592000 斤
		巩昌府属	采买小麦 8000 斤，办磨白面 864000 斤
		直隶秦州并所属	采买小麦 8000 石，办磨白面 864000 斤
		口内外屯种收获及沙州采买粮石	白面 3680000 斤

资料来源：中国第一历史档案馆编：《雍正朝汉文朱批奏折汇编》，江苏古籍出版社 1989 年影印本，第 26 册，第 759 件，第 925—926 页。

许容先令各府州属先办粳米 4300 石、粟米 65000 石、炒面 168 万斤，白面 432 万斤，“其余炒、白面一千万斤缓俟各处屯种收获有数再行凑拨”[②]。刘於义等咨查军营官兵人数，官兵跟役、余丁共需粮 168331 石，内除军营屯种收获青稞、续买粮石及挑退撤回官兵存剩口粮外，实止应运粮 97011.442 石，需粳米 3832.66 石，粟米 40795.68，白面 6149379

① 中国第一历史档案馆编：《雍正朝汉文朱批奏折汇编》，雍正十三年二月初五日，兰州巡抚许容奏报商办西路军营本年八月以后应需口粮采买起运缘由折，江苏古籍出版社 1989 年影印本，第 27 册，第 517 件，第 632—634 页。

② 中国第一历史档案馆编：《雍正朝汉文朱批奏折汇编》，雍正十三年二月初五日，兰州巡抚许容奏报商办西路军营本年八月以后应需口粮采买起运缘由折，第 27 册，第 517 件，第 632—634 页。

斤，炒面289891.8斤。[①]

表3-16　　雍正十三年八月以后大营所需粮石分配

所需口粮种类	数量	来源	数量
粳米	3832.66石	宁夏采买	3832.66石
粟米	4795.686石	沙州	1000石
		蒋蒋洞屯田收获粟米	1174.64石
		童华屯田收获粟米	930石
		许容约派粟米内拨运	37691.82石
白面	6149379斤	蒋洞屯田收获小麦	32907.394石
		孔毓璞屯田收获小麦	8300石
		沙州采买小麦	6000石
		再不敷白面在许容约派白面内拨用	—
炒面	289891.8斤	沙州采买青稞内办磨拨供	—

资料来源：中国第一历史档案馆编：《雍正朝汉文朱批奏折汇编》，江苏古籍出版社1989年影印本，第27册，第517件，第632—634页。

估拨军粮的原则是由近及远，“自应先侭大营、沙州、口内及口外屯田收获之麦稞拨运，以省脚价”[②]。刘於义等所拨白面、炒面俱系沙州口内、口外收获之麦稞，许容案已经办磨之麦斤亦应照刘於义等所奏，将未经办磨着停其办运，其已经办运者再从未办运之屯粮内酌量停办。原派宁夏府属采买运送粳米照实需3832.68石买运，其余停止采办。已经起运面斤俱运送肃州在屯田粮内减除，临洮等属已经起运粟米有63000石，除照前咨大营应需之数运送肃州外，其余25380.918石截留凉州，已经起运面斤只有白面1728000斤，除大营应需外，其余677019.2斤令变归原项，未运面斤内有宁夏府属新、宝两县运交夏朔等州县小麦6000石，由

① 中国第一历史档案馆编：《雍正朝汉文朱批奏折汇编》，雍正十三年二月初五日，兰州巡抚许容奏报商办西路军营本年八月以后应需口粮采买起运缘由折，江苏古籍出版社1989年影印本，第27册，第517件，第632—634页。

② 中国第一历史档案馆编：《雍正朝汉文朱批奏折汇编》，雍正十三年二月初五日，兰州巡抚许容奏报商办西路军营本年八月以后应需口粮采买起运缘由折，江苏古籍出版社1989年影印本，第27册，第517件，第632—634页。

夏、朔等州县收贮。表 3 – 17 是从雍正七年至雍正十三年各项军需案中，各类粮食数量。

表 3 – 17　　雍正七年至雍正十三年各项军需粮食数量　　（单位：石）

军需案年份	大营所需粮食总数	内地采买种类及数量				屯田种类及数量		屯田提供的粮食数	
		采买总数	粳米	粟米	青稞	小麦	小麦	青稞	—
雍正七年	155544	155544	1963.116	78072.456	68708.8	—	—	—	—
雍正八年驻歇军需案	110132.27	80000	1174.284	35000	26095	—	31037	—	31037
雍正十年八月至十一年八月	1700000	137000	—	—	—	—	—	—	33000
雍正十一年九月至十二年八月	242638	158511	3035.88	90000	28571	41667	55556	28571	84127
雍正十二年九月至十三年八月	259297.36	196111	5000	80000	19047	92593	2715.56	35000	—
雍正十三年九月至乾隆元年八月	97011.442	51255.48	3832.66	37691.82	—	9731	—	2761	53075.034
合计	2564623.072	778421.48	15005.94	320764.27	142421.8	143991	89308.56	66332	201239.034

资料来源：中国第一历史档案馆编：《雍正朝汉文朱批奏折汇编》，江苏古籍出版社 1989 年影印本。

三　口外大营应援官兵的军需

雍正七年，岳钟琪率陕、甘兵丁出口后，随着战局的变化，从雍正八年到雍正十三年，八旗、绿营等兵丁相继从各地源源不断被调赴巴里坤大营。官兵的口粮分为行粮、坐粮。出师官兵自离汛之日起在沿途行走、住歇，口粮由当地按日供支。雍正七年，西路军出口，沿途所需口粮都由兵丁自己携带。从雍正八年之后，各路应援兵丁从各省通过河西走廊，或从蒙古高原赴哈密、巴里坤等地，他们沿途的口粮都由自己携带，进入河西走廊的兵丁的口粮由河西各州县供支，出口之日，肃州支给官兵两个月口粮裹带。雍正七年，西路军由肃州出口，由于各标经历长途跋涉，车辆需要在肃等候修理，驻歇之日本应照数按日支给口粮，但署肃州知州连际康并不支给，“是以各兵在肃即动用裹带之粮，及起程之后，沿途行粮旋即缺乏，复动借随营运送之米面，以致驼运之粮抵营不敷额数”[①]。岳钟琪令查明各营动支驼运米面数量，移咨办理军需兵部尚书查弼纳，勒令贻误供支的署肃州知州连际康、肃州道齐式自备脚价运送大营。[②]

口外大营清军的军需口粮都是根据人数提前预估，这些应援兵丁的口粮不在原来的军需案中，必须重新预估。雍正八年三月，岳钟琪以牧放巡哨标营兵不如蒙古兵丁娴熟谙练，奏请在喀尔喀扎萨克公托莫克部落内调拨500名兵丁，再从库库脑儿扎萨克多罗贝勒额驸阿宝处拨兵500名，两处共派兵1000名。这是巴里坤大营第一次增兵，这批兵丁由北路赴营，沿途裹带的口粮由北路供应，到达西路大营，口粮即在西路军需内一体供支。此后，驼夫、八旗兵不断增多，增兵便需增饷。雍正十年五月，兰州巡抚预备即将调赴军营的察哈尔兵的军需粮饷，照雍正九年调赴军营归化城蒙古官兵之例，官员每员每日全支粳米8合3勺，兵丁、跟役口粮除羊价外，每名月支粟米1斗，约估领官兵12员，一年口粮应需京斗粳米35.856石；兵丁1000名及兵丁跟役并官员跟役共约估1570名，一年口粮应需京斗粟米1884石。所需粳米在肃州尚有存贮，移咨孔毓璞动拨，其应需粟米在甘州派买1000石，凉州派买884石。[③] 由于驻

① 中国第一历史档案馆编：《雍正朝汉文朱批奏折汇编》，雍正八年二月二十五日，宁远大将军岳钟琪参署肃州知州连际康等贻误供支请旨著落补运折，江苏古籍出版社1989年影印本，第18册，第23件，第38页。

② 中国第一历史档案馆编：《雍正朝汉文朱批奏折汇编》，雍正十三年二月初五日，兰州巡抚许容奏报商办西路军营本年八月以后应需口粮采买起运缘由折，江苏古籍出版社1989年影印本，第18册，第23件，第38页。

③ 中国第一历史档案馆编：《雍正朝汉文朱批奏折汇编》，雍正十年五月二十七日，兰州巡抚许容奏报派办前赴巴里坤之察哈尔兵丁军需粮石缘由折，江苏古籍出版社1989年影印本，第22册，第321件，第365页。

牧地方遥远，察哈尔兵迟迟没有到营，所需军需难以确估，鉴于察哈尔兵丁口粮已运到军营，约以雍正十年七月十六日起至十一年八月底计 13 个月 15 日。增加大营官兵口粮时将察哈尔兵口粮同雍正八年调赴大营青海鄂尔多斯兵、雍正九年调赴大营归化城兵丁口粮统一增估。[①]

表 3－18　　察哈尔兵丁军需变化

<table>
<tr><th>时间</th><th>官弁名称</th><th>人数（名）</th><th>所需口粮种类</th><th>数量</th><th>采办地</th></tr>
<tr><td rowspan="2">雍正十年五月</td><td>官员</td><td>12</td><td>粳米</td><td>35.856 石</td><td>肃州存贮</td></tr>
<tr><td>1000 名及兵丁跟役并官员跟役</td><td>1570</td><td>粟米</td><td>京斗 1884 石</td><td>甘州派买 1000 石，凉州派买 884 石</td></tr>
<tr><td rowspan="4">雍十年七月至十一年八月</td><td>官员</td><td>12</td><td>粳米</td><td>40.338 石</td><td>—</td></tr>
<tr><td rowspan="3">兵丁 1000 名及兵丁跟役并官员跟役</td><td rowspan="3">1570</td><td>粟米</td><td>2119.5 石</td><td>—</td></tr>
<tr><td>炒面</td><td>168750 斤</td><td>—</td></tr>
<tr><td>白面</td><td>168750 斤</td><td>—</td></tr>
</table>

资料来源：《雍正朝汉文朱批奏折汇编》，江苏古籍出版社 1989 年影印本，第 23 册，第 419—421 页，第 346 件。

表 3－19 是各支应援兵丁增估军需粮石及其来源。

表 3－19　　各支应援兵丁增估粮石及其来源

<table>
<tr><th>应援兵丁（名）</th><th>所需粮饷时段</th><th>口粮名称及数量</th><th colspan="2">来源</th></tr>
<tr><td rowspan="3">驼夫 2000</td><td>6 个月</td><td>粟米 2988 石</td><td>肃州</td><td>5000 石（收贮临巩米）</td></tr>
<tr><td rowspan="2">6 个月</td><td rowspan="2">炒面 36 万斤</td><td>西宁</td><td>78523 斤</td></tr>
<tr><td>不敷甘凉就近办磨</td><td>—</td></tr>
</table>

① 中国第一历史档案馆编：《雍正朝汉文朱批奏折汇编》，雍正十年十月初九日，兰州巡抚许容奏报添办改估调赴大营之蒙古官兵口粮数目折，江苏古籍出版社 1989 年影印本，第 23 册，第 346 件，第 419—421 页。

续表

应援兵丁（名）	所需粮饷时段	口粮名称及数量	来源	
安西肃州甘提标应援兵6000	—	粳米1000石	宁夏	1000石
		小麦9700石	肃州	4700石
			宁夏	1000石
			临洮	1000石
			巩昌	1000石
			平凉	1000石
			西宁	1000石
		粟米25300石	宁夏	4000石
			临洮	4000石
			巩昌	4000石
			平凉	4000石
			西宁	4000石
			凉州	3000石
			甘州	1300石
			高台	1000石
		青稞10000石	宁夏	2000石
			临洮	2000石
			巩昌	2000石
			平凉	2000石
			西宁	2000石
		料斗10000石	宁夏	2000石
			临洮	2000石
			巩昌	2000石
			平凉	2000石
			西宁	2000石
江宁荆州满洲官兵并勇健营5001	十一年四月初一日—雍正十二年八月	粳米627.231石	宁夏	627.231石
		粟米4319.2595石	—	在运到供支维吾尔族民众富余米内改拨运营
		炒面533627.5斤	平凉	白面1067255斤

续表

应援兵丁（名）	所需粮饷时段	口粮名称及数量	来源	
察哈尔兵丁军需	不详	粳米35.856石	—	肃州存贮
		粟米1884石	甘州	派买1000石
			凉州	派买884石
		白面	平凉府仓贮	1067255斤
调赴大营察哈尔兵丁、青海鄂尔多斯、归化城兵丁4234	雍正十年七月至癸丑年八月底计13个月	京斗粳米	甘州	4.482石
		粟米765.62石	甘州	765.62石
		炒面412250斤	凉州府	412250斤
		白面513750斤	巩昌府	513750斤
壬子年至癸丑年八月12个月赴营官兵4247	不详	粳米京斗321.957石	肃州高台县买运	50.645石
			甘州府	271.312石
		粟米京斗4471.5967石	甘州府	826.1967石
			秦州动运收贮凤翔府	3645.4石
		炒面375491.25斤	凉州府属	仓贮麦稞办磨
		白面335051.25斤	凉州府属	动仓贮麦60051.4斤
			平凉府属	仓贮小麦办磨275000斤
打牲处派往西路军营1672	不详	粳米38.364石	高台县采运粳米	38.364石
		粟米1078.812石	不详	—
			不详	—
		炒面133140石	不详	—
		白面133140石	平凉府属之安定县	38000斤
		—	会宁县	38000斤
		—	通渭县	57140斤

资料来源：《雍正朝汉文朱批奏折汇编》，江苏古籍出版社1989年影印本，第19、23、25册。

此外，河西走廊除了一提四镇驻军外，从雍正七年到雍正十三年，还驻扎着各类满汉官兵，作为后备军队，他们除了自身的马匹需要喂养，还需要为军营喂养从鄂尔多斯等处购买的马匹。他们的军需口粮除了在当地仓贮拨运采买外，当地的供求达到饱和时，必须从河东乃至陕西西、凤二府仓贮拨运。表3－20是雍正七年以后，驻扎在河西走廊部分后援兵丁的军需粮草。

表3－20　　河西走廊部分后援兵丁的军需粮草

年份	军队名称	所需口粮种类	数量	来源
雍正十年	驻庄满汉官兵	仓都粳米	1.592石	庄浪厅仓贮
		仓斗粟米	826.37石	庄浪厅仓贮
		京斗豌豆	4000石	平番县采买
		京斗青稞	2000石	平番县采买
		京斗大豆	2000石	平番县采买
		京斗粳米	150石	兰州
		京斗粟米	5000石	河州
		京斗豌豆	25000石	河州
		京斗杂粮	25000石	河州
		京斗粳米	50石	兰州
		京斗粟米	2500石	河州仓贮
	驻扎西宁碾伯、大通以及驻防口外满汉官兵	粳米	210石	兰州
		粟米	3000石	兰厅仓贮
		粟米	2000石	金县仓贮
		粟米	5000石	狄道仓贮
	驻扎凉、肃州、安西之绿旗兵	粳米	283.86石	不详
		粟米	12950.739石	不详
		白面	1560330斤	不详

续表

<table>
<tr><th>年份</th><th>军队名称</th><th>所需口粮种类</th><th>数量</th><th>来源</th></tr>
<tr><td rowspan="6">雍正十年</td><td>驻防高台县、肃州二处之凉州固原、陕西、宁夏等处绿旗兵3000名，共计马7500余匹</td><td>料豆</td><td>84250石</td><td>内除已拨河东仓贮现在运送豆30000石外，尚不敷豆54000余石</td></tr>
<tr><td rowspan="5">驻肃西安督抚两标及江宁满兵马匹1000人，马5995匹</td><td rowspan="5">京斗豆</td><td rowspan="5">56730余石</td><td>秋估计驻肃满兵采买料豆10000石</td></tr>
<tr><td>通政使赵之垣交存下剩豆2100余石</td></tr>
<tr><td>肃、高采买大豆青稞共10000石</td></tr>
<tr><td>凉州拨京斗豆8100石</td></tr>
<tr><td>宁夏府属拨京斗豆10000石
临洮府属拨京斗豆16530石</td></tr>
<tr><td>雍正十一年</td><td>金塔寺及肃州驻防官兵马匹肃镇喂养军需马匹</td><td>京斗豌豆</td><td>12000.8石</td><td>庆阳府</td></tr>
</table>

资料来源：中国第一历史档案馆编：《雍正朝汉文朱批奏折汇编》，江苏古籍出版社1989年影印本，第20、22、23、25册。

四　口外大营回撤官兵的军需

雍正十二年九月，驻防凉州的直隶兵500名，驻肃州的河南兵500名，驻凉州之河南满洲兵500名，驻宁夏的太原满兵300名，驻靖逆的固原兵500名，驻沙州的甘州兵1500名，凉州兵1000名，最先开始撤退回汛。① 回撤时，各路官兵需要支给口粮、盘费。各处备调驻防绿旗官兵亦照哈尔海图撤回绿旗官兵之例，口粮俱照官粳役粟，各从起程地方

① 中国第一历史档案馆编：《雍正朝汉文朱批奏折汇编》，雍正十二年九月二十四日，署陕西总督刘於义请将豫直两省兵丁交留马匹分发固原标协营路喂养折，江苏古籍出版社1989年影印本，第27册，第36件，第40—41页。

裹带，等过肃州、甘州、凉州、兰州平凉等处按日借支。官员沿途每日支京斗粳米8合3勺，兵役、苦独力每名日支京斗粟米8合3勺。太原满洲官兵自宁夏起程之日支给12日口粮至平凉，平凉再支12日口粮至西安，西安酌定应需至太原口粮按数支给，应需行饷在宁夏支给1个月，令其裹带前往，有余不足等到太原之日再行找缴。河南满洲官兵自凉州起程之日支给10日口粮至兰州，兰州再支10日口粮至平凉，平凉再支10日口粮至西安，西安酌定应需至河南口粮按数支给，应需行饷在凉州支给1个月，令其裹带前往，盈余不足等到河南之日再行找缴。①

各支军队因回撤路途遥远，尚需支给盘费。以驻扎凉州的河南满兵、直隶绿旗兵为例，驻扎在河南的满兵500名，每兵1名，借给银4两，共2000两，按月扣还。直隶绿旗官兵500名，其中兵丁492名，每名借给银2两，共接银990两，委署把总五员，每员借给银5两，经制把总1员，借给银10两，千总1员，借给银15两，守备1员借给银30两，参将1员借给银40两，直隶绿旗兵共借银1100两，“各在本省名粮及本任俸薪内扣除还项等情”②。

河西驻扎客兵回撤后，大营内满洲、蒙古兵丁内有患病初愈、精神羸弱者挑回原汛调养。绿营兵内有患病兵丁以及湖广、河南、山西、直隶四省兵丁撤回原汛。回汛时，各支军队雇给回空粮车，口外支给1个月盐菜银两，到肃之日，由署督刘於义料理。满洲、绿旗兵共挑出2496撤回原汛，绿旗各营除陕甘两省暨四川松藩兵丁存留外，湖广、河南、山西、直隶兵丁统计3659名撤回原汛。③ 回撤兵丁每日给口粮8合3勺。各官兵至肃州俱援例给盐菜银两，江宁荆州满洲官兵支给盐菜银两个月，西安满洲官兵支给1个月盐菜银，宁夏满洲官兵支给盐菜银20日，

① 中国第一历史档案馆编：《雍正朝汉文朱批奏折汇编》，雍正十二年十月二十五日，署陕西总督刘於义奏覆备调贴防满汉官兵起程回讯日期折，江苏古籍出版社1989年影印本，第27册，第160件，第181—186页。

② 资料来源于中国第一历史档案馆编：《雍正朝汉文朱批奏折汇编》，雍正十二年九月二十四日，署陕西总督刘於义等奏请将豫直两省兵丁交留马匹分发固原标协营路喂养折，江苏古籍出版社1989年影印本，第27册，第36件，第40—41页。

③ 中国第一历史档案馆编：《雍正朝汉文朱批奏折汇编》，雍正十三年二月初八日，宁远大将军查郎阿等奏报撤回满洲绿营患病兵丁并湖广等省官兵起程日期折，江苏古籍出版社1989年影印本，第27册，第535件，第660—661页。

其口内应否支给盐菜之处，刘於义咨明户部查旧例，“如应支给即作正报销，如不应支给，应咨江督湖督及西、巩布政司各于本兵饷内扣解还项”①。湖广、河南、山西、直隶撤回官兵到肃之日，求借回营盘费银两，于应得俸饷银内解还。撤回原汛官兵，向例每兵8人，只给行李车1辆，兵丁俱需步行，自肃至湖广、直隶计程俱有6000余里，即至山西、河南，亦在4千里之外，每名日给粟米8合3勺，其沿途宿歇店钱及买小菜等项亦必需用，刘於义酌量程途远近，借给盘费银两。下表3-21是各回汛官兵的借银标准及其数量。

表3-21　各支回汛兵丁借支银两

回汛兵丁名称	借支标准	人数（名）	借银数量（两）
延绥镇属退回病兵	每名借银2两	168	336
兴汉镇属退回病兵	每名借银2两	123	246
西安督标退回病兵	各借支银数不等	197	439.5
固原镇属退回病兵	各借支银数不等	421	763.5
陕抚标退回病兵	每名借银2两	36	72
西宁镇属退回病兵	每名借银2两	147	294
西宁镇属退回病兵	每名借银2两，又千总傅荣借支10两	136	282
大同镇属退回病兵	每名借银1.5两	76	114
甘抚标退回病兵	每名借银1.5两	21	31.5
凉州镇属退回病兵	每名借银1两	196	196
松潘镇属退回病兵	每名借银2.5两	61	152.5
江宁满兵	借支两个月坐粮银	98	392
荆州满兵	借支2个月坐粮银	83	348
西安满兵	借支1.5个月坐粮银	174	531
宁夏满兵	借支1个月坐粮银	70	140

① 中国第一历史档案馆编：《雍正朝汉文朱批奏折汇编》，雍正十三年三月十九日，署陕西总督刘於义奏遵议办理西路军营病兵及湖广四省绿旗兵丁撤回原汛缘由折，江苏古籍出版社1989年影印本，第27册，第591件，第725—727页。

续表

回汛兵丁名称	借支标准	人数（名）	借银数量（两）
湖广回汛兵丁	兵丁每名借银4两，经制外委43员，每员借银5两，把总15员，每员借银20两，千总9员，每员借银30两，守备1员借银60两，参游3员，每名借银80两，副将1员借银100两	1657	7813
直隶回汛兵丁	兵丁每名借银4两，把总2员每员借银20两，千总2员，每员借银30两，都司1员借银60两	442	1928
河南回汛兵丁	兵丁每名借银2两，把总5员，每员借银15两	357	789
山西回汛兵丁	兵丁每名借银2两，千把16员，每员借银15两，守备1员借银25两，参游3员，每员借银40两	1222	2829
合计	—	3678	5685

资料来源：中国第一历史档案馆编：《雍正朝汉文朱批奏折汇编》，江苏古籍出版社1989年影印本，第27册，第725—727页。

口内沿途虽日给米8合3勺，但每晚宿歇店钱及买小菜等项，因根据营汛远近，各支官兵在口外支给1个月盐菜银两。

雍正十三年。噶尔丹策零遣使赍表求和，署宁远大将军查郎阿等折奏，准噶尔使臣回后，将军营满洲、蒙古官兵应行撤回。① 除此之外，军营共24070余名勇健兵丁留驻。再从西安督标及固原、宁夏、延绥、兴汉等处兵丁共挑留11000名。内将10000名驻扎巴理坤，1000名添防哈密外。其余等满洲蒙古兵丁起行之后，亦挨次撤回。② 回撤之时，按照满洲、蒙古、绿营兵支放口粮标准支给口粮。

① 中国第一历史档案馆编：《雍正朝汉文朱批奏折汇编》，雍正十三年五月二十八日，宁远大将军查郎阿等奏报吐鲁番回民搬移用过银粮等项并请敕部核销折，江苏古籍出版社1989年，第28册，第386件，第468页。

②《清世宗实录》卷156，雍正十三年五月丙寅，中华书局1985年影印本，第8册，第914页。

五　口外建筑营堡及内迁维吾尔族民众所需的口粮

吐鲁番维吾尔人的内迁是清代民族关系史上的一个重要事件。关于吐鲁番维吾尔人的内迁问题，王希隆先生专门研究了他们内迁的原因，清政府的对待政策。① 从雍正八年开始，准噶尔军队连续攻击北路、西路清军，并不断出兵骚扰吐鲁番，自雍正九年三月至十年五月，吐鲁番四次遭到攻击。清军往来救援，疲于奔命。最终，雍正帝有意将吐鲁番的维吾尔人东迁。② 雍正十年十月，吐鲁番各城维吾尔人开始东迁，东迁需用口粮以米、面、青稞三色兼支，青稞尚有屯种收贮者可以就近支给，而粟米、白面必须拨运。参将李凤彩在哈密动拨1000石，雇车运送供支。但维吾尔人将近万口不足支放，只能在肃州再拨粟米3000石，白面80万斤运赴塔尔纳沁以供维吾尔人。③ 维吾尔人暂驻塔尔纳沁，需用口粮数量巨大，"伏查回众暂驻塔尔纳沁，计大小9200余口，每月需口粮二千三百余石"④，但暂拨给维吾尔人的米面均系大营官兵口粮，难以缺乏。由于西路清军粮石在正式采买案之外，都有预备酌派采买的口粮，只能在这些军需粮石内抵补。雍正十二年，维吾尔人内迁到瓜州，为便于管理，在瓜州建立营堡、衙署、庙宇、兵房、墩台，不足面652789.5斤，由于肃州无口粮动支，各属派办粮石数量巨大，购买量已经饱和，不得不在甘肃的偏僻及办运尚少州县派拨。"查兰州因系附郭省会，从前派拨较少，秦州所属州县多系偏僻，平凉府属亦有僻地州县，有仓贮者动用仓贮，无仓贮者照时采买，并照例给发磨工，制备口袋，支给脚价办磨，递运赴肃转运供支。"⑤

---

① 王希隆：《清前期吐鲁番维吾尔人迁居瓜州的几个问题》，《兰州大学学报》（社会科学版）1989年第4期。

② 《清世宗实录》，雍正十年十月乙未，中华书局1985年影印本，第8册，第633—634页。

③ 中国第一历史档案馆编：《雍正朝汉文朱批奏折汇编》，雍正十年十二月十三日，署陕西总督刘於义等奏报动拨米面运往塔尔纳沁以供搬移回民需用折，江苏古籍出版社1989年，第23册，第622件，第764页。

④ 中国第一历史档案馆编：《雍正朝汉文朱批奏折汇编》，雍正十一年正月二十一日，署宁远大将军查郎阿等奏覆商酌妥办吐鲁番回众改移瓜州安插事宜请旨遵行折，江苏古籍出版社1989年，第23册，第716件，第883页。

⑤ 中国第一历史档案馆编：《雍正朝汉文朱批奏折汇编》，雍正十二年正月二十日，兰州巡抚许容奏报派办建筑瓜州回民口粮缘由折，江苏古籍出版社1989年影印本，第25册，第584件，第762—763页。

建筑瓜州营堡及衙署庙宇兵房，需要京斗粟米2105.813石，这些粟米在前派大营9万石余米内令肃州道拨运支给。白面需要761133斤，夫匠只给过面108343.5斤，不敷面652789.5斤。兰州因应领办运30万斤，秦州所属州县办运20万斤。平凉府属僻地州县办运152789.5斤。①

除过建筑工程所需粮石外，瓜州维吾尔族民众除雍正十一年九月初十日以前所需口粮已在前办粮内动支。自雍正十一年九月十一日起至十二年九月底止内，所需各色口粮及来源见表3－22。

表3－22　瓜州维吾尔族民众雍正十一年九月十一日起至十二年九月底所需口粮

人员名称	标准	所需粮石种类数量	来源
扎萨克公额敏和卓等9员	每名每日应支粳米8合3勺	粳米28.386石	肃州道在前项应需粳米5000京石内动拨
维吾尔族民众9264名	每名月支3日粟米2升4合9勺	共京斗粟米2921.865石	安西厅仓存粟米2341.145石，尚不敷粟米582.7971石
	每名月支3日炒面3斤	炒面352332斤	安西厅仓存炒面及瓜州屯田收获青稞内动支
	24日白面24斤	白面2816256斤共该京斗小麦26076.4石	瓜州屯田收获小麦内动支10425.9石
			靖逆等处屯田收获小麦内动支5484.6石
			沙州采买小麦内动支5000石
			河州动拨5165.8石

资料来源：中国第一历史档案馆编：《雍正朝汉文朱批奏折汇编》，江苏古籍出版社1989年影印本，第25册，第585件，第763—764页。

雍正十三年五月，户部噶兰太凉庄道郭朝祚、行营兵部噶兰太、副

① 中国第一历史档案馆编：《雍正朝汉文朱批奏折汇编》，雍正十二年正月二十日，兰州巡抚许容奏报派办建筑瓜州回民口粮缘由折，江苏古籍出版社1989年影印本，第25册，第584件，第762—763页。

将韩良卿等将维吾尔人用过银粮衣物造四柱清册，用过衣物、官茶等项不计其数，仅拨支过维吾尔族民众口粮，共用粟米 4682.36 石，白面 973199 斤，炒面 28947 斤，青稞 3442.65 斤。①

除吐鲁番维吾尔族民众外，其他游牧的蒙古人口粮缺乏时，西路清军也对其接济，雍正九年，公巴济属下领催喀赍等 5 户至古鲁鼎地方住牧，口粮缺乏，西路清军动支肃州现贮军需米 6 石，炒面 600 斤，茶 10 封，以官驼委员驮载押送至古鲁鼎地方接济。②

第三节 平准战争期间对运户的接济

一 接济运户的口粮

雍正八年以后，口外军营的粮饷除军营附近的屯田提供一小部分外，其余由肃州口外的屯田、甘肃各府州仓贮、陕西西、凤二府仓贮供应，不足部分在甘肃采买，这些口粮均由运户运送。路途遥远，运户本身也需要裹带口粮。运户受雇运送军需口粮，运输费用即脚价由地方官或军需道支付白银，运户的口粮及牲畜的料草由运户自行购买。运户由陕西或甘肃河东诸府将军需口粮源源不断地运往肃州途中，沿途州县有义务提供平价的粮草供运户购买。运户运送肃州以西的军需粮石，运户在运送军需粮石的过程中，本身需要裹带粮料，沿途台站提供草束。运户一般是在肃州购买料豆裹带。“凡口粮、料豆等项无一不取给于肃地。”③ 肃州运户粮车出口裹带料豆一般是放在大军需米面案内统一派拨运送，豆价、脚价在于该运户脚价内扣除。但雍正八年以后，口外驻军人数逐渐增加，所需军需粮饷随之增加，运户人数增加，再加上雍正七年出口

---

① 中国第一历史档案馆编：《雍正朝汉文朱批奏折汇编》，雍正十三年五月二十八日，署宁远大将军查郎阿等奏报吐鲁番回民搬移用过银粮等项并请敕部核销折，江苏古籍出版社 1989 年影印本，第 28 册，第 386 件，第 468—469 页。

② 中国第一历史档案馆编：《雍正朝汉文朱批奏折汇编》，雍正九年十一月十二日，署陕西总督查郎阿奏报查问准彝来攻托摩克情节及料理接济托摩克人等情节折，江苏古籍出版社 1989 年影印本，第 21 册，第 376 件，第 465—466 页。

③ 中国第一历史档案馆编：《雍正朝汉文朱批奏折汇编》，雍正十年闰五月十三日，署陕西总督查郎阿等奏请将肃州仓贮西凤余米借给陕甘运户秋后买还折，江苏古籍出版社 1989 年影印本，第 22 册，第 417 件，第 501 页。

时，河西仓贮为出口大军提供了大量口粮，八年以后，河西走廊驻扎了大量后备军队，当地的仓贮要为当地驻军提供本色口粮，而市场提供的粮食尚不足供应当地驻军的折色，粮食供应达到饱和，导致河西走廊的粮价飞涨，尤其是作为军需总汇的肃州，地方狭小，出产粮食有限，陕甘各运户在肃承运军营粮石牲畜人夫超过万余，“人民辐辏，食指众多，米粮价值较之平时腾贵已逾数倍”①。以雍正七年为例，运户裹带料豆以前价贱之时每市石计银 5 两，价格增长以后，即使从河西拨运，每料豆一市石价银 9.66 两，提供给运户的粮料价格几乎增加了一倍。而口外军需主要由运户运送，运户脚价不足采买口粮、草束，势必会影响军需运送效率，接济运户势在必行。军需道沈青崖计算，从肃州运送到大营，以应运粮 20 余万石核算，共应需料豆 10 万石。② 雍正九年，“又今年运送第一城军粮一十三七千石，应预备接济运户扣价还项豆二万七千四百石”③。

雍正十年闰五月，青黄不接之时，肃州粟米市价每市石价银 15.5 两，小麦每市石价银 14 两，且无处购买。运户承运费用繁重，查郎阿奏请将西、凤二府运肃米石，除正米之外存贮肃仓的余米 3253.65 石借给运户，秋收之后令运户买补还仓，“仍将此米留为运户不时接济之需”④。雍正十一年十一月，肃州存贮料豆数量不多，不足支给运户粮车出口裹带，运户挽运艰难，急需接济。刘於义、副都御史二格与许容咨商，将秦州料豆拨运 20000 京石星速挽运，其经过各州县地方办运军粮暂缓运送，但秦州离肃太远，一时赶办不及，兰州存有许容雍正十年奏拨接济穷民口粮

① 中国第一历史档案馆编：《雍正朝汉文朱批奏折汇编》，雍正十年闰五月十三日，署陕西总督查郎阿等奏请将肃州仓贮西凤余米借给陕甘运户秋后买还折，江苏古籍出版社 1989 年影印本，第 22 册，第 417 件，第 501 页。

② 中国第一历史档案馆编：《雍正朝汉文朱批奏折汇编》，雍正十二年八月十二日，兰州巡抚许容奏请预为派拨乙卯年九月以后接济运户粮豆数目折，江苏古籍出版社 1989 年影印本，第 26 册，第 692 件，第 831—832 页。

③《宫中档雍正朝奏折汇编》，雍正六年六月二十四日，兰州巡抚许容奏拨运料豆折，“台北故宫博物院”1979 年印行，第十八辑，第 425 页。

④ 中国第一历史档案馆编：《雍正朝汉文朱批奏折汇编》，雍正十年闰五月十三日，署陕西总督查郎阿等奏请将肃州仓贮西凤余米借给陕甘运户秋后买还折，江苏古籍出版社 1989 年影印本，第 22 册，第 417 件，第 501 页。

及减价平粜狄道县大豆5000仓石，即于此豆内动拨6000京石，只令秦州运送14000京石。[①] 许容认为第二年春大营粮运浩繁，运户需豆较多，估算应该在40000—50000石，许容同署布政司赵挺元酌议再于临洮府署派拨12000石，巩昌府署派拨5000石，平凉府署派拨13000石，共合京斗粮30000石。[②] 雍正十一年接济运户料豆，雍正十二年三月复议接济口粮，并预计将十二年应需口粮粟米议于宁夏府属宁夏、宁朔、中卫等县采买。但宁夏所属十二年派办甚多，亦难再为拨运，最后决定在脚价与宁夏相近的临巩等府属拨运。

雍正十二年九月起至雍正十三年八月底，沈青崖以应运粮20余万石核算，共应需料豆10石接济运户，除已拨运5万石外，还需要拨运5万石，先在河东巩、平、临、秦四府州属派拨35000石，其余15000石等候秋收之时即令甘、凉、肃三府州属各派买5000石。沈青崖又请预拨豆10万石，为乙卯年九月以后接济运户之需，酌定宁夏府属上年采买京斗豆12000石，临洮府属本年采买京斗豆6000石，仓贮豆8000石，秦州并所属本年采买京斗豆8000石，仓贮豆4000石，以上共拨豆50000石，令各该州酌派妥协乘时运送，并将豆价脚价查明另请呈敕令军需肃州二道在运户脚价银内扣除，其余5万石待秋收之后随同大军需案内米面均匀搭拨。宁夏豆石仍令直运凉州接受转运，临洮、巩昌、秦州所属僻路州县各令运至大路同该属大路州县所拨豆石一并接递运交凉州转运赴肃。应需装运口袋，平、巩临三府均有收贮河南运到布匹，即于此内动用制造，秦州临近巩昌亦即于巩昌守存布内拨给制造。宁夏府无发贮布匹，应将布价脚价银两一并于司库军需银内动发。[③]

除接济运户料豆之外，尚需接济口粮。雍正十二年，运户所需口粮

---

① 中国第一历史档案馆编：《雍正朝汉文朱批奏折汇编》，雍正十一年十一月初六日，兰州巡抚许容奏报接济肃州运户料豆折，江苏古籍出版社1989年影印本，第25册，第290件，第372页。

② 中国第一历史档案馆编：《雍正朝汉文朱批奏折汇编》，雍正十一年十一月二十一日，兰州巡抚许容奏于临洮府等处筹拨料豆接济肃州运户折，江苏古籍出版社1989年影印本，第25册，第366件，第467—468页。

③ 中国第一历史档案馆编：《雍正朝汉文朱批奏折汇编》，雍正十二年八月十二日，兰州巡抚许容奏请预为派拨乙卯年九月以后接济运户料豆数目折，江苏古籍出版社1989年影印本，第26册，第629件，第831—833页。

粟米尚需 13000 京石，雍正十一年，宁夏所属买粟米所剩存仓米 4000 石，不敷前项运户口粮。临洮府属之狄道县派拨 2000 石，巩昌府属之陇西县派拨 2500 石，通渭县派拨 1000 石，靖远县派拨 1500 石，安定县派拨 2000 石，会宁县派拨 500 石，再派拨庆阳府属宁州 800 石，镇宁县 800 石，合水县 800 石，环县 300 石，俱在旧日仓贮米内动运，以上三府属共派运粟米 13000 京石。每石粮价脚价共合 4.71 两，各属即照此派定数目转运赴肃作为接济之用。①

在接济中，料豆采买的价格是主要考虑因素。雍正十年运送大营之粮较哈密以东程途稍远，大学士鄂尔泰条奏运送大营粮石，每石加银 8 钱。雍正十一年，运价无可再加，刘於义只能筹画为运户采买低价料豆，肃州市买之草，每束价银 1 钱，秋天采办之官草每束价银 2 分 7 厘 2 毫，肃州市买之豆，每京石价银 5.4 两，若从兰州、秦州拨运，每京石价银 4.5—4.6 两不等，肃州市买之米每京石 5.3 两，若从宁夏、宁朔、中卫拨运之米，每京石不过 4.7—4.8 两不等，两者相比较从内地运送的价格便宜，刘於义移明甘肃巡抚从兰州、秦州拨运支给粟米，于宁夏、宁朔、中卫拨运支给料豆。②

表 3-23　　接济运户所需粮石　　（单位：石）

时间	口粮种类	数量	供给地	供给数量
雍正十一年	豆	50000	兰州	6000
			秦州	14000
			临洮府	12000
			巩昌府	5000
			平凉府	13000

① 中国第一历史档案馆编：《雍正朝汉文朱批奏折汇编》，雍正十二年三月十九日，兰州巡抚许容奏报拨运接济肃州运户扣粮粟米缘由折，江苏古籍出版社 1989 年影印本，第 26 册，第 34 件，第 44—45 页。

② 中国第一历史档案馆编：《雍正朝汉文朱批奏折汇编》，雍正十一年十一月二十七日，署陕西总督刘於义等奏陈筹划运送大营军需粮石事宜折，江苏古籍出版社 1989 年影印本，第 25 册，第 401 件，第 520—523 页。

续表

时间	口粮种类	数量	供给地	供给数量
雍正十二年	粟米	12200	临洮府	2000
			巩昌府属	7500
			庆阳	2700
	豆	50000	巩、平、临、秦四府州属	35000
			甘、凉、肃三府州属	15000
			宁夏府属	12000
			巩昌府属	12000
			临洮府属	14000
			秦州并所属	12000
合计		6200		

资料来源：中国第一历史档案馆编：《雍正朝汉文朱批奏折汇编》，江苏古籍出版社 1989 年影印本，第 25 册，第 520—523 页。

二 接济运户的草束

除接济料豆外，沿途还接济运户草束。雍正七、八、九年，河西走廊粮料、草束价格低廉，运粮运户可以承受。雍正十年，凉州、甘州虽然收成极丰稔，但大量军队、运户通过河西走廊，导致粮料、草束价格高昂。运户所领脚价银购置粮料、草束之外，如果运户车骡平安，运户往回脚价所剩无几，一旦遇到骡头倒毙，车辆损坏，运户就难以维持运输，影响了军需口粮的运输，必须对运户进行接济。

肃州口外各卫所每年采办军需草束运贮各站，供支过往官兵马匹、运户之用。旧例每草 1 束给工价银 7 厘 2 毫，运价银 2 分，共给银 2 分 7 厘 2 毫。后因口外粮价倍增，且割运草场途程遥远，运价 2 分不足。雍正八年十一月，经原办军需马会伯酌议，割运草束道里远至 50 里以外者，每束加增银 1 分 2 厘 8 毫，连原定工价运价银 2 分 7 厘 2 毫，共合银 4 分。雍正九年九月及十月内，前署陕督查郎阿等以柳沟卫、赤金所雍正八年割运草束在黑水桥、奔巴兔儿、花海子、湃湖等处，远至 60 里、70 里、80 里、90 里、100 余里不等，应照四分增给。雍正九、十两年，口外各卫所采割草束所需工价运价，除采割地方在 50 里以内仍照价银 2 分 7 厘 2 毫给发，赤金、柳沟二卫所并安西卫承办草束割运草湖有远至 60

里、70里、80里、100余里不等，应照雍正八年之例，如出50里以外者，每束以4分加增。赤金、柳沟、安西各卫所割运湖场均在50里以外，而口外粮价昂贵，小民采办维艰，若照旧例每草1束给银2分7厘2毫，实属不足食用，照依雍正八年每草1束除给银2分7厘2毫之外，再加运价银1分2厘8毫共合银4分。[①] 雍正十一年，刘於义动发价银于口内、口外各处采割草束，预备存贮供支官兵马匹，接济运户骡头。雍正十二年，军需道沈青崖、肃州道黄文炜酌量站道之冲僻，并旧存草束之多寡采割以备支用，分派肃州预备10斤重湖草190万束，麦草50万束，共预备草240万束，高台县预备10斤重湖草19万束，麦草9万束，共预备草28万束；口外靖逆卫属各站预备10斤重草67万束，赤金所属各站预备10斤重草100万束，柳沟卫属各站酌备10斤重67万束，赤金所属各站预备10斤重草15万束。安西沙州各站，应于安西预备10斤重草30万束，沙州原有旧存草束，应免采买。“以上口内、外共应备草四百八十万束，其十斤重湖草每束价银二分七厘二毫，麦草每束照理减半，价银一分三厘六毫。至草束湖厂远近不等，所需脚价统俟查明请给。”[②]

运粮车及各解送马匹俱由哈密赴营，需草甚多，在哈密买草20束，西黄芦岗买草10万束，西长流水买草10万束，松树塘买草4万束，南山口买草4万束，奎素买草4万束，“其价银约照上年买备之价，水芦草每束以一钱五六分给发，汉芦草每束以一钱给发，令于秋间买备贮用”[③]。各站草束，凡有马驼经过支给者，于奏销册内报销，接济运户支给者，照依原价于运价内扣除归项。

① 中国第一历史档案馆编：《雍正朝汉文朱批奏折汇编》，雍正十二年三月初七日，署陕西总督刘於义等奏报肃州口外各卫所军需草束应随里程加增割运价值折，江苏古籍出版社1989年影印本，第25册，第767页，第992—993页。

② 中国第一历史档案馆编：《雍正朝汉文朱批奏折汇编》，雍正十二年八月初三日，署陕西总督刘於义等奏报动拨银两如数采割购买军需草束分贮各站以备供支折，江苏古籍出版社1989年影印本，第26册，第650件，第778—779页。

③ 中国第一历史档案馆编：《雍正朝汉文朱批奏折汇编》，雍正十二年八月初三日，署陕西总督刘於义等奏报动拨银两如数采割购买军需草束分贮各站以备供支折，江苏古籍出版社1989年影印本，第26册，第650件，第778—779页。

第四节　军需粮食的采买

根据与军需补给对象的距离远近，屯田、陕甘仓贮、市场构成了西路军需粮食的三大来源。屯田主要有嘉峪关以西，嘉峪关以东及河西走廊；仓贮则遍布陕甘各属，但根据仓贮状况，甘省仓贮粮石的来源主要是当地的额赋和捐纳；陕省的仓贮主要依靠耗羡银采买。当然，由于种类不同，各类粮食在上述三种方式中所占份额不同，例如青稞大部分由屯田提供，粳米则大部分由市场采买。本章讨论的主要的问题有：第一，仓贮、市场在军需中所占的比例；第二，各类粮食在军需中所占的比例；第三，军需中各类粮食的区域分布；第四，屯田在军需中的地位。

一　甘肃各类军需粮食的采买数量及区域分布

军需粮食的采购中成本非常重要，与成本相关的是军需粮食的价格和运输费用，在采买过程中，最理想的粮食就是既价格低廉，又离军队驻扎地最近。粮食的价格取决于当地的气候和供求，但往往离军队驻扎地最近的供应地由于供求失衡，粮食价格却最高。这样，军需粮食的采购不得不在距离稍远的地区进行，但这又使运输成本增加，导致军需口粮成本增加。由于粮食供求市场不平衡，粮食的价格与运输成本之间是反比关系，因此，军需粮食采购不得不在价格和运输成本之间寻找最佳结合点。就雍正朝西路军需而言，最理想的区域是军队的驻扎地巴里坤附近，但当地屯田数量有限，所能提供的粮食不能满足军队的需求，粮食的采购只能离军营稍远的关外屯田采购。当肃州口外的屯田不能满足时，只能在河西肃、甘、凉、西宁四府采购，根据上述规则，雍正朝西路军需的采办区域从口外屯田到河西走廊，再到甘肃河东地区，乃至陕西西安、凤翔等地。例如雍正九年六月，驻防高台、肃州的绿旗兵喂养马匹需要料豆 57850 石，接济运户需要料豆 27400 石，总共需要 84250 石，从河东拨运仓贮豆 3 万石，不敷豆 54000 余石，许容与查郎阿、孔毓璞会商，考虑到运输成本、运户的运粮的往返时间、收成状况，最终决定，“就近审量情形，将前项应需料豆在肃州可以采买若干，在高台可以采买若干，在甘州可以采买若干”①。

其次，同一地区，不同的粮食来源，也导致粮食成本不同。地方府县的仓贮粮，常平仓、社仓粮食价格相对低廉，是军需采购的首选，其次才是当地的市场。

雍正八年，清军筹备驻歇一年口粮，军需粮食主要是来自甘肃，所需6个月粳米1174.284石，内除大军需案内张掖县存剩粳米48.951石外，其余粳米在宁夏、张掖、高台等处分派办运。军营兵丁跟役，加上鄂尔多斯并库库脑儿兵丁、跟役共有35773名，需粟米35369.952石，来自甘凉肃大军需案内存剩粟米并平凉、宁夏等处仓贮拨运。炒面8374200斤，口外吐鲁番、巴里坤并沙州采买之麦石可办炒面400余万斤，甘凉西肃大军需案内存剩炒面569464斤，甘、凉、西宁、临洮、肃州并口外安、靖、柳、赤等卫所办磨3804736斤。②

雍正九年，许容派拨平、庆二府粟米15000石，宁夏府3000石，临、巩、秦三府州派买粟米35000石。甘肃的夏田收成俱在6、7分以上，但平、庆二府秋田收成同其他府州相比略为歉薄。各府州县纷纷请求减免。许容各府属采买最多不过50000石，尚少30000石。最后，查郎阿等决定在陕西凤翔府拨运粟米30000石运交秦州，邠、乾二州及州属各县拨运存仓粟米30000石运交泾州。③

雍正十一年甘肃省收成较好，九月，兰州巡抚许容动用军需银两，按照时价预计在甘采买粮食6万石，各州县采买粮食数量见表3-24。各属的采买数量是以当地收成状况为基础。雍正十一年，安西厅的收成状况最好，其次是宁夏、凉州、甘州、肃州、临洮、巩昌、平凉等府，河西驻扎大量军队，一般不会在采范围。表3-24是雍正十年九月采买粮食的区域和数量。

---

① 《宫中档雍正朝奏折》，雍正九年六月二十四日，兰州巡抚许容奏报拨运料豆折，“台北故宫博物院”1979年印行，第十八辑，第425—426页。

② 中国第一历史档案馆编：《雍正朝汉文朱批奏折汇编》，雍正八年九月十八日，署肃州总兵办理军饷马会伯奏报起运大营米面数目日期暨现在催办各事折，江苏古籍出版社1989年影印本，第19册，第167件，第227—228页。

③ 张伟仁主编：《明清档案》，雍正十年九月十一日，协办陕西巡抚史贻直揭报拨解甘省米石用过脚价等项银两，台北：联经出版事业公司1986年版，第53册，A53—82（10—1）；B30471。

表3-24　　雍正十一年九月预计在甘采买粟米数量

采买数量（石）	预拨银数（两）	制办地及制办数量		
		府、州	厅、州、县	数量（石）
24000	24000	宁夏府	宁夏县	5000
			宁朔县	5000
			灵州	5000
			中卫县	6000
			平罗县	3000
			宁远县	2000
			伏羌县	2000
			通渭县	1000
			会宁县	2000
			安定县	2000
			靖远县	1500
14000	14000	巩昌府	陇西县	2500
			西和县	1000
10000	10000	平凉府	泾州	2000
			灵台县	2000
			镇原县	1200
			崇信县	800
			平凉县	1000
			静宁州	1000
			固原厅	1000
			固原州	1000
12000	12000	临洮府	狄道县	3000
			河州	3000
			兰州	4000
			金县	2000
60000	60000	—	—	60000

资料来源：中国第一历史档案馆编：《雍正朝汉文朱批奏折汇编》，江苏古籍出版社1989年影印本，第25册，第54件，第64—65页。

表3-25　　雍正十二年预计在甘属采买量　　（单位：石）

采买区域	采买总量	粮食种类数量			
宁夏府	28300	粳米	4300	小麦	24000
巩昌府	28000	粟米	20000	小麦	8000
平凉府	20000	粟米	20000	—	—
临洮府	20000	粟米	10000	青稞	10000
庆阳府	10000	粟米	10000	—	—
直隶秦州	13000	粟米	5000	小麦	8000
西宁府	6000	青稞	6000	—	—

资料来源：中国第一历史档案馆编：《雍正朝汉文朱批奏折汇编》，江苏古籍出版社1989年影印本，第26册，第795件，第925—926页。

从各年的大军需案可以看出，大营兵丁所需口粮以大军需案采买为主采买区域，以各地的收成分数为主要依据，当然当地的种植结构也是要考虑的因素。例如大量的粳米只能从宁夏府采买，西宁府主要提供青稞。表3-26是雍正六年到雍正十二年各年甘肃采买粮食的种类和数量。

表3-26　　1728—1735年西路军需粮石采买　　（单位：京石）

年份	采面粮食的种类数量					合计
	小麦	粟米	青稞	粳米	豆	
雍正六年	10640	0	200	0	1186	12026
雍正七年	6000	78072.486	98155.429	1963.116	—	184191
雍正八年	45491	74300	18191	2174.284	10000	150156
雍正九年	—	20200	—	—	82500	102700
雍正十年	101480	93578	8000	1126	115824	320008
雍正十一年	196766	158700	121253	5000	79887.8	56160.8
雍正十二年	63986	48212	3356	3832.66	118000	237487

注：单位为京石，京石与仓石之间的换算。1京石=0.7仓石；1京斗=0.7仓斗。陕西仓斗较大，百姓缴粮用仓斗，拨给兵丁口粮亦用仓斗，康熙四十四年，陕西粮验所换新斗，每石少三斗。川陕总督博霁奏请拨给兵丁口粮仍照旧斗数用新斗量给。

资料来源：《雍正朝汉文朱批奏折汇编》，江苏古籍出版社1989年影印本。

从表3－26可以看出，小麦、粟米作为西路军主要军需口粮，从雍正七年到雍正十二年，随着军营兵丁人数的增加，呈增长趋势。雍正十一年，西路军需在甘肃的采买达到最高值；青稞作为主要的军需口粮，在雍正七年大兵出口时，采买数量最大，从雍正八年开始，由于口外屯田的主要作物是青稞，采买量总体上呈下降趋势。雍正九年以后，青稞在内地采买量不一。粳米主要作为军官的口粮，采买量相对稳定，变化不大。接济运户导致豆类的需求量巨大。

二　甘肃各类军需粮食的采买年份及地域分布

小麦、青稞、粟米、粳米、豆类等军需粮料的采买一方面受种植区域影响，另一方面受交通影响。军需粮石要考虑其种植、运输成本，影响军需粮食价格的因素主要有采办地当年的收成，军需补给路途的远近，“凡办理军需所需官兵口粮及马匹豆草如有仓贮厂贮可动者，不必另为采买，或虽有仓贮厂贮，而远道运送较之就近采买所废转多者，令各该督抚临时查明情形确访时值奏明采买”①。就甘肃粮食的价格而言，平凉、庆阳、临洮、巩昌四府属地的粮价是低于河西走廊、宁夏府、西宁府等地。以康熙五十四年为例：

> 甘肃属地米谷时价，按仓斗计算，平凉、庆阳、临洮、巩昌四府属地，粟米每豆价银四分六厘至一钱七分不等，小麦每豆价银三分至一钱四分五厘不等，豌豆每斗价银二分五厘至一钱三分九厘不等，稷子每斗价银八分五厘至一钱九分二厘不等。宁夏道、河西四道属地粟米每斗价银七分五厘至一钱八分六厘不等，小麦每豆价银六分四厘至一钱四分不等，豌豆每斗价银五分五厘至一钱三分不等，稷子每斗价银八分五厘至一钱五分不等。②

---

① （清）阿桂、（清）和珅：《钦定户部军需则例》卷7《采买办解・采买米麦豆草价值》，《续修四库全书》第857册，上海古籍出版社2002年版，第119页。

② 中国第一历史档案馆编译：《康熙朝满文朱批奏折全译》，康熙五十四年四月二十六日，甘肃巡抚绰奇奏闻甘肃米价折，中国社会科学出版社1996年版，第1005页。

就口外驻军及军营而言，虽然屯田成本高，河西粮价高于陇东南，但如果考虑军需的运输成本及战时军需的急迫性，河西诸州县采买是首选，其次是屯田，再次才从宁夏府、陇中、陇东南，乃至陕西运输。由于河西诸州县供应当地驻军的军需，尤其是肃州为军需总汇，往往粮石的采买要在河东诸府州县采办。

(一) 粳米

粳米作为口粮主要供给军官、部分兵丁。雍正九年以后，巴里坤和河西走廊的驻军都有所增加，粳米的需求数量也随之增加，但由于军官人数有限，需求量同其他军需粮饷比起来要少得多。河西的甘州、高台以及宁夏都出产粳米，甘州和高台的产量较少，宁夏河套地区利用黄河灌溉，粳米产量较大。西路军需粳米均由宁夏、高台、甘州供应。粳米的采买一般是在大的军需案中。从雍正七年到雍正十三年，粳米的采买总量只有约 14096 石。从雍正七年到雍正九年，粳米的需求量相对较少，采买区域为甘州和肃州属高台。雍正九年以后，河西走廊驻军和口外大营对粳米的需求量增大，甘州和肃州只能供本地驻军，大营粳米的采买转向宁夏。

雍正十年，刘於义等仍照原派、续派文武官生兵丁预估大营官兵雍正十一年九月至雍正十二年八月底应需粳米 3035.808 石，虽甘属张掖，肃属之高台均有出产，而前此之派买已多，不便再采买，应令宁夏府照数采买运交凉州台站转运肃州。[①] 雍正十一年，军需案内准备拨运湖广粳米 5000 石到陕西，再陆续运到肃州。但由于运道辽远，楚米 5000 石受潮后，色味不佳。史贻直奏请“将原议派拨之楚米五千京石改拨粟米五千京石”[②]，另于甘省派办粳米 5000 石运肃转运，甘省出产粳米只有甘州府属之张掖，肃州属之高台，以及宁夏府所属州县，“而张高两县出产原少，价值甚昂，前案派办者尚未买足运完，自不得不派之宁夏

① 中国第一历史档案馆编:《雍正朝汉文朱批奏折汇编》，雍正十一年正月初九日，兰州巡抚许容奏报分派办运雍正十一年九月以后大营官兵口粮数目缘由折，江苏古籍出版社 1989 年影印本，第 23 册，第 688 件，第 849—850 页。

② 中国第一历史档案馆编:《雍正朝汉文朱批奏折汇编》，雍正十一年十一月初二日，署陕西巡抚史贻直等奏报楚省运到米石受潮请改云陕省粟米前赴军营折，江苏古籍出版社 1989 年影印本，第 25 册，第 248 件，第 320 页。

所属，而宁夏县现在办运粳粟米面已有五万石，为数繁多，又不难于买而难于运"[①]，权衡之后，史贻直决定在宁夏采买，同署布政使司赵挺元商议，令该管道府根据所属出产多寡，从公分派乘时采买完备，十二年春先运一半，至凉交卸，转运肃州，其余一半等待秋后再行起运。从宁夏采买粳米，运送到巴里坤、西宁口外大营，成本增加了好几倍。以雍正十二年西宁口外军官采买军需粳米为例，雍正十二年夏季至冬季，驻扎西宁口外统兵官所需粳米 150 石，由中卫运送到西宁，在噶斯军需银内动拨。每京石的时价是 2.0897 两，共银 313.455 两，每米五斗装盛夹布口袋 1 条，共需口袋 300 条，每条价银 0.17 两，共银 51 两，每条用扎口绳 1 根，共 300 根，每根价银 3 厘，共银 9 钱。自中卫至西宁计程 930 里，每石每百里给脚价银 2 钱，共银 279 两，以上各项共银 644.355 两。[②] 150 石大米送到噶斯口，平均每石费用是 4.2957 两。如果运送到巴里坤前线，成本更是高昂。甘州、高台距西宁口外、巴里坤的距离相对较近。西路清军从宁夏甚至湖北采买湖北所产楚米，显然是迫不得已，高台、甘州的粳米产量肯定无法满足军需。

总之，西路清军所需粳米，宁夏占了绝大多数，甘州所属张掖、高台所占比例较小，兰州，庄浪厅主要是从市场上采买，几乎忽略不计。

（二）粟米、小麦、青稞

清代粟米、小麦、青稞等三种粮食作物在甘肃普遍种植，受气候影响，各地种植数量不一，河西屯田，除了小麦之外，青稞、粟米种植相对较少，西宁府气候较凉，主要种植青稞。河东各州属主要种植粟米、小麦。但"甘省地方，甘凉肃固少积贮，而河东各府及西宁两属现在仓存亦属无多，论军需总汇自是凉州以西，而分派转运则实多在宁夏以及河东各属"，[③] 这就决定了粟米和小麦的采买主要是在宁夏和凉州以东。

① 中国第一历史档案馆编：《雍正朝汉文朱批奏折汇编》，雍正十一年十一月二十一日，兰州巡抚许容奏请改于宁夏采买粳米运供大营官员口粮折，江苏古籍出版社 1989 年影印本，第 25 册，第 368 件，第 471 页。

② 《宫中档雍正朝奏折》，雍正十二年十二月十八日，兰州巡抚许容奏陈买运军需粳米价银遭部驳回难以遵办折，"台北故宫博物院" 1979 年印行，第二十三辑，第 901 页。

③ 中国第一历史档案馆编：《雍正朝汉文朱批奏折汇编》，雍正十一年正月十七日，兰州巡抚许容奏请敕部将河东各府州及宁西两府属改捐本色各款速议施行折，江苏古籍出版社 1989 年影印本，第 23 册，第 703 件，第 868 页。

雍正七年闰七月，西路清军出口以后，由于甘、凉、肃积贮粮石满足不了西路清军需求。九月，拨运临洮、巩昌米15000石，秦州、巩昌、临洮豆10000石运至甘、凉收贮。至次年三月，前项拨运米石所余不过5000余石，又酌拨宁夏米10000石运贮肃州。[①]

三 陕西省的粮食与西路军需补给

王业键先生将清代各省的粮食供给区分为三类：有余省份、不足省份和自给省份。内地的陕西属有余省份、甘肃属自足省份。[②] 陕西无论是粮食产量，还是仓储都很充足。由于距离前线路途遥远，陕省的粮价虽然相对较低，但长距离运输导致成本增加，陕西一直不是西路军需的首选区域。因此，雍正七年清军出口时裹带的粟米、小麦主要动用甘肃省的仓贮粮。西路清军动用陕省的仓贮粮可能是从雍正九年开始，仓贮粮无论是社仓、常平仓，最大的优点是粮价较市场价低，但价格无论如何低，从陕西运送1石粮食到巴里坤，粮价可能已翻了20倍。但当甘肃省的粮食市场供求达到饱和，西路军需粮石需求对甘肃形成了很大的压力，无论是屯田还是市场都无法为西路军需提供充足的粮食时，不得不从陕西运粮。尤其是雍正十年、十一年，西路增兵，外省兵丁驻扎在河西走廊的甘凉肃地区，过往支应络绎，河西百姓稀少，甘、凉、肃各标拴养马匹，甘、凉、肃地区的粮食草料更是供不应求。雍正九年，陕省奉旨运送甘、凉、西、肃米15万石。[③]“本年西安、凤翔二府及同州华州、邠州乾州耀州各属共运米十五万石，目下俱运送完讫。”[④] 15万石米谷是来自西安、凤翔二府所属各州县，当年十一月全部运至西宁、凉州、甘

① 中国第一历史档案馆编：《雍正朝汉文朱批奏折汇编》，雍正八年三月二十日署甘肃布政使孔毓璞奏报办过采购运送军需物品事宜折，江苏古籍出版社1989年影印本，第18册，第158件，第208页。

② 王业键、黄国枢：《十八世纪中国粮食供需的考察》，《近代中国农村经济史论文集》，台北："中研院"近代史研究所，1989年，第271、277页。

③ 中国第一历史档案馆编：《雍正朝汉文朱批奏折汇编》，雍正十年六月初二日，署西安巡抚马尔泰等奏报覆敷从前派委安台押运及往来稽查官员口食脚价折，江苏古籍出版社1989年影印本，第22册，第501件，第619页。

④ 《宫中档雍正朝奏折》，雍正九年六月二十四日，右都御史户部侍郎史贻直奏报陕西各州县办理军需事折，"台北故宫博物院"1979年印行，第十八辑，第424页。

州、肃州四地。[1] 雍正九年十月，陕省奉文拨运泾、秦二州米 60000 石，十年三月，拨运泾川米 30000 石，拨运秦州米 30000 石。雍正十年，西路官兵口粮应需米石因甘肃省仓存无多，本地不便采买，在于陕省邠、乾二州及西安府以西属县派拨粟米 50000 京石运泾州，令泾州之民接运平凉。[2] 据雍正十年（1732）十二月，兰州巡抚许容奏：

> 拟先拨粟米五万京石、豌豆三万京石，袋装空运送，民不觉劳而军需宽裕，令酌定在于南路秦州收到凤翔粟米内拨一万石，并于该州仓贮内拨豌豆一万石逐县递运凉州，在于北路庆阳府属仓贮内拨粟米五千石，运至泾州同泾州收贮，西安粟米内凑拨五千石，共足一万石，俱由泾州逐县迁运凉州。再于平凉府属仓贮内拨粟米四千石、豌豆六千石，派在府南各县者，俱由大路逐县递运，凉州其府城以北之固原厅州则令直运凉州，统交台站接运肃州。再于宁夏府属仓贮内拨粟米六千石、豌豆一万四千石，如仓贮不足，即动银采买，应令仍照前例运交凉州……以上各属共派拨粟米三万京石，豌豆三万京石外，尚少粟米二万京石，在于明春邠、乾二州及西安府属州县运到平凉内拨补接续运送。[3]

雍正十一年，甘标存营兵丁除本年应需四本粟米 32000 石，不得不从西、凤仓储内照数拨运。甘肃河东及宁夏所属议拨米面、料豆及拨运陕省粟米大约 30 万石。陕西运粮缓解了甘肃军需粮食不足的压力。[4] 从雍

① 中国第一历史档案馆译编：《雍正朝满文朱批奏折全译》，雍正九年十一月十二日，副都统额尔格奏陈运米谷百姓欠银展限赔补等情折，黄山书社 1998 年版，第 2073 页。

② 中国第一历史档案馆编：《雍正朝汉文朱批奏折汇编》，雍正十年十二月十八日，兰州巡抚许容奏明变通筹运西路官兵军需口粮缘由折，江苏古籍出版社 1989 年影印本，第 23 册，第 646 件，第 787 页。

③ 中国第一历史档案馆编：《雍正朝汉文朱批奏折汇编》，雍正十年十二月初六日，兰州巡抚许容奏预筹采买拨运军需口粮马料数目请旨遵行折，江苏古籍出版社 1989 年影印本，第 23 册，第 732—733 页。

④ 中国第一历史档案馆编：《雍正朝汉文朱批奏折汇编》，兰州巡抚奏覆二格条陈甘标兵丁已领折色分季扣还等事请照鄂尔泰源议遵行折，江苏古籍出版社 1989 年影印本，第 23 册，第 678 件，第 847—848 页。

正九年到雍正十三年，每年通过直运或递运到河西、肃州的军需口粮应该在10万石以上。但从雍正七年西陲用兵到雍正十三年，西、凤、邠、乾等府州运送军粮共动京斗仓谷67万石。[①]

雍正十二年正月初五日，负责陕西军需的陕西巡抚史贻直授户部尚书。他对陕西军需运送做了总结：

> 现今唯运米赴肃一事稍觉重大，然为数无多，较之九年所运不及三分之一，更兼年岁丰稔民力有余。又时值春令节候晴和。非如九年于四、五月间起运长途跋涉，暑雨不常者可比。至或用车运或用驮载，各处风俗不同……目前正在陆续起运，约计二月初旬即可尽出陕境。

西路军需的补给主要是在甘肃，从雍正九年以后，陕西被纳入西路清军的补给区。西路清军从凤翔府、西安府、邪州、乾州运送军需粮石。陕西所承担军需粮石逐渐递减。[②]

第五节　西路清军军需背景下的屯田

中国古代对西北的开发与历代在西北的军事活动息息相关，军事型开发的目的是就地解决军队的粮食补给。为解决粮食补给，历代都在西北屯田。“屯田的研究重点，时间上集中于西北屯田开创时期的两汉和高潮阶段的清代，空间上主要集中在边疆地区的新疆。”[③] 康熙五十四年（1715），策妄阿拉布坦遣军犯哈密，清廷拟派大军征讨。为解决粮饷问题，驻守清军就地兴屯拉开了西北屯田的序幕。在喀尔喀蒙古兴办北路兵屯的同时，清廷在嘉峪关以西兴办了西路兵屯。[④] 雍正七年

---

① 中国第一历史档案馆编：《雍正朝汉文朱批奏折汇编》，雍正十三年六月十五日，总理陕西巡抚史贻直等奏陈豫筹因时买卖拨回仓项折，江苏古籍出版社1989年影印本，第28册，第480件，第608—609页。

② 《宫中中档雍正朝奏折汇编》，雍正十二年元月初六日，史贻直奏谢恩授尚书总理陕西军需折，“台北故宫博物院”1979年印行，第二十二辑，第496页。

③ 梁志胜：《八十年代以来西北古代区域经济史研究综述》，《西北史地》1993年第2期。

④ （清）黄文炜：《重修肃州新志》，《肃州屯田》，乾隆二年刻本，酒泉市博物馆藏，第1页。

(1729) 闰七月，清军分两路西征准噶尔，为解决军粮补给再次大规模屯田。雍正十年，清军又在甘、凉、肃募民屯种，将屯田东扩到河西走廊。由于文献相对比较完整，清代西北屯田研究呈现出全面细致的特点，王希隆将清廷在西北的屯田分为两大系统、三个阶段，雍正七年至乾隆元年是西北屯田的第二阶段。屯田的作用是多方面的，"统一新疆以前，西北屯田的主要作用是供给平准大军，节省长途转输的浩繁劳费"①。康雍时期，西北屯田主要是解决军需补给，屯田形式单一，规模相对较小，学者不太关注，清代西北屯田研究的重点主要是在乾隆朝。由于西路屯田兴起，其发展趋势与清准战有直接关系。

一　1729—1735 年西路屯田的经营状况

(一) 哈密、吐鲁番、巴里坤、乌鲁木齐等地的屯田

康熙末年，在喀尔喀蒙古兴办北路兵屯的同时，清廷在嘉峪关以西兴办了西路兵屯。康熙六十一年以后，西路兵屯粮食产量总体上呈不断减少的趋势。雍正四年，清军回撤以后，西路兵屯逐渐废弃。以哈密屯田为例，额敏在塔尔纳沁屯种青稞，运送哈密作为军粮。雍正四年共收获青稞约 3002 石。雍正六年，理藩院令额敏停止屯种。②

雍正七年，西路军出口之前，清军预备从陕、甘的仓储粮中运送 20 个月的口粮。"军行之要首在备粮，而备粮之策非止挽运，盖以挽运之事宜于暂而不宜于久计，于近而不计于远也。"③ 由于运输补给路途遥远，西路清军不能仅靠运输来解决口粮。为使巴里坤、乌鲁木齐、伊犁的屯田能纳入军需补给范围，清军在出口时机的选择上非常谨慎，选择在雍正七年闰七月出口。屯田可以发挥巨大作用的前提是清军必须节节胜利，

---

① 王希隆：《清代西北屯田研究》，兰州大学出版社 1990 年版，第 253 页。

② 中国第一历史档案馆编：《雍正朝汉文朱批奏折汇编》，雍正六年六月二十七日，川陕总督岳钟琪奏请增给将塔尔纳沁贮粮运往哈密回民脚价等事折，江苏古籍出版社 1989 年影印本，第 12 册，第 656 件，第 761—764 页。

③ 中国第一历史档案馆编：《雍正朝汉文朱批奏折汇编》，雍正六年十月初四日，川陕总督岳钟琪奏陈请于乌鲁木齐等处屯种兵粮管见折，江苏古籍出版社 1989 年影印本，第 13 册，第 493 件，第 612—613 页。

但战事的变化使得清军迅速凯旋的计划落空。雍正九年，清军不得不在巴里坤、乌鲁木齐等处修城屯田打持久战。从前所定乌鲁木齐、波罗他拉等处屯田之地均处在准噶尔兵锋之内，无法屯种。清军将屯田地点改在土地饶沃，又有河水灌溉的吐鲁番，“就其临城之田地广为屯种，计一年所获粮石可敷一万兵丁之食”[①]。在吐鲁番西南的托克松驻兵10000名屯田，吐鲁番西北呀尔城、布碗城各驻兵1000名屯种，加上皮占羊、黑哈拉、和卓三处地方的地亩，吐鲁番各城堡田地约可种青稞、小麦7000石，糜子2000石，除留给本地维吾尔族民众自种地1000石，应从内地运送小麦籽种3000仓石，从巴里坤拨运青稞5000石赴吐鲁番、乌鲁木齐山南各城堡屯田之用。

从雍正七年开始，吐鲁番维吾尔人在额敏和卓的组织下开始屯田助军。雍正八年，哈密维吾尔族民众收获屯种小麦2300石，除搭放官兵口粮外，查郎阿将存贮的2000石小麦充作兵食。额敏在塔尔纳沁等处收获屯种的青稞4000石，其中3500石存贮塔尔纳沁，500石运送哈密。雍正九年，额敏派拨维吾尔族民众在塔尔纳沁地方播种500石。雍正八年、九年、十年共收获粮14000石，大将军岳钟琪拨用以及九年、十年籽种共用2179.5石，存贮之粮共11820.5石。雍正十年，额敏率部东迁以后，哈密塔尔那沁的屯田由清军继续屯种。

雍正七年，清军再次进驻巴里坤，清军开始筑城兴屯。八年，收获青稞11600石。九年，岳钟琪奏请“至于各营屯田，亦俱在军营以东，联络不远，现在播种，共拨兵丁五千余名”。[②] 王希隆先生据此推测，巴里坤屯田面积有10万亩，是西路各屯区中规模最大的屯区。雍正九年，清军在巴里坤自鄂什西以东至奎素共播籽种3000石，在土古鲁地方播种300石。[③] 雍正十年，岳钟琪驻兵穆垒，吐鲁番维吾尔族民众计划在

---

① 中国第一历史档案馆编：《雍正朝汉文朱批奏折汇编》，雍正九年二月初九日，宁远大将军岳钟琪奏覆酌议吐鲁番巴里坤等地军务敬陈广为屯种等管见十六条折，江苏古籍出版社1989年影印本，第19册，第654件，第990—1001页。

② 《清军机处录副奏折》，民族类蒙古项，第2195号卷，第4号，雍正九年四月六日，岳钟琪奏报安顿牧厂屯田设卡及相度筑城基址各缘由折，中国第一历史档案馆藏。

③ 中国第一历史档案馆编：《雍正朝汉文朱批奏折汇编》，雍正九年四月二十一日，宁远大将军岳钟琪奏报今岁巴里坤等地军营兵丁屯田播种数目折，江苏古籍出版社1989年影印本，第20册，第272件，第415页。

鲁骨庆、哈喇火州一带屯种糜子。查郎阿在内地采买糜子 3000 石转运鲁骨庆作为籽种。直到五月，军营仅运到糜子 1000 石，错过了播种之期。岳钟琪计划将后运到的 2000 石糜子存贮军营作为次年籽种。[①] 雍正十年，巴里坤及土古鲁等处共屯种青稞 3300 京石，“因移师穆垒，屯田兵丁前后更换，浇灌失时，又因七月降霜太早，颗粒冻伤，是以歉收”[②]，共收获青稞 12675.98 京石。鲁骨庆屯种糜子籽种 400 京石，麦子籽种 200 京石，收获京石糜子 2962.37 石，收获京石麦子 638 石。十一年，大营附近各处下青稞籽种 4000 京石，盐池下青稞籽种 150 京石，土古鲁下青稞籽种 400 京石，塔尔纳沁下青稞籽种 200 京石，通共下籽种 4750 京石。[③] 雍正十三年，蔡把什湖开渠屯垦田地 3 万亩，内播种麦田 6000 亩，共下籽种 600 石，收获小麦 7007.9 石。所种青稞、糜子 24000 亩。督标官兵分种谷田 1700 亩，计下籽种 27.2 石，收获谷子 1360 石。[④] 表 3－27 是康熙六十一年，哈密以西屯区收成状况。哈密以西屯种的主要是青稞、小麦、糜子。巴里坤、乌鲁木齐等地的屯田屯种是不稳定的，关于雍正朝这几大屯区的屯田产量，《清世宗实录》《雍正朝汉文朱批奏折汇编》《平定准噶尔方略》中都有记载，但都缺少雍正五年至雍正七年的屯田产量，安西屯区的屯田记录几乎没有。而且，屯田的产量略有出入，由于战事的不断变化，缺乏每一屯区每年收获的粮石数量。

---

① 中国第一历史档案馆编：《雍正朝汉文朱批奏折汇编》，宁远大将军岳钟琪奏报拨用驼只运送鲁谷庆粮石籽种各缘由折，江苏古籍出版社 1989 年影印本，第 22 册，第 399 件，第 453—454 页。

② 中国第一历史档案馆编：《雍正朝汉文朱批奏折汇编》，署宁远大将军查郎阿奏报雍正十年分巴尔库尔军营等处屯田收获数目折，江苏古籍出版社 1989 年影印本，第 24 册，第 268 件，329—330 页。

③ 中国第一历史档案馆编：《雍正朝汉文朱批奏折汇编》，雍正十一年四月十五日，署宁远大将军雍正十一年屯田所下籽种数目折，江苏古籍出版社 1989 年影印本，第 24 册，第 269 件，第 331 页。

④ 中国第一历史档案馆编：《雍正朝汉文朱批奏折汇编》，雍正十三年十一月十五日，锦安将军常赍等奏报蔡把什湖糜谷收成分数折，江苏古籍出版社 1989 年影印本，第 30 册，第 530 件，第 894—896 页。

表 3－27　　雍正朝嘉峪关以西四大屯区收成状况　　（单位：石）

年份	屯田区域及数量			总产量
	巴里坤	哈密、塔尔纳沁	吐鲁番	
1722	青稞 10570	—	—	10570
1723	青稞 21060	—	糜、麦 9330	30390
1724	青稞 12290	青稞 1746 石	糜、麦 5540	19476
1725	—	8932	麦、糜 6090	15022
1726	—	青稞 2100	—	2100
1730	巴里坤图呼鲁克等处青稞 11600	青稞、麦子 6300	—	17900
1731	青稞 30680	青稞、麦子 5000	—	35680
1732	青稞 12676	鲁谷庆糜、麦共 3600	糜、麦 3600	19876
1733	青稞 46100	哈密青稞 4500	—	50600
1734	图呼鲁克屯田收获小麦 1400	青稞共 4500	—	5900
1735	—	青稞、糜子 12001	—	12001

资料来源：《清世宗实录》，中华书局 1985 年影印本；《雍正朝汉文朱批奏折汇编》，江苏古籍出版社 1989 年版。

（二）安西屯区

清初，关西被青海和硕特蒙古左翼阿拉布坦等部属占据。康熙五十四年，西路大军进驻巴里坤，吏部尚书富宁安奉命率军在关西布隆吉尔、达里图、西吉木等三处勘垦，次年，西吉木、达里图、布隆吉尔三处耕种共收粮 14000 余石。粮食收获之后，富宁安亲率巡抚绰奇前往勘阅，“金塔寺地方可种二百石籽种，自嘉峪关至西吉木地方可种一百三十石籽种，达里图地方可种一千一百余石籽种，方城子等处地方可种五百余石籽种”①。绰奇请求动正项钱粮，派官招民在西吉木、达里图及金塔寺等处地方耕种。除已开垦播种之地外，富宁安又详细查勘尚能开垦扩种之地，丈量数目并计划来年招民，拨给耕牛、籽种，扩大耕种。② 五十六

① 《清圣祖实录》卷 270，康熙五十五年十月丁酉，中华书局 1985 年影印本，第 6 册，第 646 页。

② 中国第一历史档案馆编译：《康熙朝满文朱批奏折全译》，康熙五十五年六月二十五日，议政大臣苏努等奏请开垦种地储粮折，中国社会科学出版社 1996 年版，第 2825 件，第 1120 页。

年，甘肃巡抚绰奇召募无业贫民官费送赴安西安插，西吉木地方安插民人270户，达里图安插民人530户，锡拉谷尔安插民人160户。[①]

雍正二年（1724），清廷在布隆吉尔设立安西镇，驻兵5000名。安西镇孤悬口外，为解决布隆吉尔官兵口粮，借给官兵牛具银6000两，借给籽种，在赤金、柳沟等地屯种，开地500石。每营派余丁200名，每人官给牛2只，籽种4石，口粮3石。第二年再给半分，至第三年给半分籽种，过三年后不必再给。这些地亩作为官兵产业，不论米、麦、青稞收粮三石作为兵丁月饷。[②] 雍正四年，川陕总督岳钟琪在甘肃省八府属招甘肃无业穷民2400百户官给路费移民沙州，每户给牛只、农具、籽种、口粮开垦屯种。直到雍正七年，安西、沙州等处屯垦募民2405户才到齐。沙州移民之后，当地逐渐兴旺起来，“民户丰足，屯种繁多”。所种小麦、青稞、粟、谷、糜子等物，每种1斗约收3、4斗，共收获粮12余万石。[③] 雍正八年八月，岳钟琪对驻歇一年军需进行预估。军营附近屯种的麦、稞七月份即将成熟，加上雍正七年在沙州采买的6000石小麦，“兹约计屯种、采买二项，约可得面四百余万斤”[④]，除过屯种、沙州采买外，由肃州并嘉峪关外赤金、柳沟、靖逆、布隆吉各卫所仓贮动用青稞12000余石，其余的粮石由内地供支。[⑤] 雍正九年，署陕西总督查郎阿在沙州采买粮20200京石。雍正九年，安西、沙州等处屯垦民例当输赋，雍正帝命安西、沙州等处屯田升科缓至十一年。[⑥] 雍正十年，沙州又获丰收，查郎

① 《清圣祖实录》卷277，康熙五十七年二月戊子，中华书局1985年影印本，第6册，第717页。

② 《清世宗实录》卷17，雍正二年三月丙申，中华书局1985年影印本，第7册，第292页。

③ 中国第一历史档案馆编：《雍正朝汉文朱批奏折汇编》，雍正八年四月二十八日，署陕西总督查郎阿奏覆沙州民户余谷毋庸粜买并查贮岳钟琪原买剩余麦石折，江苏古籍出版社1989年影印本，第18册，第429件，第576页。

④ 中国第一历史档案馆编：《雍正朝汉文朱批奏折汇编》，雍正八年六月初六日，宁远大将军岳钟琪奏覆年内暂缓进剿各事并请拨银购贮骆驼粮石折，江苏古籍出版社1989年影印本，第18册，第661件，第889页。

⑤ 中国第一历史档案馆编：《雍正朝汉文朱批奏折汇编》，雍正八年九月十八日，署肃州总兵办理军饷马会伯奏报起运大营米面数目日期暨现在催办各事折，江苏古籍出版社1989年影印本，第19册，第167件，第119—121页。

⑥ （清）傅恒等奉敕纂：《平定准噶尔方略》卷20，雍正八年春二月戊辰，清乾隆三十五年（1770）武英殿刻本，故宫博物院藏。

阿从军需银内动拨银四万两采买小麦16000京石，青稞3000京石，粟米1500京石，黄米1500京石，共22000石。[①]

雍正十一年，童华开垦九家窑原报垦籽种地1000石，王全臣开垦瓜州原报垦籽种地2000石，各借籽种并置买牛具之费，每镇约6000两。“嗣后每年秋收之时，接济兵食，先及守兵，次及步战，次及马兵。”[②] 瓜州新添兵600名，再加上从大营撤回安西镇标兵丁，为解决口粮，雍正十一年，再开地300石。

（三）平准战争期间的河西的屯田

康熙五十四年（1715），清军与准噶尔在西北争夺激烈，河西成为西路军的战略后方和“军需总汇”。“甘、凉、肃固少积贮，而河东各府及西宁两属现在仓存亦属无多，论军需总汇自是凉州以西，而分派转运则实多在宁夏以及河东各属。”[③] 雍正七年以后，雍正帝不断蠲免甘省赋税，驻军的粮饷只能依靠折价采购，但粮价飞涨，折中定价不敷。“籴买加增粮料草束价值，动费数十万币金。”[④] 雍正十年，在鄂尔泰、刘於义的主持下，由侍郎蒋泂在嘉峪关以东屯田。[⑤] 雍正十年，蒋泂亲自考察高台、张掖等地。这些地方交通、灌溉便利，适合大规模屯种。蒋泂一改募民屯种的方式，计划动用军需银开渠平地，置办牛具、农器、车辆等项，将牛具、农器借给当地百姓，采取分成收租的方式，令其自行耕种。其中高台县三清湾约可种籽种3000石，高台县九坝边外地可种籽种800石，张掖县平川堡边外地约可种籽种120石。三处共可种籽种3920石。同口

---

① 中国第一历史档案馆编：《雍正朝汉文朱批奏折汇编》，雍正十年六月十四日，署陕西总督查郎阿奏报动支军需银两采买沙州粮石缘由折，江苏古籍出版社1989年影印本，第22册，第568件，第703页。

② 中国第一历史档案馆编：《雍正朝汉文朱批奏折汇编》，雍正十一年正月初九日，署陕西总督刘於义奏报甘提及凉、肃、安西三镇兵丁贫苦情形借资开垦接济兵食折，江苏古籍出版社1989年影印本，第23册，第684件，第841—842页。

③ 中国第一历史档案馆编：《雍正朝汉文朱批奏折汇编》，雍正十一年正月十七日，兰州巡抚许容奏请敕部将河东各府州及宁西两属改捐本色各款速议施行折，江苏古籍出版社1989年影印本，第23册，第703件，第868页。

④ 中国第一历史档案馆编：《雍正朝汉文朱批奏折汇编》，雍正十一年正月初九日，署陕西总督刘於义奏报甘提及凉、肃、安西三镇兵丁贫苦情形借资开垦接济兵食折，江苏古籍出版社1989年影印本，第23册，第684件，第841—842页。

⑤ （清）黄文炜：《重修肃州新志》，甘肃省酒泉县博物馆，第4册，第85页，《屯田》。

外雇觅民户屯种相比，节省了高价雇觅运送农夫的费用，不但富裕了当地百姓，而且能够为驻军提供平价粮食，清军回撤后，可仍行屯垦。① 以上三处共需开渠平地物料夫价银 6868.34 两，口粮米 444.244 石约需银 2665.46 两，面 164183.5 斤，约需银 8209.17 两。外借籽种牛骡车辆农具并接济农民口粮，需银 29300 余两，照依分年扣还外，所有开渠平地动用银 17742 两。“较之口外屯种每千石需银二万两之数，约计减省十分之七。”② 雍正十一年，平川堡、双树墩、三清湾、九坝等处开浚渠道试种屯田。平川堡试种粟种 21 石、糜种 35.5 石、豌豆 1.9 石，双树墩试种粟种 22.71 石、糜种 60.9 石，九坝试种粟种 4.6 石、糜种 75.4 石，三清湾试种粟种 33.35 石、糜种 1415 石、出苗者只有 706.29 石。当年秋天，平川堡收获粟谷 427.22 石、糜谷 619.862 石、豌豆 13.57 石。双树墩收获粟谷 1032.7 石、糜谷 235 石；九坝收获粟谷 70.2 石、糜谷 200.5 石。三清湾收获粟谷 968.195 石、糜谷 3384.32 石。原发籽种共 1667.36 石外，统计出苗成实籽种 958.65 石，收获谷豆 6951.769 石，扣还籽种后，实存各项粮 5284.409 石，其中粟米照平分豆、谷 2642.204 石，连扣还籽种共粮 4309.564 石。其余谷子除留给各屯明春籽种及高台县柔远堡镇夷，口外毛目城新经开垦屯地籽种并人夫口粮。当年，这些试种屯地无法为西路军需提供口粮。③ 雍正十二年，高台三清湾、柔远堡、平川堡、毛目城、双树墩并肃州属之九家窑下过籽种 3870 石，收过各色京斗粮 24156 石，实收平分粮 12149 石。雍正十三年共下过籽种 4866 石。④ 雍正十二年，昌马湖等处屯田下过籽种 5685 石，及至秋成报收过各色粮 34168 石，

---

① 中国第一历史档案馆编：《雍正朝汉文朱批奏折汇编》，署陕西总督刘於义等奏报垦地屯田动用银两缘由折报呈屯田估计单三件折，江苏古籍出版社 1989 年影印本，第 23 册，第 794 件，第 970 页。

② 中国第一历史档案馆编：《雍正朝汉文朱批奏折汇编》，署陕西总督刘於义等奏报垦地屯田动用银两缘由折报呈屯田估计单三件折，江苏古籍出版社 1989 年影印本，第 23 册，第 794 件，第 971 页。

③ 中国第一历史档案馆编：《雍正朝汉文朱批奏折汇编》，雍正十一年十二月十六日，署陕西总督刘於义等奏报侍郎蒋洞来年试种各地收获粮石数目折，江苏古籍出版社 1989 年影印本，第 25 册，第 485 件，第 642—643 页。

④《雍正朝汉文朱批奏折汇编》，雍正十三年八月二十五日，署陕西总督刘於义奏请定屯田久远之规以裕兵食折，江苏古籍出版社 1989 年影印本，第 29 册，第 42 件，第 50—53 页。

官方实收获平分粮 16366. 2 石，靖逆实收获粮 2753. 89 石，赤金实收获粮 4148. 9 石。[①]

军需的需要和好的收成，刺激了屯种规模的扩大。蒋洞经过多次勘查后，雍正十一年，凉州府镇番县的柳林湖成为新的屯种试点，蒋洞计划建坝开渠，利用武威、永昌各河余水开地一万亩。开垦地亩，购买牛具，建堤开渠需银六万两，“较之口外屯种，每千石需银二万两之数计算，止需费十分之三，便可垦种成熟”[②]。雍正十二年，凉州府属柳林湖屯田开地 12 万亩，下过各色京石籽种 10588. 91 石。收过各色京石粮 66076. 4 石，除扣收资粮 10588. 91 石外，实收平分粮 27743. 7 石。雍正十三年，扩大屯田规模，柳林湖、昌宁湖等处下过各色京石籽种粮 11754. 79 石，本年除糜子、粟谷尚未收割，小麦约可收京石小麦 95247 石，除扣收籽种 117547. 9 石外，约可收平分小麦 41746. 1 石。[③] 雍正十三年，口内、口外各屯田共下过各色籽种 21196 石。镇番县之柳林湖、昌宁湖等处，共报下过各色籽种 11754. 7 石，共实收各色粮 74783. 01 石。三清湾、柔远堡二处因遭受水灾，毛目城因六月遭受水灾、冰雹等灾害，又生黄疸，秋成未能丰稔，秋成分数自 7、8 分至 3、4 分不等。淹没地亩未收籽种外，柳林湖、三清湾、毛目城等处除平分之外，又扣还籽种粮连平分粮共收 90075. 41 石。[④] 表 3 - 28 是雍正十三年安西及河

---

① 中国第一历史档案馆编:《雍正朝汉文朱批奏折汇编》，雍正十三年正月二十二日，署陕西总督刘於义奏参左都御史孔毓璞等侵粮营司请旨将其革职发审折，江苏古籍出版社 1989 年影印本，第 27 册，第 459 件，第 561—564 页。

② 中国第一历史档案馆编:《雍正朝汉文朱批奏折汇编》，雍正十一年十二月十六日，署陕西总督刘於义奏报镇番县口外柳林湖垦田工程渐已告竣并动支银两数目折，江苏古籍出版社 1989 年影印本，第 25 册，第 486 件，第 644—645 页。

③ 关于雍正十二年柳林湖所种籽种的数量，一种说法是 10372. 77 石。见中国第一历史档案馆编:《雍正朝汉文朱批奏折汇编》，雍正十二年九月二十四日，署陕西总督刘於义屯种及建置仓廒缘由折，江苏古籍出版社 1989 年影印本，第 27 册，第 341 件，第 35 页；雍正十三年八月二十五日，署陕西总督刘於义奏请定屯田久远之规以裕兵食折，江苏古籍出版社 1989 年影印本，第 29 册，第 42 件，第 50—53 页。

④ 中国第一历史档案馆编:《雍正朝汉文朱批奏折汇编》，雍正十三年十二月初七日，署陕西总督刘於义奏报口内口外屯田秋收实数折，江苏古籍出版社 1989 年影印本，第 30 册，第 137 件，第 197—198 页。

西屯地的收成状况①。

表3-28　　雍正十三年安西及河西屯田收成状况　　（单位：石）

屯田名称	籽种数	扣除籽种数	实收平分粮	
柳林湖	11754.7	11754.7	各色粮36714.8896	小麦36652.3882；糜谷41.117；粟谷21.397
三清湾、柔远堡、平川堡	1469	1321.7	各色粮3956.785	小麦2183.642；清稞584.978；粟谷581.531；糜谷577.63；豌豆29.041
毛目城、双树墩等处	2417.2	2417.2	3028.87	小麦2362.94；青稞307.14；粟谷230.7；糜谷128.72
肃州九家窑	980	雇夫耕种，不扣籽种	6611.45	小麦5282.9；青稞1209.6；糜谷118.95
赤金、靖逆、昌马湖、八道沟、踏实、布隆吉、双塔等处	4575.4	24471.21	—	小麦15642.059；青稞6323.552；豌豆1984.71；大麦395.5；糜谷125.2
合计	21196	15292.4	74783.1	

二　屯田在西路军需补给中的作用

从雍正七年到雍正十三年，西路清军的军需补给从一开始就采取运输与屯田相结合的补给方式，肃州以东地区仍然是西路清军的传统补给区。从雍正七年到雍正十三年，仅陕西西、凤、邠、乾等府州运送军粮共动京斗仓谷67万石。②从雍正七年开始，被抛荒的四大屯区被重新开垦，屯田初见成效，随着战局的不断发展，西路清军人数的增加，屯田

① 资料来源于中国第一历史档案馆编：《雍正朝汉文朱批奏折汇编》，江苏古籍出版社1989年影印本，第30册，第197—198页。

② 中国第一历史档案馆编：《雍正朝汉文朱批奏折汇编》，雍正十三年六月十五日，总理陕西巡抚史贻直奏陈豫筹四时买卖拨运仓项折，江苏古籍出版社1989年影印本，第28册，第408件，第608—609页。

开始大量为西路军提供粮食补给，屯田在军需补给中的作用逐渐显著，但西路清军的军需补给主要依靠一些大的军需案来实行。在一些大的军需案中，屯田的作用比较明显，屯田在军需补给中的作用需要放在具体的军需案中才能体现。以具体的军需案而言，屯田所占的比例也是逐渐上升，表3－29是从雍正八年始，屯田在大的军需补给案中所占的比重。

表3－29　各大军需案中屯田所占比重　（单位：石）

时间	军需案名称及补给时段	内地运粮数	屯田提供数量	屯田区域
1730年	驻歇一年口粮 九年六月至十年五月	68332	49037	巴里坤、安西
1731年	—	—	—	—
1732年	十年八月起至十一年八月间	80000	57000	巴里坤、塔尔纳沁、安西
1732年	加增大营兵丁口粮雍正十年 闰五月至十一年八月	11426.3	23407.5	—
1732年	十二年九月至十三年九月 官兵口粮	186372.47	84127	巴里坤、安西、沙州
1733年	吐鲁番维吾尔族民众 十一年九月起至十二年九月	196640.2	37715.56	巴里坤、哈密、安西
1733年	十三年九月至乾隆元年八月	611.2	29429	安西屯田、沙州采买
1734年	—	97011.442	50312.034	巴里坤、河西屯田、安西

资料来源：中国第一历史档案馆编：《雍正朝汉文朱批奏折汇编》，江苏古籍出版社1989年影印本。

从雍正八年开始，哈密以东的屯田就开始为清军提供补给。雍正十年，鉴于河西走廊驻军数量庞大，军需浩繁，清军才在甘、凉、肃募民屯垦，将屯田东扩到河西走廊，直到雍正十二年，河西的屯田才真正有了为清军提供补给的可能。从雍正八年到雍正十一年，为西路清军提供补给的是嘉峪关以西的屯田。从雍正八年到雍正十一年，哈密以东的屯田总量分别是16200、35680、19876、50600石，从上面大的军需案来看，仅哈密以西屯田是无法提供足够多的粮食，所以，从雍正七年开始，查郎阿每年都在安西购买粮食来弥补屯田的不足。雍正八年的住歇口粮案中，需要白面400万斤，当年，巴里坤出产小麦11600石，军营附近屯种的麦、稞，加上沙州雍正七年采买的6000石小麦，雍正九年采买的小麦20200石，“兹约计屯种、采买二项，约可得面四百余万斤”①。除石屯种、沙州采买外，由肃州并嘉峪关外赤金、柳沟、靖逆、布隆吉各卫所仓贮动用12000余石，其余的粮石由内地供支。②

雍正十二年九月，兰州巡抚许容预估了西路清军从雍正十三年九月至乾隆元年八月12个月口粮。鉴于清王朝与准噶尔议和，口外官兵回撤，许容依照前几年办过的成案，预估数量较前案有所减少。许容预计军营需用粳米4300石，粟米65000石，炒面、白面各800万斤。许容划分了口粮的采集区域。粳米4300石仍旧在宁夏采买。粟米65000石在巩昌府属、平凉府属各采买20000石，临洮府属、庆阳府属各采买10000石，秦州并所属采买5000石；所需炒面800万斤，临洮府采买青稞1万石办磨105万斤，西宁府属采买青稞6000石可办磨炒面63万斤，余下炒面632万斤由口内外屯种及沙州采买粮食办磨；白面800万斤由宁夏府属采买小麦24000石办磨白面2592000斤，巩昌府属采买小麦8000斤办磨白面864000斤，直隶秦州并所属采买小麦8000石，可办磨白面864000斤，口、内外屯种收获及沙州采买粮食办磨白面3680000斤。许容议令各府州属先办买粳米4300石，粟米65000石，炒面168万斤，白面432万斤，“其余炒、白面一千万斤缓俟各处屯种收获有数再行凑拨”③，刘於义等再次清点军营官兵人数，官兵跟役余丁共需粮168331石，内除军营屯种收获青稞、续买粮石及挑退撤回官兵存剩口粮外，实只应运粮97011.442石，需粳米3832.66石，粟米40795.68，白面6149379斤，炒面289891.8斤。粳米3832.66石在宁夏采买；粟米40795.68石在沙州采

① 中国第一历史档案馆编：《雍正朝汉文朱批奏折汇编》，雍正八年六月初六日，宁远大将军岳钟琪奏覆年内暂缓进剿各事并请拨银购贮骆驼骆驼粮石折，江苏古籍出版社1989年影印本，第18册，第661件，第889页。

② 中国第一历史档案馆编：《雍正朝汉文朱批奏折汇编》，雍正八年九月十八日，署肃州总兵办理军饷马会伯奏报起运大营米面数目日期暨现在催办各事折，江苏古籍出版社1989年影印本，第19册，第167件，第119—121页。

③ 中国第一历史档案馆编：《雍正朝汉文朱批奏折汇编》，雍正十三年二月初五日，兰州巡抚许容奏报商办西路军营本年八月以后应需口粮采买起运缘由折，江苏古籍出版社1989年影印本，第27册，第517件，第632—634页。

买1000石，蒋洞屯田收获粟米1174.64石，童华屯田收获粟米930石，许容约派粟米内拨运37691.82石；白面6149379斤由蒋洞屯田收获小麦32907.394石，孔毓璞屯田收获小麦8300石，沙州采买小麦6000石办磨，再不敷白面在许容约派白面内拨用；炒面289891.8斤由沙州采买青稞内办磨拨供。除过所需粳米外，所需粟米、白面、炒面，屯田都能够提供。屯田在各类军需口粮中所占比重是不一样的，小麦和青稞是屯田的主要作物，在雍正十三年到乾隆元年的军需补给案中，青稞由于采买量少，几乎没有动用屯田，只是在沙州采买。屯田小麦在军需小麦中占72.37%；由于屯田内所产粟米较少，所占仅为5.16%，即使加上沙州采买也仅占7.61%。但河西、安西屯田加上沙州移民屯种所提供的粮食占到了整个采买案所需粮石的54.54%。估拨军粮的原则是由近及远，"自应先侭大营、沙州、口内及口外屯田收获之麦稞拨运，以省脚价。"[1] 正是由于屯田提供的粮食，使得内地各类军需的采办数量减少，运输费用大为节省。内地已经采办的口粮作如下处理：刘於义等所拨白面、炒面俱系沙州口内、口外收获之麦稞，许容案已经办磨之麦斤亦应照刘於义等所奏，将未经办磨的小麦、青稞停其办运，其已经办运者再于未办运之屯粮内酌量停办。粳米一项原派宁夏府属采买运送粳米照实需之3832.68石买运，其余停止采办。已经起运面斤俱运送肃州在屯田粮内减除，临洮等属已经起运粟米有63000石，除照前咨大营应需之数运送肃州外，其余25380.918石截留凉州，已经起运面斤只有白面1728000斤，除大营应需外，其余677019.2斤令变归原项，未运面斤内有宁夏府属新、宝两县运交夏朔等州县小麦6000石，由夏、朔等州县收贮。[2] 表3-30是雍正七年以后西路军所需各类粮食数量。

大的军需案构成了西路清军军需口粮的主要组成部分，除一些大的军需案，有时一些数量较小的口粮也在屯田中补给，例如从雍正八年到

---

① 中国第一历史档案馆编：《雍正朝汉文朱批奏折汇编》，雍正十三年二月初五日，兰州巡抚许容奏报商办西路军营本年八月以后应需口粮采买起运缘由折，江苏古籍出版社1989年影印本，第27册，第517件，第632—634页。

② 中国第一历史档案馆编：《雍正朝汉文朱批奏折汇编》，雍正十三年二月初五日，兰州巡抚许容奏报商办西路军营本年八月以后应需口粮采买起运缘由折，江苏古籍出版社1989年影印本，第27册，第517件，第632—634页。

雍正十年，额敏屯种的青稞有14000石，雍正十年二月，查郎阿计划在此项青稞内磨办炒面60万—70万斤，再加上军营有屯种以及哈密维吾尔族民众屯种收获存贮青稞，解决30000兵三个月炒面843750斤。

表3-30　　雍正七年以后军需粮食数量　　（单位：石）

年份	大营所需粮总数	内地采买种类及数量					屯田种类及数量		屯田提供粮石数
		采买总数	粳米	粟米	青稞	小麦	小麦	青稞	—
1729	155544	155544	1963.116	78072.456	68708.8	—	—	—	—
1730	110132.27	80000	1174.284	35000	26095		31037		31037
1731	—	—	—	—	—	—	—	—	—
1732	170000	137000	—		—	41667	—	—	33000
1733	242638	158511	3035.88	90000	28571	92593	—	28571	
1734	259297.36	196111	5000	80000	19047	9731	55556	35000	84127
1735	97011.442	51255.48	3832.66	37691.82	—	—	2715.36	2761	53075.034

资料来源：《雍正朝汉文朱批奏折汇编》，江苏古籍出版社1989年影印本，第18、19、20、22、23、24、25、27、28、29、30等册。

从表3-30可以看出，由于西路清军数量的变化，每年所需的军需粮食数量是变化不定的，屯田所提供的粮食数量和种类也是不断变化的。但是，由于屯田的产量，尤其是哈密以东屯田的产量是不稳定的。

三　西路清军回撤后屯田的处理

雍正十三年，清军回撤之时，清军在哈密和巴里坤所开屯田原计划留给当地民人耕种，但开垦屯地在官地之内，雍正帝担心会引起当地民众相互争夺，命照原来的亩数在蔡把什湖换给维吾尔族民众2530亩①。蔡把什湖有屯地三万亩，哈密防兵5000名，将来除分驻三堡、塔尔纳沁

① 中国第一历史档案馆编：《雍正朝汉文朱批奏折汇编》，雍正十三年二月初八日，署宁远大将军查郎阿等奏报撤回满洲绿营患病兵丁并湖广等省官兵起程日期折，江苏古籍出版社1989年影印本，第27册，第535件，第660页。

各1000名外，哈密只有3000名，计其兵力只可屯种14000—15000千亩，“总择其肥饶者布种，则收获自丰，计每岁一千四五百石籽种，收成约可抵防兵口粮十之八九。”[①] 安西等处各卫所管屯地计划雍正十三年秋收后拨给安西镇标兵丁承领屯种，作为他们的恒产，所收粮石供支兵丁口粮。赤金、靖逆、昌马湖、八道沟、布隆吉、双塔、踏实堡等处统计官屯下籽种4580京石，靖逆卫属下过籽种753.5石，柳沟卫属之踏实堡籽种地870石被赏给维吾尔族民众，实存籽种地1685.4石应给安西镇兵丁承领屯种。昌马湖2020石田几乎占了安西屯田的一半，但昌马湖屯田土地碱薄，天气寒冷，又远在南山之内，四面皆山，离靖逆120余里，中隔打阪，难以驻兵，难以转运，“目今军需既停，将来米粮日贱，若再行屯种，恐人夫工价口粮费用甚巨，所入不敷，所出甚属无益”[②]，故未拨给安西镇营兵丁，最后只能停止耕种。瓜州籽种地6000石奉旨赏给维吾尔族民众。

凉州府所属柳林湖屯田经过几年屯种以后已成规模。满洲马步兵2600名移驻凉州后，每年需要支给一半本色粮33207石，一半本色料43260石。河西兵多粮少，凉州府五属额征估七粮料只足供凉州镇及各协路绿旗兵丁每岁支给之需。柳林湖屯田正好可以供支驻凉满兵的粮料。由于柳林湖屯田担负着将来驻凉满兵粮料的供支，其善后事宜与其他屯田的处理不同，柳林湖屯地离镇番县100余里，凉州府添设通判一员驻扎镇番，给凉州府水利屯田通判关防1颗，该通判专管春耕秋获以及支放籽种收运粮石，仍责成凉庄道督率稽查。肃州、高台两处屯务亦成规模，高台属之三清湾、柔远堡、平川堡、毛目城双树墩，并肃州属之九家窑，毛目城等处屯田俱系肃、高所属，现今粮石俱运贮肃州后，不需运送即可接济防兵兵粮。不再派屯员管理，仿照直隶屯田之例，归地方官管辖。毛目城离肃州330里，离高台280里，三清湾离高台15里，高台县添设

① 中国第一历史档案馆编：《雍正朝汉文朱批奏折汇编》，雍正十三年七月二十五日，署宁远大将军查郎阿等奏请敕刘於义查核军营奏销各册并派员管理粮务折，江苏古籍出版社1989年影印本，第28册，第657件，第833—836页。

② 中国第一历史档案馆编：《雍正朝汉文朱批奏折汇编》，雍正十三年十二月初七日，署陕西总督刘於义奏请将现在牛具赏给安西屯田镇兵并停止昌马湖屯田折，江苏古籍出版社1989年影印本，第30册，第138件，第200—201页。

县丞1员，驻扎镇夷堡，专管毛目城，双树墩屯田事务，再请添设主簿1员，给高台县水利屯田县丞钤记1颗，高台县水利屯田主簿钤记1颗。专管三清湾、柔远堡、平川堡屯田事务。九家窑离肃州城150里，再添肃州州判1员，给管理肃州屯田兼南山番民事务钤记1颗，管理屯务兼查察南山一带地方事务，肃高两处屯田仍责成肃州道督率稽查。为使屯田经久不废，立劝惩条例。各处屯田俱等兵粮充裕后，听任各屯户永远执业起科。九家窑屯田自丙辰年起，改变照口外屯田雇夫耕种的方式，亦照口内各屯之例，支给籽种，令民分任耕种，收成之后对半平分。①

雍正朝西路军需补给是比较成功的，而屯田在雍正朝的军需补给中发挥了重要作用。雍正朝西北屯田的目的很明确，屯田就是要弥补清军运输补给的不足。从雍正七年西路清军出口以后，为解决西路清军粮食补给，西路清军在哈密、巴里坤、乌鲁木齐等地屯田，随着战事规模的扩大，屯田范围从原来的四大屯区扩展到河西走廊。清军军需粮食主要以青稞、小麦、粟米为主。关西四大屯田提供的粮食种类主要是小麦和青稞，而河西的屯田提供的粮食种类更多样化。屯田不仅部分解决河西驻军的补给，还为西路清军提供了大量的军需，缓解了后方长途运输补给的压力。雍正十三年，屯田粮食几乎占了清军西路军需的一半。李清凌在谈及军事动力型开发时认为，“当边防紧张，驻军增加，军需供不应求的时候，统治者才会将西北的经济开发提上议事日程，从而出现一时的繁荣；而当战事平息，兵员东调以后，西北的经济开发便往往告停”②。雍正朝西路屯田并没有因为清军的回撤而废弃。国家的统一为清代西北的开发提供了良好的社会环境。屯田使得边陲的土地得到重新开发，有利于社会秩序的稳定，社会经济的繁荣和发展，有利于清廷加强西部地区的统治。屯田的成功转型为清代西北开发树立了一种新的模式，这也是清代西北开发不同于前代的显著特征。

① 中国第一历史档案馆编：《雍正朝汉文朱批奏折汇编》，雍正十三年八月二十五日，署陕西总督刘於义奏请定屯田久远之规以裕兵食折，江苏古籍出版社1989年影印本，第29册，第42件，第50—53页。

② 李清凌：《宋朝西北经济开发的动力》，《中国社会经济史研究》2005年第1期。

第四章

雍正朝平准战争军需粮食的运输

“西路军粮，向来俱系官运。”[1] 平准战争期间，西路清军的粮运采用官运。

第一节 陕甘两省的驿递、台站与军需补给

明清时期，作为中西国际通道的陕甘道路交通，虽受沿海水运交通兴起的影响，商贸物资运输的规模萎缩，但由于明清两代对边疆的经略，加之社会经济的发展，甘肃道路交通逐步趋于完善。相对完善的交通为军需物资的运输提供了便利。陕西、甘肃、肃州以西受行政建制、地理形态等因素的影响，道路状况不一。

一 陕甘两省的道路及驿递

（一）陕西至甘肃的道路

明清两朝，陕甘的道路在元朝道路的基础上有新的提高和发展，但由于陕西、甘肃东部地形复杂，群山连绵，道路状况不佳。乾隆朝之前，关中的交通存在很大问题，如明人张治道所言：“关陕偏处西北，阻山带河，号为四塞，舟楫靡通，商贾罕至。”[2] 西安至兰州段是明朝关中通甘肃的主要驿道，清朝称为兰州官道，其基本走向和元朝西京至兰州道相同。明朝时期，从这条驿道上的秦州向南疏通了通成县、两当而入陕西

---

① 《清世宗实录》卷106，雍正九年五月辛未，中华书局1985年影印本，第8册，第400页。

② 张治道：《太微嘉靖集》卷6《钱议》，明嘉靖三十一年汾州孔天胤刻本影印。

的故道。从巩昌向南疏通了经漳县、岷县、而达阶州的路线。历来由关中平原至甘肃的道路有三条：通常所说的南、北、中路。“历来兵行自陕至甘，原有南、北两路，南路由陕省之陇州而入甘省之清水县乃南路也；北路则由陕省之长武县而入甘省之泾州，两路皆可行走。”[①] 由凤翔经陇州至清水、秦州、巩昌、临洮抵兰，这是原古丝绸大道南线，被称为南路。由西安经长武进入甘肃泾州、平凉、隆德、静宁、会宁、巩昌、安定至兰州，这条路线经过六盘山路段，被称为北路。另一条道路是由兰州经摩云驿、定羌、陇道、渭源、漳县、宁远、秦州、西和、成县，由两当县进陕西至凤县。

（二）甘肃境内的道路

清代以兰州为甘肃省会，逐渐形成以兰州为中心向省内外辐射的几条道路。

1. 兰州至宁夏

明清之际，兰州通往宁夏有三条主要驿道：第一条是由兰州沿甘新驿道之大通驿岔路北行，经三眼井、白墩子，由营盘水入宁夏至银川；第二条由兰州沿兰州至陕西驿道至瓦亭驿岔路，北行经固原达银川；第三条由兰州北行经蔡家河、玄芪、北湾、靖远，由兴仁堡进入宁夏。

2. 固原大边路线

由盐池和定边交界的饶阳起始，东入陕西榆林和延绥大边相接，西经同心、靖远、皋兰和甘凉大边相接。其中，甘肃境内 500 余里。

3. 自庄浪（平番县）起西南行，经大通河口、老鸦城（今青海境内）、碾伯 3 个驿站至西宁卫共 150 公里，是甘肃入青海的干线驿道之一。

4. 陇南栈道

明清时期，陇南山区干线驿道主要形成两条：一条兰州到四川驿道，主要穿过武都、文县全境；另一条则是从秦州至西和、成县、徽州、两当至陕西。明清之际，陇南山区各条驿道上的栈道都进行过修缮，从而

---

① 《宫中档乾隆朝奏折》，乾隆十九年五月初八日，陕西巡抚钟音奏报雨水田禾粮价折，“台北故宫博物院”1982 年印行，第 16 册，第 375 页。

保证了驿道的畅通。

5. 西北路

这条路线东起兰州，经沙井、苦水、靖边（今古浪县境内）、凉州（今武威），由凉州北行再经三岔、黑山，共14个驿站，820里到镇番卫；由凉州在城驿西行，经怀远、沙河、真景、永昌、水泉、石峡、新河、山丹至甘州，过沙河、抚彝、黑泉、深沟、临水、肃州共17个驿站，464千米而至嘉峪关。甘凉大边路线，全长875千米，中间经过31个驿站。其中不少路段和元朝河西通西域道、西京过宁夏至永昌道相重合。

6. 甘肃通青海道路的改善

明洪武五年（1372），宋国公冯胜修建兰州黄河浮桥，从兰州经永登至青海，致使河西走廊的交通不断得到改善。隆庆元年，河州参将张翼复在黄河上修桥。清朝由兰州通青海有两条主要道路：兰州经定羌、河州、循化而达西宁；兰州经平番（今永登），由大通驿入青海至西宁，这条路线是由明朝甘凉、西宁两条边防路线相接而成。

7. 甘新驿道

甘肃河流较少，地貌以山脉、沙漠、荒原、戈壁为主，交通主要经由陆路进行。甘肃省以黄河为界，分为东、西两部分，甘肃西部的河西走廊，自汉唐起就以是中原与西域的交通要道而著称于世。在清代，它仍是通往新疆地区最主要的道路，可谓甘肃经济的大动脉。同时，清代不断建设驿路。甘新驿道开辟很早，是清朝官府在明朝甘凉大边路线的基础上修竣延伸而成，其基本走向是沿古丝绸大道的遗址由兰州至安西，再由安西分两路：西北行，经白墩子、大泉、马莲井，由猩猩峡进入新疆；西南行，经敦煌、安南坝至和阗。这两条驿道与兰州至西安道相接，成为沟通陕、甘、新三省区交通运输的主要干线驿道。从兰州至甘新交界的猩猩峡长2456里，兰州至乌鲁木齐长4324里，此路为汉唐丝绸之路干线。

二　台站与西路军需补给

平准战争期间，嘉峪关经哈密至巴里坤的台站因战事废置不定。陕甘境内安设的台站，文报传递和军需补给是其最主要的功能，不同路段的西路台站在军需补给中功能各异。此外，为保证文报传递效率，还设置了腰站。

（一）平准战争期间西路台站的安设

由嘉峪关进入新疆的台站因战事废置不定。康熙五十四年（1715）六月，安设一条由嘉峪关直抵巴里坤的台站。康熙五十五年正月，兵丁米、粮不能接济。康熙帝命用山西、陕西小车3000辆，每辆用车夫3名，自嘉峪关至哈密安设12台，每台各分车250辆令其陆续转运。① 雍正四年，雍正帝命安西将军富宁安带兵回撤，从嘉峪关直抵巴里坤的台站被撤，而从嘉峪关经安西到哈密的站道被保留。② 但彼时因哈密驻兵不过1000人，申报文移有限。雍正七年以前，由于清军驻扎在哈密，新疆的台站也是仅延伸到哈密。

雍正七年，西路军出口之前，岳钟琪派临洮道刘柏派拨2000兵丁安设台站，自肃州、嘉峪关之外至黑山湖起安设台站至巴里坤止，共计27站。从肃州至巴里坤的台站，桥弯以西17站，各站均备有水、草、夫马，所需料、豆即在附近安西、靖逆、肃州并哈密等处采买，且各塘俱备有车辆，可不时挽运所需。桥弯至毛害兔中间戈壁10站，地不产草，路途遥远，内备有车辆，途间道路都是沙石，行走艰难，前赴安西、靖逆、哈密等处挽运粮料程途甚远，难以接济。雍正八年，临洮道刘柏请将郭（戈）壁内10塘（台），每塘给驼4只驮运塘马草料，并“补安马一百六十七匹，每匹只日支空草一束”，岳钟琪将在肃运粮驼内每塘拨给驼4只，共给驼40只③。嘉峪关以西的台站由肃州道管辖，雍正七年至十年所费钱粮由肃州道库支④。嘉峪关以西，沿途人口稀少，设立台站，台站既要传递公文和军机要务，亦为来往的军队、运输粮饷的运户供支

① 《清圣祖实录》卷267，康熙五十五年正月辛酉，中华书局1985年影印本，第6册，第620页上。

② 《清世宗实录》卷43，雍正四年四月癸酉，中华书局1985年影印本，第7册，第630页下。

③ 中国第一历史档案馆编：《雍正朝汉文朱批奏折汇编》，雍正十年十二月初六日，兰州巡抚许容奏报凉州以西台站加添车辆转运军需缘由折，江苏古籍出版社1989年影印本，第23册，第595件，第733—734页。

④ 中国第一历史档案馆编：《雍正朝汉文朱批奏折汇编》，雍正十一年十二月十六日，署陕西总督刘於义等奏报肃州军需库数年收支平余银数并请盖造仓厂折，江苏古籍出版社1989年影印体，第25册，第483件，第633页。

草料。

雍正七年以后，西路军驻扎在巴里坤，军需物资运送到哈密，再转运到巴里坤，从哈密到巴里坤分为南、北两路，南路350里，主要有黑帐房塘、南山口塘、羊圈沟塘、松树塘、奎素塘。① 雍正九年，在吐鲁番和巴里坤之间安设台站，巴里坤离吐鲁番740里，每40、50里之间，安设马塘1站，每站安外委千把1名，马兵20名，除本兵各骑马外，再给余马20匹，“以便驰送文报，传递声息”②。安站马匹照例一体议给草豆喂养。雍正十年，岳钟琪率25000兵由巴里坤进军穆垒，为解决粮食运输问题，在巴里坤大营与穆垒之间建立台站，军营至穆垒计程570里共安9站，每站自40、50里以至70里不等，第一站自巴里坤运至搜吉；第二站运至哈毕尔汉；第三站运至乌尔兔泉；第四站运至噶顺；第五站运至库库扯尔；第六站运至科什图；第七站运至乌兰乌苏口；第八站运至阿克他斯；第九站运至木（穆）垒。③

雍正十三年八月，清军撤回之后，西北两路军营不再传递文报，将西路口外台站全撤，鉴于哈密、桥湾等处尚有兵驻防，往来递送文报，“请于马莲井子以东，星星峡以西，各派兵安设马塘，每塘拨给马六匹，以供驰送，应如所请”④。

雍正元年，陕甘曾设立台站运粮。雍正七年以后，为了降低军需粮食的运输成本，陕、甘各州县设立临时台站。“其台站设在州县者，即令州县官专管；在于驿站村堡者，如有驿丞之处，即委驿丞；如无驿丞，即派该州县之佐贰等员前往。”⑤ 如雍正九年，陕西西、凤二

---

① （清）松筠纂定，（清）汪廷楷原辑，（清）祁韵士编纂：《西陲总统事略》卷1，《南北两路军台总目》，台北：成文出版社1968年版，第35—42页。

② 中国第一历史档案馆编：《雍正朝汉文朱批奏折汇编》，雍正九年二月初九日，宁远大将军岳钟琪奏附酌议吐鲁番巴里坤等地军务敬陈广为屯种等管见十六条折，江苏古籍出版社1989年影印本，第19册，第654件，第990—1001页。

③ 中国第一历史档案馆编：《雍正朝汉文朱批奏折汇编》，雍正十年六月二十一日，护宁远大将军岳钟琪等奏报办理转运穆垒及鲁骨庆等处军粮缘由折，江苏古籍出版社1989年影印本，第22册，第606件，第776—777页。

④ 《清世宗实录》卷9，雍正十三年八月己卯，中华书局1985年影印本，第8册，第945页。

⑤ 中国第一历史档案馆编：《雍正朝汉文朱批奏折汇编》，雍正九年三月初六日，宁远大将军岳钟琪等奏覆加增军粮脚价各情并请将已起运军粮加增脚价作正报销折，江苏古籍出版社1989年影印本，第20册，第53件，第86页。

府运米至肃州，“在于州县驿站以及村堡处所，约以四五十里安设台站一所”[①]。甘肃河东地区人口稠密，安设台站较少，运输军需的台站大多安设在人口相对稀少的甘肃凉州以西地区。雍正十一年，议将甘、凉一带台站撤去，改行递运，但高台县至肃州计程270里，递运时民力挽运艰难，刘於义奏请保留盐池的台站，令肃州百姓接运。[②]

西路所安台间的距离不一，台站间的距离与其功能、周边环境有关。粮运台站间的距离与其他台站不同，“运送军粮，口内口外以百里为一站”[③]。这是以运输费的计算标准而言。在内地，粮运台站的设置以驿站为依托，粮运台站的距离介于捷报专线与运兵台站之间。马楚坚认为，“站、塘、台区间道里相距比驿站为短，一般为三十华里”。[④]实际上，捷报台站、粮运台站、运兵台站间的距离不一，马氏所指的是单纯用来传递文报的台站，台站间的短距离保证了文报传递的速度。自捷报处至伊犁9290里间，共有200站，每站间的平均距离约46华里。其中，104处台站之间的距离是30华里。从武威县大河驿至嘉峪关，南线与捷报专线、部分运输台站路线汇合，但南线上的驿站间距大部分超过四十华里，捷报专线台站设置密度比一般驿站密集。捷报专线往往是在驿站中间加入台站（腰站）。粮运台站的间距与运兵台站相比，相对要短。运兵台站是根据其行军速度来设定。在河南省境内自安阳到陕西华阴庙1110里，雍正、乾隆朝两次准噶尔之役，河南境内都按照行程共设4正站、6腰站。乾隆二十一年，吉林、察哈尔兵丁由北京前往巴里坤。河南巡抚图尔炳阿计划在安阳至陕州共设10台，每一宿为一台，每台自90里至140里不等。后来，为了加

① 中国第一历史档案馆编：《雍正朝汉文朱批奏折汇编》，雍正九年三月初二日，宁远大将军岳钟琪奏陈前请增加运粮脚价缘由折，江苏古籍出版社1989年影印本，第20册，第35件，第60页。

② 中国第一历史档案馆编：《雍正朝汉文朱批奏折汇编》，雍正十一年八月二十一日，署陕西总督刘於义等奏报肃州道动支军费移盖房厂以贮军粮缘由折，江苏古籍出版社1989年影印本，第24册，第781件，第957页。

③ （清）阿桂、（清）和珅：《钦定户部军需则例》卷5《运送脚价·陆路运送军粮脚价》，《续修四库全书》第857册，上海古籍出版社2002年版，第112页。

④ 马楚坚：《明清边政与治乱》，天津人民出版社1994年版，第391页。

快行军速度，并合台站，将第一台安阳县，第二台淇县，第五台孟津县，第六台洛阳县4台合并为2台。在陕西西部，雍正朝从南路运粮，从陕西岐山县至甘肃清水县设8站；乾隆年间，从南路运兵，从岐山至清水仅设5站。即便是同一路段，不同时期，粮运台站的距离也不一致。从嘉峪关到哈密，康熙、雍正、乾隆三朝所设粮运台站的数量及台站间的距离不一致。

在嘉峪关以西，台站的设置受地理环境的限制，所有各类台站间距都在40华里以上。例如，苦水到格子烟墩之间的距离达到140里，[①] 盐池台到齐克胜木台之间的距离达到了180里。[②]

在平准战争期间，哈密以西的台站最容易受到准噶尔袭扰，西路清军驻军保护台站。雍正元年十月，抚远大将军年羹尧曾折奏，布隆吉尔驻防兵甚少，厄鲁特蒙古环伺四周，“喇布坦巴苏泰，每令伊属下人截夺台站马驼，应令绿旗兵二千名，调往布隆吉尔交参将孙继宗管辖”[③]。雍正七年，宁远大将军川陕总督岳钟琪疏奏西路清军出兵筹划，管理驻防台站派副将2员，游击2员，守备4员，千把总8员。粮运繁多时，嘉峪关、桥湾、格子烟墩、哈密等地驻扎官员，加强沿途稽查，催趱沿途逗留运户，打击不法运户偷卖车粮等行为。雍正十年八月，西路副将军张广泗等奏请在阔舍图以西之乌阑乌苏口，南山一带之陶赖、无克克岭、北山一带之小阔舍图、色必忒、鄂龙吉、察罕哈麻尔、镜儿泉及粮运台站经由之噶顺、吴尔图、哈必尔汉等处，俱安驻兵丁。[④] 口外部分台站都建有土堡，屯兵储粮，军需补给受到台站驻军保护。雍正十年正月二十二日，黄芦岗台站遭到准噶尔抢劫，署陕西总督查郎阿差员前往将在途粮车转往附近柳沟城、靖逆、赤金、惠回堡、桥湾、卜隆吉等城堡内驻扎，“如果贼夷势重逼近前来，即将台站卷撤回一台再行探

① （清）松筠纂定，（清）汪廷楷原辑，（清）祁韵士编纂：《西陲总统事略》卷3，《南北两路军台总目》，台北：成文出版社1968年版，第35页。

② 昆冈：《钦定大清会典事例》卷688，《兵部》，光绪二十五年重修本，《续修四库全书》，上海古籍出版社，第808册，第599页。

③ 《清世宗实录》卷12，雍正元年十月丁卯，中华书局1985年影印本，第7册，第226页。

④ 《清世宗实录》卷122，雍正十年八月庚申，中华书局1985年影印本，第8册，第605—606页。

听……如再逼近再卷一台，若卷至柳沟、卜隆吉，卜隆吉有城可以驻歇，有收贮草束可以喂养马匹，若探听贼夷逃遁远去，仍旧将各台补设。”① 雍正十一年，大营以东的南山口、松树塘、奎素三处俱驻扎官兵保护粮运。

（二）粮运台站与其他台站的关系

清代西北用兵，顺古代“丝绸之路”经过路线安设的嘉峪关驿道，一般被称为西路军站、军塘或军台。自京师至新疆安设的西路台站分为南北两线，南线自京师皇华驿到直隶保定府、山西、陕西、甘肃等省会抵达嘉峪关，称“官马西路”；北线由京师经长城以内经宣化、于张家口、杀虎口分道，折向西南经山西，陕西，甘肃省北部经灵州花马池、宁夏府、西南经中卫、折西北抵武威与南线驿路汇合，抵达嘉峪关，之后进入新疆哈密。② 在西路台站上，以过去的蒙古驿道或商路为基础，先后设置站、搪、台、驿等机构③。清代的台站到底是一何种性质的组织？台站与“驿”“塘”“卡伦”有何区别？对其性质的认识，许多学者模糊不清。有人认为，“驿”以马匹承驿，传递政府公文和信函；“台”，即军台，飞传军情战报；“塘”，亦称营塘、军塘，以车、驼等运送物资；“卡伦”，用于军事巡逻和联络。④ 陈琦主编的《甘肃公路交通史》一书认为：“台站是清朝末年专供传递公文和军机要务而设置的。”⑤ 如陈氏所言，台站是清末才设。从清初到清末这段时间里，从嘉峪关到哈密地广人稀，沿途并没有驿站，文报是如何传递的？显然上述说法都比较片面。金峰、袁森坡、马楚坚等学者均认为，在准噶尔战争时期，这些机构的功能是相似的，只是由于地域不同而名

---

① 中国第一历史档案馆编：《雍正朝汉文朱批奏折汇编》，雍正十年正月二十五日署陕西总督查郎阿等奏报长流水等处被扰并饬属加紧防范密行防守折，江苏古籍出版社 1989 年影印本，第 21 册，第 615 件，第 743—744 页。

② （清）昆冈：《钦定大清会典事例（光绪朝）》卷 55，光绪二十五年重修本，《续修四库全书》，上海古籍出版社 2002 年版，第 799 册，第 14 页。

③ 金峰：《清代新疆西路台站》，《蒙古史论文选集》第 3 辑，呼和浩特蒙古语文历史学会编印，第 409—411 页。

④ 曹晋：《从乾隆后期陕西、甘肃的米价看两省的市场整合》，《北京大学校长基金论文集》2003 年编印本，第 8 页。

⑤ 陈琦主编：《甘肃公路交通史》，人民交通出版社 1987 年版，第 147—149 页。

称有别。[①] 学者们尤其对台站的信息传递功能论述颇多，对台站的运输功能虽有论及却语焉不详。[②] 台站本身包括军台、营塘、驿站，台站是集军台、营塘、驿站功能的混合机构，尤其是在地广人稀的西北地区，台站的这种混合功能更加明显。台站一般设置在人烟稀少的边陲地区，有时也设置在内地州县。不同的地段，台站的功能侧重点不同。内地州县设置的台站是依托内地的驿站而设，一般都是临时性质的，战时设立，负责前赴边陲军队粮饷的发放，供支运输队的草料，战争结束后，台站即被裁去，只剩下驿站传递文报。例如乾隆二十一年，西征准噶尔，吉林、察哈尔兵丁由北京前往巴里坤。直隶、河南、陕西、甘肃等督抚接到兵部火票，兵部要求各地按照从前的模式预备台站运送兵丁。河南巡抚图尔炳阿从直隶与河南交界的安阳到陕西的华阴庙按照行程安设 10 台，每宿为 1 台，于安阳、淇县、获嘉县、清华镇、孟津县、河涯、洛阳县、铁门镇、英亳镇、陕州共分 10 台，每台自 90 里至 130、140 里不等，每台安设帐房 280 余架，每台共安车 280 辆负责兵丁的运送。[③] 这种台站功能单一，与单纯的传递文报无关。马楚坚在论述西路台站时，道："上述五种不同职能之机构，虽谓大体有所区分，但是一旦遇战事或文报、驰

---

① 金峰认为，它们相互之间区别及分工不是绝对的。相反，在它们相互之间以及它们同民间交通机构之间都有着密不可分的联系。见金峰《清代新疆西路台站》，《蒙古史论文选集》第 3 辑，呼和浩特蒙古语文历史学会编印，第 409—411 页；马楚坚认为，"台、塘、站之设亦与驿站般设有官道，驿站所构成之路线亦与台站者多同，惟里程有异，与职责运用不同而已"。见马楚坚《伊犁御塘之创置与新疆开辟之关系》，《明清边政与治乱》，天津人民出版社 1994 年版，第 391—392 页。

② 例如关维认为"它除承担传递谕令、公文、禀报军情外，还承担运送缴纳贡赋，朝廷赏赐诸物，迎送过往官宦以及转送兵员、粮秣军需等任务……尤其是在保证军需运输和官报文书畅通等方面，起着鼎足于世的作用"。见关维《清代黑龙江驿站的设置以及在边疆开发中的作用》，中国第一历史档案馆编：《明清档案与历史研究》，中华书局 1988 年版，第 899 页。袁森坡认为台站有三大功能：（1）负责传递皇帝的谕旨和封疆大吏的奏折；（2）传送中央各部院与督抚提镇、驻防大臣之间的机要快件公文；（3）运送朝觐、赴任的重要官员、蒙藏贵族。见袁森坡《康雍乾经营与开发北疆》，中国社会科学出版社 1991 年版，第 336 页。刘文鹏认为，台站主要有三大功能，一是文报传递，二是物资转运，三是人员接待，包括官员往来、犯人押运等。见刘文鹏《论清代新疆台战体系的兴衰》，《西域研究》2001 年第 4 期。陈锋认为台站"除便利军行外，主要以运输军粮为大宗，此对战争中的军粮的转运与源源接济，起着至关重要的作用"。见陈锋《清代军费研究（第二版）》，武汉大学出版社 2013 年版，第 175 页。

③ 《宫中档乾隆朝奏折》，乾隆二十一年十二月初三日，河南巡抚图阿炳安奏报办理台站各缘由折，"台北故宫博物院"1979 年印行，第十六辑，第 221—222 页。

驿、转运等工作繁多，供不应求之际，又往往以协济调拨人力物力，行使多种越权超职之功能，所以其职别及其分工颇具弹性”，[①] 台站之间可以协济，例如，康熙五十四年，推河一路的乌喇特、毛明安、四子部落台站，由于遭受雪灾，牲畜损伤，康熙帝怕贻误军需事务，谕令“既现有运米大臣所设台站，遇有紧要事务着将运米台站马匹通用”[②]。但是，在西路台站上，台站分工是很明确的。虽然各类台站在部分路段重合，在凉州以西甚至完全重合，部分粮运台站是以驿站为依托安设。但是承担粮运任务的主要是民夫，民夫利用的主要是牛、马、骡等牲畜，不具备协济的能力，不存在粮运台站与文报台站之间互相交换运输工具协济，“官马西路”与捷报专线二者平时不允混用。运送朝觐、赴任的重要官员、蒙藏贵族也是台站的功能。例如，康熙五十八年，甘肃巡抚绰奇在预备安站马内拨送 130 匹，添补巴里坤、哈密的台站。“不令应付一切事件，止酌给自策妄阿喇布坦处来投顺之人及差来使人乘骑。”[③] 乾隆二十四年，巴达克山、安集延等回部陪臣入觐，乾隆帝两次谕令经过台站准备好马匹。[④] 但这种台站任务的性质决定了其不会承担粮运任务。

由于军需物资的种类、数量不同，军需物资的运输并不是单独由驿站或递运所，或粮运台站来完成的。尤其是清代康熙、雍正、乾隆朝对西北用兵，军需粮石需求数量较大，时间紧迫，驿站、递运所、粮运台站都不能在军需运输中独当一面，往往是根据不同情况，充分发挥三者的功能。

（三）台站与西路军需补给

1. 凉州以东的台站与军需补给

平准战争期间，陕甘是西路清军的运输补给区。补给区的粮食运送

---

① 马楚坚：《明清边政与治乱》，天津人民出版社 1994 年版，第 431 页。

②（清）傅恒等奉敕纂：《平定准噶尔方略》前编卷 2，康熙五十四年六月己亥，景印文渊阁四库全书，第 357 册，第 48 页。

③《清圣祖实录》卷 284，康熙五十八年四月壬戌，中华书局 1985 年影印本，第 6 册，第 772 页。

④《清高宗实录》卷 601，乾隆二十四年十一月甲子，中华书局 1986 年影印本，第 16 册，第 736—737 页。

到西路清军的补给中枢肃州，再经哈密转运到巴里坤等地。在雍正元年以前，凉州以东就设立台站运送军粮。陕甘两省承办西路军需，所承担数额不均，雍正年间，甚至有“陕属承办者十之二、三，甘属承办者十之七、八”① 之说。就甘肃而言，“论军需总汇自是凉州以西，而分派转运则实多在宁夏以及河东各属”②。陕西的军粮在向西转运过程中，分为南、北两路，“陕省运肃米石，南路必由秦、巩、临洮，北路必由泾州、平凉，复自兰、凉、甘”③。康熙五十五年，陕西盩厔县主事张寅押解骡马渡过渭河，从武功经凤翔、秦州、临洮、兰州等府县到达凉州，张寅所走的路线就是南路。④ 南路自扶风至陇州咸宜关道路平坦，可以车载，而自咸宜关以西至清水县社树坪山路崎岖，都是雇觅牲口驼运；北路自乾州至泾州俱系车行大路，雇觅车辆挽运。⑤ 在陕西西部，北路与西路台站的南线，即“官马西路”的路线是重合的。北路粮运进入甘肃境在瓦亭驿分路，“北路自平凉属之泾州入甘肃境，走瓦亭驿走固原直达甘、肃，向系行车大道，驴、骡车辆兼用，其由瓦亭走六盘山经兰州过河者多系高脚”⑥。

陕西、甘肃河东各属运粮至肃州，路途遥远，道路状况及运输工具、运费都制约着运输方式的选择。直运（本运）、递运（滚运、转运）两种

---

① 中国第一历史档案馆编：《雍正朝汉文朱批奏折汇编》，雍正七年七月初十日，宁远大将军岳钟琪奏报拨陕西公用银三万两以济甘肃军需杂项支用折，江苏古籍出版社 1989 年影印本，第 15 册，第 596 件，第 734 页。

② 中国第一历史档案馆编：《雍正朝汉文朱批奏折汇编》，雍正十一年正月十七日，兰州巡抚许容奏请敕部将河东各府州及宁西两属改捐本色各款速议施行折，江苏古籍出版社 1989 年影印本，第 23 册，第 703 件，第 868 页。

③ 中国第一历史档案馆编：《雍正朝汉文朱批奏折汇编》，雍正十一年十一月二十一日，兰州巡抚许容奏报遵旨预筹照看陕省运粮事宜情形折，江苏古籍出版社 1989 年影印本，第 25 册，第 367 件，第 468 页。

④ 张寅：《西征纪略》，载吴培丰整理《丝绸之路资料汇钞·清代部分上》，中国文献珍本丛书，1986 年。

⑤ 《明清档案》，雍正十年九月十一日，协办陕西巡抚史贻直揭报拨解甘省米石用过脚价等项银两。张伟仁主编：《明清档案》，台北“中研院”历史语言研究所，1986 年，第 53 册，A53 - 82 - （10 - 4）；B30474。

⑥ 中国第一历史档案馆编：《雍正朝汉文朱批奏折汇编》，雍正九年五月十二日，兰州巡抚许容奏报拨运西凤两府军粮赴甘粮肃等事及甘省雨水调匀折，江苏古籍出版社 1989 年影印本，第 20 册，第 346 件，第 513 页。

方式各有优劣，“长运由本地起程，运至该处交卸，长途数千里，车骡损伤，人役疲乏在所不免。而递运即在一、二百里内，络绎转输稍觉便宜”[①]。递运经常是跟台站联系在一起。长运、设台递运在康熙、雍正元年的运米过程中暴露出了弊端。康熙五十七、五十八年，西、凤等府长运米不过四万石，“西、凤运米农民畏惧跋涉，多被地方光棍包揽，此种光棍索取重价，往往行至中途，弃粮远飙”[②]，导致米不能运至甘、凉。

雍正八年始，陕甘各府属挽运军粮至肃州，每石每百里给运费1钱5分。由于运费不足，导致民夫出钱帮贴，“里民运米一石，每百里除给领脚价一钱五分之外，帮添银一钱三四分至一钱四五分不等”[③]。雍正九年，岳钟琪误判战局，陕甘停止向肃州运粮。雍正帝采纳岳钟琪的建议，蠲免甘肃、西安各属的钱粮来弥补此前的帮贴。由于战局突变，宁、平、临、巩急运粟米46000石赴肃州，为解决运输过程中的帮贴弊端。岳钟琪将运输费用提高1倍，每石每百里给脚价3钱，宁、平、临巩等府运粮至凉州，再由肃州拨运骡车4千辆赴甘、凉接递转运。[④] 如果脚价增加到3钱，西、凤等府将运米15万石、麦面630万斤赴肃，仅单程运费多出近80万两。雍正帝不满岳钟琪前后矛盾的做法，“此办理非经久知道，朕甚不以为然”[⑤]。为了杜绝帮贴的弊端，节省运输费用，岳钟琪、许容、查郎阿建议西、凤等府州县的15万石粟米应递运或者转运肃州。“惟沿途

① 中国第一历史档案馆编：《雍正朝汉文朱批奏折汇编》，雍正十一年十月初四日，兰州巡抚许容奏陈史贻直等执意将陕省军需米石运交秦泾不肯直运肃州折，江苏古籍出版社1989年影印本，第30册，第412件，第650页。

② 中国第一历史档案馆编：《雍正朝汉文朱批奏折汇编》，雍正九年四月初六日，宁远大将军岳钟琪奏覆多尔吉等所言实属不确等情并再陈西凤两府运粮事宜折，江苏古籍出版社1989年影印本，第20册，第187件，第273页。

③ 中国第一历史档案馆编：《雍正朝汉文朱批奏折汇编》，雍正九年正月二十日，宁远大将军岳钟琪奏请将加赠运粮脚价敕部存案折，江苏古籍出版社1989年影印本，第19册，第563件，第843页。

④ 中国第一历史档案馆编：《雍正朝汉文朱批奏折汇编》，雍正九年正月二十日，宁远大将军岳钟琪奏请将加赠运粮脚价敕部存案折，江苏古籍出版社1989年影印本，第19册，第563件，第843页。

⑤ 中国第一历史档案馆编：《雍正朝汉文朱批奏折汇编》，雍正九年三月初六日，宁远大将军岳钟琪等奏覆加增军粮脚价各情并请将已起运军粮加增脚价作正报销折，江苏古籍出版社1989年影印本，第20册，第53件，第85页。

州县设立台站接地转运，既于民力不劳而于粮运更速。①”

运粮台站安设在州县驿站、村堡处所，台站之间的距离约为40、50里。如州县管辖的地域广袤，应设立数站。各台站令委员安站协同地方官经理。地方官召集民间车辆赴台站领运。以本地邻近之居民按站递运。台站周围居民僻少，车辆不足时，从附近僻路州县雇募夫役车骡、驴头赴站协济。每站安设专司，或者各州县自差人役押运。各地方营汛驻防兵丁逐起押运，沿途塘汛兵丁挨站接替。北路以长武为界，由平凉、静宁、安定至兰州，南路以清水为界，由秦州、巩昌、临洮一路递运至兰州，陕、甘各派同知等官员在交接地方驻扎，“专司交收接替之事，以免彼此歧视”②。运输费按照台站程途里数发给，从西凤至兰州，每米1京石或者面130斤，每百里给脚价银1钱6分，从兰州至肃州，每百里2钱。“如此，挨站递运不劳民力，更可节省运价，而里民帮贴之弊可以杜绝矣。”③

递运方法，凡每一台站收发粮石，散给脚价，俱须委员专门负责。台站设在州县者，即令州县官专管；台站设在驿站村堡者，如有驿丞之处，即委驿丞负责；如无驿丞，即派该州县之佐贰等员前往负责。各该州县仍多拨老诚书役、乡保人等在台站，点验、押运粮石，仍令沿途道府大员于粮运经过所辖境内，按数稽查应给运价。

但雍正帝肯定了巡抚武格直运肃州的方式，“武格等之议，朕意深以为然。今岳钟琪、查郎阿又为递转之议，是与雍正元年设台盘运相同，将来必有派拨协济之累，或更有各台以交接卸责。至将米石灌水、掺沙者，从前误累岂可复蹈，递运之说，实不可行”④。雍正九年四月，岳钟

① 中国第一历史档案馆编：《雍正朝汉文朱批奏折汇编》，雍正九年三月初六日，宁远大将军岳钟琪等奏覆加增军粮脚价各情并请将已起运军粮加增脚价作正报销折，江苏古籍出版社1989年影印本，第20册，第53件，第85页。

② 中国第一历史档案馆编：《雍正朝汉文朱批奏折汇编》，雍正九年三月初六日，宁远大将军岳钟琪等奏覆加增军粮脚价各情并请将已起运军粮加增脚价作正报销折，江苏古籍出版社1989年影印本，第20册，第53件，第85页。

③ 中国第一历史档案馆编：《雍正朝汉文朱批奏折汇编》，雍正九年三月初六日，宁远大将军岳钟琪等奏覆加增军粮脚价各情并请将已起运军粮加增脚价作正报销折，江苏古籍出版社1989年影印本，第20册，第53件，第85页。

④ 中国第一历史档案馆编：《雍正朝汉文朱批奏折汇编》，雍正九年四月初六日，宁远大将军岳钟琪奏覆多尔吉等所言实属不确等情并再陈西凤两府运粮事宜折，江苏古籍出版社1989年影印本，第20册，第53件，第85页。

琪再次为设台递运辩解：

> 至于递运之法，派拨协济固所不免，若沿途州县地方不大，或安站过多，本地民人牲畜不敷安站之数，势必于附近大道两边州县地方照数雇募，虽经由之大道非该州县管辖地方，而百姓同属王臣，自应均其劳逸，何得冲途者独劳，而偏僻者独逸也。况州县地方，远者百里，近者数十里，并无远行跋涉之苦，且脚价无亏，而偏僻之民更乘此觅利。至于搀沙灌水之弊容或有之，总在慎选押运收粮之官，其弊可除，况又有护运之汛弁、塘兵行住稽查，而布袋封口俱用钤记，设有此弊，不难觉察，非若长运之弊端更甚。①

此次军粮直运甘、凉，南路自清水县入甘肃境，北路自泾州入甘肃境，经由平凉、隆德运粮者必取道六盘山。六盘山道路崎岖狭窄，不能行车，只能依靠牲口驮运。"有羸驴、骡驼运由兰州一路行走者，有牛车拉运由固原一路行走者。"② 雍正十一年，在六盘山上开凿了车道。③

雍正九年十月，陕西接到户部咨文，凤翔府、邠、乾二州分拨粟米3万石通过台站递运秦、泾二州。台站的设置与各州县之间距离有关，例如，南路陇州210里至清水县，清水县100里至秦州。在递运过程中，陇州至清水县被分为3站。清水县至秦州安设2站。南路之粮即令扶风运交岐山，岐山、郿县俱运交凤翔，凤翔运交汧阳，汧阳运交陇州，陇州运交咸宜，咸宁关运交长宁驿，长宁驿运交清水县，清水县运交社树坪，社树坪运至秦州；北路之粮由乾州运交永寿，永寿运交邠州，邠州运交

---

① 中国第一历史档案馆编：《雍正朝汉文朱批奏折汇编》，雍正九年四月初六日，宁远大将军岳钟琪奏覆多尔吉等所言实属不确等情并再陈西凤两府运粮事宜折，江苏古籍出版社1989年影印本，第20册，第87件，第273—278页。

② 中国第一历史档案馆编：《雍正朝汉文朱批奏折汇编》，雍正九年七月二十二日，陕西布政使硕色奏报挽运甘凉肃宁等处粟米事宜折，江苏古籍出版社1989年影印本，第20册，第675件，第957页。

③ 中国第一历史档案馆编：《雍正朝汉文朱批奏折汇编》，雍正十一年二月二十六日，兰州巡抚许容奏请凿六盘山车路节省民力以济军需折，江苏古籍出版社1989年影印本，第24册，第32件，第39页。

长武，长武直运泾州。[①] 十二月，甘肃巡抚许容接到户部咨文，需要从甘、凉、宁夏及西安拨运秦、泾米内拨运粟米22573石运肃州。许容采用两种运输方式并行的办法，"查州县转运与安站递运同属此民，原无二致，而按县转接不觉烦扰，亦易管辖，并无偷窃掺和等弊，官民称便……此番粮运繁多，尤未便拘于一说"[②]。查郎阿负责凉州以西，许容负责平、临等处，"自凉州以西附近肃州，听查郎阿酌量安设并嘱其安顿如法无误，军需无妨农事。其凉州以东者，除辟地州县拨运之米仍直运肃州，以减甘凉承接，其余或逐县递运，或径运凉州，或运至兰州，由兰州运凉"[③]。雍正十年，陕省邠、乾二州及西安府以西属县派拨粟米5万京石，运交平凉府。此次运米照依前次安台递运泾、秦之例运至泾州，令泾州之民接运平凉。[④]

雍正十一年，陕西西、凤、邠、乾等府拨粟米6万石赴肃，陕甘两省都不愿过多承担此次运输任务。从九月至十一月，双方均以民力疲乏为辞，通过奏折、公函、信札就运输方式争论不休。兰州巡抚许容以承担运送八月以前10万石粮食赴肃为由，奏请此次运米由陕西官员雇运户直运肃州，甘省负责维护沿途桥梁道路，并提供平价粮草。史贻直以雍正九年长运到肃，"人夫牲畜十有余万，跋涉长途甚为苦累，……以为长运艰难，不若仍为递运"[⑤]，拒绝接受许容的方案。九月二十日，许容接到史贻直的咨文，"以西安司道府州县纷纷详禀不肯直运肃州，仍议运交

① 张伟仁主编：《明清档案》，雍正十年九月十一日，协办陕西巡抚史贻直揭报拨解甘省米石用过脚价等项银两，台北：联经出版事业公司1986年版，第53册，A53—82（10—3）；B30473。

② 中国第一历史档案馆编：《雍正朝汉文朱批奏折汇编》，雍正十年正月二十五日，兰州巡抚许容奏报遵奉廷议续拨军营所需粟米及商运各属米麦等情折，江苏古籍出版社1989年影印本，第21册，第613件，第740页。

③ 中国第一历史档案馆编：《雍正朝汉文朱批奏折汇编》，雍正十年正月二十五日，兰州巡抚许容奏报遵奉廷议续拨军营所需粟米及商运各属米麦等情折，江苏古籍出版社1989年影印本，第21册，第613件，第740页。

④ 中国第一历史档案馆编：《雍正朝汉文朱批奏折汇编》，雍正十年十二月十八日，兰州巡抚许容奏明变通筹运西路官兵军需口粮缘由折，江苏古籍出版社1989年影印本，第23册，第646件，第787页。

⑤ 中国第一历史档案馆编：《雍正朝汉文朱批奏折汇编》，雍正十一年十一月初二日，署陕西巡抚史贻直等奏覆将陕省米石递运肃州军营情由折，江苏古籍出版社1989年影印本，第25册，第248件，第321页。

泾、秦”[①]。署陕甘总督刘於义也通过信函，劝说许容接受递运方案。许容认为，自西路运兵以来，甘省历年通过长运、短接、台运、递运等方式承办的军粮近百万石，前两次奏拨陕西粟米12万石，“而臣不求其长运者以甘民尚觉从容也”[②]。经过廷议，此次运米采取折中办法，“应将此次陕省协运米石准令陕省运肃，到甘省后，令许容加意照看，如遇车骡损伤，即令许容酌量添补”。[③]

2. 台站与凉州至肃州的军需运输

雍正元年，凉州以西曾设台递运西路军需。从雍正七年至雍正十一年，运粮方式不断变化。“始而长运肃州，继而中途接运，后又改为逐县递运。”[④] 凉州至肃州的台站反复设置。雍正七年，运送西路军需，署大将军查郎阿在总督任内议定凉州以西，“每台安车两运，每运安车一百二十五辆，共安车二百五十辆，每日运粮五百石，往回更替”[⑤]。以当时的运输量计算，“每岁三百六十五日，即一日不虚，亦只能运到肃州粮十八万石”[⑥]。雍正八年，山丹县知县翟容銮将军需物资堆积在峡口驿，不竭力赶运，遭到甘肃巡抚许容参奏，暴露了台站递运的弊端。[⑦] 其实，在递

---

① 中国第一历史档案馆编：《雍正朝汉文朱批奏折汇编》，雍正十一年十月初四日，兰州巡抚许容奏陈史贻直等执意将陕省军需米石运交秦泾不肯直运肃州折，江苏古籍出版社1989年影印本，第30册，第412件，第650页。

② 中国第一历史档案馆编：《雍正朝汉文朱批奏折汇编》，雍正十一年十月初四日，兰州巡抚许容奏陈史贻直等执意将陕省军需米石运交秦泾不肯直运肃州折，江苏古籍出版社1989年影印本，第30册，第412件，第650页。

③ 中国第一历史档案馆编：《雍正朝汉文朱批奏折汇编》，雍正十一年十月初四日，兰州巡抚许容奏陈史贻直等执意将陕省军需米石运交秦泾不肯直运肃州折，江苏古籍出版社1989年影印本，第30册，第412件，第650页。

④ 中国第一历史档案馆编：《雍正朝汉文朱批奏折汇编》，雍正十一年正月二十二日，甘肃按察使李世倬奏陈酌量变通陕甘粮运管见折，江苏古籍出版社1989年影印本，第30册，第364件，第570页。

⑤ 中国第一历史档案馆编：《雍正朝汉文朱批奏折汇编》，雍正十年十二月初六日，兰州巡抚许容奏报凉州以西台站加添车辆转运军需缘由折，江苏古籍出版社1989年影印本，第23册，第595件，第733页。

⑥ 中国第一历史档案馆编：《雍正朝汉文朱批奏折汇编》，雍正十一年正月二十二日，甘肃按察使李世倬奏陈酌量变通陕甘粮运管见折，江苏古籍出版社1989年影印本，第30册，第364件，第570页。

⑦ 张伟仁主编：《明清档案》，雍正八年二月十一日，甘肃巡抚许容揭报县官殆玩站务，台北：联经出版事业公司1986年版，第53册，A42－76，B23993。

运过程中，长运也被采纳。雍正九年，甘凉所属增办粮、料共46000石，由武威、永昌、山丹、张掖、高台等县递运至肃，“各府州县原运车户内有情愿长运至肃州者，听其长运，其余俱皆递运”[①]。地方官因递运不及，纷纷请求加添台站车辆，或逐县递运与台站递运并行，“查郎阿以每日运粮五百石原系休息民力，若加添车辆与原意不符，未经准行”[②]。运力不足导致军粮壅滞在凉州、甘州，而肃州又缺乏粮食转运大营，此外台站运输的其他弊端也暴露出来：

> 至凉州以西台站，近台之民非不称便，但台站夫役近者固有，而远者亦多，终年在台，总无休息，且各台官只能经理收发粮装，其行走之迟速不能稽查，故到台每有先后而粮石运至壅积。再日久弊生，偷窃搀合往往不足原数，而安台地方又不能处处大村大镇，露地堆积，遇有雨雪不免折损，到肃短少。问之台官而台官以为止司收发，原未亲身管押；问之甘凉地方官，而甘凉地方官以为起运有河东州县，经理有各台台员；问之河东州县，而河东州县以为到粮交收已明，过凉偷窃与伊无涉，种种不便难以枚举。[③]

雍正十年三月，查郎阿尊奉廷议，檄委临洮道李元在凉州以西至肃州再次安设台站。[④] 署陕甘总督刘於义饬行甘、凉、肃各道府州县，每台每运加车125辆，每日运粮1000石。为了杜绝偷漏弊端，查郎阿责成知府菩萨保督同台官逐一盘查由河东运至凉州粮石，“如有短少，即令补足再行

---

① 中国第一历史档案馆编：《雍正朝汉文朱批奏折汇编》，雍正九年四月初九日，办理肃州军需孔毓璞奏报驻歇官兵一年口粮全数起运并续拨粮面现已起运折，江苏古籍出版社1989年影印本，第20册，第208件，第305页。

② 中国第一历史档案馆编：《雍正朝汉文朱批奏折汇编》，雍正十年十二月初六日，兰州巡抚许容奏报凉州以西台站加添车辆转运军需缘由折，江苏古籍出版社1989年影印本，第23册，第595件，第733页。

③ 中国第一历史档案馆编：《雍正朝汉文朱批奏折汇编》，雍正十一年正月二十二日，甘肃按察使李世倬奏陈酌量变通陕甘粮运管见折，江苏古籍出版社1989年影印本，第30册，第364件，第570页。

④ 中国第一历史档案馆编：《雍正朝汉文朱批奏折汇编》，雍正十年三月初九日，兰州巡抚许容奏报各处民情踊跃粮运无误情形折，江苏古籍出版社1989年影印本，第21册，第811件，第996页。

逐台转运，更着凉州以西地方官，添派人役协同稽查，如有掺和偷窃，不得专诿管台之佐微员”[①]。但台站递运的弊端并没有因增加车辆而解决，“前因凉甘堆贮已多，经该地道府详议加添车辆，目今虽稍疏通，而法太尽善究属难行之”[②]。李世倬奏请变通凉州以西的台站，“或照河东仍改递运，亦或递运之中于粮石众多之时，量甘、凉民力间用接运，更或有州县相距路远，应于中间安设台站者亦即酌量安设”[③]。雍正十一年，甘、凉一带转运军需的台站被撤去，改行递运。高台县至肃州 270 里，民力挽运艰难，仍在盐池独设一台，令肃州百姓接运。[④] 从雍正七年至雍正十三年，仅陕西西、凤、邠、乾等府州通过直运或递运到河西、肃州的军粮达 67 万京石。[⑤]

3. 台站与肃州以西的军需

肃州以西地更广人更稀，肃州的军需物资只能经过安设的台站运至哈密、巴里坤。康熙五十四年，西安将军席柱、吏部尚书富宁安曾建议夺取吐鲁番，沿途设站运米。[⑥] 康熙帝令兵部、理藩院各遣章京一员在甘、肃等州县调取人马安设台站，派部院衙门笔帖式坐台，巡抚绰奇兼用车辆运送哈密之米尾随大兵直至巴里坤。[⑦] 康熙五十五年，康熙帝命自

---

① 中国第一历史档案馆编：《雍正朝汉文朱批奏折汇编》，雍正十年十二月初六日，兰州巡抚许容奏报凉州以西台站加添车辆转运军需缘由折，江苏古籍出版社 1989 年影印本，第 23 册，第 595 件，第 733 页。

② 中国第一历史档案馆编：《雍正朝汉文朱批奏折汇编》，雍正十一年正月二十二日，甘肃按察使李世倬奏陈酌量变通陕甘粮运管见折，江苏古籍出版社 1989 年影印本，第 30 册，第 364 件，第 570 页。

③ 中国第一历史档案馆编：《雍正朝汉文朱批奏折汇编》，雍正十一年正月二十二日，甘肃按察使李世倬奏陈酌量变通陕甘粮运管见折，江苏古籍出版社 1989 年影印本，第 30 册，第 364 件，第 570 页。

④ 中国第一历史档案馆编：《雍正朝汉文朱批奏折汇编》，雍正十一年八月二十一日，署陕西总督刘於义等奏报肃州道动支军费移盖房厂以贮军粮缘由折，江苏古籍出版社 1989 年影印本，第 24 册，第 781 件，第 957 页。

⑤ 中国第一历史档案馆编：《雍正朝汉文朱批奏折汇编》，雍正十三年六月十五日，总理陕西巡抚史贻直等奏陈豫筹因时买卖拨回仓项折，江苏古籍出版社 1989 年影印本，第 28 册，第 480 件，第 608 页。

⑥ （清）傅恒等奉敕纂：《平定准噶尔方略》卷 2，康熙五十四年六月甲戌，景印文渊阁四库全书，第 357 册，第 43 页。

⑦ （清）傅恒等奉敕纂：《平定准噶尔方略》卷 2，康熙五十四年六月戊寅，景印文渊阁四库全书，第 357 册，第 44—45 页。

嘉峪关至哈密安设12台，转运军粮。① 自哈密经科舍土岭南、北口至巴里坤安设六台，由兵丁捧驼运送巴里坤。② 雍正年间从嘉峪关外运粮，自嘉峪关之黑山湖起至哈密共21站。从哈密运粮到巴里坤分为南、北两路，北路的车行大道直达巴里坤，但深秋以后天气寒冷，北路不能行走，每年三月中旬以后，粮车由北路直运大营。南路中隔大坂，险峻不能行车，雍正十一年，南路山路被修通，绕过大坂可以行车，则夏、秋亦由南路直达大营。③ 南路350里安设6站，主要有黑帐房塘、南山口塘、羊圈沟塘、松树塘、奎素等塘站。④

赖福顺认为，官运是通过台站运输，商运又称长运。⑤ 这种划分方式是有问题的，从肃州运粮至哈密、巴里坤，无论官运、商运，承担运输任务的主要是民夫。康熙朝从肃州运粮至哈密、巴里坤，长运、递运两种方式都被采用。康熙五十五年七月，陕西盩厔县主事张寅从丰乐铺运粮千石途经河西到达肃州，经过台站将粮食运送到哈密、巴里坤。清军采取的就是长运的方式。⑥ 乾隆朝从肃州设台递运也有商人参与，乾隆二十年，自肃州至设哈密19站，商民承买官骡，安车3800辆，从肃州转运军需物资到哈密、辟展等地。⑦ "虽肃州至军营皆系运户揽运不致累民，而内地临、巩、甘、凉等府之挽运在俱需民力。"⑧

可见，运输主体与运输方式无关，官运、商运都要采用长运的形式。运输依靠的动力是牲畜，运输途中粮车需要在台站歇息、交卸、起

---

① 《清圣祖实录》卷267，康熙五十五年正月辛酉，中华书局1985年，第6册，第620页。

② 《清圣祖实录》卷268，康熙五十五年闰三月辛巳，中华书局1985年，第6册，第628页。

③ 中国第一历史档案馆编：《雍正朝汉文朱批奏折汇编》，雍正十一年四月二十七日，署宁远大将军查郎阿等奏报修通大坂山路直达大营以利粮运情由折，江苏古籍出版社1989年影印本，第24册，第340件，第407页。

④ （清）松筠纂定，（清）汪廷楷原辑，（清）祁韵士编纂：《西陲总统事略》卷3，《南北两路军台总目》，清嘉庆十四年序刊本，第52—53页。

⑤ 赖福顺：《乾隆朝重要战争之军需研究》，"台北故宫博物院"1984年印行，第202页。

⑥ （清）张寅：《西征纪略》，载吴培丰整理《丝绸之路资料汇钞·清代部分上》，中国文献珍本丛书，中华全国图书馆文献缩微复制中心编，1986年。

⑦ 《清高宗实录》卷583，乾隆二十四年三月己酉，中华书局1986年影印本，第16册，第466页。

⑧ 《宫中档雍正朝奏折》，雍正九年十月初二日，宁远大将军岳钟琪奏陈西路大军防守并进剿之策略折，"台北故宫博物院"1979年印行，第十八辑，第886页。

发粮食，补给粮草。肃州、口外各台站都备有粮草接济运户，台站是运户补给粮草的枢纽，各站草束，“接济运户支给者，照依原价于运价内扣除归项”①。随着战局的发展，运粮台站不断向前延伸。雍正十年，岳钟琪率兵由巴里坤进军穆垒。递运军粮的台站由巴里坤延伸到穆垒。军营至穆垒570里共9站，每站自40里至70里不等：第一站自巴里坤运至搜吉；第二站运至哈毕尔汉；第三站运至乌尔兔泉；第四站运至噶顺；第五站运至库库扯尔；第六站运至科什图；第七站运至乌兰乌苏口；第八站运至阿克他斯；第九站运至穆垒。岳钟琪于驻巴里坤官兵内拨两千名分驻峩崘矶、搜吉、哈毕尔汉、乌尔兔泉、噶顺，驻穆垒官兵内派拨防护库库扯尔、科什图、乌兰乌苏口、阿克他斯4站。8站之中，除搜吉现有土堡可以贮粮，“其余各站俱请建筑土堡一座，驻兵歇车以资储御”②。

第二节　军需运输工具及牲畜的购置

一　军需运输工具的选择

“窃查西路军需各项，陕属承办者十之二、三，甘属承办者十之七、八，且陕属所办各项俱于甘、凉齐集出口。”③“甘、凉、肃固少积贮，而河东各府及西宁两属现在仓存亦属无多，论军需总汇自是凉州以西，而分派转运则实多在宁夏以及河东各属。”④大量粮食、银鞘、军服等各种军需物资源源不断由陕、甘诸州县运往军需总汇肃州，再运往哈密、巴里坤等地，依靠的主要运输工具有马匹、骆驼、骡车、驴。以上运输工具的选

---

① 中国第一历史档案馆编：《雍正朝汉文朱批奏折汇编》，雍正十二年八月初三日，署陕西总督刘於义等奏报动拨银两如数采割购买军需草束分贮各站以备供支折，江苏古籍出版社1989年影印本，第26册，第650件，第778页。

② 中国第一历史档案馆编：《雍正朝汉文朱批奏折汇编》，雍正十年六月二十七日，护宁远大将军岳钟琪等奏报运送穆垒军粮安站护递酌更卡伦缘由折，江苏古籍出版社1989年影印本，第22册，第639件，第618页。

③ 中国第一历史档案馆编：《雍正朝汉文朱批奏折汇编》，雍正七年七月初十日，护宁远大将军岳钟琪奏请拨陕西公用银三万两以济甘肃军需杂项支用折，江苏古籍出版社1989年影印本，第15册，596件，第743页。

④ 中国第一历史档案馆编：《雍正朝汉文朱批奏折汇编》，雍正十一年正月十七日，兰州巡抚许容奏请敕部将河东各府州及宁西两属改捐本色各款速议施行折，江苏古籍出版社1989年影印本，第23册，第703件，第868页。

择与当地的交通状况有直接关系，根据不同地段，采用不同的运输工具。雍正七年，陕甘总督衙门笔帖式奇书试以牛只带运粮石，但牛只易于疲乏，不堪驮载，最终作罢。[①] 无论是肃州以东各州县、卫所，还是肃州以西，骡头是主要的运输工具，肃州以东主要用骡车、驴。陕西西、凤二府、甘肃河东、宁夏、河西是西路军需的供应地，骡车用在平坦的大道。陕西西、凤二府粟米运送甘、凉、肃。就北路而言，自乾州至泾州俱系车行大路，一般雇觅车辆挽运；南路自扶风至陇州之咸宜关，俱系坦途，也可以车运。自咸宜关以西，山路崎岖，咸宜关、长宁驿、清水县、社树坪四站都是雇觅牲口驮运。[②] 就甘肃东段而言，“伏查西、凤来甘南路，自秦州属之清水县入甘肃境，因中隔关山，俱系高脚驮运；北路自平凉属之泾州入甘肃境，走瓦亭驿走固原直达甘肃，向系行车大道，驴、骡车辆兼用，其由瓦亭走六盘山经兰州过河者多系高脚”[③]。陕西西、凤二府及甘肃河东粮石递运时，无骡头民户也以牛只运送。平凉一路各州县接运粮石俱系车载。自平凉抵隆德路隔六盘山，不通车道，六盘山砂石相间，崎岖窄狭，不能行车，只可牲口驮运，只凭驴、骡驮载，每驴、骡 1 头只运 1 石，瘦弱者仅驮 5 斗，不若车运利便。雍正九年拨运西、凤粮石俱由平凉岔道、固原直运甘、肃。甘省递运粮石经由平凉、隆德者则不得不取道六盘山。雍正十一年，平凉一路接运陕西省及平、庆两府派拨之粮近 8 万石，较之往年繁多，许容派平凉知府李桐所请，用银 400 两在六盘山开凿山路，以供挽输军需。[④] 临洮府属之河州派办军需粮石俱由狄道、兰州转运河西。自河州至兰计程 400 里。雍正十一年，为了使粮运快捷，对河州境内滚豆坡、七个湾及兰州

① 中国第一历史档案馆编：《雍正朝汉文朱批奏折汇编》，雍正七年十二月十七日，兰州巡抚许容奏明采办牛只带运军需情由折，江苏古籍出版社 1989 年影印本，第 17 册，第 424 件，第 546—547 页。

② 张伟仁主编：《明清档案》，雍正十年九月十一日，协办陕西巡抚史贻直揭报拨解甘省米石用过脚价等项银两，台北：联经出版事业公司 1986 年版，第 53 册，A53 - 82 -（10 - 4）；B30474。

③ 中国第一历史档案馆编：《雍正朝汉文朱批奏折汇编》，雍正九年五月十二日，兰州巡抚许容奏报拨运西凤两府军粮赴甘粮肃等事及甘省雨水调匀折，江苏古籍出版社 1989 年影印本，第 20 册，第 346 件，第 513 页。

④ 中国第一历史档案馆编：《雍正朝汉文朱批奏折汇编》，雍正十一年二月二十六日，兰州巡抚许容奏请修凿六盘山车路节省民力以济军需折，江苏古籍出版社 1989 年影印本，第 24 册，第 32 件，第 39—40 页。

境内之尖山陡峻窄狭车畜难行地段进行开凿，并在洮河北沿弘湾桥渡口增加大船2只，并将河州额设铺司50名，分拨20名安设沿途，递送上下移文，河州运粮由州城东北走锁南坝渡洮河直抵兰城，较由狄至兰近180里，缩短了运期，且免去了狄邑转接，并节省钱粮。[①]

从兰州到肃州的河西路段，路途平坦，主要用车辆运送，肃州以西除骡车、骆驼外，驴是主要运输工具。“巴尔库尔以东自哈密至桥湾一千余里尽系郭壁，虽安站之所俱有井泉，止可供四五百人马之用，况千里沙碛寸草不生。”[②] 从肃州以西到哈密再到巴里坤大营，所需运输工具以骡车、骆驼为主，根据不同路段，采用不同运输工具。从肃州到哈密，地势平坦，骡车是主要的运输工具。

从哈密至大营的路程分为南、北两路，北路分为以下几段：

> 从哈密至南山口一路，计程一百二十里，地势平坦可以行车，从哈密雇车运至南山口；
>
> 自南山至大阪顶计程五十里，山高路峻，石径嶙峋，重车难上行，驼、骡驮运。
>
> 其自山顶而下至松树塘，计程二十里，雪厚水坚，可造托床，每床可装粮三、四石，自上而下路滑，而自山顶至二层台约计十里，山势陡削，施放拖床，不劳人力。
>
> 自二层台至松树塘十里，地势稍平可以拽送。
>
> 自松树塘至军营，计程一百四十里则系车行大道，可以雇车直运大营。[③]

雍正七年西路军出口，用骆驼2万只驮载军需物资，雍正七年以后，

---

① 中国第一历史档案馆编：《雍正朝汉文朱批奏折汇编》，雍正十一年二月二十六日，兰州巡抚许容奏陈应修河州镇南坝一路改通运道并设铺司递送文移事宜，江苏古籍出版社1989年影印本，第24册，第33件，第40—41页。

②《宫中档雍正朝奏折》，雍正九年十月初二日，宁远大将军岳钟琪奏陈西路大军防守并进剿之策略折，“台北故宫博物院”1979年印行，第十八辑，第886—899页。

③ 中国第一历史档案馆编：《雍正朝汉文朱批奏折汇编》，雍正十一年四月十五日，署宁远大将军查郎阿等奏报军粮急宜盘运请著上年阻挠军务之岳钟琪赔补多糜脚价折，江苏古籍出版社1989年影印本，第24册，第270件，第331—334页。

肃州运往哈密、巴里坤大营主要用骡车往返，而骆驼主要是在巴里坤与穆垒等地驮载粮饷。骡车的运量一般是4石，约500斤。

二 骡头等运输动力的购置

西路军需购买骡头有三大用途：首先是拽拉战车；其次是从肃州拽拉粮车到巴里坤大营；再就是兵丁驮载之用。由于用途不同，骡头的采买比较复杂，马匹可以在鄂尔多斯、宁夏、青海、陕甘等地购买，但骡头分散喂养在民户，民户主要是将骡头作为运输工具。因此，单个民户牧养的骡头数量较少，比较分散，采买比较困难，故骡头的采买区域较军需马匹的采买区域要大得多。

雍正六年进藏，岳钟琪原计划在陕西、河南、山西三省各买骡3000头，后经核计，总共需驮运骡9941头。① 河南、山西买解的骡头中途容易病乏，需要挑回更换，岳钟琪又奏请在陕、甘续买骡2000头，除拨足驮运骡941头之外，余下骡1059头以备代补豫、晋两省病乏骡头。陕、甘两省原买骡3000头，续买骡2000头，共买骡5000头，西安各属很快买足，但甘属原非产骡之地，一时不能凑足，兰州布政司前后2次买骡1500头，加上陕属所买数目，总共4500头，虽不足5000头，但已超过3941头的正骡数目。② 进藏之后满汉官兵共备骡9505头，又拨给驮运官兵盐菜及食物、银两骡300头，以上共有骡9805头。③ 所需挽运骡头，初次议于陕甘两处买骡3000头，分派陕属采买1800头，每头骡价银12两，经岳钟琪奏明以10两奏报正项，其余2两于5分公用银内动支。续因骡头不能满足挽运，又议于陕甘两属买骡941头，分派陕属采买641头，其时，骡价较高，经岳钟琪奏请，每头骡价银14两，以10两

---

① 中国第一历史档案馆编：《雍正朝汉文朱批奏折汇编》，雍正六年三月二十八日，川陕总督岳钟琪奏报豫晋二省骡头俱经收足毋庸买补折，江苏古籍出版社1989年影印本，第12册，第68件，第72—73页。

② 中国第一历史档案馆编：《雍正朝汉文朱批奏折汇编》，雍正六年三月二十八日，川陕总督岳钟琪奏报豫晋二省骡头俱经收足毋庸买补折，江苏古籍出版社1989年影印本，第12册，第68件，第72—73页。

③ 中国第一历史档案馆编：《雍正朝汉文朱批奏折汇编》，雍正六年九月初十日，西宁总兵周开捷奏报驿传道卢宫保慢视军需欲蚀国币等情折，江苏古籍出版社1989年影印本，第13册，第350件，第427—428页。

报销正项，其4两于5分公用银内动支。初议买骡3000头内，分派陕属采买1800头，续议买骡900余头，以上两次骡价，陕属第一次动支公用银3600两，续买每骡头动支4两，计骡641头，动支公用银2564两，以上两项，共支过公用银6164两，年终归入公用项下奏销。①

自西北军兴以来，甘省骡头缺少，尤其是经过年羹尧平定青海、清军进藏以后，骡头更是缺乏，稍可备用者每头要价30、40两。雍正六年，岳钟琪在西宁挑验骡头时，“但微觉瘦小者，不得不严加驳换，因而选解骡头悉皆肥健，明知所值甚多，总非十二两、十四两所能购买，特以粮运紧急，不敢稍存瞻徇”②。事后，岳钟琪派员遍访陕属州县，但地方官采买不善，造成骡价浮冒。

> 各官亲自采买者，不过十之一，其将奉发骡价悉交里民采买者十之九，以致里民争购，骡价顿昂，始犹每骡三四十两及解省挑验，因驳换甚多，克期买补，遂至每骡五六十两不等。里甲户总上紧承办，竭蹷赴公，未遑逐户科敛，大抵不惜重利借债办理，及至事后加倍派偿，情所必至，而百姓所出较之买骡实价亦属浮多。③

雍正六年，西路军需采买战车骡6000头，陕省各州县采买骡数自十余头以至数十头不等。为预防官役、狡猾之徒从中染指侵肥，隐匿壮骡，岳钟琪饬令买骡州县先将境内所畜骡头逐一确查骡数汇册，“按户挑选，不取样范，不拘肥瘦，但齿壮力强者即行挑定具报”④。岳钟琪估价格之

---

① 中国第一历史档案馆编：《雍正朝汉文朱批奏折汇编》，雍正六年八月二十五日，川陕总督岳钟琪等奏报采买进藏官兵所需挽运骡头动支公用银两数目折，江苏古籍出版社1989年影印本，第13册，第239件，第288页。

② 中国第一历史档案馆编：《雍正朝汉文朱批奏折汇编》，雍正六年九月初九日，川陕总督岳钟琪奏报采购运粮进藏骡头缓急各异前后办买亦殊原委折，江苏古籍出版社1989年影印本，第13册，第347件，第422—423页。

③ 中国第一历史档案馆编：《雍正朝汉文朱批奏折汇编》，雍正六年九月初九日，川陕总督岳钟琪奏报采购运粮进藏骡头缓急各异前后办买亦殊原委折，江苏古籍出版社1989年影印本，第13册，第347件，第422—423页。

④ 中国第一历史档案馆编：《雍正朝汉文朱批奏折汇编》，雍正六年九月初九日，川陕总督岳钟琪奏报采购运粮进藏骡头缓急各异前后办买亦殊原委折，江苏古籍出版社1989年影印本，第13册，第347件，第422—423页。

后，发给本户收领取具，州县即于公用项下支给草豆价银令户民喂养，各属买齐就近拨发专司牧养处所，“计至来岁出口时尚可喂养半年，自无不十分膘壮之理”[①]。骡价初议每头16两，亦以10两动支正项，以6两动支公用。为防止骡价不敷，以致民间帮贴，岳钟琪密饬买骡州县每头许自16两至24两为率。

雍正六年，陕省需骡7848头，分派直隶、河南、山东、山西四省购买，而北路应需骡6000头也于四省办理，这就造成将来需用之时，“若令彼此设远解送，不但仆仆道途，抑且致滋糜费”[②]。岳钟琪建议将北路骡6000头只在直隶、山东二省照数扣买，就近解送，将河南、山西二省议买骡共7000头直解陕西。陕、甘二属购买战车骡6000头，每头定价12两于军需项内作正开销，共需银72000两。粮车骡头已奉旨密交河南总督田文镜、山西巡抚石麟各购买骡3500头，每头给价12两，共银84000两。[③] 雍正七年以后，由于“陕甘骡头采买已非一次”[④]，陕甘民间所存骡头数量减少，雍正七年十二月，京城满兵至肃州出口，需马903匹，购买不及，计划购买骡头代替，但陕、甘续派采买马1300匹，购买不到，只好计划在附近存营马匹内摘调。最终，西路军需骡头13000头内，河南、山西二省各采买骡3500头，陕甘二省共采买骡6000头并续买余骡520头。[⑤] 陕西办送军前骡头系各州县分行采买，大县四五十头，小县一二十头不等，骡价持续增高。雍正八年，陕西学政王兰生在奏折中

① 中国第一历史档案馆编：《雍正朝汉文朱批奏折汇编》，雍正六年九月初九日，川陕总督岳钟琪奏报采购运粮进藏骡头缓急各异前后办买亦殊原委折，江苏古籍出版社1989年影印本，第13册，第347件，第422—423页。

② 中国第一历史档案馆编：《雍正朝汉文朱批奏折汇编》，雍正六年十月初四日，川陕总督岳钟琪奏遵旨议覆采买马驼羊只及喂养牧放缘由折，江苏古籍出版社1989年影印本，第13册，第499件，第614—616页。

③ 中国第一历史档案馆编：《雍正朝汉文朱批奏折汇编》，雍正六年十二月十四日，川陕总督岳钟琪奏汇陈官兵出征军需支用项目折，江苏古籍出版社1989年影印本，第14册，第145件，第203—218页。

④ 中国第一历史档案馆编：《雍正朝汉文朱批奏折汇编》，雍正八年正月初四日，署陕西总督查郎阿等奏报分派陕甘所属采买军需骡头数目及现在承办查催解验缘由折，江苏古籍出版社1989年影印本，第17册，第501件，第646页。

⑤ 《宫中档雍正朝奏折》，雍正七年十二月初七日，宁远大将军岳钟琪奏报采买军用骡头事折，“台北故宫博物院”1979年印行，第十五辑，第233—234页。

道："初次每头发银十二两，后增至十四两，十六两，今岁发银二十两，但膘壮高大者常价已不属不足，各属一时共购，且采买数次，价值日增，而奸商、客贩又各居奇勒措，竟至四、五十两。"①

雍正八年九月，西路增估驻歇一年口粮，自肃州至营需车4000辆，需往回4次方能运完，往回一次需3个月，从雍正九年九月至十年五月仅可往回3次，肃州虽有印烙民户之骡2000余头，而车仅1000余辆。七月初旬，岳钟琪咨令尚书查弼纳命陕甘督抚广行招募骡车赴肃济运。② 岳钟琪路过凉州大靖营、裴家营等处，途中所遇雇运辆车均系牛车，而骡车几乎不见。岳钟琪在裴家营遇见兰州巡抚许容，询问平凉雇运骡车之事，许容称俱系牛车，募到者仍属寥寥。岳钟琪令许容亲往宁夏，派委按察司李世倬往临、巩、委驿传道刘柏往平凉、署布政司赵挺元在兰州专司雇募，令尚书查弼纳就肃州收买车辆并委员分往凉、庄、西宁、甘州、凉州接雇脚骡以足甘属2000头之数，并咨令署督臣查郎阿委员分往潼关、商州、西安、泾阳、三原、凤翔、延安、神木、榆林等处接雇脚骡。陕属雇骡4000头，甘属雇骡2000头，陆续空赶赴肃，将平凉、宁夏、牛头运到之车辆择其可用者照市价收买，合计肃州现有之骡并陕、甘雇到者共可得8000头，即可驾车8000辆，往回两次便得雇运全完。九月，查郎阿、武格接到上谕，雍正帝担心岳钟琪雇觅骡头的计划不周全，命直隶、山东、山西、河南四省督抚每省动用正项钱粮各雇脚骡500头解送肃州运送军粮。"其肃州所有米面著将陕甘之骡先行驾运，余俟四省骡头到日陆续驾运，则陕甘二省骡头必无不敷之虑，而军粮亦无迟滞之虞。"③ 查郎阿于九月十五日接到宁远大将军臣岳钟琪来咨，与武格、西安布政使硕色商议后，将陕西雇觅骡头的数量分配各县。

---

① 中国第一历史档案馆编：《雍正朝汉文朱批奏折汇编》，雍正八年四月二十八日，陕西学政潘允敏奏陈乡会试作论宜遵买圣谕广训命题等学政及地方事宜管见折，江苏古籍出版社1989年影印本，第18册，第431、583页。

② 中国第一历史档案馆编：《雍正朝汉文朱批奏折汇编》，雍正八年九月初六日，宁远大将军岳钟琪奏续陈设法雇觅骡头赴肃州运输军务粮食事宜折，江苏古籍出版社1989年影印本，第19册，第90件，第117—118页。

③ 中国第一历史档案馆编：《雍正朝汉文朱批奏折汇编》，雍正八年九月二十九日，陕西总督查郎阿等奏报雇募夫骡运载军需事宜折，江苏古籍出版社1989年影印本，第19册，第196件，第259—261页。

表4-1　陕西雇觅骡头人夫

州县名称	雇觅骡头数量（头）	雇夫数（名）	经理人
泾阳、三原二县	1000	500	西安按察使杨秘经理
咸宁、长安等十二县	1200	600	布，政使硕色会同盐粮道沈青崖
凤翔	400	400	署西安驿传道高缘
潼关并商、华州、同州各属	800	500	潼商道张正瑗
延安、榆林、神木	600	600	派委榆林道王凝、神木道朱一凤各就近管理雇募
汉中府属	—	500	—
邠州	—	300	—
乾州	—	300	—
耀州	—	300	—

资料来源：《雍正朝汉文朱批奏折汇编》，江苏古籍出版社1989年影印本，第19册，第196件，第259—261页。

原议于直隶、山东、山西、河南四省各雇骡500头解赴肃州驾运粮草。雍正九年正月，驻歇一年口粮暂行停运，直隶、山东二省之骡解到肃州喂养靡费草料、口食。署理陕西总督查郎阿建议将山东头起解肃骡200头分为头、二、三等，头等价银13两，二等价银12两，三等价银8两，即动军需银两按数发给，交与附近肃州之高台、张掖、山丹等县有料草地方分发喂养；山东未到骡300头并直隶未到骡500头，令兰州巡抚许容在兰州截留，就近分别等次购买，在临洮、凉州一带分喂，其动用银粮并喂养草料价值统听甘肃巡抚许容核实报销。① 雍正八年始，陕、甘二省以及直隶、山西等省雇买骡头，加上原在肃州各运户之骡，共有骡车14000—15000辆。其中偶有倒毙者，运户即自行购补，循环接运，源源相继。雍正九年九月间，粮车从北路至盐池阿卜，骤遇大雪，冻伤倒毙骡4000余头，尚有车10000余辆用来运载。因军兴以来，骡头购

① 中国第一历史档案馆编：《雍正朝汉文朱批奏折汇编》，雍正九年正月初六日，署陕西总督查郎阿奏报采买直隶山东骡头并在兰州等处分发喂养缘由折，江苏古籍出版社1989年影印本，第30册，第304件，第439—440页。

觅维艰，各运户买补困难，骡头有减无增。[①] 雍正十年春，岳钟琪差遣守备高勉到哈密雇运骡车1200辆装运鲁骨庆军粮。查郎阿认为，运户正在大营拨运之粮，如果再行扣雇，导致内地之粮车日少，运户将更加退缩不前。查郎阿建议通政司赵之垣、副将马龙先后领军需银12万两，制备骆驼、车辆等项，再将兰州喂养直隶之骡520余头拨给赵之垣等用来挽运。副都御史孔毓璞将肃州买备之车拨给400辆，将军营内存贮粮车7000辆补修，从前驾运粮车骡头13000即有倒毙，亦必尚有存剩，以之驾运哈密到鲁古庆军粮，大营凡有粮运可不必借于内地粮车，并咨明岳钟琪将扣去之车骡1200辆运到鲁骨庆之后，仍令照数赶回内地办运。

雍正十年以前，通政司赵之垣、副将马龙等办理粮运事宜。赵之垣、马龙负责采买挽运拉车骡头并所需车辆以及运夫裹带米石、骡头料豆等项。雍正十年正月在军需银内动拨银6万两。三月又咨请移拨，于三月二十六日，随即移明副都御史孔毓于军需银两内即照数动给拨交赵之垣、马龙等收讫，“计两次共拨银一十二万两”[②]。四月，赵之垣、马龙向二格咨称，采买挽运车、骡并所需车辆以及运夫裹带米豆，估银24万余两，前二次虽领过银12万余两，尚不敷银12万余两，即于四月照数在副都御史孔毓璞处领军需银12万两。三次领银24万两。

雍正十年四月，岳钟琪将在哈密骡车截留扣雇，欲运鲁谷庆粮石，以致运户久不回肃，损失骡3000余头。六月，岳钟琪欲运穆垒粮石，又将到营骡车截留，以致运户久不回肃，又损失骡3000余头。肃州运户因骡头短少，每运或车500辆或车300辆运粮，以致迟滞，雍正帝命直隶、山东、河南、山西、陕西买骡5000头接济运户。[③]

---

① 中国第一历史档案馆编：《雍正朝汉文朱批奏折汇编》，雍正十年四月十一日，署陕西总督查郎阿等奏陈此后大营粮运原可无藉于内地辆车等事并请旨奉行折，江苏古籍出版社1989年影印本，第22册，第113件，第118页。

② 中国第一历史档案馆编：《雍正朝汉文朱批奏折汇编》，雍正十年四月十一日，署陕西总督查郎阿等奏陈此后大营粮运原可无藉于内地辆车等事并请旨奉行折，江苏古籍出版社1989年影印本，第22册，第113件，第118页。

③ 中国第一历史档案馆编：《雍正朝汉文朱批奏折汇编》，雍正十年十一月二十四日，署陕西总督刘於义等奏闻肃州运户置买军需车辆预支脚价缘由折，江苏古籍出版社1989年影印本，第23册，第546件，第661页。

雍正十一年，估运送官兵口粮有20余万石，比起往年数量更多。甘省自军兴以来，骡头缺少，稍可备用者每头需价30—40两，“欲仍借给运户银两令其自行采买，不特价值高昂，即买骡亦属无几”①。雍正十年九月，针对车骡损失，米豆昂贵，运户艰窘的状况，鄂尔泰陈奏，除车辆仍令运户备办外，请照雍正八年之例，请求雍正帝命各省督抚协助买骡，西安采买骡1000头，山西、河南、山东、直隶各令采买骡1000头。如果骒骡难于购觅，“不论儿骡、骒骡自七岁以上十岁以下，骨力壮健至七八分者，俱可充用”，② 雍正十一年冬，口外严寒，冰雪远甚往年，骡头倒毙过半。雍正十二年正、二两月，在肃及沿途车骡不过4000余辆，又正值口外大营需求草料、军装，各类军需达到高峰，以致大营军粮两月不能发运，刘於义等随议设立公局添置车骡、物料，委官经理董率四柜办运。雍正十二年五月，设立公局之后，“职道等自承运军粮以来，河南、山西、陕甘共买骡九千一百一十六头，宁夏、靖远等处买大小车九千四百八十八辆，榆林、宁夏、西宁、固原等处买驼一千一百五十九只，甘、凉、肃买驴二千五十四头”，③“河南、山西买正余骡三千三百二头，陕甘买骡五千八百一十四头”，④ 骡每头价银27两9钱零，驴每头价银5两4钱零。驼每只价银64两5钱。其中张体义买骡1335头，杨肇熙买骡3735头，雍正十三年，公局剩骡6758头。

除了运送粮车需要骡头外，出征回撤兵丁驮马不足时，不得不购买骡头弥补。雍正八年十二月，肃州镇标并各属营共派拨马步兵2000名前赴军营应援，因存营马匹不敷驮载，肃州镇标不敷驮载马

① 中国第一历史档案馆编：《雍正朝汉文朱批奏折汇编》，雍正十年九月二十八日，督巡陕甘经略一应军务鄂尔泰奏陈酌议接济运粮骡户以速军储管见四条折，江苏古籍出版社1989年影印本，第23册，第300件，第366—369页。

② 中国第一历史档案馆编：《雍正朝汉文朱批奏折汇编》，雍正十年九月二十八日，督巡陕甘经略一应军务鄂尔泰奏陈酌议接济运粮骡户以速军储管见四条折，江苏古籍出版社1989年影印本，第23册，第300件，第366—369页。

③ 中国第一历史档案馆编：《雍正朝汉文朱批奏折汇编》，雍正十三年六月初八日，署陕西总督刘於义奏陈粮运告竣请准输粮石易换车骡等情折，江苏古籍出版社1989年影印本，第28册，第431件，第538—546页。

④ 中国第一历史档案馆编：《雍正朝汉文朱批奏折汇编》，雍正十三年六月初八日，署陕西总督刘於义奏陈粮运告竣请准输粮石易换车骡等情折，江苏古籍出版社1989年影印本，第28册，第431件，第538—546页。

200匹，又派拨永固协营并各营路马战兵不敷马542匹，总共不敷马742匹，将山西解到骡500头，又山西随带骡106头，陕西葭州解到骡136头，将所有骡头分别头、二、三等，价格自8两起至14两不等，共买骡742头，共价银9424两，拨给官兵替代驮马。[①] 表4－2是各年购买骡头数量。

表4－2　　各年购买骡头数量

时间	购买牲畜数量（头）	购买地点	运往地点	资料来源：《雍正朝汉文朱批奏折汇编》
雍正六年	3000	河南	西藏	第12册，第72—73页
	3000	山西	西藏	
	3000	陕西	西藏	
	1500	甘肃	西藏	
雍正七年	3500	山西	—	
	3500	河南	—	
	3600	陕西	—	
	2400	甘肃	—	
雍正八年	200	甘肃	—	第18册，第253页
	1000	—	—	
	2000	—	—	
	219	—	—	
	驴700	巩昌	—	
	800	陕西	—	第17册，第808页
	500	甘肃	—	
	606	山西	—	第19册，第684—685页
	136	陕西葭州	—	

① 中国第一历史档案馆编：《雍正朝汉文朱批奏折汇编》，雍正八年二月十七日，署陕西总督查郎阿奏报采买西路军需骡马并动用银两数目折，江苏古籍出版社1989年影印本，第19册，第469件，第684—685页。

续表

时间	购买牲畜数量（头）	购买地点	运往地点	资料来源：《雍正朝汉文朱批奏折汇编》
雍正九年	532	直隶	—	第21册，第736—738页
	500	直隶	—	第30册，第439—440页
	500	山东	—	
	500	山西	—	
	500	河南	—	
雍正十年	5000	直隶山东河南山西陕西五省买骡	—	第25册，第520—523页
雍正十一年	1000	—	—	
雍正十二年	3302	河南山西买正余骡	—	第28册，第538—546页
	5814	陕西	—	
合计	47309			

资料来源：《雍正朝汉文朱批奏折汇编》，江苏古籍出版社1989年影印本。

从雍正六年到雍正十二年，西路清军购买的运粮的骡子、驴的数量应该在5万头，其中骡子占了绝大多数。购买区域主要在北方的直隶、山西、河南、山东。

第三节　西路清军军需运输及脚价

一　肃州以东的军需运输

（一）肃州以东军需运输时间的选择

甘属粮运，大将军岳钟琪定于三月出口，河西各府车辆、驼、骡无黄河阻隔，易于解送，“惟平凉一路必从靖远厅之红嘴子渡船过河，临、巩一路必从兰州城外浮桥过河”①。“兰州襟带黄河，浮桥在北关外，为西

① 中国第一历史档案馆编：《雍正朝汉文朱批奏折汇编》，雍正八年正月二十六日，甘肃巡抚许容奏报河神显应冰凌忽融粮运畅行折，江苏古籍出版社1989年影印本，第17册，第599件，第780—781页。

路要冲。前人所谓天下黄河只一桥也。冬月河冻撤去，行人踏河而渡，垣苕夷庚”①。气候的变化对粮运影响极大。甘肃省黄河每年冬天凝冻结成冰桥，行旅俱从冰上行走，及至春天正、二月间解冻，天气渐暖，河冰渐薄，惊蛰前后冰冻将融未融，行人不敢冒险，必须等到天暖融化亦必须四、五日后，河面方能开通。在这段时间内“冰桥既难行走，渡船又难撑驾，每多阻止，岁以为常”②。雍正八年，平凉所造粮车2300辆及平、庆、临、巩所喂骡头解送肃州，许容计算粮车、骡头过河之时正当惊蛰，气候变化不定，索桥、兰桥、红嘴子等处冻而忽融。红嘴子黄河于各处冰桥未开之前先期融化，使船只可以利涉，粮车随到随渡。正月十五日，临、巩头起骡头到兰过河。十七日，金县知县王锡绶押解二起骡820头到兰州，冰桥已有融化之状，许容诚恐有失，率同文武各官亲诣河干，“凡有裂缝之处，棚以木板，饬令臣标千把外委带领兵役缓缓牵送，自辰至午齐全过渡”③，许容等担心十九日三起骡头到兰州必受阻滞，后起之骡头拥挤，而甘凉之粮车等候需日。但十七日酉时，兰州冰桥融化，后运骡马前行无阻。

陕省运粮有时要直运肃州，计程3000余里，为期3个月有余；有时仅运泾、秦二州交卸。根据各属道路远近，酌定先后起运日期。雍正十一年十一月，史贻直接到谕旨令于农隙之时陆续运送，年内虽系民间农隙之时，“但天时正值严寒，各处冰雪载道，若令目前起运，恐于牲畜车辆不无损毙之虞”④。而且陕西省麦、豆均于年内播种，直至来年四月才适值农忙，彼时运务已竣，无妨民事。史贻直酌定于甲寅年（雍正十二年）正月初六日起运。

---

① 周希武：《宁海纪行》，《兰州风土记》，甘肃人民出版社2002年版，第243页。

② 中国第一历史档案馆编：《雍正朝汉文朱批奏折汇编》，雍正八年八月初一日，署陕西总督查郎阿奏报黄河开冻粮车骡马过渡无悮折，江苏古籍出版社1989年影印本，第17册，第619件，第808—809页。

③ 中国第一历史档案馆编：《雍正朝汉文朱批奏折汇编》，雍正八年正月二十六日，甘肃巡抚许容奏报河神显应冰凌忽融粮运畅行折，江苏古籍出版社1989年影印本，第17册，第599件，第780—781页。

④ 中国第一历史档案馆编：《雍正朝汉文朱批奏折汇编》，雍正十一年十一月二十七日，署陕西总督刘於义等奏明军营官兵跟役余丁确数及估拨明年八月以后口粮情形折，江苏古籍出版社1989年影印本，第25册，第400件，第517页。

从肃州运送到巴里坤大营是不受时间限制的，只是根据不同的季节选择不同的路线。例如雍正八年，巴里坤军营所需粮石，除大营及塔尔纳沁等处屯种收获外，应于内地拨运粮8万石，自雍正九年四月二十日起至九月二十六日，共运粮77000余石。雍正十年八月起至雍正十一年八月估运军粮17万余石，雍正十年正月十二日至四月初六日起发十二运，共运新粮29400余石，五日一发，次第起运。

（二）军需粮食的运输方式

肃州作为西路军在西北用兵的中枢，陕甘乃至全国各地的物资都源源不断运至肃州，再通过台站转运至巴里坤大营。雍正七年以来，陕甘各州县的军需物资运往肃州的方式有三种：长运、接运、递运。

陕西西、凤等府运粮不愿直运肃州，而甘肃宁、平、临、巩等府亦是如此。雍正九年，四府派拨粟米46000余石，以“直运肃州道路遥远，牲畜每多疲乏，以致卸米之后车辆难回”①，请求将各府之米运至凉州，再由肃州各处雇觅脚骡车驾赴甘、凉二府，“俟各府之米运至凉州接递转运甘州，又由甘州转运肃州”②。

雍正九年，西、凤二府及同华等州所属之州县挽运15万石之米缴纳甘肃，由于甘肃连年挽运军糈，雍正帝为不烦扰民间，“是以特命范时绎到彼，协同巡抚武格侍郎马尔泰，将西安凤翔二府米石运至甘肃凉州以资军食”，武格等议行本运之法，得到了雍正帝的允肯。“俾西凤二府官民任转运之劳，甘肃地方少得息肩，武格等议，朕意深以为然”③，但岳钟琪、查郎阿又为递转之议。雍正九年四月，岳钟琪的递运建议遭到雍正帝批评，“今岳钟琪、查郎阿又为递转之议，是与雍正元年设台盘运相同，将来必有派拨协济之累，或更有各台以交接卸责。至将来米石灌

---

① 中国第一历史档案馆编：《雍正朝汉文朱批奏折汇编》，雍正九年正月二十日，宁远大将军岳钟琪奏请将加增运粮脚价饬部存案折，江苏古籍出版社1989年影印本，第19册，第563件，第843—844页。

② 中国第一历史档案馆编：《雍正朝汉文朱批奏折汇编》，雍正九年正月二十日，宁远大将军岳钟琪奏请将加增运粮脚价饬部存案折，江苏古籍出版社1989年影印本，第19册，第563件，第843—844页。

③ 中国第一历史档案馆编：《雍正朝汉文朱批奏折汇编》，雍正九年四月初六日，宁远大将军岳钟琪奏覆多尔吉等所言实属不确等情并再陈西凤两府运粮事宜折，江苏古籍出版社1989年影印本，第20册，第187件，第273—278页。

水掺沙者，从前误累，岂可复蹈递运之说，实不可行，尔等并寄信与岳钟琪查郎阿等知之。”[①] 但岳钟琪仍然坚持己见，陈述西、凤二府直运的弊端：一是西、凤通甘肃之道路俱系高山深涧，不能行车，自必用骡、驴驮运，骡、驴驮载数量有限，西、凤二府无法满足数量庞大的运输骡头、驴子；二是从康熙五十七、八等年西、凤运 4 万石，尚不能运到甘凉的教训来看，此次直运重蹈覆辙一则西、凤官民用重价在甘、凉采买缴纳，以致甘凉米价腾贵的；二则西、凤运米农民畏惧长途跋涉，直运差事多被地方光棍包揽，光棍索取重价后，往往行至中途，弃粮远飙。

在陈述弊端的同时，岳钟琪建议防范、杜绝递运弊端。岳钟琪请求雍正帝命西安办理军务大臣留心访察长运与递运的优缺点，选择既能节省民力，又不贻误军需的运输方式，“至甘肃连年挽运军糈，多系黄河以西地方，查黄河以西道路平坦，民间用车辆若每百里给脚价二钱，百姓尚可觅利，不致赔累”[②]。但岳钟琪改递运的建议没有被采纳，户部对岳钟琪奏折中陈述的道路交通问题比较重视，“倘山路难以车运，脚价或有不敷，令臣（武格）等据实议加”[③]，并让负责陕西军需的武格等继续讨论，将来续运时共同商议采用何种运输方式，“以已定本运固执其说”[④]。就本年的西、凤运米赴甘凉，武格等仍坚持本运之法，通过连接陕甘的驿道运送，南路自秦州清水县入甘肃境，北路自平凉属之泾州入甘肃境，走瓦亭驿走固原直达甘、肃。[⑤] 三月十六日始，将第一

① 中国第一历史档案馆编：《雍正朝汉文朱批奏折汇编》，雍正九年四月初六日，宁远大将军岳钟琪奏覆多尔吉等所言实属不确等情并再陈西凤两府运粮事宜折，江苏古籍出版社 1989 年影印本，第 20 册，第 187 件，第 273—278 页。

② 中国第一历史档案馆编：《雍正朝汉文朱批奏折汇编》，雍正九年四月初六日，宁远大将军岳钟琪奏覆多尔吉等所言实属不确等情并再陈西凤两府运粮事宜折，江苏古籍出版社 1989 年影印本，第 20 册，第 187 件，第 273—278 页。

③ 中国第一历史档案馆编：《雍正朝汉文朱批奏折汇编》，雍正九年四月初六日，宁远大将军岳钟琪奏覆多尔吉等所言实属不确等情并再陈西凤两府运粮事宜折，江苏古籍出版社 1989 年影印本，第 20 册，第 187 件，第 273—278 页。

④ 中国第一历史档案馆编：《雍正朝汉文朱批奏折汇编》，雍正九年四月初六日，宁远大将军岳钟琪奏覆多尔吉等所言实属不确等情并再陈西凤两府运粮事宜折，江苏古籍出版社 1989 年影印本，第 20 册，第 187 件，第 273—278 页。

⑤ 中国第一历史档案馆编：《雍正朝汉文朱批奏折汇编》，雍正九年四月初六日，宁远大将军岳钟琪奏覆多尔吉等所言实属不确等情并再陈西凤两府运粮事宜折，江苏古籍出版社 1989 年影印本，第 20 册，第 340 件，第 513 页。

运粮石挽运起程，第一运军粮各州县接连运送者约计10万石，四月十六、二十等日，陇州汧阳县将第一运粮石运到甘州交收，蒲城县运到西宁交收，未经运完粮4万余石源源进发，“沿途粮运并无拥挤，一路口食、草料俱经预备足供运夫买用，驮运者由六盘山程途直捷，车运者历固原草地辙迹平坦。虽有山坡沟涧，业经臣等会同甘抚臣许容，各派专员，随路修理牲畜车辆分途行走，各无阻碍”①。泾阳、兴平、醴泉、乾州、临潼、三元、永寿、长武、郿县等地民众参加了运输，“有羸驴驮运由兰州一路行走者，有牛车拉运由固原一路行走者，俱皆踊跃趋事。自三月十六日起至六月初六日起运通完，并无迟滞”②。

雍正九年十月，许容计划在平、临、巩、宁四府并直隶秦州采买粟米8万石，但甘属的平、庆二府秋收歉薄，宁夏、临、巩也以采买数过多，请求减少采买量，最终决定在甘属州县采买5万石，陕属的凤翔府拨运3万石运交秦州，邠、乾二府拨运3万石运交泾州。③ 十月，陕西省接到户部咨文，拨运粟米6万石到甘肃泾、秦二州各3万石，分别于次年三月初十、三月二十一分别交收。此次运米由于道路近便，采用安台递运的办法，“如北路之粮即令乾州运交永寿，永寿运交邠州，邠州运交长武，长武直运泾；南路之粮即令扶风运交岐山，岐山、郿县俱运交凤翔，凤翔运交汧阳，汧阳运交陇州，陇州运交咸宜，咸宁关运交长宁驿，长宁驿运交清水县，清水县运交社树坪，社树坪运至秦州”④。以上各站，或令委员安站协同地方官经理，或令各州县自差人役押运。表4-3是此次运米所需物资及费用。

---

① 中国第一历史档案馆编：《雍正朝汉文朱批奏折汇编》，雍正九年四月初六日，宁远大将军岳钟琪奏覆多尔吉等所言实属不确等情并再陈西凤两府运粮事宜折，江苏古籍出版社1989年影印本，第20册，第187件，第273—278页。

② 《宫中档雍正朝奏折》，雍正九年七月廿二日，陕西布政使河东盐政硕色奏报挽运甘凉等处军用粟米折，“台北故宫博物院”1979年印行，第十八辑，第595页。

③ 张伟仁主编：《明清档案》，雍正十年九月十一日，协办陕西巡抚史贻直揭报拨解甘省米石用过脚价等项银两，台北：联经出版事业公司1986年版，第53册，A53—82（10—3）；B30473。

④ 张伟仁主编：《明清档案》，雍正十年九月十一日，协办陕西巡抚史贻直揭报拨解甘省米石用过脚价等项银两，台北：联经出版事业公司1986年版，第53册，A53—82（10—3）；B30473。

表4－3　　雍正九年陕西递运粮石所需费用

所用物资	标准	数量	单价	总计（两）
骡车	—	2500 辆	—	—
席片	每辆车用席片 2 叶	5000 条	0.04 两	200
绳	每辆车用绳 4 条	10000 条	0.01 两	100
运输费用	每石每百里给脚价银 0.16 两	—	—	21872
雇骡、马、驴	每头百里空赶草料银 0.1 两	2875 头	—	955
	每石每百给运脚费 0.16 两	—	—	13920
席片	—	2875	—	172.5
绳索	—	5750	—	
合计	—	29000		37219.5

资料来源：张伟仁主编：《明清档案》，台北：联经出版事业公司 1986 年版，第 53 册，A53—82（10—3）；B30473。

雍正九年，许容在奏折中也说："再查河东运肃之粮每一京石照例每百里运脚银一钱六分及口袋价值需银总在三两以外及四两不等。"①

采用递运还是直运，陕甘两省都不愿承担过多，每次运粮，陕西巡抚史贻直和甘肃巡抚许容争论不休。雍正十年，西路官兵口粮应需米粮在陕省邠、乾二州及西安府以西属县派拨粟米 5 万石，运交平凉府城。但邠、乾等处收成歉薄，民力挽运维艰，议令照依前次拨运泾、秦之例仍运泾州，令泾州之民接运平凉。② 雍正十二年八月以后，大营官兵口粮案内需陕省粟米 6 万石，粳米 5000 石，兰州巡抚许容为缓解甘省民力，奏请雍正帝命史贻直、鄂昌雇运运户，发给脚价运肃交卸，行走的路线，"南路必由秦、巩、临洮，北路必由泾州、平凉，复自兰凉甘以至肃州"③。甘肃境内，许容拟平凉一路由平庆道，临巩秦一路由巩凉通判董

① 《宫中档雍正朝奏折》，雍正九年六月二十四日，兰州巡抚许容奏报拨运料豆折，"台北故宫博物院"1979 年印行，第十八辑，第 427 页。

② 中国第一历史档案馆编：《雍正朝汉文朱批奏折汇编》，雍正十年十二月十八日，兰州巡抚许容奏明变通筹运西路官兵军需口粮缘由折，江苏古籍出版社 1989 年影印本，第 23 册，第 646 件，第 787 页。

③ 中国第一历史档案馆编：《雍正朝汉文朱批奏折汇编》，雍正十年十二月十八日，兰州巡抚许容奏明变通筹运西路官兵军需口粮缘由折，江苏古籍出版社 1989 年影印本，第 23 册，第 646 件，第 787 页。

朝佐，甘凉一路委庄浪同知乜承圣分任总理。甘省承担的责任主要是修理沿途的桥梁道路，并且甘肃铺户在陕西运户所经过城镇提供充足的平价食物、草料。针对陕抚臣以运米到甘，如果牲畜疲病，令甘省地方官转股接运。许容认为牲畜中途疲病难行，不能继续运送，以前都是允准运夫解役，运夫禀明站员，站员知会地方官转雇接运。脚价自接运之地算至交纳之所，按每百里每石给银1钱6分在原运夫役脚价内扣给。许容认为，雍正九年拨运陕米时，遇有车骡损伤，借给银两，或添买车骡，或另行雇觅，悉由运户办理，事竣汇咨陕省查追还项。"今若专责地方官转雇接运，则运户毫无干系，得以借端捏饰，且承运者类多揽户。其中奸猾之徒起运时先存一入甘境即可卸责之念，而陕省办运州县恃有此行亦且不肯尽心筹画妥办料理，势必沿土堆积弊端百出，深有未便。"① 这与车骡损伤即酌量借给银两添补应用之上谕不符。许容提出，"如遇车骡损伤，即酌量借给银两添补应用"②。显然，陕省不能接受许容的建议，"九月二十日准陕抚来咨，以西安司道府州县纷纷详禀不肯直运肃州，仍议运交泾秦"③。针对许容提出的，如陕省运米到甘，牲畜疲病令甘省地方官转股接运，既与上谕不符，又会导致陕省州县恃此不肯妥协料理，运户借端捏饰，势必沿途堆积。陕西巡抚史贻直提出，"但到甘需用车骡添补，在陕省运户自行购买自不及本地之人购买便宜，应令甘省地方官照依时价代为购买，给发应用，所拥粮石仍著令陕省挽运，所费车骡银两令许容移咨史贻直等在运户应领脚价内扣除还项，俾各有责成，于粮运不致迟误可也"④。此外，原来运到陕西的湖北5000石大米因受潮，史

① 中国第一历史档案馆编：《雍正朝汉文朱批奏折汇编》，雍正十一年十一月二十一日，兰州巡抚许容奏报遵旨预筹照看陕省粮运事宜情形折，江苏古籍出版社1989年影印本，第25册，第367件，第468—469页。

② 中国第一历史档案馆编：《雍正朝汉文朱批奏折汇编》，雍正十一年十一月二十一日，兰州巡抚许容奏报遵旨预筹照看陕省粮运事宜情形折，江苏古籍出版社1989年影印本，第25册，第367件，第468—469页。

③ 中国第一历史档案馆编：《雍正朝汉文朱批奏折汇编》，雍正十一年十月初四日，兰州巡抚许容奏陈史贻直等执意将陕省军需米石运交秦泾不肯直运肃州折，江苏古籍出版社1989年影印本，第30册，第412件，第650—653页。

④ 中国第一历史档案馆编：《雍正朝汉文朱批奏折汇编》，雍正十一年十一月二十一日，兰州巡抚许容奏报遵旨预筹照看陕省粮运事宜情形折，江苏古籍出版社1989年影印本，第25册，第367件，第470页。

贻直奏请将改拨5000京石粟米。十一月，史贻直仍以雍正九年长运到肃，“人夫牲畜十有余万，跋涉长途甚为苦累”①。为此，“以为长运艰难不若仍为递运”②。史贻直的理由有三：其一是六盘山段的道路高险，车辆难以飞越，只能雇骡驮运，但陕省经过几次购买以后，壮健骡头不多；其二是雍正十年陕西收成歉薄，雍正十一年虽是丰收之年，但元气未复；其三是车骡直运肃州，车骡到甘后购买粮草会导致甘省物价上涨。十月初一日，兰州巡抚许容接到署督臣刘於义手札“内云设有车骡伤损等事，一经奏闻必咎我等办理未协，不得不从其仍运泾秦之说”③。许容再也不能容忍，首先，鉴于甲寅年八月前10万石尚未运到肃州，八月以后的粮石又接踵而来，许容以怕贻误为由奏请甘肃省协帮陕西长运；其次，许容驳斥了陕西巡抚史贻直的三大理由，六盘山段的道路雍正十一年早已修整，平凉、泾州等处拨运的粮石都可以车载；况且陕西只有雍正十年采买过骡1000头，“今辄称无可雇觅以为不能长运之左券是将谁欺”；雍正十年因陕西收成歉薄，曾将运平凉米石改运泾州，雍正十一年岁值丰稔，而史贻直又以荒歉之后不能长运，“是无论丰歉均得藉词推诿，更不知何时方能协助”；关于夫骡到甘肃采买粮草，甘民获利，并没有亏累，许容认为史贻直以此推诿更是假公济私。④由于直运肃州计程3000余里，为期3个月有余，原计划只令西、凤二府及邠、乾二州挽运，而不及同、华、耀三州，史贻直认为，官民劳逸未免不均，复命同、华、耀三州及州属各县一同碾运，分别各属道路之远近，酌定先后起运日期，于甲寅

① 中国第一历史档案馆编：《雍正朝汉文朱批奏折汇编》，雍正十一年十一月初二日，署陕西巡抚史贻直等奏覆将陕省米石递运肃州军营情由折，江苏古籍出版社1989年影印本，第25册，第248件，第321页。

② 中国第一历史档案馆编：《雍正朝汉文朱批奏折汇编》，雍正十一年十一月初二日，署陕西巡抚史贻直等奏覆将陕省米石递运肃州军营情由折，江苏古籍出版社1989年影印本，第25册，第248件，第321页。

③ 中国第一历史档案馆编：《雍正朝汉文朱批奏折汇编》，雍正十一年十月初四日，兰州巡抚许容奏陈史贻直等执意将陕省军需米石运交秦泾不肯直运肃州折，江苏古籍出版社1989年影印本，第30册，第412件，第650页。

④ 中国第一历史档案馆编：《雍正朝汉文朱批奏折汇编》，雍正十一年十月初四日，兰州巡抚许容奏陈史贻直等执意将陕省军需米石运交秦泾不肯直运肃州折，江苏古籍出版社1989年影印本，第30册，第412件，第650页。

年正月初六日起运。[①] 雍正十二年，陕省各属或用牲驮，或用车载，自正月初六日至二十五日起运尽出陕境。“约计二月底三月初即可全运到肃。”[②]

肃州以西由于地广人稀，只能经过台站长运。三种方式各有优劣，递运容易造成军需堆积，运送不及。雍正八年二月，甘肃巡抚许容参奏山丹县知县翟容銮不竭力赶运，将车头、车轴以及粮车需用之蒲蓝口袋等物堆积在峡口驿。[③] 雍正十一年正月，甘肃按察使李世倬道：

> 惟陕甘粮运一事，所关匪细，自雍正七年转运以来，并无贻误，督抚各臣百计经营，务求官民两便……惟是四年之内先后挽运历经更易，始而长运肃州，继而中途接运，后又改为逐县递运。至雍正十年，凉州以西更复安设台站，无非欲节省民力，慎重军需，而数者之中官民称便则莫过于递运一法，是以凉州以东至今奉行无弊。[④]

其实，州县之间的短距离运输应该叫转运或接运，州县之间的递运一般与台站相联系，“查州县转运与安站递运同属此民原无二致，而按县转接不觉烦扰，亦易管辖并无偷窃掺和等弊，官民称便”[⑤]。

三者之间各有优劣，长运适合地广人稀的边远地区，但长运过程中民力、牲畜中途疲乏，往往导致车坏骡死；转运、递运可以降低成本。

---

① 中国第一历史档案馆编：《雍正朝汉文朱批奏折汇编》，雍正十一年十一月二十七日，署陕西总督刘於义等奏明军营官兵跟役杂丁确数及估拨明年八月以后口粮情由折，江苏古籍出版社 1989 年影印本，第 25 册，第 400 件，第 517 页。

② 中国第一历史档案馆编：《雍正朝汉文朱批奏折汇编》，雍正十二年二月十七日，总理西安巡抚史贻直等奏报陕省运肃军粮起运通完日期并运夫急公情形折，江苏古籍出版社 1989 年影印本，第 25 册，第 692 件，第 893 页。

③ 张伟仁主编：《明清档案》，雍正八年二月十一日之一，甘肃巡抚许容揭报县官殆玩站务，台北：联经出版事业公司 1986 年版，第 42 册，A42—76，B23993。

④ 中国第一历史档案馆编：《雍正朝汉文朱批奏折汇编》，雍正十一年正月二十二日，江苏古籍出版社 1989 年影印本，甘肃按察使李世倬奏陈酌量变通陕甘粮运管见折，第 30 册，第 364 件，第 570—572 页。

⑤ 中国第一历史档案馆编：《雍正朝汉文朱批奏折汇编》，雍正十年正月二十五日，兰州巡抚许容奏报遵奉廷议续拨军营所需粟米及商运各属米麦等情折，江苏古籍出版社 1989 年影印本，第 21 册，第 613 件，第 740—742 页。

“惟接地转运之法既于民力不劳而于粮运更速”[①]。递运是与台站联系在一起的。但内地递运所的运输速度太慢，往往导致军需壅滞，只能设立台站来递运，河西走廊的台站更是如此。

> 至凉州以西台站，近台之民非不称便，但台站夫役近者固有，而远者亦多，终年在台，总无休息，且各台官只能经理收发粮装，其行走之迟速不能稽查，故到台每有先后而粮石运至壅积。再日久弊生，偷窃掺合往往不足原数，而安台地方又不能处处大村大镇，露地堆积，遇有雨雪不免折损，到肃短少。问之台官而台官以为止司收发，原未亲身管押；问之甘、凉地方官，而甘、凉地方官以为起运有河东州县，经理有各台台员；问之河东州县，而河东州县以为到粮交收已明，过凉偷窃与伊无涉，种种不便难以枚举。前因凉、甘堆贮已多，经该地道府详议加添车辆，目今虽稍疏通，而法太尽善究属难行之始终，在抚臣固深知之。[②]

李世倬奏请将凉州以西的台站因地因时酌量变通，“或照河东仍改递运，亦或递运之中于粮石众多之时，量甘、凉民力间用接运，更或有州县相距路远，应于中间安设台站者亦即酌量安设”[③]。雍正十一年，议将甘、凉一带转运军粮的台站撤去，改行递运。但高台县至肃州计程270里，民力挽运艰难，仍在盐池独设一台，令肃州百姓接运。盐池成为军需汇集接换装运之处，候选州同杨肇熙将镇夷堡久经坍塌的旧察院拆毁，用所存木头盖造盐池房厂一十八间堆贮台粮。[④]

---

① 中国第一历史档案馆编：《雍正朝汉文朱批奏折汇编》，雍正九年三月初六日，宁远大将军岳钟琪等奏覆加增军粮脚价各情并请将已起运军粮加增脚价作正报销折，江苏古籍出版社1989年影印本，第20册，第53件，第86页。

② 中国第一历史档案馆编：《雍正朝汉文朱批奏折汇编》，雍正十一年正月二十二日，甘肃按察使李世倬奏陈酌量变通陕甘粮运管见折，江苏古籍出版社1989年影印本，第30册，第364件，第570—572页。

③ 中国第一历史档案馆编：《雍正朝汉文朱批奏折汇编》，雍正十一年正月二十二日，甘肃按察使李世倬奏陈酌量变通陕甘粮运管见折，江苏古籍出版社1989年影印本，第30册，第364件，第570—572页。

④ 中国第一历史档案馆编：《雍正朝汉文朱批奏折汇编》，雍正十一年八月二十一日，署陕西总督刘於义等奏报肃州道动支军费移盖房厂以贮军粮缘由折，江苏古籍出版社1989年影印本，第24册，第781件，第957页。

（三）对军需运输的管理

陕西拨运米石一般都在西安府或凤翔府。“查西安由北路至肃计程二千七百六十里；凤翔由南路至肃，计程二千二百六十二十里。”① 这是长运距离，陕西的军需口粮，有时长运至甘、凉、肃，有时递运到甘省的秦、泾二府。雍正九年奉旨运送甘、凉、西、肃米15万石，所有派委安台押运及沿途来回稽查文武员弁共69员，应支口食脚价等项银两计里按日核算：游击等官口内每员每日给口食银4钱；跟役5名每员每日给口食银6分；骡6头每头每百里给脚价银2钱；佐贰杂职千把等官，口内每员每日给口食银2钱，跟役2名每名每日给口食银6分；骡3头，每头每百里给脚价银2钱，共动用过公用银4518.12两，照数于公用银内给领。②

递运过程中，“其递运之法，每一台站凡收发粮石，散给脚价，俱须委员专司其事。其台站设在州县者，即令州县官专管；在于驿站村堡者，如有驿丞之处，即委驿丞；如无驿丞，即派该州县之佐贰等员前往。各该州县仍多拨老诚书役、乡保人等在站，以供点验粮石押运之役，仍令沿途道府大员于粮运经过所辖境内，将应给之运价按数稽查……再于陕甘督抚提镇各标营并驻防营汛内遴派经制千把外委”③。每站安设专司押运催趱，各地方营汛驻防兵丁带兵逐起押运，沿途塘汛兵丁挨站接替，塘汛兵丁由于比较近，各有俸饷钱粮，一般不给口粮，只有离原汛遥远赴站常驻押运者，千把等官每日给盘费银2钱，兵丁每日支粟米8合3勺。每粮1石、麦130斤用夹布口袋1条，钤写某州县字样，以防偷拆窃取，布口袋之外，各加护毛口袋1条，如遇下雨，水涨之日，即应停运，粮石到站经收之员查点明白，如无缺少潮湿，即出具收管接递转运，仍按站具文报查；如果口袋缝线拆开，粮石缺少、潮湿，并向上站收发并

---

① 中国第一历史档案馆编：《雍正朝汉文朱批奏折汇编》，雍正九年三月初六日，宁远大将军岳钟琪等奏覆加增军粮脚价各情并请将已起运军粮加增脚价作正报销折，江苏古籍出版社1989年影印本，第20册，第53件，第86页。

② 中国第一历史档案馆编：《雍正朝汉文朱批奏折汇编》，雍正十年六月初二日，署西安巡抚马尔泰等奏报，江苏古籍出版社1989年影印本，第22册，第501件，第619页。

③ 中国第一历史档案馆编：《雍正朝汉文朱批奏折汇编》，雍正九年三月初六日，宁远大将军岳钟琪等奏覆加增军粮脚价各情并请将已起运军粮加增脚价作正报销折，江苏古籍出版社1989年影印本，第20册，第53件，第86页。

押运各员是问，责令赔补。再粮运内口袋、绳索破损，即令沿途州县站员修补更换，将工价同脚价一体报销。各台站所需运价银两预发各州县贮库以备散给。

在陕西递运过程中，北路以长武为界，南路以清水为界，陕、甘各派同知等官员在交接地方驻扎，“专司交收接替之事，以免彼此歧视”①。地方道府大员分路查勘，在州县驿站并人烟稠密的村堡处所以四五十里为率设立台站。地方官将民间自有车辆召集赶赴台站领运。如州县管辖的地方广袤，必须设立数站，而周围居民僻少，车辆不敷分拨时，“令附近僻路之州县雇募夫役车骡驴头赴站协济，以本地邻近之居民按站递运”②。

为保证军需粮食运到前线，在运输过程中，严惩利用官方运输车辆夹带私粮牟利的行为。雍正八年三月，平凉两运押车官庄浪县汪自厚于每车料豆之外夹带小包粟米、豌豆32石藏在临水，被管押粮车之平凉府知府包涛、庆阳府知府李桐揭参，交部议处。③

二　肃州以西的军需运输

（一）肃州至巴里坤军营

1. 军需运输路线

肃州以西地广人稀，长运是唯一的运输方式，骡车是雍正七年以后主要的运输工具。肃州粮运自雍正七年为始。④ 源源不断的粮食由陕西、甘肃各州县由运户通过驿站、台站直运、递运或转运到肃州。肃州作为

---

① 中国第一历史档案馆编：《雍正朝汉文朱批奏折汇编》，雍正九年三月初六日，宁远大将军岳钟琪等奏覆加增军粮脚价各情并请将已起运军粮加增脚价作正报销折，江苏古籍出版社1989年影印本，第20册，第53件，第86页。

② 中国第一历史档案馆编：《雍正朝汉文朱批奏折汇编》，雍正九年三月初六日，宁远大将军岳钟琪等奏覆加增军粮脚价各情并请将已起运军粮加增脚价作正报销折，江苏古籍出版社1989年影印本，第20册，第53件，第86页。

③ 中国第一历史档案馆编：《雍正朝汉文朱批奏折汇编》，雍正八年三月二十四日，钦差兵部尚书查弼纳等奏参平凉二运押车官汪自重利欲熏心夹带图利折，江苏古籍出版社1989年影印本，第18册，第196件，第254页。

④ 中国第一历史档案馆编：《雍正朝汉文朱批奏折汇编》，雍正十年十一月二十四日，署陕西总督刘於义等奏陈改运麦面修建水磨及建仓贮派员经理等粮运事宜折，江苏古籍出版社1989年影印本，第27册，第547件，第280—286页。

转运站再直运到大营。自肃州嘉峪关外运粮之道，原有南、北两路，南、北两路在哈密以东是没有差别的，哈密是南北两路的分界点，北路俱系车行大道，可以直达大营，但盐池阿卜一带气候寒冷，五、六月间下雪三四尺不等，粮车经过骤逢大雪，骡头倒毙，车夫冻伤，且雪深路迷，运户多致守候，人畜盘费无从措办，深秋以后行走艰难；南路车辆仅可行至哈密，自哈密至大营中有南山大坂险峻不能行车，每年三月十五日以后，粮车由北路直运大营，八月十五日以后由南路运至哈密。① 雍正八年三月初旬，粮车 7000 辆分二起出口，每车 1 辆或装运米 5 京石，或炒面 650 斤，三月初一日，沙州副将张豹、宁夏府知府钮廷彩等管押头运抵肃粮车 350 辆前赴巴里坤，四月内陆续由北路抵营。② 北路除气候恶劣外，车辆过三道沟俱系靠北郭壁行走，沿路并无居民塘汛，虽有管押弁员，不能遍行稽查，不肖车夫时有偷窃，且郭壁一带通准噶尔之路较多，逼近阿济必济，处在准噶尔的威胁之下。雍正十一年，查郎阿等计划由南山大坂附近修成路径，绕过大坂行车，十一年四月初二日兴工，四月二十日工竣，共计工 81847 工，共用工价银 4910.82 两。“陡者平之，凸者削之，窄者展之，搭桥为梁，累石为墙，断木为栏，路径宽二丈四五尺不等，往来车辆如履平地，凡悬崖深沟俱有栏杆防护，人畜永无失足坠崖之患”③。

沙州采买军需麦斤运送哈密，原令肃州运米车带运至布隆吉，从布隆吉、黄芦岗至马莲井共计 820 里。如沙州麦斤运至安西，由安西至马莲井只有 520 里，较布隆吉至马莲井近 300 里，定例每面 130 斤运 1 百里给脚价银 4 钱 9 分，路近 300 里，每 130 斤省脚价银 1 两 4 钱 7 分，采买沙州面约以 100 百万斤计算，可省脚价银 10500 余两。雍正十年十一月，王

① 中国第一历史档案馆编：《雍正朝汉文朱批奏折汇编》，雍正十一年四月二十七日，宁远大将军查郎阿等奏报修通大坂山路直达大营以利粮运情由折，江苏古籍出版社 1989 年影印本，第 24 册，第 340 件，第 407—409 页。

② 中国第一历史档案馆编：《雍正朝汉文朱批奏折汇编》雍正八年三月初二日，钦差大臣查弼纳等奏请报头运粮车出口前赴巴里坤军营日期折，江苏古籍出版社 1989 年影印本，第 18 册，第 47 件，第 69 页。

③ 中国第一历史档案馆编：《雍正朝汉文朱批奏折汇编》，雍正十一年四月二十七日，宁远大将军查郎阿等奏报修通大坂山路直达大营以利粮运情由折，江苏古籍出版社 1989 年影印本，第 24 册，第 340 件，第 407—409 页。

全臣向刘於义禀明，请求雍正十一年沙州面斤改运安西，令车辆在安西接运。踏实堡屯种麦粮内拨麦2700余石，运至靖逆卫磨面，又从靖逆将面斤运至马莲井，共计800里，若自踏实堡由安西至马莲井只340里，较运靖逆再运马莲井近460里，可省脚价银5500余两，嗣后应亦请改运安西，令车辆在安西接运。在靖逆修水磨十余盘或20盘，靖逆以东赤金所属之惠回堡、火烧沟、花海子、上赤金，靖逆卫属之昌马湖，头二三道沟各处屯粮俱运至靖逆磨面，即在靖逆发运；在安西修水磨10余盘或20盘，安西以东柳沟卫属之三六八九十道沟，布隆吉，双塔堡，踏实堡，安西卫属之大、小湾各处屯粮俱运至安西磨面，即在安西发运。在靖逆安西两处修建仓廒，将各处运到屯粮责令修水磨之大员盘收入仓，即责令磨面发运，则粮运迅速。①

2. 肃州以西的运输组织

雍正九年五月，雍正帝任命熟悉陕甘民情的陕西人通政使赵之垣、副将马龙运送肃州至巴里坤的军需。在此之前，内地运送巴里坤军营的军需已有头绪。“但自军营进剿之粮，尚无转运之善策。”② 雍正帝命赵之垣赴军营与马龙商议运送之法。赵之垣、马龙运粮与地方官员无关，运粮的费用是实报实销，运粮的速度及道途防护等情，则与大将军、陕甘总督、陕西巡抚、兰州巡抚等商议，“俟赵之垣到彼，与马龙商酌定议，果能承领办理，具奏到日，给与钦差关防”③。雍正九年十二月，给通政使赵之垣、副将马龙肃州运粮钦差关防。④ 雍正十年五月，赵之垣著回京，张体义给与按察使衔，前往肃州与副将马龙一同办理运粮。⑤

雍正七年的兵粮由士兵裹带一部分，再由散招的运户运送。雍正七年，运户张忠、苗丰等率领众运户马世忠等40人将应运炒面21万斤分作4次运送布隆吉缴纳，不领脚价，十一月十二日先行运送讫领运炒面

---

① 中国第一历史档案馆编：《雍正朝汉文朱批奏折汇编》，雍正十二年十一月十五日，署陕西总督刘於义等奏参肃州挽运军粮柜头杨化儒等亏欠钱粮折，江苏古籍出版社1989年影印本，第23册，第237件，第662—664页。

② 《清世宗实录》卷106，雍正九年五月辛未，中华书局1985年影印本，第8册，第400页。

③ 《清世宗实录》卷106，雍正九年五月辛未，中华书局1985年影印本，第8册，第400页。

④ 《清世宗实录》卷113，雍正九年十二月丙申，中华书局1985年影印本，第8册，第504页。

⑤ 《清世宗实录》卷118，雍正十年五月甲子，中华书局1985年影印本，第8册，第563页。

67860斤，外带耗面1938斤。[①] 雍正七年，西路清军裹带及挽运粮共101600余石，直接运送的粮食尚少，雍正七、八年陆续到大营官兵有36000余人，需粮日渐增多。散招运户由于路途遥远，车坏骡死，卖粮逃亡的情况时有发生，散招运户不能完成运输任务。于是，雍正八年，在西路军需补给过程中专门组织运输的柜头产生了。

> 彼时大兵出口，应需口粮多系兵车带运，即有应需粮石为数有限，当即散招运户支给脚价运送。至雍正八年运粮渐多，而运户杂坏奸良莫辨，始设立柜头杨化儒、张忠、朱賛畿、陈大章四人，分为四柜承保运粮。[②]

"四柜"指肃州人杨化儒、张忠、朱賛畿、陈大章，"此四人者不过市井买卖开张行户之人，家道数千金，多不过万金，其手下车户俱系四方乌合，车户来多则多运，车回来少则少运"[③]。雍正八年至雍正十一年，军营官兵口粮俱系四柜运户承运。雍正八年共运粮72800余石。自雍正八年，陕甘二省以及直隶、山西等省雇买骡头及原在肃州各运户之骡，共有骡车14000—15000辆，其中偶有倒毙者，运户等即自行购补，两年来循环接运，源源相继。雍正九年共运粮8万余石。雍正九年九月间，粮车至盐池阿卜骤遇大雪，冻伤倒毙骡3000余头，岳钟琪差守备高勉到哈密强行扣雇运粮骡车1200辆装运鲁骨庆军粮。骡头死亡较多，导致运户挂欠甚多，车骡渐少。钦差大臣鄂尔泰到肃后，经与刘於义等商议，奏请直隶、山东、河南、山西、陕西共采买骡5000头，又帮制车5000辆接济运户，雍正十一年三月，俱解送至肃分给四柜粮运，车骡价值陆续从运粮脚价内扣除。一年以来，骡头既多倒毙，车粮亦有损伤，军需道沈

① 《宫中档雍正朝奏折》，雍正七年十二月初一日，兰州巡抚许容奏报人民自备车辆运送炒面折，"台北故宫博物院"1979年印行，第十五辑，第157页。

② 中国第一历史档案馆编：《雍正朝汉文朱批奏折汇编》，雍正十二年十一月十五日，署陕西总督刘於义等奏参肃州挽运军粮柜头杨化儒等亏欠钱粮折，江苏古籍出版社1989年影印本，第27册，第237件，第280页。

③ 中国第一历史档案馆编：《雍正朝汉文朱批奏折汇编》，雍正十一年十一月二十七日，署陕西总督刘於义等奏陈筹画运送大营军需粮石事宜，江苏古籍出版社1989年影印本，第25册，第401件，第520—523页。

青崖会同肃州道齐式详称，肃州市集有骡头可以购买，请买骡 1000 头，发给四柜配车 1000 辆，每骡约计银 24 两，每车约计银 10 两，骡 1000 头，银 24000 辆，车 1000 辆，值价银 1000 两在运粮脚价内初次每辆扣银 3 两，以后运哈密、塔尔纳沁者每辆扣银 8 钱，运大营者每辆扣银 1 两，一年之后可以扣完。雍正十年，巴里坤官兵岁需口粮 137000 余石，且计划增湖广、甘、凉、肃、察哈尔兵 10000 名，此项续添官兵及跟役等项又需粮 32000 余石，二项共约需粮 170000 石，除军营屯种收获外，其余俱须从肃州雇车运送。雍正十一年共运粮 132900 余石,[①] 又有军装及毡褂、羊肉干等物俱赖粮车运送。再加上大营官兵盐菜岁需银 80 余万两，军营添补一切军装等项，“无一不取给于肃地之车辆”[②]。

自雍正八年十月起至九年八月，粮运尚少，草料米面价值俱皆平贱，四柜尚无挂欠。自雍正九年九、十月间，四柜运户领运军营官兵雍正十年进剿口粮 8 万石，由北路行走至阿卜地方陡遇狂风大雪，冻死骡数千余头，夫役多半逃生，随致遗失拖欠官粮 1200 石，长支脚价银 9984 两，齐式任内脚价陆续扣清，所欠粮石已追补运粮 900. 25 石，尚欠粮 299. 75 石。雍正十年，四柜运户领运塔尔纳沁、哈密、巴里坤官兵十年九月起至十一年八月口粮，因运送哈密、巴里坤车骡奉前大将军岳钟琪留运鲁谷庆、木垒等处，骡头疲乏不能休息，沿途倒毙，且木垒等处猝遇准噶尔抢掠，车骡被焚毁，运户遭抢，节次共拖欠哈密军营等处粮 1316. 25 石，齐式任内已追贮道仓粮 106. 5 石，又追补运哈密粮 31. 5 石，二项共粮 138 石，尚欠粮 1178. 25 石。雍正十年，四柜头恳请领脚价置买骡头以备转运，四柜运户领银挽运粮石共预找领脚价银 25454. 93 两。四柜头置买驴头及至军营，大将军岳钟琪饬令粮石停止转运，将驴头减价挑买应用，以致运户星散，除军营所买驴头价值顶补过银 8868 两，尚亏转山脚价银 16586. 93 两，齐式任内在四柜运户领运军粮应得脚价银内陆续扣除

① 中国第一历史档案馆编：《雍正朝汉文朱批奏折汇编》，雍正十一年十一月二十七日，署陕西总督刘於义等奏陈筹画运送大营军需粮石事宜，江苏古籍出版社 1989 年影印本，第 25 册，第 401 件，第 520—523 页。

② 中国第一历史档案馆编：《雍正朝汉文朱批奏折汇编》，雍正十年四月十一日，署陕西总督查郎阿奏报委员解送巴尔库尔军需粮石数目折，江苏古籍出版社 1989 年影印本，第 22 册，第 114 件，第 119 页。

大军需库银 15528.42 两。雍正十年，商酌粮运事案内，四柜运户领运哈密粮石中途奉文截留塔尔纳沁供支防兵口粮 152 石，应追长领脚价银 140.148 两。雍正十年遵旨议奏事案内，因粮运紧急，四柜运户缺乏裹带口粮，奉文在于道仓收贮余米内节次借给四柜运户京斗粟米 2500 石尚未清还。由于路途遥远，运粮脚价不一，柜头张忠、马仲时、朱賛畿、陈大章等向刘於义呈称，要求从大坂转运大营，每石每百里给脚价银 5 钱 6 分 1 厘。刘於义等允准，嗣后由哈密解送沙枣泉等处粮石俱照每石每百里 5 钱 6 分 1 厘之例支给。[①] 增加脚价后仍然无法解决柜头挂欠的问题。十二年，军营满、汉、蒙古官员，兵丁、跟役、余丁共有 57130 余员，每岁需粮 20 余万石，俱需取给于粮运。本年所解军装、弓箭、腰刀、矛子、藤牌、火药、火绳、战鼓、铜锣、旗帜诸军器以及兵丁之帐房、暖帽、皮衣、靰鞋、鞍屉、绳索并筹划预备事宜案内之毡褂、羊肉干等物运营者络绎不绝，数倍于往年，俱系粮车装运。雍正十一年四月，四柜只运粮 15 万石，尚有粮 5 万余石，无人承运。因运户车骡短少，转运不继挂欠甚多，“四柜万一呼应不灵，挽运稍有迟悞，临时岂能补救”[②]。

雍正十一年十月，刘於义奏请将十二年八月以后军粮分拨，派委瓜州效力之州同杨肇熙分班另运粮 20000 石到营，原任广西按察司张体义分班另运粮 30000 石到营，又各多领运粮 10000 石，共运粮 70000 石。“其脚价等项亦照四柜支给”[③]。为了正式起见，刘於义奏请加衔按察使张体义钤用原来户布噶兰大郭朝祚钤用的钦差大臣关防，每年在肃支领养廉银 600 两。效力州同杨肇熙盖钤用贮库之肃州厅印。[④] 而柜头每运必有挂

① 中国第一历史档案馆编：《雍正朝汉文朱批奏折汇编》，雍正十一年十二月十六日，署陕西总督刘於义等奏报照例支给解送沙枣泉等处军需粮石脚价银两折，江苏古籍出版社 1989 年影印本，第 25 册，第 482 件，第 628 页。

② 中国第一历史档案馆编：《雍正朝汉文朱批奏折汇编》，雍正十一年十一月二十七日，署陕西总督刘於义等奏陈筹画运送大营军需粮石事宜，江苏古籍出版社 1989 年影印本，第 25 册，第 401 件，第 520—523 页。

③ 中国第一历史档案馆编：《雍正朝汉文朱批奏折汇编》，雍正十一年十一月二十七日，署陕西总督刘於义等奏陈筹画运送大营军需粮石事宜，江苏古籍出版社 1989 年影印本，第 25 册，第 401 件，第 520—523 页。

④ 中国第一历史档案馆编：《雍正朝汉文朱批奏折汇编》，雍正十二年正月二十六日，署陕西总督刘於义等奏报张体义杨肇熙分班运粮请准钤用原有印信以昭信守折，江苏古籍出版社 1989 年影印本，第 25 册，第 624 件，第 816—817 页。

欠，所有车骡疲乏不堪，日就短少，渐至无车承运。雍正十一年冬，口外严寒，冰雪远甚往年，骡头倒毙过半。

雍正十二年正二两月，在肃及沿途车骡不过4000余辆，又值运送口外各站酌调马匹案内，草料并一切军装以致大营军粮两月不能发运，四柜头束手无策。肃州道黄文炜，军需道沈青崖会同酌议，随议设立公局添置车骡，物料，亲督四柜运户运粮。雍正十二年五月，刘於义奏准设立公局，令军需道沈青崖，肃州道黄文炜亲自办理车骡50帮。沈青崖承办15帮，黄文炜承办15帮，监同四柜头办20帮，四柜又渐亏空，将此20帮车骡令沈青崖、黄文炜、杨肇熙亦仍分领亲办，除四柜仍令照常办理挽运外，20余万石军粮，计划张体义、杨肇熙分班另运粮50000石，其余应运粮15万余石，分于四柜承运。若将来张体义、杨肇熙能多为领运，则逐渐减少四柜承运之粮。[①] 雍正十二年十一月，二格对雍正十二年设立公局的运作情况以及张体义、杨肇熙等人的运粮作了回顾。表4-4是公局、张体义、杨肇熙运粮情况[②]

表4-4　　雍正十二年至十三年公局所运粮石

运输责任者	领过银（两）	添置车骡	二项共需银	分运粮数（石）	尚计预领银（两）	已运过粮（石）	该领脚价银（两）
公局	250540余	280000	530540余	55240余	323650余	—	—
加衔按察司张体义	544880余	—	—	56000余	134170余	43000余	410710余
州同杨肇熙	416700余	—	—	44500余	166191	27100	250510余

资料来源：中国第一历史档案馆编：《雍正朝汉文朱批奏折汇编》，江苏古籍出版社1989年影印本，第27册，第230件，第272页。

---

① 中国第一历史档案馆编：《雍正朝汉文朱批奏折汇编》，雍正十一年十一月二十七日，署陕西总督刘於义等奏陈筹画运送大营军需粮石事宜，江苏古籍出版社1989年影印本，第25册，第401件，第520—523页。

② 中国第一历史档案馆编：《雍正朝汉文朱批奏折汇编》，雍正十二年十一月十二日，办理军需副都御史二格奏报到肃查明军需粮运改办情形及预支过银两数目折，江苏古籍出版社1989年影印本，第27册，第230件，第272页。

设立公局之后，沈青崖等自承运军粮以来，河南、山西买骡3302头，陕甘买骡5814头，靖远平凉、泾阳造车7506辆，凉、甘、肃买车1367辆，又买圈车615辆，泾阳、三原、平庆、洮、岷、凉、甘等处制买绳、麻、布、油、毛毡、口袋、药材、木铁器等物，又于口内、口外采买米麦、豆麸以备凑补裹带饲喂之用。又因冬天大坂转山冰雪险阻，车骡不能挽运，酌议夏月用驴只盘运大坂，在甘、凉、肃买驴2054头，榆林、宁夏、西宁、固原等处买驼1159只，以上车骡、驴驼各价不等，平均计算，大车每辆价银11.1两，圈车每辆价银3.6两，骡每头价银27.9两，驴每头价银5.4两。驼每只价银64.5两。虽奉调20帮，运过粮19000余石，四柜仍倒毙车骡，挂欠粮石，积渐又成亏空。雍正九、十、十一、十二等年四柜运户共挂欠粮13541石，银259817.84两。除扣追外尚欠粮12207.84石，欠银104910.8两。所有四柜柜头杨化儒、张忠、朱賛畿、陈大章历年积欠粮12421.34石，积欠银107212.8两。柜头杨化儒等被搜查家产追变，并令开出各运户拖欠严追。① 自十二年八月以后，运粮状况好转，"粮无挂欠，车无停留，疏通迅速，实为历年粮运之所未有"②，但这已是军需口粮运输的尾声。设立公局之时，本拟每人运至七八万石，自上年八月至今，黄文炜运粮75000石，沈青崖运粮64000石，张体义运粮64500石，杨肇熙运粮57400石，以上共运各案军粮260900石。

3. 对沿途运输的保护

嘉峪关至巴里坤军营一路俱安放台站，设有千把弁员，从嘉峪关至哈密共21程，按程俱有民人压盖草房开设饭店，招纳来往之人居住。军兴之际，运道关系紧要，除清军的军需运输外，贸易之人所挈带着亦系兵丁必需之物，西路清军特拨弁兵严行保护台站及沿途的粮运。肃州运粮前赴大营，向例粮车200辆派千把1员管押运送。雍正八年十二月，西路台站芦杆泉、半池泉、腰泉子、琐琐阿卜、塔尔纳沁五站遭到抢掠，

---

① 中国第一历史档案馆编：《雍正朝汉文朱批奏折汇编》，雍正十年十一月二十四日，署陕西总督刘於义等奏陈改运麦面修建水磨及建仓贮派员经理等粮运事宜折，江苏古籍出版社1989年影印本，第27册，第547件，第280—286页。

② 中国第一历史档案馆编：《雍正朝汉文朱批奏折汇编》，雍正十三年六月初八日，署陕西总督刘於义奏陈粮运告竣请准输粮石易换车骡等情折，江苏古籍出版社1989年影印本，第28册，第431件，第538—546页。

共抢塘马73匹，掳去马夫3人，准噶尔退去之后才恢复。① 随后，西路清军加大了对台站的保护。雍正十一年，针对十二年增兵，军营所需军需粮石增加至20余万石，其他军需物资数倍往年，俱由粮车装运，刘於义加强沿途稽查，催趱沿途逗留运户，打击不法运户偷卖车粮等行为。嘉峪关委派革职江南布政司赵向奎，桥湾委派原任河南布政司徐聚伦，隔子烟墩委派降调署参将王定勲、哈密委派游击王琇。刘於义与查郎阿商定自出嘉峪关起，凡有城堡人家之处俱派委千把一员查催，“倘有逗留偷窃等弊，即时报明究处，并遴委大员往来稽查，如千把疏漏隐徇，即将千把惩究，将来逗留偷窃之弊庶可杜绝”②。雍正十二年八月后，根据不同地段实行分段管理，设在大营以东的南山口、松树塘、奎素为粮运经商往来之孔道，南山口驻兵70名，派千总1员管领松树塘，奎素两站，各派把总1员、驻兵50名，共计三站。现在驻防官兵170余员名盘查奸宄，缉拿逃盗，且大营不时差委将备往来稽查，自嘉峪关至桥湾各站俱有户民居住，设立保甲互相稽查，管辖之地方官不时查察盗贼；自黄芦岗至哈密，虽有客民压盖草房开设饭店，俱于各站聚居多者，至三四十家，少者不过五六家，交台员管辖，坐台兵丁稽查，驱逐踪迹诡秘面生可疑之人；戈壁空旷辽阔，安西镇总兵及哈密副将各於所管地方每季轮派备弁一员，带领目兵往来游巡，盘诘查拿匪类，惩治盗窃之风。③ 雍正十二年五月，刘於义于奏请每粮车100辆即派千把一员管押，但各站催趱稽查，以及饷银铅药军装马匹等项俱需千把押解，各提镇调肃听差之千把不够委用，再加上千把出口押运，每员日给口食银2钱5分，跟役2名，每名日给银8分，共银1钱6分，官役共给脚力3头，每头每百里给银2钱，共银6钱，千把1员每日盘费银1两。由于押运一事全在不辞劳

① 中国第一历史档案馆编：《雍正朝汉文朱批奏折汇编》，雍正九年正月初九日，护理宁远大将军纪成斌奏报准噶尔并渐退并派兵暂驻东路防护等情折，江苏古籍出版社1989年影印本，第19册，第531件，第794—796页。

② 中国第一历史档案馆编：《雍正朝汉文朱批奏折汇编》，雍正十一年十一月二十七日，署陕西总督刘於义等奏陈筹画运送大营军需粮石事宜，江苏古籍出版社1989年影印本，第25册，第401件，第520—523页。

③ 中国第一历史档案馆编：《雍正朝汉文朱批奏折汇编》，雍正十二年八月二十八日，署陕西总督刘於义奏请分别查办嘉峪关至巴里坤军营驿途各段缉匪事宜折，江苏古籍出版社1989年影印本，第26册，第742件，第906—908页。

苦，老实谨慎，与押运者身份无关。雍正十三年三月，刘於义奏请于甘、凉、肃三提镇标内选派诚实强壮干练目兵各30名差委分帮押运。目兵每名照例给脚力1头，其盘费银两照千把之例减半，每日给银1钱2分5厘，在口内听差每日酌给银8分。①

（二）至巴里坤南北山各地

每年冬天，西路大营官兵都要驻扎巴里坤南、北两山，被雇运脚户将所需粮石运至南、北两山。来年三月间，两山积雪消融，南、北两山难于驻牧，驻兵撤赴附近各卡伦、堡内，驻扎各兵口粮可以赴城就近驮取，停止运送到南北两山。

雍正十年冬，署大将军查郎阿抵营之后，查郎阿与张广泗等揆度地势，根据兵力、地方大小、路径冲僻，驻兵分防。各处分驻官兵所需口粮除哈密以东之塔尔纳沁、土古鲁、盐池、上莫艾、一棵树俱于内地运营粮内就近截留外。大营之山南、山北各处驻防官兵口粮，行令户部噶兰大等设法雇觅车骡按照里数确估脚价运送供支，山南之他木楚、乌纳庆、梯子泉、沙枣泉、羊卜纳、三堡等处，即令驻防哈密之副将焦景竑等在哈密就近雇运；山北之木城、噶顺、镜儿泉、搜吉、白杨沟、插汉哈吗儿、乌克儿等处俱在军营就近雇运。除运送南、北两山军粮外，雍正十一年，军营屯种青稞，自塔尔纳沁运送籽种。自雍正十年十二月起至雍正十一年六月止，自哈密运送他木楚等处口粮6786石，自巴里坤军营运送木城、噶顺等处口粮9855石，马料299石，自塔尔纳沁运送各屯田处所籽种青稞1000石。②

雍正十一年冬天，西路清军酌议防冬，满洲、蒙古、绿营兵丁分别被搭派前往南、北两山分营驻扎，张广泗带领官兵跟役13250名在北山约洛兔一带驻牧，常赉带领官兵跟役10000名在南山哈透等处驻牧，两路官兵既分驻两山，自雍正十一年十月起至十二年正月，4个月口粮以粟米、白面、青稞三色搭支，共需粮28040石。其中肃州运赴军营粟米、白面

① 中国第一历史档案馆编：《雍正朝汉文朱批奏折汇编》，雍正十三年三月十四日，署陕西总督刘於义奏请于甘凉肃三提镇标内选派押运粮石目兵并例给脚力盘费折，江苏古籍出版社1989年影印本，第27册，第692件，第865页。

② 中国第一历史档案馆编：《雍正朝汉文朱批奏折汇编》，雍正十二年九月初四日，西路副将军张广泗等奏请敕部核销军营估运粮料籽种脚价折，江苏古籍出版社1989年影印本，第26册，第772件，第942—943页。

4126石，自奎素截拨大运粮石，改运木城，从奎素运送到木城的距离与奎素运送到大营的距离相等，不需要额外支付脚价。各卡伦附近屯田处运贮青稞共4562石，该项青稞，各卡伦及附近屯田处就近支用，以上二项，米、面、青稞共8688石，不需要额外支付脚价。实际运粟米、白面、青稞共17432石，需要脚价银9135两，因搜吉尚有贮存的青稞1919.5石，搜吉距乌克儿不远，就近从搜吉拨运青稞1919.5石，再核减脚价835两，移驻□泉子的牧马官兵的口粮即在原估粮石内改运插汉哈玛尔粟米、白面3130石，减脚价509两，两项共减脚价银1345两零，较原估只雇运粮17432石，实发脚价银1790两。[①]

（三）雍正十年自巴里坤军营至穆垒的粮运

1. 清军从巴里坤进军穆垒

雍正十年正月，宁远大将军岳钟琪以“若将来穆垒驻兵有未协之处，请将臣置之重典，妻子从重治罪”为担保，奏请西路清军在穆垒地方建筑城池，驻兵2万，堵截准噶尔，又与鲁谷庆等处，互为声援，奏请被获准。[②] 雍正十年二月，岳钟琪在绿旗兵丁内拣选精锐2万名前往穆垒筑城，留驻巴里坤军营满、汉、蒙古官兵余丁跟役共13000余名。由于雍正帝担心春间三月、四月间数万官兵赴穆垒筑城驻兵，“马驼既恐膘力不足，且时日稍觉忙迫，未必事事皆能就绪，不若迟至六月夏秋之交”[③]。雍正帝在京中为岳钟期前进穆垒选了六月初四日巳时、六月二十七日官兵移驻穆垒的两个吉日。雍正十年六月二十七日辰时，护宁远大将军岳钟琪裹带15日口粮分作两路启行，移驻穆垒。岳钟琪同副将军赏赉，统兵12000名，由阔舍图大路直进。副将军张广泗同署镇安将军卓鼐统兵7000余名，由鄂龙吉之北约洛图一路前进。大概七月十一日，抵达穆垒。[④] 实际上，穆垒不适合驻兵。雍正十年八月，副

---

① 中国第一历史档案馆编：《雍正朝汉文朱批奏折汇编》，雍正十二年九月初四日，西路副将军张广泗等奏请敕部核销雇运南北两山防兵口粮脚价折，江苏古籍出版社1989年影印本，第26册，第773件，第944—946页。

② 《清世宗实录》卷114，雍正十年正月甲申，中华书局1985年影印本，第8册，第521—523页。

③ 《清世宗实录》卷115，雍正十年二月癸丑，中华书局1985年影印本，第8册，第537页。

④ 《清世宗实录》卷122，雍正十年七月丙申，中华书局1985年影印本，第8册，第596页。

将军张广泗在奏折里，对岳钟琪移兵穆垒并通过车运、驼运 10 万石的粮运计划提出批评，批评大将军岳钟琪调度兵马筹运粮饷，“多属乖方”“今情势总不相合”。一是岳钟琪对巴里坤至穆垒的交通条件不了解，对粮运计划过于乐观，自巴尔库尔至穆垒，沿途沟堑崎岖，或纡道绕过沙碛，“今查车路多乱山大岭，必须远从沙碛，正属贼人出没要冲，难于防护”；二是批评岳钟琪不了解敌情虚实，贸然停迟粮车运送，导致冬季运粮迟缓。① 雍正十年九月，岳钟琪因此以“失算误国”“颠倒昏愦”“屡失机宜”被调回京师。八月二十八日，护宁远大将军印务张广泗将大营全撤，自穆垒起程于三十日，已回阔舍图，将清军尽行撤回巴里坤。②

2. 巴里坤到穆垒的粮运

前进兵丁的粮食补给就成为预先要筹备的第一要务，兵丁初到穆垒不能屯种，这就使得军粮必须运到更远的穆垒。大营留守官兵每岁需粮 40000 余石，除军营屯种之外，每年只需粮 11000—12000 石，军营、哈密现贮米面及屯种之青稞有 13 万石，除支给 4 个月兵食并运送鲁古庆及屯种籽种外，旧存并新运到营现在实存贮粮 11 万石有零，尚有自肃运送之粮陆续运到军营，军营存贮之粮足够。前往穆垒的兵丁加上跟役约有 25000 名，自十年四月起至十一年八月秋收，共计 18 个口粮俱要运送，需粮 10 万余石。粮饷问题事关重大，“军营所存之粮俱系应运穆垒之军糈，若止令内地每年运送军营，而军营之粮不能运赴穆垒，则军营之粮堆积而穆垒之粮缺乏”③。岳钟琪筹划，十年三月初旬，将军营现有在内地喂养骆驼 8000 峰裹带料豆缓缓赶至军营，四月中旬随大兵前进可运粮 16000 石，足供 2 月有余兵食，仍酌派官兵将驼只赶回巴里坤军营左近牧放休息一月，再挽运米 16000 石，又足供 2 月有余之兵食。再加上官兵沿途裹带，足共 5 个月口粮。军营至穆垒河一路平坦，车辆可行，后续粮

---

① 《清世宗实录》卷 122，雍正十年八月庚申，中华书局 1985 年影印本，第 8 册，第 606—607 页。

② 《清世宗实录》卷 123，雍正十年九月庚子，中华书局 1985 年影印本，第 8 册，第 621 页。

③ 中国第一历史档案馆编：《雍正朝汉文朱批奏折汇编》，雍正十年闰五月二十三日，护宁远大将军岳钟琪等奏报移兵穆垒所需马匹骡车等情及请令孔毓璞办理粮运折，江苏古籍出版社 1989 年影印本，第 22 册，第 456 件，第 550—555 页。

运应令办理军需之通政使赵之垣、副将马龙雇觅车户陆续运送。但闰五月，赵之垣奉旨调回，张体义尚未抵肃，马龙亦未赴营，“若俟伊等到营之后办理，粮运必致贻误”[①]，岳钟琪不得不重新考虑运粮计划，军营驼峰初次除拨给兵丁驮载之外，余驼4000峰，可以驮粮8000石到穆垒，二次以7000余驼全驮粮15000石，前后共粮23000石。军营骆驼运送两次之后时值九月落雪之时，不能再运，而赵之垣等即或办有车辆，若至九月以后，草枯水冻之时亦难挽运，两次骆驼挽运23000石之粮只能扣至十年十月中旬，自十月中旬起至十一年三月底之粮必须九月以前运到，其余次年七月屯粮收获之前，四、五、六三月所需之粮，只有三月以后骆驼方可以挽运。十年七月初一日起至十一年三月底共9个月，约需粮63000石，除两次骆驼挽运23000石外，尚需粮40000石，必须设法挽运，军营拉战车之马及拽粮车之骡头共5000匹头，除上年倒毙并运送鲁谷庆军粮外，其所存骡头无几，而马龙等即或买有骡头、车辆，数量有限，不能解决问题。岳钟琪认为，必雇觅内地运送巴里坤军粮之车骡方能解决问题。雍正十年，自三月至八月从肃州直运军营之粮共计30运，军营只到5运，其余25运尚未抵营，每运骡车400—500辆不等，25运约计骡车尚有10000辆。此项骡车到营交卸之后，仍返回肃州，运送哈密冬粮，军营现贮之粮及25运尚未到之粮约计15万—16万石，加上巴里坤等处屯种之粮共计有17万—18万石，足够巴里坤、穆垒两处官兵一年零七个月之用，况且雍正十一年穆垒又要屯种军粮。岳钟琪计划将雍正十年冬运送哈密之粮暂行停止，将25运现到车骡留在巴里坤运送穆垒之粮，自军营至穆累往返口粮照运送鲁古庆之例给与，折算脚价。

两路官兵会合于阔舍图地方，岳钟琪委副将谭定邦、冯廷雄、总理粮运，官兵4000余名护送车辆驼只分为四运前进。[②] 岳钟琪移师穆垒前备下存营官车1000辆。西路副将军福建总督刘世明，分作6次解运。

① 中国第一历史档案馆编：《雍正朝汉文朱批奏折汇编》，雍正十年闰五月二十三日，护宁远大将军岳钟琪等奏报移兵穆垒所需马匹骡车等情及请令孔毓璞办理粮运折，江苏古籍出版社1989年影印本，第22册，第456件，第550—555页。

② 《清世宗实录》卷121，雍正十年七月丙申，中华书局1985年影印本，第8册，第596页。

"自巴里坤至穆垒，每百里每石议给脚价银七钱"①。表4－5是从巴里坤运赴穆垒粮石。② 从十年六月二十八日至七月初二，从巴里坤向穆垒运送了13902石军粮，只能供穆垒清军维持不到2个月。清军在穆垒确实也只待了不到2个月就撤回，可能再没有向穆垒运送粮食。

表4－5　雍正十年六月二十八至七月初二日运赴穆垒粮石

次数	运载工具及数量	粟米（石）	炒面（石）	白面（石）	粳米（石）
第1次	驼1898只	1698	1426石	472	200
第2次	骡车590辆	1621.5	960.5	—	—
第3次	骡车620辆	1639	843	100	—
第4次	骡车635辆，驴235头	2229	516	48	—
第5次	骡车355辆	611	350	—	—
第6次	骡车206辆	463.5	58.5	405	—
合计	—	8262	4065	1375	200

三　军需运输中的脚价

（一）西路军需补给中肃州以东的脚价

承办军需者所称的脚价即运输费用。运输成本的高低与当地的交通状况、物价，尤其是粮食的价格密切相关。在军需运输过程中，都是分段计价。甘肃省各府属挽运军粮赴肃，每石每百里给脚价银1钱。查弼纳奏请加银5分，每石每百里给运脚1钱5分，"运送军粮口内口外以百里为一站，口内每百石给车价银一钱五分，口外给车价银四钱。查西陲

① 中国第一历史档案馆编：《雍正朝汉文朱批奏折汇编》，雍正十年七月十六日，西路副将军刘世明等奏覆料理催趱雇车运粮穆垒一事情由折，江苏古籍出版社1989年影印本，第22册，第723件，第946—947页。

② 中国第一历史档案馆编：《雍正朝汉文朱批奏折汇编》，雍正十年七月十六日，西路副将军刘世明等奏覆料理催趱雇车运粮穆垒一事情由折，江苏古籍出版社1989年影印本，第22册，第723件，第946—947页。

旧例，口内每石每百里给银一钱五分，口外给银四钱九分八厘零”[①]。当然，这是指交通便利的地区，例如平凉府的六盘山段，每百里的脚价是1钱6分。雍正九年之前，挽运军粮过程中脚价不足，导致挽运者帮贴，挽运粮石往往是一家出车，不出车者私相帮贴出车之户。运米一石每百里除给脚价一钱五分之外，帮添银一钱三四分至一钱四五分不等，“但挽运不易，帮贴非轻，百姓未免有惊惶畏难之心……或至挈家逃避等事”[②]。雍正九年，岳钟琪抵陕后细加查察，认为所给一钱五分脚价确实不够，以平凉府为例，“里民运米一石每百里除另给脚价一钱五分外，尚需银一钱四五分，是每米一石必得三钱方能足用”[③]。岳钟琪又顾忌到“加增脚价，亦祗出车之人得利，小民仍不免帮贴”[④]。请求蠲免钱粮。当时甘属现派宁、平、临、巩等府运米、豆46000余石，挽运军粮紧急之时，“若不加增脚价并加增不足三钱之数，诚恐尚有不敷之处，里甲仍派帮贴致贻民累”[⑤]。经过权宜之后，岳钟琪命在原脚价一钱五分之外加增一倍，各府属凡运米一石每百里给银三钱，“严禁里民帮贴，如有再行私派以及通同狥隐者从重治”[⑥]。当时陕西西、凤二府正在运送米面，经过廷议，每石每百里脚价才一钱六分，如果将宁、平、临、巩之米运价骤增至三钱，雍正帝担心将来出口之米运价引以为例。岳钟琪在平、巩诸府访查

① （清）阿桂、（清）和珅：《钦定户部军需则例》卷5《运送脚价·陆路运送军粮脚价》，《续修四库全书》第857册，上海古籍出版社2002年版，第112页。

② 中国第一历史档案馆编：《雍正朝汉文朱批奏折汇编》，雍正九年正月二十日，宁远大将军岳钟琪奏报加增甘肃各属挽运赴肃州军粮脚价情由折，江苏古籍出版社1989年影印本，第19册，第562件，第842—843页。

③ 中国第一历史档案馆编：《雍正朝汉文朱批奏折汇编》，雍正九年正月二十日，宁远大将军岳钟琪奏请将增加运粮脚价敕部存案折，江苏古籍出版社1989年影印本，第19册，第563件，第843—844页。

④ 中国第一历史档案馆编：《雍正朝汉文朱批奏折汇编》，雍正九年三月初二日，宁远大将军岳钟琪奏陈前请增加运粮脚价缘由折，江苏古籍出版社1989年影印本，第20册，第35件，第58页。

⑤ 中国第一历史档案馆编：《雍正朝汉文朱批奏折汇编》，雍正九年正月二十日，宁远大将军岳钟琪奏请将增加运粮脚价敕部存案折，江苏古籍出版社1989年影印本，第19册，第563件，第843—844页。

⑥ 中国第一历史档案馆编：《雍正朝汉文朱批奏折汇编》，雍正九年正月二十日，宁远大将军岳钟琪奏请将增加运粮脚价敕部存案折，江苏古籍出版社1989年影印本，第19册，第563件，第843—844页。

后，认为甘肃仓贮无几，宁、平、临、巩等府多次派拨米豆，导致物价上涨。为了增加甘肃诸府的脚价，又不致以后引以为例，岳钟琪与查郎阿建议西、凤接递转运。西、凤二府长运至肃，在沿途州县驿站、村堡设立台站，令各沿途州县的有骡车之家赴站作短途转运，既不致劳民，又可降低脚价。“查自西、凤以至兰州，沿途食物草料价值略贱，酌估每米一京石或麦一百三十斤，每百里给脚价一钱六分。其自兰州渡河，以西甘凉肃一带，食物草料价值甚贵，酌估每米一石或麦一百三十斤，给脚价二钱。”① 如此接递转运，则原来所议一钱六分脚价有余，则宁、平、临、巩诸府增拨46000石粟米，则可增给脚价三钱。至于运米出口，都是车户揽运，不增加脚价不会累及里民。

骡头是陕甘二省最主要的交通运输工具，陕西省“自军兴以来，凡驮载军装以及一切公务往来差使络绎不绝，其所用骡头俱在咸宁、长安、泾阳、三原四县骡店雇觅，每骡一头每百里给与脚价银二钱，此例年承办之旧例也”②。由于陕省连岁承办军需，各处草料、饭食价格日渐上涨，以致骡头脚价日渐不敷，骡户有赔累之苦，每当雇觅骡头，往往畏难藏避，裹足不前。雍正十一年，陕西巡抚史贻直酌量增加，“自西安至兰州以及宁夏，每骡一头每百里给银二钱六分，较之从前脚价增银六分，其自兰州至凉、甘、肃、西宁，每骡一头每百里给银三钱，较之西安至兰州之脚价增银四分，盖道理有远近之殊，粮草有贵贱之别”③。

（二）肃州以西的脚价

虽然肃州以西的交通状况比肃州以东便利，但由于肃州以西地广人稀，粮食价格相对肃州以东较高，故肃州以西的运输价格高于肃州以东。

---

① 中国第一历史档案馆编：《雍正朝汉文朱批奏折汇编》，雍正九年三月初二日，宁远大将军岳钟琪奏陈前请增加运粮脚价缘由折，江苏古籍出版社1989年影印本，第20册，第35件，第60页。

② 中国第一历史档案馆编：《雍正朝汉文朱批奏折汇编》，雍正十一年五月初十日，署陕西巡抚史贻直等奏请酌增落户脚价以济军务折，江苏古籍出版社1989年影印本，第24册，第414件，第501—502页。

③ 中国第一历史档案馆编：《雍正朝汉文朱批奏折汇编》，雍正十一年五月初十日，署陕西巡抚史贻直等奏请酌增落户脚价以济军务折，江苏古籍出版社1989年影印本，第24册，第414件，第501—502页。

"运送军粮口内口外以百里为一站，西陲旧例，口外给银四钱九分八厘。"[①] 雍正七年、八年，米豆之价在3—4两间波动。肃州以西军粮原议每粮一京石每百里给脚价银0.49两，运送哈密计程1545里，每石给脚价银7.69两，每石每百里脚价银0.498两。运送巴里坤计程1756里，每石给脚价银8.75两。[②] 雍正十年九月，米豆价格增至5两，运户口粮及骡头料豆较前俱贵。哈密尚近内地，里数较准。巴里坤由土古鲁、塔尔纳沁远道以避南山口大坂之险，名虽1750余里，实有2000余里，是以哈密50日即可往回，巴里坤必须80日始可往回，针对运粮过程中车骡损失，米、豆昂贵，运户艰窘的状况，鄂尔泰酌议稍增脚价，肃州挽运出口，将运送巴里坤粮石每石增给脚价银8钱，共9.55两。[③] 雍正十年冬，西路军营出征官兵除分驻南山15000余名，俱于哈密、塔尔纳沁两处就近支给口粮外，大营之兵所需口粮将大营存贮之米面按数确估，必须在哈密盘运粮20000石来营。负责运送的四柜柜头张忠等认为，将哈密存贮粮20000石转运军营，首先在肃雇运车骡赶赴哈密南山口，沿途需要支给盘费，肃州现有存贮预备运送大营的军粮，应请将在肃粮石雇车直运哈密南山口，再由运户驼只由南山口盘过大坂转运大营，以前运送哈密计程1545里，每石给脚价银7.69两零计算，每百里脚价银0.49两。自哈密运至大营计程330里，又大坂高峻难行，不比运送哈密俱系平地，脚价只给银1.05两，计每石止脚价银0.31两，运送大营粮石，请求"从大坂转运大营，每石俱加银八钱"[④]。刘於义援照自土古鲁等处运送大营之例，对哈密由大坂转运大营，每石准照加增8钱之例支给。自哈密运送沙枣

---

① （清）阿桂、（清）和珅：《钦定户部军需则例》卷5《运送脚价·陆路运送军粮脚价》，《续修四库全书》第857册，上海古籍出版社2002年版，第112页。

② 中国第一历史档案馆编：《雍正朝汉文朱批奏折汇编》，雍正十一年四月十五日，署宁远大将军查郎阿等奏报军粮急需盘运请著上年阻挠运务之岳钟琪赔补多糜脚价折，江苏古籍出版社1989年影印本，第24册，第270件，第334页。

③ 中国第一历史档案馆编：《雍正朝汉文朱批奏折汇编》，雍正十年九月二十八日，督巡陕甘经略一应军务鄂尔泰等奏陈酌议接济运粮骡户以速军储管见四条折，江苏古籍出版社1989年影印本，第23册，第300件，第366—369页。

④ 中国第一历史档案馆编：《雍正朝汉文朱批奏折汇编》，雍正十一年正月二十六日，署陕西总督刘於义等奏报将肃州军需粮石直达南山口转送大营等情折，江苏古籍出版社1989年影印本，第23册，第735件，第906—907页。

泉，羊卜纳、三堡、柳林泉等处同属远运之粮，同时加增，俱照每石每百里0.561两之例支给。[①] 雍正十年，奉旨增加兵丁口粮，大营兵丁口粮“先于存营粮石内动支，再于内地补运，随于奉文之日概行增给”[②]。调赴军营之湖广、直隶、河南、延兴、固原、凉、肃兵丁8200名，又察哈尔兵2000名到营，以后所需口粮在大营先行支给，再于内地办运补数。各兵加增之粮及续派出口官兵之粮，内地之办理挽运既需时日，八月以后，则照例运至哈密，不能直运到营，所以哈密之存贮较多，而大营之动支既重，存贮较少。又移师木垒安设台运陆续起发，追大兵车回巴里坤，其沿途运去之粮有被贼抢失者，有暂存贮搜吉卡伦者。雍正十一年，现存军营之粟米一项尚可供支至四五月间，而麦石一项则二月中即不足用，亟须料理运供。但肃州起运之粮正当水雪载途之际，既不能直运大营，且塔尔纳沁暂驻之吐鲁番维吾尔族民众应需口粮正在内地办运供支，一时亦难兼顾，自应于收贮哈密粮石内动拨白面20000石就近盘运，但三四千只军需骆驼俱已疲瘦不堪，所存骡头自木垒回营之后已仅存皮骨，即分驻山南之他木楚、梯子泉、沙枣泉、三堡、山北之噶顺、镜儿泉等处各卡伦官兵口粮苦无驼载。又难令兵丁数百里肩负徒行，尚在雇觅车骡酌增脚价运送供支，则盘运哈密粮石来营所需脚力势不得不设法雇募。从哈密至大营350里，自十一年二月初起至三月底，将哈密仓贮白面动拨20000石，陆续运送，由于哈密至营食物草料昂贵异常，不能如内地粮车可以裹带料草，如果照新定之价，每石每百里给银0.561两，不敷人工饭食饲喂牲畜之需，与脚户等协商后，每石每百里议给脚价银7钱，其沿途需用料豆，将上年采买官兵自之青稞支给，仍照每京石5两采买之原价于应给脚价内扣除。自哈密至大营共计程330里，以每百里0.7两计算，每石该脚价银2.3155两，计运面20000石共需银46000余两，若照新定加增之例，每石应给脚价银1.851两。以0.7两支给，每石多费银

① 中国第一历史档案馆编：《雍正朝汉文朱批奏折汇编》，雍正十一年正月二十六日，署陕西总督刘於义等奏报将肃州军需粮石直运南山口转送大营等情折，江苏古籍出版社1989年影印本，第25册，第735件，第628页。

② 中国第一历史档案馆编：《雍正朝汉文朱批奏折汇编》，雍正十一年四月十五日，署宁远大将军查郎阿等奏报军粮急需盘运请著上年阻挠运务之岳钟琪赔补多糜脚价折，江苏古籍出版社1989年影印本，第24册，第270件，第334页。

0.46两。[1] 当然，脚价的高低与所选择的运输工具有关。雍正十一年冬，张广泗带领满洲、蒙古绿旗兵12050名驻扎北山，常赉带领满洲、蒙古绿旗兵9000名驻扎南山。自十一年十月起至十二年正月约估4个月应需口粮20000余石，自军营至北路之木城噶顺镜儿泉等处各计程60、70里不等，至南路之乌可儿计程一百四十里，若以驼只驮运固属便宜，但军营旧存之驼3000峰本系十分劳伤疲瘦，"与其糜费驼只不若雇运犹为节省"。各段的脚价如表4-6所示。

表4-6　　雍正十一年十月起至十二年正月应需口粮运输

驻军名称	驻军人数	所运粮食种类及数量	来源	路段	脚价标准：每石每百里（两）	运输费用（两）
南路驻军	—	—	—	运贮乌可儿之马圈子计程140里	0.543	6643.6
	—	炒面	尖山子屯种收贮青稞拨运	自尖山子运至马圈子计程80里	0.543	1522.9
北路驻军及跟役	13250名，内兵役5450名	60日粟米30日白面共合粮4650石	所需口粮应运贮木城供支	由奎素截拨直运木城其道路里数与运至大营相等	毋庸另给脚价	—
	—	应运30日炒面折给青稞1860石	西宁本年屯种收获项下拨给	—	毋庸另给脚价	—

① 中国第一历史档案馆编：《雍正朝汉文朱批奏折汇编》，雍正十一年四月十五日，署宁远大将军查郎阿等奏报军粮急需盘运请著上年阻挠运务之岳钟琪赔补多糜脚价折，江苏古籍出版社1989年影印本，第24册，第270件，第334页。

续表

驻军名称	驻军人数	所运粮食种类及数量	来源	路段	脚价标准：每石每百里（两）	运输费用（两）
兵役	7800 名	应运炒面折给青稞 2320 石	同上	—	毋庸另给脚价	—
		应运粟米、白面共合粮 5681 石	—	自木城至噶顺计程 20 里	0.543	618
		运贮镜儿泉炒面，折给青稞 390 石	在于凉州营本年屯种收获项下拨给	—	毋庸另给脚价	—
		应运粟米、白面共合粮 921 石	—	自军营至镜儿泉 70 里	0.543	350.8
合计	—	—	—	—	—	9135

资料来源：中国第一历史档案馆编：《雍正朝汉文朱批奏折汇编》，江苏古籍出版社 1989 年影印本，第 25 册，第 273 件，第 347—349 页。

雍正十年冬，署大将军查郎阿抵营之后，与张广泗等揆度地势，驻兵分防。各处分驻官兵所需口粮除哈密以东之塔尔纳沁、土古鲁、盐池、上莫艾、一棵树俱于内地运营粮内就近截留外。大营之山南山北各处驻防官兵口粮，行令户部噶兰大等设法雇觅车骡按照里数确估脚价运送供支，山南之他木楚、乌纳庆、梯子泉、沙枣泉、羊卜纳、三堡等处，即令驻防哈密之副将焦景竑等在于哈密就近雇运；山北之木城、噶顺、镜儿泉、搜吉、白杨沟、插汉哈吗儿、乌克儿等处俱在军营就近雇运。由于口外只有做买卖的民人，车驼有限，且口外地方食物腾贵，时值隆冬，雪深草枯，车骡亦难行走。自军营运至木城、噶顺一带，每石每百里给脚价 0.7 两。自哈密运至他木楚、乌纳庆一带，道路稍觉平坦，水草亦尚便宜，每石每百里给脚价银 0.6 两。除运送南北两山军粮外，雍正十一年，军营屯种青稞，自塔尔纳沁运送籽种，塔尔纳沁车驼稀少，道路难行，食物价格高昂，议定依照军营之价，每石每百里给 0.7 两，自雍正十年十二月起至雍正十一年六月止，自哈密运送他木楚等处口粮 6786 石，自巴里坤军营运送木城、噶顺等处口粮 9855 石，又马料 299 石，自塔尔纳沁运送各屯田处所籽种青稞 1000 石，共用过脚价银 18113.78 两。①

第四节　肃州道库及军需道库

肃州道库和肃州军需库是雍正朝平准战争期间负责肃州以西军需运输的唯一机构。

一　雍正朝筹办西路军需的官员

雍正七年以来的西路军需补给吸取了康熙年间将军只管军务，不理转运粮饷的教训，由宁远大将军总管军务粮饷，粮运一切皆取自公帑。西路军需粮饷事务在宁远大将军总理之下被分为三部分：陕甘巡抚、布政司各官员，地方巡抚大吏有司之专责，他们根据宁远大将军岳钟琪的要求，负责西路军需的采买，并负责运送到肃州。陕西由西安巡抚负责，甘肃有兰州巡抚许容负责，由陕甘总督统筹，雍正七年二月，雍正帝命吏部尚书查郎阿协办陕西军需事务；② 陕甘运到肃州的粮饷由肃州道或军需道负责；西路军营粮饷事务，岳钟琪奏派道员一员，总理知府一员协办，复派同知、通判、州县官 10 员、佐集 20 员专司随营支给粮饷之事。为防止推诿，协调西路军需，雍正七年，“著兵部尚书查弼纳往陕总理稽查军需诸务。”③ 八年十月，尚书查弼纳回京，著署总督查郎阿前往肃州办理西路军需，仍兼理川陕总督印务。④

肃州作为西路清军的军需总汇，雍正七年四月，雍正帝命新任湖北

---

① 中国第一历史档案馆编：《雍正朝汉文朱批奏折汇编》，雍正十二年九月初四日，西路副将张广泗等奏请敕部核销军营雇运粮料籽种脚价折，江苏古籍出版社 1989 年影印本，第 26 册，第 772 件，第 942—943 页。

② （清）傅恒等奉敕纂：《平定准噶尔方略》卷 18，雍正七年二月戊寅，景印文渊阁四库全书，第 357 册，第 274 页。

③ 《清世宗实录》卷 88，雍正七年十一月戊子，中华书局 1985 年影印本，第 8 册，第 184 页。

④ 《清世宗实录》卷 99，雍正八年冬十月癸卯，中华书局 1985 年影印本，第 8 册，第 314 页。

巡抚马会伯前往肃州办理军需，带管肃州总兵印务。[①] 十一月，马会伯升为兵部尚书，仍办理军需，兼管肃州总兵印务。[②] 雍正八年六月，因马会伯在肃州委办军需以来，“诸凡推诿贻误，措置颠倒，著革职”[③]。雍正九年二月，升甘肃布政使孔毓璞，为都察院左副都御史，仍留肃州办理军务。[④]

> 孔毓璞在任时小心谨慎：凡奉行事件有未明晰者则通详请示，而行有奉行查议者，臣则量其事之轻重，细加参酌，如事理已经明晰无有疑议者，则随时即覆，如事未允当，须广集众思者，即行道府确议，俱令刻期详覆，务求允恰而无迟滞，固不敢因循怠玩也。[⑤]

雍正九年三月，命左副都御史二格协办肃州军需事务，[⑥] 一直到雍正十二年五月，副都御史二格因回京省母，左都御史孔毓璞暂行协同刘於义办理二格所办军需。[⑦] 实际上，孔毓璞忙于屯田事务，侍郎马尔泰协办，雍正十二年八月，马尔泰因回京就近侍养其母，副都御史二格前去协办军需肃州。[⑧] 雍正十二年十二月，副都御史二格、前往署理甘州提督印务，俟办理后，前往肃州协助刘於义办理军需事务。[⑨]

雍正八年，经岳钟琪奏带原任效力各员来营分管粮务，雍正十一年四月，因总理粮务之凉庄道殷邦翰病故，查郎阿奏请将协办粮务之原任

---

① 《清世宗实录》卷80，雍正七年四月癸卯，中华书局1985年影印本，第8册，第59页。

② 《清世宗实录》卷88，雍正七年十一月丙子，中华书局1985年影印本，第8册，第180页。

③ 《清世宗实录》卷95，雍正八年六月癸亥，中华书局1985年影印本，第8册，第278页。

④ 《清世宗实录》卷103，雍正九年二月己亥，中华书局1985年影印本，第8册，第360页。

⑤ 中国第一历史档案馆编：《雍正朝汉文朱批奏折汇编》，雍正九年四月初九日，办理肃州军需孔毓璞奏报仍照前例办理军需以专职守折，江苏古籍出版社1989年影印本，第20册，第207件，第304页。

⑥ 《清世宗实录》卷104，雍正九年三月乙丑，中华书局1985年影印本，第8册，第276页。

⑦ 《清世宗实录》卷143，雍正十二年五月丙戌，中华书局1985年影印本，第8册，第794页。

⑧ 《清世宗实录》卷146，雍正十二年八月丙寅，中华书局1985年影印本，第8册，第822页。

⑨ 《清世宗实录》卷150，雍正十二年十二月己未，中华书局1985年影印本，第8册，第859—860页。

按察司郭朝祚总理，将吏部主事阿炳安、原任西安府知府赵世郎协同办理。郭朝祚著补授凉庄道管理军营粮饷事务，分管粮务各员有委用正印之拖沙喇哈番、奇书、山东武定府同知马兆登等人。雍正十三年八月十二日前一应收支各项，系凉庄道郭朝祚一手承办。雍正十二年，满洲、蒙古、绿旗官兵已奉文撤回，留驻官兵只有11000名，原来承办各员显得有点多，酌派协办粮务之原任西安府知府赵世朗留营总理粮饷事务，并派原任知县董沾、郭传世、刘世骧、效力州同曹企等5员分管。雍正十三年八月十二日后，留驻官兵粮饷俱令赵世朗总理支放，分管粮务之托沙喇、哈番、奇书等随西路军出征年久者，即咨令回任、回旗、回籍，给咨赴部。协办粮务兵部员外郎阿炳安被派令专管蔡把什湖屯垦事务，阿炳安待蔡把什湖城堡兵房建筑完备并所种糜谷收获，交收明白之后再令赴部。

赵世郎等经支粮饷，清廷计划边界定议，清军全撤之时，赵世朗经收各项亦需一同进口造报。哈密防兵5000名支放粮饷及屯田各项事务需要管理，且哈密有运贮之粮，将来又有屯种交收之粮，自大营运回哈密收贮之粮须大员经管，敕令署陕甘总督刘於义在陕甘现任知府、同知内酌派1员，再于现任州县内酌派1员，议给口粮盘费前赴哈密驻扎，专管收支并收发籽种屯粮，此所派哈密管粮文员统以2年为期，期满另行派员更换。①

二 肃州军需库

肃州是西路清军的军需总汇，是内地粮饷得以源源不断解运关外的一个枢纽。肃州军需库作为清军在口内的军需财政机构，管理嘉峪关以西清军粮饷、马匹、铅药、武器装备运输的费用，以及清军饷银盐菜银的拨发。肃州军需库的设立时间为雍正十年，其前身是肃州道库，“查军需库于雍正十年始行设立，其雍正七、八、九等年军需银两俱系肃州道库支放”②。由于肃州道库及军需道库兼有战时管理军需的职责，因此，

① 中国第一历史档案馆编：《雍正朝汉文朱批奏折汇编》，雍正十三年七月二十五日，署宁远大将军查郎阿等奏请敕刘於义查核军营奏销各册并派员管理哈密粮务折，江苏古籍出版社1989年影印本，第28册，第657件，第833—836页。

② 中国第一历史档案馆编：《雍正朝汉文朱批奏折汇编》，署陕西总督刘於义等奏报肃州军需库数年收支，江苏古籍出版社1989年影印本，第25册，第483件，第629—630页。

肃州道库由肃州道管理。从雍正七年正月到雍正十二年十二月初十日有五任。第一任为肃州道事齐式，任职时间为雍正七年正月至雍正十年正月十八日；第二任为副都御史孔毓璞，自雍正十年正月十九日起至本年十一月十八日，由于孔毓璞管理口外屯田，不能兼顾，经大学士臣鄂尔泰会同刘於义等奏请河东道杨应琚暂行管理；第三任为河东道杨应琚，自雍正十年十一月十九日起至雍正十一年四月十五日。雍正十一年四月，杨应琚调往云南。由于军需银库每年收放银两不下三四百万，关系綦重，肃州道料理口内外粮运事务繁多，不能兼摄，而肃州效力司道等员，各有承办屯田及安插维吾尔族民众等事，且无人可以胜任，刘於义奏请西安粮盐道沈青崖调赴肃州管理军需库务。[①] 在沈青崖未到之先，由齐式署理。第四任又为暂管军需肃州道齐式，任期自雍正十一年四月十六日起至本年七月二十三日，第五任为陕西粮盐道沈青崖，任期自雍正十一年七月二十四日起至本年十二月初十日止。

肃州系西路军需总汇，无一不需银两，肃州道库的职责，收贮一切军需银两，支放采办军需各项银两，解送支放官兵盐菜银。采办解送出口马匹料草豆以及运送各站料草脚价等项，事务浩繁。肃州道库最棘手的事务莫过于饷银拨解迟缓。雍正十年九月，前经署理总督查郎阿题拨140万两，迟迟不能到肃，副都御史孔毓璞向西安、兰州藩库借银。刘於义檄令甘肃布政司动拨司库银10万两，西安司库动拨银20万两委员飞解到肃以济急需。所借银30万两等题拨银两解过西安、兰州之时即令各照动拨之数扣留补还。[②] 雍正十一年五月，河东道移交军需库银590800余两，应解军营本年八月以前盐菜银385000余两，只存银210000余两，运粮脚价、解送军营马匹、铅药，支给各营添置弓箭腰刀以及给发口内、口外采割草属无一不需银两。河东道详请题拨银3200000两迟迟不能到肃，署西路军需印务肃州道齐式怕一时不能接济，向西安布政司库借银

---

① 中国第一历史档案馆编：《雍正朝汉文朱批奏折汇编》，雍正十一年四月初九日，署陕西总督刘於义等奏请调西安粮盐道沈青崖赴肃管理军需库务折，江苏古籍出版社1989年影印本，第24册，第238件，第298—299页。

② 中国第一历史档案馆编：《雍正朝汉文朱批奏折汇编》，雍正十年九月二十五日，署陕西总督刘於义等奏报借拨甘肃西安藩库银两解肃以济军需缘由折，江苏古籍出版社1989年影印本，第23册，第282件，第340页。

20万两，甘肃布政司库内借银20万两。[①]

在支放军需银粮的过程中，出现了余平银。关于支放过程中的余平银，陕西盐粮道沈青崖在给管理军需吏部尚书刘於义的呈文中道：

> 肃州军需库内收贮一切军需银两内，除支放采办军需各项以及解送军营官兵盐菜银两，俱照整宝边珠齐全给发，并不扣存平余外，惟支放运送军营粮石脚价银两，因各运户支领脚价具有零星尾数，难以整宝给发，而山西、直隶、山东等省所解元宝、每个较部平或有重一钱、二钱不等，是以照部颁法马兑发脚价，尚有扣存余平银两，自雍正十年正月十九日起至雍正十一年十二月初十日止，共存扣平余银九千二百三十六两八钱。[②]

第一任肃州道库齐式自雍正七年正月至雍正十年正月十八日平余银的收支见表4－7。齐式共收取平余银3481.35两，共用银3568.2742958两，垫用银86.9242958两。

表4－7　管肃州道事齐式收支余平银清册　（单位：两）

名称	标准	银数
支肃州道仓并军营哈密各处以及口外各站制造查收军粮秤斗升	—	87.335
肃州道制造收放军需银天平一架	—	12
支起解军营各年盐菜银装定饷鞘需用牛皮、铁钉	—	139
修理堆贮军需粮石仓廒需用木植工价	—	64.44
修理口外云粮站道	—	83.2
桥湾收粮书办2名、斗级4名口食	计二十六日	12.48

① 中国第一历史档案馆编：《雍正朝汉文朱批奏折汇编》，雍正十一年五月初七日，署陕西总督刘於义奏报借拨西安甘肃司库银两解送肃州以济军需缘由折，江苏古籍出版社1989年影印本，第24册，第397件，第483页。

② 中国第一历史档案馆编：《雍正朝汉文朱批奏折汇编》，雍正十一年十二月十六日，署陕西总督刘於义等奏报肃州军需库数年收支平余银数并请盖仓廒折，江苏古籍出版社1989年影印本，第25册，第483件，第629—630页。

续表

名称	标准	银数
雇运靖逆卫铡刀127把用脚价银	—	7.5
雇运军营盐菜营两药料等项脚价银	—	169.927
口外安站驼马未到之先沿途预备驼只空粮银	—	62.1
稽查出口20运粮车外备什物差役口食脚力银	雍正八年三月内	21.6
管押20运驾车短夫每运差役2名共支口食银	雍正八年三月内	2.4
管解赤金靖逆柳沟安西沙州各卫所共支驻防满汉官并牧放马驼官兵口粮及盐菜银两差役10名口食银	—	13.6
千总等支放满汉官兵口粮雇夫1666工扛抬粮包	—	75.96
解送赴军营羊只各站兵夫支剩米面豆石以及口袋运回靖逆、桥湾二处需用脚价银	—	77.552958
雇夫前往口外破城子掏挖井泉工价口粮银	—	16.65
军需房办理军需文案书办8名	自雍正七年正月起至雍正十年正月十八日止连闰三十七个月十八日每名每月给银四两	1203.2
仓里收放粮石并办理军需文册	自雍正七年正月起至雍正十年正月十八日连闰三十七个月十八日	564
办理军需书办14名灯油银	三十七个月半共油1120斤	78.4
仓里并办理军需书办14名冬日炭火银	—	34.692
在仓收放军粮登记簿籍肃州道衙门书办差役斗级口食银	三十七个月十八日	842.24

资料来源：中国第一历史档案馆编：《雍正朝汉文朱批奏折汇编》，江苏古籍出版社1989年影印本，第25册，第631—635页。

雍正十年，孔毓璞将肃州旧有察院衙门，花费工料银七十一两改造成银库，以捐有州同职衔的石曰琏为军需库大使。[①] 十二月，刘於义以肃

① 中国第一历史档案馆编：《雍正朝汉文朱批奏折汇编》，雍正十年二月二十日，办理西路军需孔毓璞奏请准石曰琏暂署军需库大使折，江苏古籍出版社1989年影印本，第21册，第741件，第905—906页。

州办理军需，每年收放钱粮动经数百万两，请求援照肃州州同之例，每年于公费银内给予候选州同署理军需库大使石曰琏养廉银三百两。[①] 从雍正十年正月十九日起至本年十一月十八日，副都御史孔毓璞收取余平银数目 3595.8 两；雍正十年十一月十九日起至雍正十一年四月十五日，河东道杨应琚任内收取 3048.4 两；雍正十一年四月十六日起至本年七月二十三日暂管军需肃州道齐式收取 1998.7 两；雍正十一年七月二十四日起至本年十二月初十日粮盐道沈青崖收取 593.9 两。总共平余银 12718.15 两。表 4-8 是雍正十年正月十九日起至雍正十一年十一月十八日署军需库大使石曰琏造报军需库收平余银两的用途。

表 4-8　　　　平余银支出项目

支出项目	时段	银数（两）
制造库内应需安放银两桌柜	—	5.4
肃州领添修银库不敷工料银	—	56.14
看守库藏库丁 4 名工食银	雍正十一年正月起至十二月初十日（十一个月十一日）	52
看守库藏兵丁 14 名支面 2345 斤	雍正十一年正月起至十二月初十日（十一个月十一日）	125.12
看守库藏兵丁 14 名灯油 335 斤	雍正十一年正月起至十二月初十日（十一个月十一日）	28.475
看守库藏兵丁需煤	—	18.5
库内登记簿记所需纸笔墨等项需银	—	13.56
档子房雇人书写档案	自雍正十一年正月起至十二月初十日（十一个月十一日）	84.96
肃州镇标右营领各镇以及各府州县解送军营马 15300 匹制备练马麻绳	—	430.1
陕甘提标、各镇、各营领解陕甘各州喂养马匹赴营，随带余掌驮载马匹喂马麸料银	—	59.76

① 中国第一历史档案馆编：《雍正朝汉文朱批奏折汇编》，雍正十年十二月十三日，署陕西总督刘於义等奏请支给署肃州军需库大使石曰琏养廉银两折，江苏古籍出版社 1989 年影印本，第 23 册，第 623 件，第 765 页。

续表

支出项目	时段	银数（两）
军需道衙门雇觅书吏、书手、把手衙门人役工食银	雍正十一年正月起至十二月初十日（十一个月十一日）	91.8
支办军需道衙门纸张笔墨银	—	54
奉文借支凉州镇标解送军营马匹兵丁盘费银	—	1000
宁夏洪广营借支解送军营马匹兵丁盘费银	—	500
借支西安督抚两标，甘肃抚标固原提标，宁夏、西宁大通各镇标从巴里坤发会患病兵丁银	—	1758
实在存库银	—	4959.83

资料来源：中国第一历史档案馆编：《雍正朝汉文朱批奏折汇编》，江苏古籍出版社 1989 年影印本，第 25 册，第 635—639 页。

肃州道仓只有 20 座，尽可贮粮 62000 石，雍正十一年，到肃粮石甚多，道仓不敷堆贮，刘於义在肃州南门内空闲民地盖造廒房 53 间，每间约估贮京斗粮 600 石，共可贮京斗粮 32000 石，估计物料工价等项，共需银 4166.25 两。刘於义奏请将前项平余银两动用盖造仓廒。①

肃州军需库虽然是临时机构，但经手的军需钱粮数目巨大，肃州以西军需的运输所需军需费用都是在肃州军需库的支放下进行。

① 中国第一历史档案馆编：《雍正朝汉文朱批奏折汇编》，雍正十一年十二月十六日，署陕西总督刘於义等奏报肃州军需库数年收支平余银数并请盖仓廒折，江苏古籍出版社 1989 年影印本，第 25 册，第 483 件，第 629—630 页。

第五章

河西走廊及噶斯路驻军的军需

陕甘各提镇驻军的军需口粮，分为本色和折色，本色由当地的仓贮供应，折色由户部发给银两，在当地的市场采买。例如，汉中府属宁强州南郑县等五属岁征屯粮18000余石，俱归汉州府同知收纳，分府仓、沔县仓存贮，每年供支兴汉镇属汉中营、宁羌营、阳平营、略阳营四营兵马粮米、马料12000余石。[①] 雍正二年，河西走廊各卫所改为府县，甘肃河西地方甘州一提、凉州、肃州、西宁、大通以及口外安西共有五镇，河西一提四镇本色的支放也由仓贮支放；折色则由兵丁在集市上购买。甘、凉、肃一提二镇兵丁每年支8个月折色，上年征收之粮即用来为下年支给四个月本色粮石。西宁兵丁无支放本色之例，一年之内按月俱给饷银2两，大通一镇经岳钟琪奏请，每年给4个月本色粮石。[②] 河西走廊口外新设的安西镇驻军粮饷则由新设立的卫厅仓贮支放。[③]

雍正七年以后，西路清军出口西进，西路清军除了部分八旗清军外，主要由陕甘各提镇驻军组成，大量的驻军作为后援驻扎在河西走廊和口外的安西，应援清军的部分口粮由河西各州县的仓贮供应，部分在河西

---

① 中国第一历史档案馆编：《雍正朝汉文朱批奏折汇编》，雍正三年六月二十六日，署川陕总督岳钟琪等奏遵旨议覆汉中屯粮改征折色事宜折，江苏古籍出版社1989年影印本，第5册，第287件，第409—410页。

② 中国第一历史档案馆编：《雍正朝汉文朱批奏折汇编》，雍正十年九月二十八日，督巡陕甘经略一应军务鄂尔泰等奏覆尊议西宁大通安西三镇不应增给粮草价值折色缘由折，江苏古籍出版社1989年影印本，第23册，第299件，第364—365页。

③ 中国第一历史档案馆编：《雍正朝汉文朱批奏折汇编》，雍正六年九月初九日，川陕总督岳钟琪奏请借银支给嘉峪金塔二营兵饷预购次年粮料草束折，江苏古籍出版社1989年影印本，第13册，第242件，第416—417页。

采买，再加上巴里坤大营的军需口粮部分也要在河西采办，影响了河西本地驻军的军需口粮供应。故本章讨论的第一个问题是雍正七年到雍正十三年河西驻军的军需口粮的供应问题；又因为西宁镇驻军主要负责噶斯路的防守，而西宁府也负责向口外驻军提供粮饷，本章讨论的第二个问题是负责防守噶斯路的西宁镇各驻军的军需。

第一节　平准战争期间河西走廊驻军的军需

一　河西走廊一提三镇驻军的军需

雍正二年，川陕总督年羹尧奏请将甘肃之河西各厅卫改县，但改县之后的河西府县短时间内无法改变人口稀少，土瘠民贫，社会经济状况落后的窘境。雍正三年，通省额赋仅20余万，军兴多年，又值连年收成浅薄，“官民兵丁艰苦备极”①。根据定例，甘肃河西一提三镇的军需口粮按照本色与折色4∶8的标准支放，4个月本色在当地官方仓廒支放，8个月折色由兵丁在市场上自行购买。甘省凉、甘、肃二府一州各属并无积贮，“其上年额征本色粮料、草束即估支下年各营驿兵马之需”②。因此，在实际的兵丁粮饷支放过程中，兵丁粮饷是10个月折色，2个月本色。每年马兵支银20两，本色米4石，步兵支银15两，本色米3石，守兵支银10两，本色米2石。河西一提三镇的折色俱赴兰州支领。雍正二年，年羹尧奏请在口外的布隆吉尔地方新设安西镇，安西镇全支折色，兵马钱粮按季赴兰州支领，“自雍正三年起至雍正六年，止将本省本年额征银两照数全拨兵饷，而每年各有未完民欠”③。

雍正年间，不断蠲免甘肃额赋，蠲免额赋减轻了民众的负担，但却导

---

① 中国第一历史档案馆编：《雍正朝汉文朱批奏折汇编》，雍正三年六月二十八日，甘肃巡抚石文焯奏报夏禾收获秋和茂盛折，江苏古籍出版社1989年影印本，第5册，第292件，第415—416页。

② 中国第一历史档案馆编：《雍正朝汉文朱批奏折汇编》，雍正十年九月二十五日，总督刘於义奏报地方民情甚安军营振作及和衷办理军需折，江苏古籍出版社1989年影印本，第23册，第279件，第337页。

③ 中国第一历史档案馆编：《雍正朝汉文朱批奏折汇编》，雍正八年四月二十八日，陕西学政潘允敏奏陈乡会试作论宜尊圣谕广训命题等学政及地方事宜管见折，江苏古籍出版社1989年影印本，第18册，第431件，第578页。

致仓贮不足，兵丁粮饷只能向市场购买。雍正七年，西路清军西征出口后，河西一提四镇驻军的军需都受到影响。雍正八年，甘提标除新募马步守兵及车兵除外，协路各营副将、参将、游击、都司、守备、千总、把总亲丁一概以马步各半之数食粮，其中内有设立马步兵丁各营，各官亲丁即照马步各半之数食粮，设步守兵丁各营，各官亲丁以步粮三分抵作马粮二分支食，只设守兵各营，各官亲丁以守粮二分抵作马粮一分，以守粮三分抵作步粮二分支食。标营千把亲丁照依本地营伍情形食粮，协路各营千把亲丁照依马步各半之数食粮。六镇所属协路大小营堡，内有设立马步守兵者，有设立步守兵者，有只设守兵者，各官亲丁原系悉照该营设兵食粮，多寡不均，所食各异。[1] 各镇额设兵数食粮如表5－1所示。

表5－1　　甘属各提镇食粮数　　（单位：名）

<table>
<tr><th>提镇名称</th><th colspan="2">马步兵数额</th><th>食粮比例</th><th colspan="2">各官亲丁食粮数</th></tr>
<tr><td rowspan="12">甘提标</td><td rowspan="12">5000</td><td rowspan="6">马兵3618</td><td rowspan="12">马七步三</td><td rowspan="2">提督亲丁80</td><td>马粮56</td></tr>
<tr><td>步粮24</td></tr>
<tr><td rowspan="2">中营参将1，亲丁20</td><td>马粮14</td></tr>
<tr><td>步粮6</td></tr>
<tr><td rowspan="2">游击4，每员亲丁15</td><td>马粮10</td></tr>
<tr><td>步粮5</td></tr>
<tr><td rowspan="6">步兵1382</td><td rowspan="2">守备5，每员亲丁8</td><td>马粮6</td></tr>
<tr><td>步粮2</td></tr>
<tr><td rowspan="2">千总10，每员亲丁5</td><td>马粮3</td></tr>
<tr><td>步粮1</td></tr>
<tr><td rowspan="2">把总20，每员亲丁4</td><td>马粮3</td></tr>
<tr><td>步粮1</td></tr>
<tr><td rowspan="2">凉州镇</td><td rowspan="2">3500</td><td>马兵2618</td><td rowspan="2">—</td><td>—</td><td>—</td></tr>
<tr><td>步兵882</td><td>—</td><td>—</td></tr>
<tr><td rowspan="2">宁夏镇标四营</td><td rowspan="2">3000</td><td>马兵1833</td><td rowspan="2">马六步四</td><td>—</td><td>—</td></tr>
<tr><td>步兵1167</td><td>—</td><td>—</td></tr>
</table>

① 张伟仁主编：《明清档案》，雍正八年七月十二日之一，陕西甘州提督宋可进揭报详议马步守兵食粮数目折，台北：联经出版事业公司1986年版，第44册，A44—90，B25247。

续表

提镇名称	马步兵数额		食粮比例	各官亲丁食粮数	
西宁镇五营	4000	马兵 2400	马六步四	—	—
		步兵 1600		—	—
肃州镇标三营	1936	马兵 1700	马八步二	—	—
		步兵 236		—	—
安西镇标三营	3000	马兵 1800	马六步四	—	—
		步兵 1200		—	—
大通镇标二营	2000	马兵 1000	马步各半	—	—
		步兵 1000		—	—

资料来源：《明清档案》，台北：联经出版事业公司 1986 年版，第 44 册，A44—90，B25247。

根据各镇马步兵人数，食粮标准为：甘省河西各标兵丁粮饷每年以四本八折开支，四本之月给以 2 个月本色，2 个月折色，统计每年马兵支银 20 两，本色米 4 石，步兵支银 15 两，本色米 3 石，守兵支银 10 两，本色米 2 石。我们可以推算出各镇标食量总数。表 5 - 2 是雍正七年以前年各标镇马步兵丁食量估算。

表 5 - 2　　雍正七年以前年各标镇马步兵丁食量估算

提镇名称	各类兵数（名）	本色标准（石）	本色数量（石）	折色标准（石）	折色银数/粮（两/石）
甘提标	马粮 3710	4	14840	20	74200
	步兵 1382	3	4146	15	20730
凉州镇	马兵 2618	4	10472	20	52360
	步兵 882	3	2646	15	13230
宁夏镇标四营	马兵 1833	4	7332	20	36660
	步兵 1167	3	3501	15	17505
西宁镇五营	马兵 2400	4	9600	20	48000
	步兵 1600	3	4800	15	24000
肃州镇标三营	马兵 1700	4	6800	20	34000
	步兵 236	3	708	15	3540

续表

提镇名称	各类兵数（名）	本色标准（石）	本色数量（石）	折色标准（石）	折色银数/粮（两/石）
安西镇标三营	马兵 1800	4	7200	20	36000
	步兵 1200	3	3600	15	18000
大通镇标二营	马兵 1000	4	4000	20	20000
	步兵 1000	3	3000	15	15000
合计	22436	—	82277	—	413225

如果按照雍正八年各镇马步兵数量计算，河西各镇标每年需本色粮82277石。其他8个月的折色则要从市场采买，以雍正八年为例，河西各提镇需折色银413225两，如果按照本色米发放的标准，每个马兵每月需折色米2石，步兵需1.5石，则雍正八年，河西各提镇需从市场采买米323108石。[①] 河西每年需供支超过50万石粮食给当地兵丁，以河西的粮食产量估算，雍正七年以前，河西驻军的军需供应是稳定的，基本上通过仓贮、市场供应可以满足驻扎兵丁的军需口粮。雍正八年，雍正帝将甘肃本年额征银两蠲免，甘省所属之河西雍正二年虽改为州县，河西四府原系屯民，额征者多本色，即宁夏一府额征银只7000余两，额征本色粮共计140700余石，“旧以屯田起科轻于民地，凡遇蠲免多不免本色”[②]。雍正七年九月，陕西宁夏道鄂昌以西路清军出口，“河西承办军需十分之六、七，河东所办不过十分之三、四，河东因额征银两蒙免甚多，河西因额征本色蒙免无几”[③]。鄂昌奏请将河西雍正八年额征本色免其3/10或5/10。当时宁夏一府贮仓粮112040石，其他府的情况也差不多，足以供支雍正八年兵丁应支本色粮石。这只是以河西走廊不驻扎客兵的情况而言。

① 马兵14969人，每兵8个月折色8石；步兵7476，每兵每月0.75石，八个月需6石。

② 中国第一历史档案馆编：《雍正朝汉文朱批奏折汇编》，雍正七年九月初一日，陕西宁夏道鄂昌奏请量免雍正八年甘属河西额征本色银两折，江苏古籍出版社1989年影印本，第16册，第385件，第487—488页。

③ 中国第一历史档案馆编：《雍正朝汉文朱批奏折汇编》，雍正七年九月初一日，陕西宁夏道鄂昌奏请量免雍正八年甘属河西额征本色银两折，江苏古籍出版社1989年影印本，第16册，第385件，第487—488页。

雍正五年，清廷筹备平定准噶尔的战争。肃州逼近嘉峪关，清军向西出征，办理军务，兵马、夫役俱由嘉峪关出口，必先驻歇肃州，地处极边的肃州成为军需总汇，由于粮食需求增加，肃州镇驻军首当其冲受到影响。雍正六年，在西路清军出嘉峪关之前，肃州镇各营应支粮料、草束除在肃州厅卫额征本色估支之外，其不敷之数照依部价，每石粮料折银一两，每草一束折银一分，俱折给官兵自行采买，折色银两按季开支。但肃州“民稀土瘠，出产无多，一切食用之需皆率资于邻贩”①，肃州镇兵丁的粮料受到影响，粮料、草束价格本来受季节影响就很大，若恰逢收获之日，则价格低廉。如果将冬春等季应需之粮料、草束及时预购，即以折给之部价采买可以足用，但因饷银按季支领，十月初旬始领冬季银两，而次年春季之折价尚未估拨，市场粮价上涨，遂致额给折色不济。陕西总督岳钟琪奏请，将肃州镇标并嘉峪、金塔二营雍正七年春季料草折色价银并本年已拨冬季折价银俱于八、九月间先期借给兵丁预购，岳钟琪令布政使孔毓璞于库贮银内动支给领饷银，官兵及时买储，次年估拨银两到时，将预备春季银两照数扣除还项。雍正八年，肃州镇臣马会伯请预借银1万两，于秋收之后买粮备贮。②

雍正七年，肃州粮草市价较从前增长了数倍。粟米每市斗1斗价银7钱，豌豆每市斗价银9钱。肃州镇兵丁额食粮饷每年四本八折，但肃州额征有限，除尽数供支外，其不敷粮料仍系折色照部价每料1石折银1两，每草1束折银1分。口外新设重镇安西镇标兵丁折给粮料，每京石折银2.2两，以仓石合算，折银3.14两，每草1束折银3分；大通镇标兵丁折给粮料每京石折银1两8钱，以仓石合算，折银2.57两，每草一束折银三分。肃州镇属内地，各兵所开3个月粮饷价银不足2个月之需，马匹冬春两季料草折价照依时价，亦只能供三月之用。雍正七年十二月，署川陕总督查郎阿因肃镇标兵额食粮饷，本色少而折价多，不敷籴买，

① 中国第一历史档案馆编：《雍正朝汉文朱批奏折汇编》，雍正六年九月初九日，川陕总督岳钟琪奏请借银支给嘉峪金塔二营兵饷预购次年粮料草束折，江苏古籍出版社1989年影印本，第13册，第242件，第416—417页。

② 中国第一历史档案馆编：《雍正朝汉文朱批奏折汇编》，雍正八年三月二十六日，兰州巡抚许容奏覆肃标兵丁已增折色前请借银应停借支折，江苏古籍出版社1989年影印本，第18册，第214件，第278页。

疏请酌量暂为加增，“著将肃镇兵丁折支米豆，每石于折中一两之外，增给银五钱，每草一束，增给银一分。自雍正七年秋季起，至大兵凯旋之日，俱照增加价值。每季按名给发”[①]。马会伯所借银两停止借给。雍正八年，以肃州、哈密一带物价昂贵。准署总督查郎阿之请，将肃镇兵丁折支米豆、草束银两再次增加。十二月，雍正帝以嘉峪关在肃州、哈密之间，其地苦寒，所需兵粮皆从肃州转运，营汛兵丁折支米豆草束之价，俱照肃镇之例，米、豆每石加银5钱。每草1束加银1分。[②]

雍正五年，西路清军回撤，口外的赤金、靖逆、柳沟三营的草束价格恢复到每草1束折银1分之例。雍正七年之后，口外既是西路清军西进的通道，又是应援清军的驻扎之地。雍正八年五月，口外三营弁兵称三营设在冲途，大兵出口往来，牲口繁多，草价已增长数倍，每草1束折银1分不敷采买。请求将雍正八年春、冬二季马草仍照雍正元年之例每束折银3分，等到西路清军凯旋，再照内地1分之例折给。[③]

雍正七年、九年，河西采买军需，再加上各州县额征粮石当年不能全数征完，定例估七留三，估支旧兵4个月本色，内尚有不敷，或只估三个月，两个半月者，导致无本色支给新兵。雍正七、九两年招募新兵则全支折色。[④] 雍正九年，凉州召募兵丁2000名，甘州召募3000名，西宁一镇召募2000名，7000兵丁，马步兵按照6∶4比例支给钱粮。[⑤] 此7000名兵丁俱系贫丁，甘肃提督宋可进疏请借给银两在季饷内扣还。[⑥]

雍正十年，甘省地丁银两及民屯粮草奉旨全行蠲免，既然正赋全行蠲免，一切旧欠例行停征。雍正十年九月以后，应支兵丁粮料草束原系

---

① 《清世宗实录》卷89，雍正七年十二月癸卯，中华书局1985年影印本，第8册，第194页。

② 《清世宗实录》卷101，雍正八年十二月戊戌，中华书局1985年影印本，第8册，第337页。

③ 中国第一历史档案馆编：《雍正朝汉文朱批奏折汇编》，雍正八年五月二十一日，巡抚许容奏请允准赤金靖逆柳沟三营增银购买马草折，江苏古籍出版社1989年影印本，第18册，第532件，第709—710页。

④ 中国第一历史档案馆编：《雍正朝汉文朱批奏折汇编》，雍正十一年十一月二十四日，署陕西总督刘於义奏报甘凉肃新兵食艰请预支一月本色并挑汰老幼孱弱新兵折，江苏古籍出版社1989年影印本，第25册，第379件，第488—489页。

⑤ 《清世宗实录》卷102，雍正九年正月癸酉，中华书局1985年影印本，第8册，第305页。

⑥ 《清世宗实录》卷108，雍正九年七月乙亥，中华书局1985年影印本，第8册，第432页。

雍正九年估拨之项，造成无粮支给兵丁的窘境。只能在本给本色之月，每粮1石折银1两，每草1束，折银1分，将4个月本色全部改为折色。而甘、凉西肃等处为军需总汇，兵马往来挽运络绎，粮草昂贵，一提三镇兵丁若将本色悉改折支，则折色与本地粮食时价相去甚悬，实不敷用。甘凉西肃马步额兵大部分抽调到口外，存营者寥寥无几，留守兵丁既要防守汛地，还要应付差使，抽调出征之兵丁本身之外所得月粮仍在本营支领，留作养赡家口之用，如果支领折色则兵丁在外未免有内顾之忧。如仍给四个月本色，则甘凉西肃并无别项存贮之粮草可以动拨，若欲从河东运送，则所费脚价不赀，更不可行，本地兵丁的补给陷入两难境地。鉴于甘凉西肃兵丁折价实属不敷，雍正十年八月，陕西巡抚史贻直奏请应于折价之外量为加增，除8个月折色是旧例，毋庸再议，酌量议增甘凉西肃一提三镇兵丁雍正十一年应得4个月本色折价，"查西宁、凉、肃两处，价值颇昂，粮每石一两外，应酌加四、五钱，草每束一份外，应酌加四、五厘，甘州肃州两处，价值更昂，粮每石一两外，应酌加六、七钱，草每束一分外，应酌加六七厘"①。雍正十年九月，刘於义奏与鄂尔泰详议，除凉属之平番县收成稍歉，旧欠新赋应概行停征外，其余凉州、甘州、肃州，雍正九年以前百姓旧欠额征本色令其量力完纳。② 雍正帝命鄂尔泰与史贻直办理加增折色之事。鄂尔泰根据各镇米粮时价和各镇支放标准，西宁、大通二镇既不逢蠲免之年，亦无本色支放，况折给粮草价值比较宽裕，所以不在议加之列。安西镇标兵丁应给本色粮料向例每石折银2.2两，扣留司库令甘、凉、肃三处地方官采买运供支，本年虽蠲免钱粮，十一年仍运本色支给，所以并未议及。③ 但加增折色赶不上粮价的增长。雍正九年，甘州招募马步兵3000名，经廷议以甘州等处产米无多，在西、凤二府仓贮米内拨贮甘州30000石，每年给2个

① 《宫中档雍正朝奏折》，雍正十年八月十七日，兵部尚书协办陕西巡抚史贻直奏陈甘凉西肃之兵粮折价不敷折，"台北故宫博物院"1979年印行，第二十辑，第409页。

② 中国第一历史档案馆编：《雍正朝汉文朱批奏折汇编》，雍正十年九月二十五日，署陕西总督刘於义奏报地方民情甚安军营振作及和衷办理军需折，江苏古籍出版社1989年影印本，第23册，第279件，第337页。

③ 中国第一历史档案馆编：《雍正朝汉文朱批奏折汇编》，雍正十年九月二十八日，督巡陕甘经略一应军务鄂尔泰等奏覆遵议西宁大通安西三镇不应增给粮草折色价值缘由折，江苏古籍出版社1989年影印本，第23册，第299件，第364—365页。

月本色，10个月折色。雍正十年十一月，为节省军需，甘州提督二格将雍正七年、九年新募之兵共裁汰步守兵丁1000名。经部议将十年十二月新兵应支本色米石每石折给银1两。十一月以后，“现今甘州每粟米一仓石需价四两八钱，将来青黄不接之时，自必日益昂贵，各兵所得饷折银两即一身一口犹且拮据，更何况有父母妻子实难顾济”①。十一月，奉旨将十一年甘凉官兵四本改折粮每石加银1两，共折银2两。但二格认为，“惟是甘肃地方采买络绎，现今米价已比九月昂贵，明春自必更贵，且恐兵丁艰于籴买”，甘标兵丁除裁汰1000名外，尚存营马步兵4200余名，以十一年一岁估算，约需四本仓斗粟米32000石，二格请求仍照雍正九年拨运新兵米石之例，在于西凤仓贮内不拘米麦照数拨运来甘，将兵丁应支四本之月全以本色支给，既能满足兵丁赡养家口需要，而地方粮价又可以平减，即军糈亦易于采买。征兵家口又坐支饷粮料草照加增之例折给银两，能够满足兵丁需求。肃州较甘州粮价尤贵，并请一例酌拨。

雍正十一年，雍正帝蠲免甘肃本色，虽加增折色银两，但甘凉肃兵丁仍食用艰难。同年，肃州粟米价格最高至每石13、14两，兵丁每日只可籴买2、3合之米，兵丁无法养家糊口，“所以肃州之兵有严寒而衣履破烂者，丰岁而面带饥色者”。② 刘於义等奏请截留运营粟米支给甘标一个月本色，凉镇半个月本色，又动用肃州道州仓贮麦石支给肃镇一个月本色，针对估支四本八折之年，旧兵原有本色可支，新兵原无本色，月开饷银不敷籴买米粮的窘境。雍正十一年十一月，刘於义奏请甘凉肃提镇标协各营雍正七、九两年新募兵丁来岁估支2个月本色，即在各属仓贮粮内动用估给，并请将来岁估支1个月本色本年十二月支给半个月，来岁支给半个月，使新兵可度寒冬，“嗣后每年酌量带征留三粮石之多寡并仓贮之盈虚或估给一个月本色，或估给半个月本色以资养赡。其留三

---

① 中国第一历史档案馆编：《雍正朝汉文朱批奏折汇编》，雍正十年十一月二十八日，暂置甘肃提督二格奏陈截退甘省提标守兵军营善后事宜四条折，江苏古籍出版社1989年影印本，第23册，第568件，第687—688页。

② 中国第一历史档案馆编：《雍正朝汉文朱批奏折汇编》，雍正十一年正月初九日，署陕西总督刘於义奏报甘提及凉、肃、安西三镇兵丁贫苦情形借资开垦接济兵食折，江苏古籍出版社1989年影印本，第23册，第684件，第841—842页。

之项次年自应逐渐征收即可估支兵食”[①]。表5－3是甘凉肃提镇标营现存兵丁雍正十一年预计一个月本色粮石。

表5－3　甘凉肃提镇标营现存兵丁雍正十一年预计十二月本色粮石

<table>
<tr><th rowspan="2">驻军名称</th><th colspan="4">兵数及所需粮料</th><th rowspan="2">计划粮食来源</th></tr>
<tr><th>存营新兵数（名）</th><th>马步兵数（名）</th><th>所需一个月本色粮（石）</th><th>所需总粮数（石）</th></tr>
<tr><td rowspan="2">甘提镇</td><td rowspan="2"></td><td>马兵1288</td><td>2576</td><td rowspan="2">3422</td><td rowspan="2">甘属张山二县仓贮粮15770石内动用支给</td></tr>
<tr><td>步兵564</td><td>846</td></tr>
<tr><td rowspan="3">凉提标</td><td rowspan="3">马步守新兵1461</td><td>内马兵679</td><td>1358</td><td rowspan="3">2381</td><td rowspan="3">凉属武永镇古平五县仓贮粮31776石内动用支给</td></tr>
<tr><td>步兵482</td><td>723</td></tr>
<tr><td>守兵300</td><td>300</td></tr>
<tr><td rowspan="3">肃州镇各营</td><td rowspan="3">存营马步守新兵1282</td><td>马兵227</td><td>454</td><td rowspan="3">1645</td><td rowspan="3">肃高二县仓贮粮12341石内动用支给</td></tr>
<tr><td>步兵227</td><td>408</td></tr>
<tr><td>守兵783</td><td>783</td></tr>
<tr><td>合计</td><td>—</td><td>—</td><td>—</td><td>7448</td><td>—</td></tr>
</table>

资料来源：中国第一历史档案馆编：《雍正朝汉文朱批奏折汇编》，雍正十一年十一月二十四日，署陕西总督刘於义奏报甘凉肃新兵食艰请预支一月本色并挑汰老幼孱弱新兵折，江苏古籍出版社1989年影印本，第25册，第379件，第488—489页。

陕甘二省是西路清军的补给区，而河西是军需总汇之区，平准战争期间，河西粮草价值昂贵，凉、甘、安西三镇兵丁生活贫困。尤其是弹丸之地的肃州逼近嘉峪关，是西路清军往来的枢纽，肃州产粮有限，食用浩繁，导致粮价增加数倍、清廷一方面增加折色军粮价格；另一方面增加本色粮料来解决驻军的军需。

二　外来移驻兵丁的口粮问题

驻扎河西走廊客兵的粮饷支放分为两种，如果是长期驻扎，则按照

① 中国第一历史档案馆编：《雍正朝汉文朱批奏折汇编》，雍正十一年十一月二十四日，署陕西总督刘於义奏报甘凉肃新兵食艰请预支一月本色并挑汰老幼孱弱新兵折，江苏古籍出版社1989年影印本，第25册，第379件，第488—489页。

半本半折支放，如果只暂时调遣，则全支本色。雍正九年，都统艮敦统领归化城兵丁1000名于二月间前赴凉州驻扎。[①] 雍正九年，江宁、河南满兵1000名，直隶、河南绿旗兵1000名驻防凉州庄浪，官兵岁需口粮共计粟米7000余石，官兵骑驮马共6600匹，以五月下厂牧放，九月收槽计算，八个月应需本色料豆36800余石，本色草220余万束，自驻扎以来，按照供支之例，由当地供支。雍正十年夏，平番县夏田歉收，本地所产无法满足供支，料豆只能从他处拨运，但草束难以采割，若从别属办运则成本极高。邻近之凉州较庄浪宽阔，兵房便易，雨水及时，田禾茂盛，收成之后，一切供应易于承办，但兵部欲将勇健兵1660名暂驻凉州以备军营调拨，若再将庄浪满汉2000官兵一并移驻凉州，则将导致凉州供支繁重。刘於义计划，若勇健兵丁于八月以前调拨起程，则将庄浪满、汉官兵2000名或俱移驻凉州，或于凉、甘二处各分驻1000名，如八月以前，勇健兵尚无调拨之信，则请将勇健兵移驻甘州，庄浪满汉官兵移驻凉州。[②] 雍正十年六月，驻庄满汉官兵应需米粮、料豆除估拨庄浪厅仓贮仓斗粳米1.9592石，仓斗粟米826.37石，平番县本地采买京斗豌豆4000石、青稞2000石、大豆2000石，两次派令兰州买运京斗粳米150石，两次派拨河州运送京斗粟米5000石，京斗豌豆25000石，京斗杂粮25000石。[③] 驻庄满汉官兵马匹本年五月初一日下厂牧放，料豆宽裕，不需要拨运外，所有粳粟米石估至本年夏季止，余存可供秋季粳米仓斗1.62石，尚不敷夏季仓斗粟米220.45石。署布政司赵挺元请再派兰州采买京斗粳米50石，再派河州仓贮京斗粟米2500石运庄浪（今永登县）备用。雍正十年，宁夏、西宁、肃州等处满兵之口粮草料例系半本半折，按照各州县米、谷、草、豆时价，宁夏、西宁等处满兵所领半本半折足用，间或有余，驻扎平番满兵之折色稍觉不足，肃州之折色较时价悬殊，

① 《清世宗实录》卷102，雍正九年正月辛未，中华书局1985年影印本，第8册，第350页。

② 中国第一历史档案馆：《雍正朝汉文朱批奏折汇编》，雍正十年六月十四日，署陕西总督查郎阿奏请酌量移驻庄浪等处官兵以便供支折，江苏古籍出版社1989年影印本，第22册，第569件，第704页。

③ 中国第一历史档案馆：《雍正朝汉文朱批奏折汇编》，雍正十年六月十七日，兰州巡抚许容奏报续办驻庄满汉官兵口粮情形折，江苏古籍出版社1989年影印本，第22册，第587件，第744页。

肃州粮食时价，粟米、豆每京仓石价银不下四五两，每草七斤一束价银六分，按照米豆每石折色一两，草每束折色一分。驻扎肃州等处满兵所领之价仅十分二三。但驻肃之满洲兵丁系暂时调驻，其草豆等项全应支给本色，不当照常驻兵丁半本半折之例，但肃、甘米豆草束正值昂贵，如果全支本色，地方官难于采买，查郎阿等确查时价，按照兵丁采买之数，加增折色。驻防满兵亦照肃镇兵丁加增之例，每米豆一仓石折支银一两五钱，每草一束折支银二分，即以三月初一日奉文之日起照加增之例支给。①

第二节　西宁镇标与噶斯路的军需来源

一　西宁镇军需粮石的需求数量

雍正六年，除大通镇标二营外，在白塔、测尔兔另设二营。新设兵丁的军需粮饷成为需要解决的问题。表5－4是西宁镇标及各营粮饷数目。

表5－4　西宁镇属标路各营原额马步守兵饷粮数目　（单位：两）

标营名称	马兵粮饷钱数			步兵粮饷钱数		
	马兵	每名岁支	总计	步兵数	每名岁支	总计
镇标五营	1477	24.16	35684.32	1364	18.12	24715.68
内大通协营	347	36.572	12690.484	306	27.428	8392.968
永安营	165	38.856	6411.24	374	29.134	10896.116
白塔营	94	28	2632	183	21	3843
其余各营	1104	256	28262.4	1301	19.2	24979.2
总计	3187	—	85680.444	3528	—	72826.964
协路各营守兵	—	—	—	1150	12.8	14720
总计	173227.48					

资料来源：《西宁镇属标路各营原额马步守兵饷粮数目》，（清）佚名：《湟中杂记》，《丛书集成续编》第204册，台北：新文丰出版公司1989年版，第174页。

---

① 中国第一历史档案馆：《雍正朝汉文朱批奏折汇编》，雍正十年四月初五日，署陕西总督查郎阿等奏覆酌议折支驻肃满兵粮草银两请旨遵行折，江苏古籍出版社1989年影印本，第22册，第91件，第92页。

原额兵丁营马3187匹，镇标五营原额兵丁营马1477匹，除奉派新疆各处屯防兵丁扣缺马96匹外，实在营马1381匹，冬、春六分在槽喂养马829匹，每匹每日额支料三升、草二束，共料4476.6石，草298440.4束，马厂牧放马552匹，每匹每日额支草干银三分，共银2980.8两。夏秋二季在槽在厂马1381匹，每匹每日额支甘草银三分，共银7457.4两。

协路各营原额兵丁营马1710匹，内除奉派各处屯防兵丁扣缺马76匹外，实在营马1634匹。冬春六分在槽喂养马980匹，每匹每日额支料三升、草二束，共料5292石，共草352800.4束，在厂牧放马654匹，每匹每日额支草干银三分，共银3531.6两。夏、秋二季在槽在厂马1634匹，每匹每日额支草干银三分，共银8823.6两。标路各营一年共支料9768.6石。标路各营一年共支草651240束。标路各营一年共支草干银22793.4两。①

二　西宁镇标军需的来源

（一）本地仓贮供应军需

西宁府周边所种，只有小麦、大麦、青稞、燕麦、菜籽、大豆、豌豆，每年一熟。② 西宁镇标兵丁粮饷全支折色。雍正六年，新设大通镇标并白塔参将一营额设官兵前往驻扎，官兵粮饷马匹粮草，大通镇、白塔川官兵马匹每年应需粮饷料草亦应照甘属提镇各营四本八折之例拨支，大通镇总兵一员现系提督冯允中署理，自应照衔食俸，游击2员、守备2员、千总4员、把总8员并白塔川参将1员、守备1员、千总1员、把总2员，从三月初一日至六月，共应需四个月奉薪银705.9872两，马步兵2800名，先以春、夏二季核估，三月、六月应照例估支本色粮石，四月、五月估支折色银两，但兵丁刚到汛地，粮石猝难购备，为了移缓就急，将六月应支本色于四月预行支给，将四月折色银两改于六月折支，马步兵2800名应需三、四2个月本色粮9640石。马匹在四、五、六3个月例

---

① （清）佚名：《湟中杂记》，《丛书集成续编·史地类》，第240册，台北：新文丰出版公司1989年，第174页。

② 中国第一历史档案馆：《雍正朝汉文朱批奏折汇编》，雍正六年九月二十日，兼署西宁总兵冯允中奏报西宁所种各色粮食收成及营伍军装马驼事宜折，江苏古籍出版社1989年影印本，第13册，第419件，第507—508页。

应牧放，仍照例支给干银，三月 1 个月应需本色料 1186. 2 石、草 79080 束，以上官兵并马匹共应需粮料 10826. 2 石，应在附近仓贮内拨给，西宁县现有买贮仓斗麦 5668. 7742 石，又遵旨题明事案内仓斗麦 2951. 6893 石，大通仓贮旧存军需案内仓豆麦 458 石；又从碾伯县仓贮内拨给麦 561. 5365 石，以满足应需之数，马匹应需料豆于碾伯县仓贮大豆内拨给。前项拨给粮料俱应运送，除现贮大通者毋庸挽运之外，所有西宁、碾伯二县拨运粮料所需运价按照从肃州运送京斗粮至口外安西之例，每粮一仓石每百里给脚价银 0. 1568 两。西宁县至大通 240 里应运仓斗粮 6541. 9934 石，应给运价银 2462. 8248 两；碾伯县离大通 360 里运仓斗马料 954 石，应给运价银 538. 7199 两；西宁县至白塔川 120 里运仓斗粮 2078. 47 石，应给运价银 391. 2345 两；碾伯县至白塔川 240，运仓斗粮 561. 53 石，马料 232. 2 石，共应给运价银 298. 817 两，以上二处运价共需银 3691. 59 两。[①] 应需三月 1 个月本色草 79080 束，西宁既无旧贮可拨，而大通镇、白塔川系口外新设营汛，尚未屯种，购买颇难，照康熙五十六年甘肃巡抚绰奇题请口外初设赤金等营折给之例，大通镇需草 63600 束，每束折银 3 分，共折银 1908 两，白塔川离西宁尚近，每束以二分折给，计需草 15480 束，共折银 309. 6 两，俱令官兵自行采买。步兵 2800 名应需五、六两月饷银 9640 两。官兵马匹除四、五、六 3 个月牧放后应支干银 1977 两。[②] 自七月初一日至年终，亦照四本八折之例估支，应需俸薪饷干等银 22315. 988 两，兵丁应需九月、十二月本色粮 9640 石，马匹自十月初一日上槽之日起至年终，应需本色料 3558. 6 石，此二项应需粮料，西宁府属旧存军需案内下剩粮石即尽数拨给亦属不敷，仓贮亦不便竟无储积，岳钟琪奏请将大通镇兵丁马匹自七月初一日起至年终，应需仓斗本色粮料 9862 石，照靖逆、柳沟二营折京斗之例，合算京斗粮料 14088. 5714 石，每 1 京石折银 1. 8 两，共折银 25359. 4285 两，应需草

① 中国第一历史档案馆：《雍正朝汉文朱批奏折汇编》，雍正六年六月初二日，川陕总督岳钟琪奏请增给大通镇官兵饷银缘由折，江苏古籍出版社 1989 年影印本，第 12 册，第 482 件，第 567—570 页。

② 中国第一历史档案馆：《雍正朝汉文朱批奏折汇编》，雍正六年六月初二日，川陕总督岳钟琪奏请增给大通镇官兵饷银缘由折，江苏古籍出版社 1989 年影印本，第 12 册，第 482 件，第 567—570 页。

190800束，每束折银0.03两，共折银5724两。白塔川参将营分兵丁马匹应需仓斗本色粮料3336石，照例折京斗粮料4766.5714石。白塔川虽处口外，附近西宁购买尚易，亦应请照内地定价量为加增，今议以每一京石折银1.2两，共折银5719.8857两，应需草46440束亦以每束0.02两折给，共折银928.8两。大通镇、白塔川官兵马匹自雍正六年三月分起至年终，应需俸薪饷干本折粮料草价并运送脚价等项共需银78280.272两。令布政司孔毓璞在兰州布政司库贮扣完甘肃提镇各营康熙六十年预给兵丁半年饷银30万两内酌量动支。雍正十一年，粮价昂贵，范时捷奏请动用雍正九年运贮大通米3000石，白塔、永安二营米各500石，借给兵丁照市价减半，于兵饷内酌量分季扣存，等秋收买补，经巡抚许容咨准借给大通标营米1500石、白塔营300石、永安营200石，即照现在折给，各营兵米价银在冬季项内扣还买补。①

（二）屯种与大通镇驻军军需

大通镇等处屯种由来已久。雍正二年，拟将直隶、山西、河南、山东、陕西五省军犯全部发往大通、布隆吉尔等处垦荒。由于西宁本处人民与驻大通3000兵丁子弟、亲戚情愿耕种，最终没有发遣犯人到大通屯种。② 大通镇驻军2800余人，大通镇官兵照甘、凉、肃等镇的驻军例支给四个月本色，八个月折色。由于大通地方人烟稀少，再加上驻军家属人口浩繁，道路崎岖不通车运，采买艰难，军需粮饷成为最大的问题，屯田显得更为迫切。大通地方地土空旷、平衍，且有河水可以疏引灌溉，为屯田提供了便利条件。岳钟琪也计划招徕兵丁弟男子将大通镇荒地开垦，补充军需。③ 雍正六年三月，冯允中到任，除议设集市通商贾，④ 冯

---

① 中国第一历史档案馆：《雍正朝汉文朱批奏折汇编》，雍正十一年九月初四日，署西宁镇总兵官范时捷奏议朱批大通镇臣杜森所陈试种营田及粮价昂贵事宜折，江苏古籍出版社1989年影印本，第25册，第36件，第43—44页。

② 《清世宗实录》卷20，雍正二年五月戊辰，中华书局1985年影印本，第7册，第335页。

③ 中国第一历史档案馆：《雍正朝汉文朱批奏折汇编》，雍正六年六月初二日，川陕总督岳钟琪奏请增给大通镇官兵饷银缘由折，江苏古籍出版社1989年影印本，第12册，第482件，第567—570页。

④ 中国第一历史档案馆：《雍正朝汉文朱批奏折汇编》，雍正七年四月二十四日，署陕西大通镇总兵冯允中奏报地方情形暨派调台站兵马等事折，江苏古籍出版社1989年影印本，第15册，第111件，第145—147页。

允中派人觅购犁铧、耕牛125只，分令各兵子弟经理照料，在大通试种。冯允中将带来青稞、燕麦、大豆、豌豆、麦、谷等籽种在离城远近不等的地方试种，准备来年屯种。[①] 第一年试种青稞、大麦、燕麦，还种小麦、豌豆，由于播种期较内地已迟三十余日，“故所种之青稞、大麦、燕麦、近城先种者有五分收成，离城远而后种者只有三分收成，颗粒皆秕，菜子有八分收成，其各色蔬菜有种皆成”[②]。经过试种后，雍正七年，又相其地势开浚渠道引水灌溉，两营兵丁、子弟试种小麦、青稞、大麦、菜子、燕麦、豌豆、大豆、麻子、八色籽种京石700余石，将前买之牛每营各分给50只。[③] 当年，无水灾、冰雹等灾害，大麦下籽种京斗77.2石，只收京斗117石。青稞下籽京斗193.48石，只收京斗387.72石。菜子籽原种京斗3.2石，只收京斗9.04石。燕麦下籽京斗65.28石，只收京斗55.84石，未及籽种。以上四色共收京斗669.96石，颗粒丰满俱堪作种，除留365石明春再种，多余304.96石明春散给各兵子弟作种。

雍正八年，小麦、豌豆下籽京斗15石，由于霜旱，没有收成，其余青稞、大麦、燕麦、菜籽下籽京斗350石，共收籽粒京斗1100石，计有三分收成，除留365石为明春作种外，尚余735石收贮在仓，以为来年散给试种兵丁日食，并给自来民人播种籽种。至于两营兵丁、子弟试种亦各有三分收成，且颗粒饱满[④]。

雍正九年，小麦下籽京豆19.88石，只收京豆19.92石，未及籽种，颗粒亦秕不满。大豆下籽种京斗4石，豌豆下籽种京斗1.5石，虽结角而

① 中国第一历史档案馆：《雍正朝汉文朱批奏折汇编》，雍正六年四月初二日，署陕西西大通总兵冯允中奏报到任日期料理营务事宜折，江苏古籍出版社1989年影印本，第12册，第110件，第113—116页。

② 中国第一历史档案馆：《雍正朝汉文朱批奏折汇编》，雍正六年九月二十日，署陕西西大通总兵冯允中奏报西大通试种青稞等物收成等事折，江苏古籍出版社1989年影印本，第13册，第418件，第504—506页。

③ 中国第一历史档案馆：《雍正朝汉文朱批奏折汇编》，雍正七年四月二十四日，署陕西大通镇总兵冯允中奏报地方情形暨派调台站兵马等事折，江苏古籍出版社1989年影印本，第15册，第111件，第145—147页。

④ 中国第一历史档案馆：《雍正朝汉文朱批奏折汇编》，雍正八年十一月初三日，署陕西西大西宁两处总兵冯允中奏报西大通试种大麦青稞收成分数等事折，江苏古籍出版社1989年影印本，第19册，第278件，第384—385页。

颗粒具很秕未成。麻子下籽种京斗0.46石，亦未收成。

雍正十年，大通左右两营兵丁子弟960余名，动用库银7900余两，试种屯地。[①] 各兵子弟试种，系旋犁旋种，小麦下籽京斗42.35石，菜籽下籽京斗6.04石，虽发苗秀茂，但并没有结菜籽。青稞、大麦、燕麦共下籽京斗893.2石，只共收京斗942.18石，皆颗粒皆秕。[②] 显然就下种与收获数量来看，雍正七年试种并不理想。

历时四年之后，终因大通气候寒冷，未见收获，营田不足缴还资本。雍正十一年，屯田经数年未有成效，范时捷奏议请停止，原领银两除查出节省银1900两并余省银870两外，将牛具籽种议价归还，将不敷银2283两亦令节年官兵取过营田内草束者照价清还以抵原项。雍正十二年，暂行停止。[③]

测尔兔与大通同在边外，亦无所产，原拨马兵320名，步兵480名，照大通之例，每马兵5两，每步兵3两，向司库借领银3040两，等官兵到时，分发籴买米粮。[④] 测尔兔地方平衍，兼有河水可以引灌，雍正九年令兵丁子弟照大通镇试垦之例试垦。除此之外，额色尔津和哈尔海图的屯种成效也不大。雍正十二年，额色尔津试垦，现存青稞大麦只192石，哈尔海图试种，现存青稞、大麦只176石，共只存360余石。

（三）军需粮食采购

西宁镇标驻军粮饷俱发折色银两。雍正六年，除大通镇标二营外另在白塔川、测尔兔二处设两营，白塔川城池营房修竣后，原议裁拨肃凉镇属之永固、张义堡、洪水等营堡马兵共400名于三月初四日到标，西宁

---

① 中国第一历史档案馆编：《雍正朝汉文朱批奏折汇编》，雍正十年十月初十日，陕西西大通总兵杜森奏覆遵旨查明大通营兵试种田地情由并情停止垦种折，江苏古籍出版社1989年影印本，第23册，第355件，第435—437页。

② 中国第一历史档案馆编：《雍正朝汉文朱批奏折汇编》，雍正十年九月初四日，署西宁镇总兵范时捷奏议朱批大通镇臣杜森所陈试种营田及粮价昂贵事宜折，江苏古籍出版社1989年影印本，第18册，第36件，第90页。

③ 中国第一历史档案馆编：《雍正朝汉文朱批奏折汇编》，雍正十二年五月二十七日，署陕西总督刘於义奏报瓜州屯种数目并和苗长发情形折，江苏古籍出版社1989年影印本，第26册，第378件，第445页。

④ 中国第一历史档案馆编：《雍正朝汉文朱批奏折汇编》十年九月初四日，署西宁镇总兵范时捷奏议朱批大通镇臣杜森所陈试种营田及粮价昂贵事宜折，江苏古籍出版社1989年影印本，第18册，第36件，第90页。

裁拨步兵900名于三月十四日到标，尚有裁拨宁夏后营马兵600名，兴汉镇步兵100名，西大通及白塔川原议拨马步兵共2800名俱令于三月起程前赴，夏季粮饷仍在本营开领，到齐挂领秋季粮饷。各兵都拖家带口，到营之日官兵的粮饷需要解决，大通不出米粮，再加上雍正五年西宁歉收，两营无从籴买军需米粮，冯允中到兰州与甘巡抚莽鹄立、布政司孔毓璞与总督刘於义议借粮，马兵每名借领银5两，步兵每名借领银3两，分作三季领饷扣除还项，暂拨粮1000石，先供兵食，大通马步兵各1000名，白塔川马兵240名，步兵560名，在兰司库共领银10880两，马兵每名止给银2两，步兵每名只给银1两，白塔川马步兵丁共散给银1040两，大通已到马兵400名，步兵900名共散给银1700两，另包封银1300两等待宁夏镇马兵600名，兴汉镇步兵100名到营散给。甘肃巡抚许容暂拨粮1000石，冯允中在西宁附近地方以价银3.6两只买得青稞200石，共用银720两运至白塔，现磨炒面接济两处兵马，复动借领银1100两赴甘、凉等处籴买米粮，催觅牛马驮载回至大通白塔收贮，买粮总共动借领银1820两，尚存借领银5020两，复收贮买粮以备至日接济兵丁家口。①

大通镇、白塔川二营官兵移驻之后，岁需本色粮料除在附近之西宁、碾伯二县仓贮内拨运外，不足粮料草束，岳钟琪奏明，将大通营官兵额支本色粮料草束照靖逆营之例，粮料每京斗一石折银1.8两，草每束折银0.03两；白塔川离西宁稍近，采买相对容易，粮料每京斗一石折银1.2两，草束折银0.02两。雍正七年冬，西大通镇属测尔兔游击一营应建城堡营房竣工。雍正八年二月，原定檄调马步兵丁前往驻扎，官兵应需粮饷例于季首开支，除春季一季本折粮料前因官兵尚未拨驻，俱在各本营已经支领，自夏季以后，岁需本折粮饷料草应在测尔兔营具领。官兵每年应支粮饷例以四本八折开支，测尔兔新设营汛除应领8个月折色银两外，三月、六月、九月、十二月4个月支本色粮石以及马匹应需春、冬二季本色料草，附近既无仓贮可以估拨，若将本色粮料每石按照部价1

① 中国第一历史档案馆编：《雍正朝汉文朱批奏折汇编》，雍正六年四月初二日，署陕西西大通总兵冯允中奏道到任日期暨料理营伍事宜折，江苏古籍出版社1989年影印本，第12册，第110件，第113—116页。

两，草束照部价1分折给，则测尔兔距离西宁400余里，西距甘州600余里，道路崎岖，“粮道不通，商贾罕见，素无居民植产，购买艰难，定价实有不敷”[①]。镇臣冯允中请将应支草束照依安西之例，“每京斗一石折银二两二钱，每草一束折银三分”[②]。查郎阿认为折价太多，请将测尔兔官兵应支雍正八年4个月本色粮料并以后岁需本色粮料草束照大通镇折给之例，“每京石折银一两八钱，每束折银三分，令兵丁自行采买”[③]。

雍正八年七月，恩赏各镇标兵、营运生息备用银两，其中西宁镇20000两，西大通镇8000两。[④] 西宁镇标平准战争以来两次增募，雍正十一年额兵达到7351名，包括出征驻防之兵，都有家属在镇标军营。按照惯例，西宁镇标全支折色，马兵每月支银2两，步兵支银1.5两，守兵支1两。西宁商贩不通，当青黄不接之时，粮价腾跃，各兵所得钱粮糊口困难；当收获之期，农民争先粜卖，市价渐次平减。但兵丁月饷有限，不能预期收贮，等交春之后，农民粜卖稀少，粮价再次增长，兵丁不得不贵价买食，铺民、囤户窥利囤积居奇，以致粮价飞涨，“使马兵为五口之家，则所得饷银既不能饱食，若步守饷轻者其拮据更为可知”[⑤]。西宁镇标总兵范时捷将西宁镇标生息本银2万两，自雍正九年五月七分与当商，每月每两息银1分5厘，至十一年十二月底共应息银9900两。镇标及镇属营路征兵子弟婚嫁等银统于镇标息银内支领外，尚余息银7000两，范时捷请求将现存息银7000两乘丰收之际，收买麦子、青稞7000余石预行

① 中国第一历史档案馆编：《雍正朝汉文朱批奏折汇编》，雍正八年三月二十九日，署陕西总督查郎阿奏请增给西大通镇属测尔兔营兵饷银折，江苏古籍出版社1989年影印本，第18册，第258件，第365页。

② 中国第一历史档案馆编：《雍正朝汉文朱批奏折汇编》，雍正八年三月二十九日，署陕西总督查郎阿奏请增给西大通镇属测尔兔营兵饷银折，江苏古籍出版社1989年影印本，第18册，第258件，第365页。

③ 中国第一历史档案馆编：《雍正朝汉文朱批奏折汇编》，雍正八年三月二十九日，署陕西总督查郎阿奏请增给西大通镇属测尔兔营兵饷银折，江苏古籍出版社1989年影印本，第18册，第258件，第365页。

④《清世宗实录》卷96，雍正八年秋七月辛巳，中华书局1985年影印本，第8册，第291页。

⑤ 中国第一历史档案馆编：《雍正朝汉文朱批奏折汇编》，雍正十一年九月初四日，署西宁总兵范时捷奏报查察整顿镇标营伍及存贮银两情形折，江苏古籍出版社1989年影印本，第25册，第34件，第41—42页。

存贮，次年春夏间遇粮价昂贵时散给各兵，照依原买价值于饷银内扣除。[①] 雍正十一年九月，西宁镇标五营分领银两赴各乡采买，共买贮京石麦子青稞小豆共6193.3石，麦子每京石合价银1.2两，青稞及小豆每京石合价银1两。雍正十二年入春以后，粮价渐长，四月初一日，麦子每京石市价1.74两，青稞及小豆每京石市价1.45两，范时捷将粮食分给存营兵丁及征兵家属共6557名，计每兵分粮九斗，照原买价值于夏饷内缴还银7000两照旧存贮，“计兵丁领麦子一京石较市价省银五钱四分，青稞及小麦一京石较市价省银四钱五分，以一斗之价而得斗半之粮”[②]，而且自此粮6000余石给散之后，兵丁不须买食，市价骤为减贱，五月初一日，据米行报单，“麦子每一京石市价一两五钱九分零，青稞及小豆每一京石市价一两三钱零。较四月初市价每京石俱减银一钱五分”[③]。自雍正九年五月至十二年六月生息银20000两，所生利息共应收息银11700两，雍正十二年五月，范时捷又奏请动用生息银10000两采买粮石，等来年粮贵时给发兵丁，各兵缴还原价，七月，范时捷奏请被允准。[④] 范时捷一面令五营陆续采买，一面建盖仓房，当年十一月买备粮食及改造仓房均完竣，共动用银10000两，买贮麦子、青稞、小豆共8412京石，共动用银9418两，拆改修理贮粮仓房共银581两，“于所买各项粮石内均匀摊算，计麦子一京石连原价共合银一两三钱零，青稞及小豆一京石连原价共合银一两一钱零”[⑤]。粮食存贮在仓，待粮贵时照原价散给

---

① 中国第一历史档案馆编:《雍正朝汉文朱批奏折汇编》，雍正十一年九月初四日，署西宁总兵范时捷奏报查察整顿镇标营伍及存贮银两情形折，江苏古籍出版社1989年影印本，第25册，第34件，第41—42页。

② 中国第一历史档案馆编:《雍正朝汉文朱批奏折汇编》，雍正十二年五月二十七日，署西宁总兵范时捷奏报动用存营息银买粮济兵事宜折，江苏古籍出版社1989年影印本，第26册，第383件，第450—451页。

③ 中国第一历史档案馆编:《雍正朝汉文朱批奏折汇编》，雍正十二年五月二十七日，署西宁总兵范时捷奏报动用存营息银买粮济兵事宜折，江苏古籍出版社1989年影印本，第26册，第383件，第450—451页。

④ 中国第一历史档案馆编:《雍正朝汉文朱批奏折汇编》，雍正十三年八月二十八日，署西宁总兵范时捷奏报动用生息利银买贮粮石并盖造仓房数目等事折，江苏古籍出版社1989年影印本，第29册，第65件，第79—80页。

⑤ 中国第一历史档案馆编:《雍正朝汉文朱批奏折汇编》，雍正十三年八月二十八日，署西宁总兵范时捷奏报动用生息利银买贮粮石并盖造仓房数目等事折，江苏古籍出版社1989年影印本，第29册，第65件，第79—80页。

兵丁。

大通镇城及镇属之永安营气候寒冷，不产五谷，设镇之后，始请试种，所种不过燕麦、青稞，历年并无成效，仅收草束。大通粮食俱系客商从内地贩来，由于道路崎岖，中间隔有雪山大坂五十余里，兴贩粮食者不过人负驴载数量不多，价格倍于其他地方。雍正十年，西宁歉收，粮价昂贵，商贾畏缩不前，大通镇粮食缺乏，大通镇兵丁悬釜待炊，兵丁家口人等俱惶恐不安。大通设镇之初，请领试种营田银 7910 余两，内除积年购买牛具籽种外，尚有贮营未动并节省银 2019 两。左、右二营出征无家属马步兵丁饷银自雍正八年夏季起至十年夏季共九季，存营未领银 5862 两。雍正十一年二月，镇臣将前项存贮银内挪动 6000 余两，除每兵预借银 1 两自制口粮外，其余银两遴差妥员在于西宁南、北两川及宁属碾伯等处购买粟米、麦面、炒面陆续挽运回营，算明实价，按月酌给接济兵丁，如商贩偶集即为收贮，一遇商贩稀少口粮缺乏之时，仍行散给兵丁，各兵自按预借银数及领过米面原价缴还原项缴银，将所收银两复购粮食，存贮照前按月散给，秋成大有之后停止采买，将原银收存。[①]此外，范时捷署任后，制造锅帐等项及续买马匹等零星节省银共存贮银 3180 余两。雍正十一年二月间，因粮价昂贵，各兵所得钱粮不敷籴买，范时捷咨商巡抚许容暂借西宁、碾伯二县仓贮粮石散给各兵，秋成照数买还，遭许容拒绝，范时捷于道库借银 2000 两并动此项存贮银 1100 余两，借给穷乏兵丁。[②]

三　噶斯路驻军的军需

噶斯路的军需主要是供给驻扎在西宁周边的客兵及驻扎在噶斯口防范准噶尔的驻军。雍正七年十一月，清廷筹划拨兵防守噶斯。[③] 噶斯路的

---

① 中国第一历史档案馆编：《雍正朝汉文朱批奏折汇编》，雍正十一年二月十三日，署陕西总督刘於义奏明大通镇动用存贮银两买粮接济兵食缘由折，江苏古籍出版社 1989 年影印本，第 23 册，第 797 件，第 984—985 页。

② 中国第一历史档案馆编：《雍正朝汉文朱批奏折汇编》，雍正十一年九月初四日，署西宁总兵范时捷奏报查察整顿镇标营伍及存贮银两情形折，江苏古籍出版社 1989 年影印本，第 25 册，第 34 件，第 40—41 页。

③ 《清世宗实录》卷 88，雍正七年十一月甲戌，中华书局 1985 年影印本，第 8 册，第 178 页。

军需由陕西甘肃布政使司布政使办理。从雍正八年开始，陕西甘肃布政使司布政使葛森、诺穆图、鄂昌、署甘肃布政使徐杞先后办理，其中徐杞于雍正十一年六月十一日到西宁办理。噶斯路的军需自雍正八年从未奏销，“又查噶斯用过钱粮自雍正八年至今已历四载，前任各司从未奏销”①。

噶斯路的部分军需既有当地供应，又有内地运输。雍正十年，大通商贩稀少，“稻米每京石价银七两八钱五分，粟米每京石价银四两四钱五分，白面每京石价银二两，青稞每京石价银一两七钱，豌豆每京石价银一两七钱八分，其永安各色粮食比大通又贵三分之一”②。西宁不产米谷，而西、碾旧存仓贮及春天拨运兰州粳、粟米将支完，驻扎西宁、碾伯、大通以及驻防口外满汉官兵自雍正十年八月初一起至十一年十二月应需口粮，除炒面在本地采买青稞办磨供支外，约计应需粳米210石，粟米1万石。赵挺元筹划在兰州采买粳米140石，动用兰厅仓贮粟米3000石，分运碾伯、多巴、大通供支川省官兵，再令金县动仓贮各案粟米2000石运送西宁供支驻宁西安满洲、绿旗官兵，再令兰州采买粳米70石，狄道动仓贮各案粟米5000石运送西宁，供支驻宁京城八旗及满洲及驻防口外绿旗官兵。需用运脚及采买粳米价值在司库各本案军需银内动拨。供支京城八旗满洲官兵及驻防口外官兵，应需运脚及采买粳米价值令布政司诺穆图在噶斯军需银内动发，计划先运送一半。由于肃州一路军需粮料拨运繁多，正在转输，若各令先运一半，狄道则势难兼顾，已批令将兰州应办粳米210石先运一半，粟米3000石先分1500石，同金县之2000石运供驻宁满汉官兵及驻防口外官兵满足岁前之需。狄道之5000等该县转运肃州粮料完日再分1500石运供川兵，3500运供驻宁及口外官兵。③

---

① 《宫中档雍正朝奏折》，雍正十一年十月二十五日，甘肃布政使办理噶斯军需事徐杞奏报办理军需事务情形折，“台北故宫博物院”1979年印行，第二十二辑，第236—237页。

② 中国第一历史档案馆编：《雍正朝汉文朱批奏折汇编》，雍正十年十月初十日，陕西西大通总兵杜森奏报地方雨雪年景并米粮价值折，江苏古籍出版社1989年影印本，第23册，第437页，第356件。

③ 中国第一历史档案馆编：《雍正朝汉文朱批奏折汇编》，雍正十年十月十五日，兰州巡抚许容奏报派拨西宁军需米石数目折，江苏古籍出版社1989年影印本，第23册，第372件，第450—451页。

军需粮饷由内地运往军队驻扎地，所需费用包括粮食本身的价格、包装费用、运输费用。驻扎西宁口外统兵官员自雍正十二年夏季起至冬季所需粳米 150 石，据中卫县称每京石照时价银 2.897 两，共银 313.455 两，每米五斗装盛夹布口袋 1 条，共需口袋 300 条。每条价银一钱七分，共银 51 两，每条用扎口绳 1 根，共 300 根，每根价银 3 厘，共银 0.9 两。自中卫至西宁计程 930 里，每石每百里给脚价银 0.2 两，共银 279 两，以上各项共银 644.355 两，在于噶斯军需奏销案内题销。[①] 从西宁运到噶斯口等地，脚价更高。驻扎在西宁口外官兵粮饷，自西宁运至柴达木仍照旧例每石每百里给银二钱三分三厘，自柴达木运至噶斯等处每石每百里增至三钱。但西宁内民间所畜养牛、驴瘦小，不胜驮载，而西路揽脚运户又以肃州运价倍于西宁，不肯承运。雍正十年闰五月，办理噶斯军务布政使诺穆图奏请随地加增，自西宁至柴达木每石每百里给以三钱，自柴达木至新城以及噶斯每石每百里给以四钱。[②]

军需补给随着战局的变化随时变动。例如，解任甘肃布政使诺言图奉旨与副都统殷扎纳一同办理柴达木事务，其职衔与副都统相等。后来，诺言图奉旨同郎中福宁办理哈尔海图修城种地事务，养廉银照办差人员之例每年支给 1000 两，每月支给粳米一石二斗四升九合，粟米五石二斗四升五合。“在于噶斯军需项内动给……再若准给养廉口粮似应以诺穆图本年正月十二日出口赴工之日起支合。”[③] 雍正十一年，徐杞六月间到西宁府地方，访问粮价尚属昂贵，入秋以来，收成较好，粮价顿减，“其来年军需应用粮石臣现在分饬乘时采买，备供所有”[④]。噶斯驻防官兵的粮饷按季解送，鉴于冬季解送春饷时水涸草枯，运送艰难，为了便于运送，徐杞与范时捷商议，将第二年的春饷于本年十月初十日以前俱运送出口，都统伊礼布等带领满洲官兵 200 余员、西安督标及西、大二镇官兵 1000

① 中国第一历史档案馆编：《雍正朝汉文朱批奏折汇编》，雍正十二年十二月十八日，兰州巡抚许容奏报买运军粮报销价银部驳非理实难遵办缘由折，江苏古籍出版社 1989 年影印本，第 27 册，第 384 件，第 466—467 页。

② 中国第一历史档案馆编：《雍正朝汉文朱批奏折汇编》，雍正十年闰五月，办理噶斯军务布政使诺穆图，江苏古籍出版社 1989 年影印本，第 22 册，第 452 件，第 541 页。

③ 《宫中档雍正朝奏折》，“台北故宫博物院”1979 年印行，第二十二辑，第 32 页。

④ 《宫中档雍正朝奏折》，“台北故宫博物院”1979 年印行，第二十二辑，第 236 页。

名于十月十六日前往额色尔津新城防冬，除裹带一个月口粮外，应解送一百日口粮。徐杞差员赍带脚价银两并同运户前往哈尔海图将官兵应需粮饷照数接续运送额色尔津。[①]

① 《宫中档雍正朝奏折》，“台北故宫博物院”1979年印行，第二十二辑，第236页。

第 六 章

雍正朝平准战争西路清军牲畜的补给

平准战争期间，马、驼、驴、骡、牛、羊只等牲畜虽在战争中承担的补给功能不一，却是与粮饷一样重要的军需物资。马、驼主要供官军、跟役乘骑、驮载之用，亦用来运输粮饷、辎重；驴、骡、牛则用来运输粮饷、辎重、屯田耕种；羊只作为粮食的补充，除过羊只外，上述牲畜在军需补给困难时都可以充作军粮。马、驼、牛、驴等运载牲畜与粮食、羊只等一次性消耗军需物资相比，马、驼如牧养得当，能够反复使用，但马、驼、驴、骡要能负重致远，必须健壮，牧养周期相对较长，牧养标准较高，马匹、骡头一般要喂养4—5年，骆驼一般要喂养7—8年，牧场水草要好，而且牧放期间要支放草料喂养。清代为满足驻军马匹、驼只等牲畜需求，驻扎在各省的满洲旗兵、各省督标、抚标、城守营都有自己牧养的马、驼。陕甘督标、提标、各镇所设马步兵的比例一般是6∶4。除蓄养军马外，为节省钱粮，战争过后驻军都会将多余的马匹处理。雍正七年，西路清军出口之时及出口之后，军需马、驼等牲畜主要通过两个途径解决：一是由各省督标、镇标调拨；二是从陕甘、内蒙古鄂尔多斯牧区和民间购买，除马驼外，骡头、牛只、羊只也在西路军需的采购之列。“驼只、马匹，从前购买何等艰难。”① 部分牲畜的补给区甚至扩大到河南、直隶，尚不能满足需求。从军需牲畜补给区不断扩大，可窥见战争之艰难。

---

① 中国第一历史档案馆编：《雍正朝汉文朱批奏折汇编》，雍正十三年十一月初十日，署宁远大将军查郎阿等奏覆遵议拨给甘凉宁夏等处驼马事宜并陈分别坐扣情形折，江苏古籍出版社1989年影印本，第29册，第736件，第831—835页。

第一节　西路清军军需马驼的购买

一　西路清军出口之前军需马驼的预备

雍正五年以前，清军先是平定青海，继尔进藏，军需物资尤其是牲畜大都在陕、甘预备。雍正元年十一月，平定青海罗布藏丹津叛乱，年羹尧在陕西买马1000匹后，奏请购买马、驼，请令在归化城、张家口采买，或将太仆寺上都打布孙脑儿孳生马匹解送3000匹。巴里坤挑送驼2000峰，甘、凉、肃州等处采买1500峰。[①] 河西购买的1500头（峰）应该是骆驼。清王朝不断在西北用兵，造成牲畜短缺，价格增长。雍正三年七月，甘肃巡抚石文焯陈述了西宁周边马、驼缺少，价格增长的情况：

> 西宁地方供应进藏差使，马、驼一项最为要紧，若非膘壮不足以供驮载，挑选购买甚是艰难。在康熙五十四年以前，即以时购买不及，尚有营中肥马可以借用，通融接济，随后买还。迨自军兴以来，马、驼缺少，价值益贵。自康熙六十一年、雍正元、二年，每马一匹价银二十一、二两、二十三、四两不等。每驼一只价银五十两、五十一两不等，且挑选膘壮尤不易得，而各营中亦无肥马可以接应，凡遇差使必须预买喂养，照数齐备，方免临时贻悮。[②]

西路清军对马驼的需求量尤为巨大。雍正五年，清廷决定对西北用兵，就开始了对牲畜，尤其是粮运牲畜的采买。雍正六年正月，预备西路军需，雍正帝命鄂尔多斯诸部作为西路军需牲畜的采购地。[③] 雍正帝命

① 《清世宗实录》卷13，雍正元年十一月己亥，中华书局1985年影印本，第7册，第239页。

② 《宫中档雍正朝奏折》，雍正三年七月廿四日，甘肃巡抚石文焯奏报办理军需事件折，“台北故宫博物院”1979年印行，第四辑，第715—717页。

③ 中国第一历史档案馆编：《雍正朝汉文朱批奏折汇编》，雍正六年正月初四日，驻扎西宁总兵周开捷奏，江苏古籍出版社1989年影印本，第11册，第341件，第425页—426页。

岳钟琪在鄂尔多斯及北口外等处筹备西路兵丁所需的马、骆驼、牛、羊等，“统算进剿兵丁以及所带余丁，共该驮马三万七千三百匹，骆驼四万五千九百只”[①]。雍正六年，岳钟琪分派钦差侍郎顾鲁前赴归化城，光禄寺卿吴达礼前往鄂尔多斯购买马、驼。顾鲁等购买马10000匹。但鄂尔多斯收买马、驼多老弱疲病，以岳钟琪标下为例，陕西督标分喂马1000匹，先从庆阳一路解到所买马746匹，其中堪喂马只有236匹。其他各标营分到马匹亦是老弱疲病。甘属宁夏县收到鄂尔多斯马匹病劳伤者居半，甫经收受即倒毙13匹。[②]当年四月，西路清军尚缺马19800匹，当时陕、甘各镇协营汛共有马30000余匹，岳钟琪摘调西安驻防满兵额马8000匹，甘属各标营内摘给马11800匹。[③]雍正七年，岳钟琪预估的军需案内，尚不包括自己乘骑马匹，仅兵丁驮马以及摘拨空马需要42041匹，计划通过采买及陕甘、豫省摘调，用来运送米面及饷银的骆驼51037峰，战车骡6000匹。

雍正六年（1728），岳钟琪分派钦差侍郎顾鲁前赴归化城，光禄寺卿吴达礼前往鄂尔多斯分路采买骆驼45900峰。六月前，在鄂尔多斯只买到骆驼4500峰，归化城等处采买到骆驼5000余峰，榆林采买到骆驼5000峰。[④]最终，光禄寺卿吴达礼在鄂尔多斯只买到4405峰，顾鲁在归化城买获9785峰，岳钟琪复动用军需银75000两，檄委延安府知府吴瑞等赴榆林一带购买，仅得驼649峰。[⑤]丹津多尔济等拨解骆驼15000峰，加上

---

① 中国第一历史档案馆编：《雍正朝汉文朱批奏折汇编》，雍正六年正月十七日，川陕总督岳钟琪奏请委员采买西路兵丁所需骆驼牛羊折，江苏古籍出版社1989年影印本，第11册，第341件，第426页。

② 中国第一历史档案馆编：《雍正朝汉文朱批奏折汇编》，雍正六年十一月二十五日，川陕总督岳钟琪奏报钦差吴达礼采买马驼不堪情节并请着落各员变赔缘由折，江苏古籍出版社1989年影印本，第14册，第36件，第49—50页。

③ 中国第一历史档案馆编：《雍正朝汉文朱批奏折汇编》，雍正七年二月十六日，川陕总督岳钟琪奏遵旨预备营马并请将巴里坤过冬马匹留陕喂养过冬折，江苏古籍出版社1989年影印本，第14册，第474件，第622—623页。

④ 中国第一历史档案馆编：《雍正朝汉文朱批奏折汇编》，雍正六年六月二十七日，川陕总督岳钟琪奏报动用军需银两委员前赴榆林购买驼只缘由折，江苏古籍出版社1989年影印本，第12册，第658件，第765页。

⑤ 中国第一历史档案馆编：《雍正朝汉文朱批奏折汇编》，雍正六年八月十二日，川陕总督岳钟琪奏请密敕晋省抚提派员管领运送赴藏驼骡折，江苏古籍出版社1989年影印本，第13册，第139件，第179—180页。

以前购买到骆驼 15000 峰，共买驼 29839 峰。[①] 甘属分喂鄂尔多斯买来驼只亦多受伤、羸弱，宁夏县收到鄂尔多斯驼，疲病劳伤者居半，甫经收受即倒毙驼 10 只。[②]

清军在出口之前就不断预备马、驼，但就筹备马、驼的数量来看，所筹备马驼显然不能满足清军所需。

二 雍正八年以后军需马驼的采买与补充

马、驼虽不是一次性消耗军需物资。战争期间，马、驼亦不断损耗，马、驼的损耗主要在于死亡、丢失、遭抢掠、被食用。雍正七年二月，岳钟琪在出兵之前就预计，战争期间牲畜需要不断填补，尤其是马、驼的添补尤为必要。“至于马、驼两项，自本年闰七月出口至明年六月，此一载之中不无倒毙，预筹添补之法。”[③]

（一）雍正八年之后马匹的采买

由于骆驼的喂养、解送比较麻烦，岳钟琪计划以马匹代替倒毙骆驼，“若再增备驼只，则自采买喂养以至解送均属烦难，应将倒毙驼只概以马匹添补，每马二匹抵驼一只”[④]。陕甘各镇协、营汛共有马 3 万余匹，从中除派拨进剿马兵 12000 名，清军除应需骑坐马 12000 匹外，还需从各营寨调驮马。岳钟琪计划雍正七年三月间命布政司查照各营现摘马匹数目，按每匹定价 8 两拨发买马价银，交各镇协督率该管营路于四月、五月将摘拨过马数采买齐全，乘青草茂盛之时牧放，雍正八年二月、三月陆续起解，四月以内到巴里坤，添补巴里坤病伤马、驼。雍正八年，西

---

① 中国第一历史档案馆编：《雍正朝汉文朱批奏折汇编》，雍正六年十月初四日，川陕总督岳钟琪奏遵旨议覆采买马驼羊只及喂养牧放缘由折，江苏古籍出版社 1989 年影印本，第 13 册，第 499 件，第 614—616 页。

② 中国第一历史档案馆编：《雍正朝汉文朱批奏折汇编》，雍正六年十一月二十五日，川陕总督岳钟琪奏报钦差吴达礼采买马驼不堪情节并请着落各员变赔缘由折，江苏古籍出版社 1989 年影印本，第 14 册，第 36 件，第 49—50 页。

③ 中国第一历史档案馆编：《雍正朝汉文朱批奏折汇编》，雍正七年二月十六日，川陕总督岳钟琪奏遵旨预备营驿请将巴里坤过冬马匹留陕喂养过冬折，江苏古籍出版社 1989 年影印本，第 14 册，第 474 件，第 622—623 页。

④ 中国第一历史档案馆编：《雍正朝汉文朱批奏折汇编》，雍正六年五月初八日，川陕总督年羹尧奏请停止拴养马驼折，江苏古籍出版社 1989 年影印本，第 14 册，第 474 件，第 622—623 页。

路官兵暨跟役人等所需驮马共35800匹，如果按预期全部购买，至少需要喂养一年。为节省钱粮，陕甘总督岳钟琪仅买马1万匹，照定价估银8万两，其余驮马25800匹从河南、山西二省附近标营并陕甘满、汉营马内摘调。河南、山西二省并陕西省满、汉标营之马摘给25800之后，岳钟琪拨银买补，河南、山西二省各调拨3000匹，以每匹8两核算，共应需马价银24000两，陕省满汉标营摘给马19800匹，共银158400两。此外，甘属拴养马4000匹为预备军需之用。①

自雍正七年西路军出口到雍正八年十二月，各类官兵所领马、驼均有倒毙。雍正八年末，巴里坤大营附近的牧厂遭到准噶尔袭击，马、驼等牲畜被抢。表6-1是各营各类牲畜的损耗情况。

表6-1　雍正七年分领日起至雍正八年十二月底各营官兵各类牲畜损耗

牲畜的种类	马骡（匹头）				骆驼（峰）				羊（只）			
	原领	倒毙	遭劫	存剩	原领	倒毙	遭劫	存剩	原有	倒毙及食用	遭劫	存剩
消耗	90696	25081	35535	30083	30883	2612	14249	14027	357062	87064	75225	194773

资料来源：中国第一历史档案馆编：《雍正朝汉文朱批奏折汇编》，江苏古籍出版社1989年影印本，第19册，第1010—1015页，第663件。

表6-1数据显示，遭准噶尔抢掠是牲畜损失最主要原因；其次是倒毙。雍正十二年年底马、骡、骆驼存剩了大概三分之一，羊存剩二分之一稍多。在雍正八年年底纪成斌所奏的各案中，马、骡的总数达到了90827匹（头），雍正七年到雍正八年十二月底，安西及口外大营死亡及被抢去马60616匹，各案剩余马尚有30014匹，两项合计马、骡90630匹头。② 雍正

① 中国第一历史档案馆编：《雍正朝汉文朱批奏折汇编》，雍正八年四月十五日，川陕总督岳钟琪奏遵议陕省应派进藏驮马确数暨买补价值缘由折，江苏古籍出版社1989年影印本，第12册，第175件，第185—186页。

② 该数据来自中国第一历史档案馆编：《雍正朝汉文朱批奏折汇编》，雍正七年三月二十三日，川陕总督岳钟琪奏请更改陕甘兵丁独用以资买补倒毙营马定例折，江苏古籍出版社1989年影印本，第14册，第679件，第893—894页。

七年出口时的马匹数是52800匹，骡是7000头，两项合计也不过60000头左右，前后两项相差30000余匹头，这说明自雍正七年西路军出口之后，军需马、骡源源不断地补充大营，其中有雍正帝恩赏马10000匹，甘属喂养马4000匹。

雍正七年到雍正八年十二月底，安西及口外大营死亡及被抢去马60616匹。平均每年损失30318匹，自雍正七年出口起至雍正十年止，各案到营马匹共计12万有余。由于清军经理不善，马匹疲瘦、损伤、倒毙乃至被偷窃，至雍正九年年末，所存不过1/10，[①] 存营不过12000匹，每年大约损失36000头。雍正七年到雍正八年损失64243头，雍正九年损失数约在43000头。雍正九年，乌鲁木齐回营遭袭击时实存马3万匹，至十年春间共倒毙16200余匹，再加上雍正十年春，西安、宁夏满兵及骁勇兵到营之马7500余匹亦倒毙了7300匹，统计满、汉官兵之马一冬即倒毙23700匹。雍正十年，岳钟琪移驻穆垒，拨给官兵骑驮马14400匹，除沿途往返倒毙并在穆垒军营陆续倒毙以及被掠去之外，自穆垒回营973匹俱已疲瘦不堪，岳钟琪前赴穆垒之时，将挑剩疲乏之马9260匹，湖广、凉州、肃州3处七月内又到营之官兵骑驮马3564匹，俱留在巴里坤牧放，除硪崙矶、嘎顺等处被准噶尔掠去马315匹外，自七月起至九月十五日前倒毙3218匹。存营之马悉系仅存皮骨，且又往回于穆垒、吐鲁番、哈拉乌素等处，回营之后俱奄奄待毙，兼之巴里坤附近牧厂时值隆冬，雪深草枯，十月内自赤金挑解有膘息可过戈壁之马3000匹赶解赴营，虽分别牧喂，尚不能保其原膘，亦不免时有倒毙。自九月十五日起至十二月底止，又共倒毙马6948匹。[②] 如此高的损失率，使得大营的存营马匹无法满足需求，每年都需要补充。

雍正九年，西路军计划在巴里坤驻扎一年，西路派拨安西、肃州镇、

① 中国第一历史档案馆编：《雍正朝汉文朱批奏折汇编》，雍正十一年正月二十五日，署宁远大将军查郎阿等奏陈于鄂尔多斯六旗地方购买马匹发送西路军营管见折，江苏古籍出版社1989年影印本，第23册，第729件，第897—899页。

② 中国第一历史档案馆编：《雍正朝汉文朱批奏折汇编》，雍正十一年正月二十五日，署宁远大将军查郎阿等奏陈于鄂尔多斯六旗地方购买马匹发送西路军营管见折，江苏古籍出版社1989年影印本，第23册，第729件，第897—899页。

甘提标兵 6000 名前赴军营应援，除增加粮饷外，马匹也必须预备。因西安、肃州、甘州调赴应援之兵紧急前进，只以两兵合给驮马 1 匹，各兵驮马不足，“但马匹一时既难购买，且新买之马一时亦未必适用”①。陕甘各提镇并查郎阿标下及两抚标存营之马 18000 余匹，查郎阿命各抚提镇把存营之马喂养以备将来摘拨。②

西路官兵对马匹的需求量巨大，马匹孳生不及，只能广搜博取。雍正九年，康熙四十四年停止的茶马贸易又被重新提上日程。③ 侍卫内大臣英诚公丰盛额等议，欲再行停止三十余年茶马之法，令许容每年在洮州、河州、庄浪、西宁 4 司以茶易马，上马给茶 12 篦，中马 9 篦，下马 7 篦。④ 岳钟琪也在雍正九年九月，提出“循例中马以收实效”⑤。许容檄令负责茶马贸易的官吏，“确验三等马匹以定三等篦数，务给新收之茶，勿以霉变旧封搭散，善于鼓舞，广为招徕以期多得，而亦必顺番民之情，随番地之产，不许硬派苛求勉强取盈，致滋恇扰”⑥，并且因时制宜改变从前喇嘛先领茶篦后交马匹旧例，防止挂欠马匹，“必见马而后给茶，则库项不致虚悬”⑦。用茶叶易换的马匹不再交当地的藏族喂养，而是由负

① 中国第一历史档案馆编：《雍正朝汉文朱批奏折汇编》，雍正八年十二月十七日，署陕西总督查郎阿奏陈酌办预备西路军需事宜五条折，江苏古籍出版社 1989 年影印本，第 19 册，第 470 件，第 685—687 页。

② 中国第一历史档案馆编：《雍正朝汉文朱批奏折汇编》，雍正八年十二月十七日，署陕西总督查郎阿奏陈酌办预备西路军需事宜五条折，江苏古籍出版社 1989 年影印本，第 19 册，第 470 件，第 685—687 页。

③ 中国第一历史档案馆编：《雍正朝汉文朱批奏折汇编》，雍正十一年十一月十五日，署理噶斯军需范时捷奏报采买番子马匹用过西宁道库银数目请饬部核销折，江苏古籍出版社 1989 年影印本，第 30 册，第 423 件，第 674 页。

④ 中国第一历史档案馆编：《雍正朝汉文朱批奏折汇编》，雍正十年正月二十五日，兰州巡抚许容遵旨酌议采买军需马匹折，江苏古籍出版社 1989 年影印本，第 21 册，第 611 件，第 735—736 页。

⑤ 《宫中档雍正朝奏折》，雍正九年十月初二日，宁远大将军岳钟琪奏陈西路大军防守并进剿之策略折，“台北故宫博物院” 1979 年印行，第十八辑，第 886—899 页。

⑥ 中国第一历史档案馆编：《雍正朝汉文朱批奏折汇编》，雍正十年正月二十五日，兰州巡抚许容遵旨酌议采买军需马匹折，江苏古籍出版社 1989 年影印本，第 21 册，第 611 件，第 735—736 页。

⑦ 中国第一历史档案馆编：《雍正朝汉文朱批奏折汇编》，雍正十年正月二十五日，兰州巡抚许容遵旨酌议采买军需马匹折，江苏古籍出版社 1989 年影印本，第 21 册，第 611 件，第 735—736 页。

责茶马贸易的吏员喂养，收喂之第一个月每匹日支料2京升、草1束，第二个月再加料1京升，草半束，至第三个月支给料4京升、草2束，并于五月初一日出厂，九月初一日收槽。

雍正十一年正月，大营仅有马万余匹，亟须补充。不足之马即照鄂尔泰等原议从甘肃现喂军需马调解14700余匹来营，再有不足，则从甘省营马内挑选摘拨送营，再将副都统黑色送到宁夏之马分拨标营以补摘调之数。①

雍正十一年，清军筹划十二年北路清军过阿尔泰，西路亦挑选满洲、蒙古、绿旗兵丁分为两路齐进，马匹的需求达到峰值。留营满洲、蒙古、绿旗兵共42000名，而大营防守策应余兵1万余名，照依原奏挑兵3万名裹带三个月口粮前进，需马66000匹，驼1万峰。额鲁特、鄂尔多斯、土默特、和特灰、察哈尔等处共兵4700名俱自有马匹。巴尔虎骁勇兵及满、汉官兵合计25300名，需马56600匹，又外备马6000匹，共需马56600匹。内地解来马15000匹，军营牧场内挑出马5000匹，副都统黑色解送宁夏喂养马1万匹，鄂尔多斯采买解送赤金等处牧马9700匹，从前自军营赶赴赤金牧放马2000余匹，共计马41000余匹，尚不敷马14900余匹，再加上4000名西安、宁夏满兵之跟役亦须给以马匹。江宁荆州满兵2000名，骑驼马骡除沿途倒毙外，只存5600余匹，内中有骡2000余头，川马700余匹，仅有大马2700余匹，此项马骡尚不足用。只能在江宁、荆州满兵及勇健营、打牲乌喇、北路解驼蒙古兵之马与牧场挑剩马内尽数挑出若干，不足马匹再于内地营马内摘拨。除裹带三个月口粮，如果5万官兵从大营出发至伊犁河，再抵准噶尔大本营，需马12万匹②。只不过雍正十二年的这场决战并没有到来。表6－2是西路军各年解送马匹数量。

① 中国第一历史档案馆编：《雍正朝汉文朱批奏折汇编》，雍正十一年正月二十五日，署宁远大将军查郎阿等奏陈鄂尔多斯六旗地方购买马匹发送西路军营管见折，江苏古籍出版社1989年影印本，第23册，第729件，第897—899页。

② 中国第一历史档案馆编：《雍正朝汉文朱批奏折汇编》，雍正十一年八月二十一日，署宁远大将军查郎阿等奏覆密议明年进剿准噶尔事宜请旨遵行折，江苏古籍出版社1989年影印本，第24册，第784件，第961—969页。

表 6－2　　1729—1735 年西路军需采买调拨马匹　　（单位：匹）

年份	总数	来源	
		数量	区域
雍正七年	46041	1000	归化城
		3000	豫省
		1000	陕西督标
		3000	河南省摘调
		3000	山西省摘调
		8000	西安八旗兵内摘调
		18041	在于陕甘二属各营马
雍正八年	33130	1130	宁夏洮岷、西宁、口外蒙古扎萨克
		14000	恩赏马及甘属喂养马
		18000	陕甘各提镇并臣标及两抚标
雍正九年	32101	10000	驷院及直隶山西山东河南四省
		16000	北路
		803	河南
		298	河南
		3000	河南
		2000	青海
		8000	山西、直隶、河南采买
		7200	鄂尔多斯青海及喀尔喀等处
		480	—
雍正十年	44840	1086	青海
		409	陕西
		1000	甘州
		700	西宁
		300	大通
		261	直隶
		4000	达鼐等收买各扎萨克
		3500	山西
		1595	河南
		127	西宁镇喂养
		104	大通镇
		10000	—
		14795	—
		6990	—

续表

年份	总数	来源	
		数量	区域
雍正十一年	33324	10600	—
		15300	—
		224	—
		7200	—
雍正十二年	16500	16500	—
合计	205936		

资料来源：中国第一历史档案馆编：《雍正朝汉文朱批奏折汇编》，江苏古籍出版社1989年影印本，第14、18、19、20、21、23、24、25、26、29、30册。

西路马匹事务自雍正七年九月到营之日起至雍正九年十二月底，由张元佐负责。自雍正十年起至雍正十三年七月二十日，由副将韩良卿负责，从雍正七年闰七月西路军出口到雍正十三年七月二十日，"共收马一十四万五千五百六十五匹，臣部按拨用赏需以及倒存各数核算，共应收马一十四万五千五百七十五匹。新收项下因此少开马十匹"①。表6-2中的数据不一定全面，就马匹数量而言，相差很大，表中统计的是雍正七年至雍正十二年的数据，而管理马匹事务官员统计的则是从雍正七年闰七月以后收到的马匹，另外，运输途中损耗的马匹并没有统计。从采买调拨马匹与接收马匹之间的数量差距可以看出牲畜军需补给的艰难。

西路清军运输牲畜的采买，主要集中在雍正六年至雍正十年(1728—1732)。清廷在采买牲畜时，往往命当地官员派人依据当地的牲畜市场价格采买。在此期间，由于运粮牲畜耗费巨大，清政府还按价采买由各地雇觅的一些运粮牲畜。例如雍正九年，陕西总督查郎阿奏请，将由山东、直隶雇觅的1000头骡，按三等分别给予13两、12两、8两不等的价格采买，在肃州、临洮、凉州一带牧场喂养，以便粮运。②

① 张伟仁主编：《明清档案》，乾隆元年八月十日之二，署宁远大将军查郎阿奏报军营马驼等项收除现存数目，台北：联经出版事业公司1986年版，第68册，A68-73（6-4）；B30708。

② 《署理陕甘总督查郎阿奏报采买山东直隶骡头在兰州等处分发喂养以备岳钟琪调用事》，雍正九年正月初六日，中国第一历史档案馆藏军机处录副奏折，档案号：03-0014-001。

（二）驼只的采买

驼峰主要用来驮载粮饷。西路清军在雍正七年出口之前共买驼29839峰。当时在口内留养驼9000峰。雍正八年三月，除解送大营及疲病变价还项外，尚有驼6000余峰。[①] 岳钟琪差原任西安布政司诺穆图、笔帖式噶尔玛前赴阿尔泰靖边大将军傅尔丹处采买驼峰补充，在丹津多尔济处买驼3000峰，每峰25两，共用银75000两[②]。雍正八年十二月，存营牧放以及被抢的驼共有30883峰，说明从雍正七年到雍正八年年底，大营增加的驼峰不多，只有1044峰，死亡及被抢去16861峰。在营死亡驼2612峰，被抢去14249峰，存营驼14022峰。各项驼峰数字基本上相合。从雍正七年到雍正八年，骆驼的损耗主要是遭准噶尔抢掠。从雍正九年，西路军的改进剿策略为持久渐进之策，需用马驼数量渐渐稳定。所需骆驼2万峰，大营拥有12000峰，亲王丹津多尔济拨解8000峰；清军进军巴里坤所需14000峰，由亲王丹津多尔济备运凯旋粮米驼峰内动拨。[③]

雍正十年，张广泗奏称军营之驼仅有2000余峰。雍正帝命户部行文署陕甘总督刘於义、巡抚许容等在青海、西宁、肃州附近购买骆驼，照官买马匹一例喂养。刘於义、许容派人在西宁、肃州及素产驼只之宁夏、榆林、神木各镇购买，但驼峰短少，价值昂贵，驼峰自七岁以上十五岁以下，膘力壮健，可用者，每峰头号要银60两，二号50两、三号40两，较历年军需驼峰每峰价银15两至30两报销之例相比，较定价增至一倍，“不特所费浮多，窃恐不肖之徒贩卖图利必致产驼各处价值俱昂”[④]。许容

① 中国第一历史档案馆编：《雍正朝汉文朱批奏折汇编》，雍正六年十月初四日，川陕总督岳钟琪奏遵旨议覆采买马驼羊只及喂养牧放缘由折，江苏古籍出版社1989年影印本，第13册，第499件，第614—616页。

② 中国第一历史档案馆编：《雍正朝汉文朱批奏折汇编》，江苏古籍出版社1989年影印本，第18册，第122件，第163页。

③ 中国第一历史档案馆编：《雍正朝汉文朱批奏折汇编》，雍正九年二月初九日，宁远大将军岳钟琪奏覆酌议吐鲁番巴里坤等地军务敬陈广为屯种等管见十六条折，江苏古籍出版社1989年影印本，第19册，第654件，第990—1001页。

④ 中国第一历史档案馆编：《雍正朝汉文朱批奏折汇编》，雍正十年十二月十三日，署陕西总督刘於义等奏报遵旨檄令西宁肃州榆林等地购买军需驼峰情形折，江苏古籍出版社1989年影印本，第23册，第619件，第761页。

等决定在于50两以内，拣选年齿可用、膘力健壮者尽力采买，但到雍正十年十月，肃州买驼21峰，西宁报买驼16峰，榆林买驼70峰。① 表6－3是雍正十年内地购买骆驼数量及费用。

表6－3　　　　雍正十年内地购买骆驼数量及费用

购买地点	购买数量（峰）	单价（两）	用银数（两）	规定用银（两）	节省银（两）
榆林、神木定边、怀远	93	25—35	2705	2790	+85
宁夏灵州	60	30	180	—	+225
中卫县	11	30	330	352	+22
宁夏宁朔平罗三县	48	—	191	—	-183
西宁	207	—	—	—	-691
肃州	21	—	—	—	-100
合计	430	—	—	—	—

资料来源：中国第一历史档案馆编：《雍正朝汉文朱批奏折汇编》，江苏古籍出版社1989年影印本，第28册，第431件，第538—546页。

以上采买驼峰共长用价银974两，都是未奉部文以前采买之驼，张广泗奏请将此先买驼峰长用价银以公用银两拨补造销。各处驼峰缺少，价值昂贵，应停止采买。② 肃州道黄文炜等购买驼峰，原价系64.5两。③ 雍正十年，在陕甘购买驼峰数量不详。表6－4是西路军需各年采买驼峰数量。

① 中国第一历史档案馆编：《雍正朝汉文朱批奏折汇编》，雍正十年十二月十三日，署陕西总督刘於义等奏报遵旨檄令西宁肃州榆林等地购买军需驼峰情形折，江苏古籍出版社1989年影印本，第23册，第619件，第761页。

② 中国第一历史档案馆编：《雍正朝汉文朱批奏折汇编》，雍正十一年十二月初四日，署陕西总督刘於义等奏报于宁西肃三处停止采买驼只缘由并请覆销已经采买之项折，江苏古籍出版社1989年影印本，第25册，第454件，第586—588页。

③ 中国第一历史档案馆编：《雍正朝汉文朱批奏折汇编》，雍正十三年六月初八日，署陕西总督刘於义奏陈粮运告竣请准输粮石易换车骡等情折，江苏古籍出版社1989年影印本，第28册，第431件，第538—546页。

表 6 -4　　西路军需各年部分驼峰采买　　（单位：峰）

年份	数量		来源
雍正七年	29934	4500	鄂尔多斯
		24785	归化城
		649	榆林
雍正八年	3000	3000	丹津多尔济
雍正九年	22000	22000	鄂尔多斯
雍正十年	—	3242	鄂尔多斯
		21	肃州
		207	西宁
		93	榆林、神木、定边、怀远等处
		119	宁夏各州县
雍正十一年	10000	10000	喀尔喀各扎萨克
雍正十二年	2430	1159	榆林、宁夏、西宁、固原等处买驼
		365	—
		906	—

资料来源：中国第一历史档案馆编：《雍正朝汉文朱批奏折汇编》，江苏古籍出版社 1989 年影印本，第 14、18、19、25、27、29 等册。

表 6 -5　　雍正七年到雍正十年各年大营需求驼峰及采买驼峰数量　　（单位：峰）

年份	需求量	不同史料中的存营驼峰数		购买量
雍正七年	51037	—	1044	29839
雍正八年	0	—	14022	3000
雍正九年	34000	—	12000	22000
雍正十年	—	3000	2000	11462
雍正十一年	—	3000	2000	10347
雍正十二年	20000	—	13000	7000
雍正十三年	—	—	9182	0
合计	105037	—	—	83648

资料来源：中国第一历史档案馆编：《雍正朝汉文朱批奏折汇编》，江苏古籍出版社 1989 年影印本。

雍正十二年，清军筹划进军伊犁，除裹带三个月口粮，5万官兵需运送8个月口粮，官兵如果欲以骡车装运，则车辆上山下坡行走艰难，必须添办驼峰方可随兵而进，计兵5万名，8个月口粮并火药铅弹铜锅帐房等项，除各兵7000名自行裹带外，尚约需驼6万峰，除查郎阿前奏预备1万峰外，不敷驼5万峰。① 只不过雍正十二年的这场决战并没有到来。

由于驼峰的购买、运输以及中间的损耗数据在不断变动，反映在大臣的奏折中，各种数据不一，造成了数据的混乱，所以，以上数据仅仅反映出清军在军需补给过程对驼峰的需求及驼峰供给的一个趋势，从总的趋势看，驼峰的需求是超过10万峰，但购买了不到9万峰，驼峰的供给无法满足需求，这与史料所反映的情况是一致的。

第二节　西路清军军需牲畜的喂养

购买的军需驼峰、马匹根据需要，一部分直接由购买地解送至口外大营；一部分就近分发陕甘各标营在各自的马厂内牧放，陕甘各标营除马兵必备马外，分喂的马在14000—18000匹左右；其余的分发各州县喂养。

一　西路清军军需马驼喂养区域的选择

购买军需马匹、驼峰的目的用来征战及军需运输。军需牲畜在战前要预备，战争过程中要补给，牲畜这种军需的特点决定了其必须有喂养牧放的场所。西路清军马、驼补给，最重要的不是马、骆驼的购买，而是购买后马、驼的喂养、解送环节。在喂养、解送过程中，不仅需要补充草料。由于路途遥远，在解送过程中喂养、解送不善，会导致马、驼大量死亡。本节讨论的问题有二：一是西路清军购买的马、驼等牲畜的喂养区域；二是各个区域的喂养状况。

康熙五十八年以前，清军在河西走廊的甘、凉喂养4900峰骆驼。康熙五十八年，又购买1600峰骆驼分与牧驼官员牧放。由于战事停止，甘、

① 中国第一历史档案馆编：《雍正朝汉文朱批奏折汇编》，雍正十一年八月二十一日，宁远大将军查郎阿等奏覆审议明年进剿准噶尔事宜请旨遵行折，江苏古籍出版社1989年影印本，第24册，第784件，第961—969页。

凉所喂之马、骡并驻扎甘州之山西1000步兵所带马、驼，在青草长发之日停给草料。[①] 但陕甘各镇标拴养的马、驼，“但拴养地方，非即需用马、驼之处，奉文调拨，牵送军前，长途远行，多系疲乏，未能尽得其力”[②]。镇标拴养额外马、驼，靡费钱粮，军事行动停止以后拴养马匹即被变卖。为节省钱粮，雍正元年五月，川陕总督年羹尧奏请将固原、甘州、宁夏拴养马5000余匹，骆驼300峰停止拴养，按原价变卖。价银解贮司库，用马之时于附近各营摘调应用，或支库银买补。[③] 从雍正二年以来，西北军兴以来，马、驼作为重要的军需物资，需求量逐渐增大，陕甘各镇标及驻军所牧养的马、驼渐不能满足需求。

西路军需马匹的喂养场所分别在陕西、甘肃、口外赤金及巴里坤大营；按喂养性质分为镇标喂养、州县喂养、专门的牧场喂养。陕西省无论是镇标还是州县，都缺乏专门的牧场，只能棚圈喂养，而甘肃河西及大营都有专门的牧场。平准战争期间，军需马匹的喂养场所的选择是与战局息息相关。大营必需的马匹留在巴里坤大营牧放；亟须解营的马匹一般解至赤金牧放；那些购买后不急需的马匹则在陕甘各镇标营或陕甘各州县喂养。

雍正六年，西路清军预备军需，马、驼、骡作为粮饷之外的军需物资，运送米面、盐菜银共需驼51037峰，除过诸省营汛喂养的马匹，额外买马13000匹、骡13000头。诸多牲畜的喂养成为大的问题，喂养区域，喂养所需料豆都是预先筹划。

雍正七年，清军买到骆驼15000余峰，分发陕甘所属各州县喂养。岳钟琪听闻宁夏等处沿边地方有牧放马、驼草场，草场之内可以过冬，天冷后不必收槽，岳钟琪派衙门笔帖式奇书前往勘查。宁夏自贺兰山前由平罗县以至石嘴子、插汉拖辉、六羊河并新设县治之省嵬营等处，俱系沙滩软地，遍地皆系红柳、白蒿等驼峰所食之草，且此时民户尚未屯垦，

---

① 《清圣祖实录》卷284，康熙五十八年四月戊辰，中华书局1985年影印本，第6册，第773页。

② 中国第一历史档案馆编：《雍正朝汉文朱批奏折汇编》，雍正六年五月初八日，川陕总督年羹尧奏请停止拴养马驼折，江苏古籍出版社1989年影印本，第1册，第267件，第354页。

③ 中国第一历史档案馆编：《雍正朝汉文朱批奏折汇编》，雍正六年五月初八日，川陕总督年羹尧奏请停止拴养马驼折，江苏古籍出版社1989年影印本，第1册，第267件，第354页。

可以牧放，"即或不能长膘，亦不至于疲瘦"①。在此处过冬后，待春暖草青之后再赶送贺兰山后牧放。除此之外，肃州的昌宁湖、宁夏的大草滩等各厂皆可过冬。岳钟琪计划将丹津多尔济等处拨解驼15000峰并鄂尔多斯、归化城将来续买之驼峰于进口之时即派拨各标营官兵在贺兰山前省嵬营等处草场牧放。临、巩各府属原喂驼峰同此省嵬营等处牧放骆驼，等春暖之际俱就近赶送贺兰山后并昌宁湖、大草滩等处牧放。西安等各府州所属并无牧放驼峰之草厂，应将已经分发驼峰仍令各州县喂养，鄂尔多斯买来驼5000峰亦俱分派甘属州县收喂。雍正七年，西路军准备携带的骆驼隔二日为一运，于四月二十六日头运到西宁，自四月二十六日起至五月初九日共五运，共解到西宁驼3451峰，于五月初九、初十、十一、十二等日牵送赴厂牧放。② 雍正八年正月、二月间先将西安等府属所喂驼峰解送甘、凉喂养，待青草茂盛再送各厂牧放③。但实际上鄂尔多斯所买驼峰、马匹即由宁夏进口，在甘、凉、肃等处三边喂养，榆林所买驼峰于延安府各州属地方分喂，归化城所买驼峰于西安各府州属分发喂养。④ 除此之外，顾鲁等购买马1万匹，本来要分发各州县喂养，但雇募民夫，盖造棚槽、制办一切器具、什物需银2万余两，较之营马料草定价不相上下，此马匹原为兵丁驮马，且各营兵丁皆有棚槽，以一兵喂骑驮两马，尽可照管，将此采买马1万匹照拴养马匹之例，按足价折给分发各营喂养，进口时先在宁夏接收，由宁夏分赶各标。

由于驼峰不能如数购买，岳钟琪奏请改买车骡来弥补，陕甘买战车骡6000头，山西、河南买粮车骡7000头，二项总共13000头。陕西各州县既

① 中国第一历史档案馆编：《雍正朝汉文朱批奏折汇编》，雍正六年十二月十四日，川陕总督岳钟琪奏汇陈官兵出征军需支用项目折，江苏古籍出版社1989年影印本，第14册，第145件，第203—218页。

② 中国第一历史档案馆编：《雍正朝汉文朱批奏折汇编》，雍正七年五月十二日，署陕西西大通总兵冯允中奏报西宁得雨情形及进藏官兵回营日期折，江苏古籍出版社1989年影印本，第15册，第243件，第320—321页。

③ 中国第一历史档案馆编：《雍正朝汉文朱批奏折汇编》，雍正六年十二月十四日，川陕总督岳钟琪奏汇陈官兵出征军需支用项目折，江苏古籍出版社1989年影印本，第14册，第145件，第203—218页。

④ 中国第一历史档案馆编：《雍正朝汉文朱批奏折汇编》，雍正六年八月十二日，川陕总督岳钟琪奏请密敕晋省抚提派员管领递送赴藏驼骡折，江苏古籍出版社1989年影印本，第13册，第139件，第179—180页。

已分有驼峰喂养，喂养骡头的数量又颇多，“若复派喂骡头，不时地方官照料难用，即一切棚槽什物皆所必需，是以有用之钱粮，徒滋无益之冗费”①。西安八旗内缺马3000匹，岳钟琪请求将陕省采买骡6000头，先行分派拨西安八旗骡3000头，所余3000头分派陕西督抚提镇以下各官亲丁按数派喂。雍正七年，河南、山西解送的骡头也一体分发。岳钟琪命陕甘督抚提镇副参以下等官，按额设亲丁名数照半分给骡头令其喂养，满洲、绿旗马兵内如有倒毙额马未经买补之兵亦拨给骡头，令其喂养以抵缺马之数。战车骡6000头按标分发。骡头等雍正八年三月间解送到陕，再行分派，如分发各官兵外，骡头尚有多余，即发陕属各州县照拴养马、骡之例动给草料喂养，料豆照时价购买，草照定价每束给银一分，料豆实报实销，如价有盈余即为节省，倘定价不敷，据实奏加。用过料草银两各数目由各属造报汇核报销。②

岳钟琪奏请雍正七年闰七月先将粮车马7000匹挽驾战车随营出口，将粮车、战车两处之骡共13000头仍留陕甘州县喂养过冬。③ 雍正六年，归化城购买足数的粮车马7000匹，此项马匹需用尚早，若即解送内地喂养，徒滋靡费，岳钟琪咨会侍郎臣顾鲁即在归化城等处仍交各台吉牧放，至雍正七年六月草肥膘足，经由口外草地赶送肃州。④

雍正七年，陕属州县标营分喂军需正骡11500头，系雍正八年春拽运粮车出口所需，于七、八月间解交甘属收喂，除固原分喂骡300头系甘属地方，不需要再解送外，其陕属分喂正骡11200头并随解余骡。陕甘各按接壤区域分作南、北两路解送，北路解交平凉、庆阳、临洮等府属收喂，南路者解交巩昌府属收喂。北路解交平凉、庆阳、临洮三府属收喂正骡、

① 中国第一历史档案馆编：《雍正朝汉文朱批奏折汇编》，雍正六年十月初四日，川陕总督岳钟琪遵旨议覆采买马驼羊只及喂养牧放缘由折，江苏古籍出版社1989年影印本，第13册，第494件，第614—616页。

② 中国第一历史档案馆编：《雍正朝汉文朱批奏折汇编》，雍正六年十二月十四日，川陕总督岳钟琪奏汇陈官兵出征军需支用项目折，江苏古籍出版社1989年影印本，第14册，第145件，第203—218页。

③ 中国第一历史档案馆编：《雍正朝汉文朱批奏折汇编》，雍正七年二月十六日，川陕总督岳钟琪奏遵旨预备营马并请将巴里坤过冬马匹留陕喂养过冬折，江苏古籍出版社1989年影印本，第14册，第474件，第622—623页。

④ 中国第一历史档案馆编：《雍正朝汉文朱批奏折汇编》，雍正六年十二月十四日，川陕总督岳钟琪奏汇陈官兵出征军需支用项目折，江苏古籍出版社1989年影印本，第14册，第145件，第203—218页。

余骡共5414头，内有微瘸、微病者195头，南路解交巩昌府属收喂正骡余骡共5865头，内有膘瘦、腿跛、流鼻、眼雾、咳嗽等症之骡共586头，又汉中府病骡21头。[①] 表6-6是雍正六年购买的骆驼、马、骡等牲畜喂养区域及数量。

表6-6　　雍正六年分喂情况

牲畜名称	数量（匹、头、峰）	购买地	行走路线	喂养区域
骆驼	4405	鄂尔多斯	—	庆阳、临洮、巩昌、各府属
	拨发顾鲁处骆驼15000内，分拨驼7500	—	由鄂尔多斯至宁夏	庆阳、临洮、巩昌、各府属
	顾鲁在归化城买获	—	由神木进口	延安府属
	骆驼9785内拨驼3000	—	—	—
	顾鲁买获骆驼其余驼6785，并部拨骆驼7500共14285	在归化城	由山西进口来陕	西安、凤翔二府属
	649	榆林	—	近处分派喂养
马	1000	—	于进口时先在宁夏接收由宁夏分赶各标	陕西督标
	400	—	—	陕抚标
	400	—	—	甘抚标分喂马
	2500	—	—	陕提标属
	2000	—	—	延绥镇属
	2500	—	—	宁夏镇属
	400	—	—	甘提标
	500	—	—	西宁镇属
	300	—	—	凉州镇
骡	13000	晋豫陕	—	陕西省

资料来源：中国第一历史档案馆编：《雍正朝汉文朱批奏折汇编》，江苏古籍出版社1989年影印本。

① 中国第一历史档案馆编：《雍正朝汉文朱批奏折汇编》，雍正七年十一月初四日，署陕西总督查郎阿奏报解甘收喂骡头病废情形并饬令买换补解折，江苏古籍出版社1989年影印本，第17册，第66件，第98—100页。

二　西路清军军需牲畜的喂养方式

西路喂养军需马匹、骆驼，各州县分喂之马俱系雇夫饲喂，各标营分喂马匹即派拨兵丁饲喂。① 雍正七年以喂养骆驼较之喂养骡头稍易，议以每8峰驼雇1名喂养夫喂养。其各州县分喂骡头，每4头骡雇1名喂养夫，每名每日各给工价银4分。②

驼性与马、骡不同，各州县所雇民夫俱系内地百姓，岳钟琪担心百姓不熟悉驼性，命于寻常夫役之外，在沿边各处雇募熟谙驼性的长夫，每50峰驼酌派一名，指点各夫役喂养，长夫不仅是兽医，还要兼任夫头之事，每夫每月给工价银2两，原估骆驼51037峰，需用长夫1021名。由于驼峰尚未买齐，先照现在喂养驼15000峰雇长夫300名，于雍正六年九月内自归化城等处雇募遣送进口。从喂养之日起至七年七月底交与兵丁接收之日止，共计11个月，约需工价银6600两。拨解丹津多尔济等处驼15000峰，并归化城、鄂尔多斯二处续买驼峰议于贺兰山前省嵬营等处各草厂牧放，其应需长夫亦仍照驼数雇募鄂尔多斯、蒙古协同官兵在厂经管牧放。

三　西路清军马驼喂养草料的支放

驼峰、马匹等牲畜，从购买地解送之日即需要草料。根据旧的军需案，骆驼所需草料，每驼1峰日给草2束，料从日给3升至7升不等。例如，雍正二年，西宁喂养驼峰，各标支给料豆数目皆不统一。雍正六年，岳钟琪分派钦差侍郎顾鲁前赴归化城，光禄寺卿吴达礼前往鄂尔多斯分路采买，共买到驼29839峰。所买驼峰赶至内地之时，照例每驼1峰每日给京升料豆5升，草2束。归化城驼峰由晋省来陕，其沿途住宿草料，陕西巡抚石麟即于晋省经过驻宿处所令地方官预备草料，照陕省解骡前赴

---

① 中国第一历史档案馆编：《雍正朝汉文朱批奏折汇编》，雍正六年十月初四日，川陕总督岳钟琪遵旨议覆采买马驼羊峰及喂养牧放缘由折，江苏古籍出版社1989年影印本，第13册，第494件，第614—616页。

② 中国第一历史档案馆编：《雍正朝汉文朱批奏折汇编》，雍正六年十二月十四日，川陕总督岳钟琪奏汇陈官兵出征军需支用项目折，江苏古籍出版社1989年影印本，第14册，第145件，第203—218页。

西宁之例，每峰每日支给料豆4京升、草1束，先动用晋省库贮银采买，驼峰到陕之日，即于军需银内照数解晋还补。沿途牵送驼峰，每驼4峰需夫1名，每名日给口粮银3分。[①] 雍正七年，随清军出口的骆驼，酌议每驼日给料5京升，“盖以驼只初至内地不甚认料，先以麦麸宽其肠胃，俟认料之后渐次加增以至五升，设有不足，将进口初喂之时余下料豆增给自无不足”[②]。沿途解送驻宿，每晚给料4京升、草2束。

雍正七年，各州县购买战车骡6000头，自买到收槽起至分发各标营之日止，每头每日给料4京升、草2束，遣送至各标营沿途驻宿，每头每晚给料3京升、草1束，又各州县喂养之时每骡四头需喂养夫1名，每名日给工价银4分。骡头分发起程，每骡2头需牵送夫1名，每名日给工价银4分，俱按站数往返一体支给，此喂养驻宿各料草、料豆照时价购买，草每束照定价给银一分，“如有盈余即为节省，倘定价不敷，据实奏加。至料草数目夫役各工价，其中日期、程途起止远近不一，统俟各属造报至日汇案报销”[③]。

驼峰、骡头及骑驮马匹旧例出口俱在边口地方喂养1月或40日然后起程。驼峰、马匹初自场内收回，仍在草地牧放，每日只需给空草2束，保其膘力可以行走。骡头应仍照例每头每日给料3京升，草2束喂养，再草料、料豆照时价购买，草照折中定价，每束给银1分，如有盈余俱即为节省，倘定价不敷据实奏加。

西路清军在归化城、鄂尔多斯采买马1万匹，作为兵丁驮马之用。岳钟琪原计划于四、五月出口直抵伊犁，必须将马匹喂养膘壮，经岳钟琪奏明照拴养马匹之例分发各标营兵丁喂养骑调，每匹每日给银5分作为草料银两。1万匹马自雍正六年十一月起至七年五月放青，6个月需银

---

① 中国第一历史档案馆编：《雍正朝汉文朱批奏折汇编》，雍正六年八月十二日，川陕总督岳钟琪奏请密敕晋省抚提派员管领递送赴藏驼骡折，江苏古籍出版社1989年影印本，第13册，第139件，第179—180页。

② 中国第一历史档案馆编：《雍正朝汉文朱批奏折汇编》，雍正六年十二月十四日，川陕总督岳钟琪奏汇陈官兵出征军需支用项目折，江苏古籍出版社1989年影印本，第14册，第145件，第203—218页。

③ 中国第一历史档案馆编：《雍正朝汉文朱批奏折汇编》，雍正六年十二月十四日，川陕总督岳钟琪奏汇陈官兵出征军需支用项目折，江苏古籍出版社1989年影印本，第14册，第145件，第203—218页。

90000两，出口之期既在闰七月，即使马匹十分膘壮，到达巴里坤驻扎过冬，马匹仍要落膘，至青草茂盛膘力又壮方可行走，“是此时虽用重料重草喂养，亦属无益”①，岳钟琪采用折中之法，每马每日给料1仓升、草2束，计需银3分尽可喂养6个月，只需料草银54000两，较之五分给价可节省银36000两，放青之时停给草料，仍照例下厂牧放。部议以军行马匹最关紧要，平时喂养膘足方可耐寒过冬，青草茂盛之时亦易于膘壮，“若先时喂养不能充足，以半膘之马过严寒之地，值草枯之时，不但皮肉消瘦或致血力枯竭，而草盛之时一时亦难膘壮”②，令岳钟琪将所有分给各标营马匹于二月起以五分支给长行喂养。各标营兵丁额马，除四季全支折色者原不下厂放青外，冬春二季支本色草豆者每年自四月初一日下厂，即停止支草豆只支干银，而陕甘各营相沿往例，干银数目多寡相悬，每马每月支银五钱、九钱不等，“每月九钱者买豆喂马尚可敷用，每月五钱者亦不令其放厂则喂养之费实属不敷”③。雍正七年七月，清军预计出口，兵丁额马现俱摘拨预备大兵骑驮之用，“应否在槽起支草豆喂养，抑或仍照往例下厂牧放，只支干银等因纷纷请示前来”④。雍正七年二月，岳钟琪奏请将出征马兵额马本年冬季月分应支本色草豆预行支给，以充四、五、六等月留槽喂养之用，其存营马兵所有马匹现备摘拨内，每马每月支干银五钱者，再动军需银两，每马每月增给银4钱，以足9钱之数，统领留槽长行喂养，停其下厂放青。甘肃提镇各标拴养马匹往年例于五月初一日停支草豆，下厂放青，清军于闰七月出口，此项马匹于五、六、七等月正宜加紧喂养之时，亦应令将现贮军需项下买备草豆支给拴养马

① 中国第一历史档案馆编：《雍正朝汉文朱批奏折汇编》，雍正六年十二月十四日，川陕总督岳钟琪奏汇陈官兵出征军需支用项目折，江苏古籍出版社1989年影印本，第14册，第145件，第203—218页。

② 中国第一历史档案馆编：《雍正朝汉文朱批奏折汇编》，雍正六年十二月十四日，川陕总督岳钟琪奏汇陈官兵出征军需支用项目折，江苏古籍出版社1989年影印本，第14册，第145件，第203—218页。

③ 中国第一历史档案馆编：《雍正朝汉文朱批奏折汇编》，雍正七年三月二十日，川陕总督岳钟琪奏覆出征兵额额马与拴养马匹统行留槽喂养折，江苏古籍出版社1989年影印本，第14册，第707件，第919—920页。

④ 中国第一历史档案馆编：《雍正朝汉文朱批奏折汇编》，雍正七年三月二十日，川陕总督岳钟琪奏覆出征兵额额马与拴养马匹统行留槽喂养折，江苏古籍出版社1989年影印本，第14册，第707件，第919—920页。

匹留槽喂养，停其下厂牧放。

驻扎在河西走廊的满、汉官兵马匹例应于夏秋下厂牧放，但甘、凉、肃一路气候寒冷，马匹四月下厂，青草尚未长发，难以牧放。雍正十年三月，二格奏驻凉州之湖广兵2000名，驻甘之延兴二镇兵2000名，驻肃州之直隶河南绿旗兵1000名，而湖广兵2000名于三月初五日方抵凉州，马匹疲瘦，若仍令其四月初一日下厂，恐将来调遣之时各官并骑驮涉远，难免疲乏，应将驻防凉、甘、肃之绿旗兵丁5000名马匹仍令在槽喂养。其驻扎庄浪之满洲兵1500名，绿旗兵1000名，驻扎肃州之满洲兵500名，所有骑驮马匹俱于五月初一日下厂牧放，仍于九月初一日收槽。①

骆驼、马匹、骡头需要负重致远，必须细心喂养，所需料草又需早为买备。雍正六年官兵骑驮马匹并驼峰、骡头俱在甘凉肃一带聚集，所需料草为数甚多。雍正六年六月，岳钟琪先动给银25万两，委令布政司张廷栋、粮盐道杜滨协同总理，酌调遴委承办人员分发各属采买备办。甘属喂养驼只、马匹、骡头、料草并制造鞍屉及买备籽种等事项，繁费大倍于陕属，岳钟琪拨军需银50万两交贮兰州司库，委令布政司孔毓璞、凉庄道殷邦翰、原任遵义府知府赵挺元三员总理稽核，遴选甘属文员内勤慎廉干之员承办。②

四 西路清军军需牲畜的喂养状况

（一）陕甘各镇喂养马匹的状况

军营喂养成本虽较州县喂养便宜，但西路清军西征导致各镇存营兵丁有限，喂养马匹过多。以宁夏为例，雍正十年十一月，都统黑色管解正马1万匹，余马600匹。刘於义、二格分拨榆林、宁夏两处喂养，宁夏镇分喂马5000匹，因甘州已经喂马5000余匹，草料昂贵，采买维艰，将分派榆林马内应解甘州之拨补勇健营驮马2490匹并黑色所解马6000匹一

---

① 中国第一历史档案馆编：《雍正朝汉文朱批奏折汇编》，署陕西总督查郎阿等奏报驻防陕甘满汉官兵马匹分别收槽经牧各缘由折，江苏古籍出版社1989年影印本，第22册，第40件，第40—41页。

② 中国第一历史档案馆编：《雍正朝汉文朱批奏折汇编》，雍正六年七月十三日，川陕总督岳钟琪奏报陕甘拨给采办草料等项银数及委员承办军需缘由折，江苏古籍出版社1989年影印本，第12册，第781件，第909页。

并留宁喂养，但宁夏镇属各营原额马步守兵9546名，又新募马步兵1500名，共马步守兵11046名。两次调拨赴营马步兵2693名，各官亲丁马步守兵709名，甘兰省塘并转送文报马步守兵311名，公费步守兵295名，委署把总并安站运粮马步兵66名，分防各堡墩台隘口道路汛守兵丁2496名，贴防冲险要隘以及游巡马步兵980名，镇属各衙门办理军需又册字识马步守兵389名，又标路营堡守门巡城坐堆马步守兵780名外，实在存营马步守兵2327名。宁夏镇攒槽拴喂营马2669匹，又分喂陕西各州县马495匹，太原府马300匹，备赏马300匹，副都统黑色解来留宁喂养马5000匹，共喂养马8764匹，每马4匹需兵1名，共用兵2191外，只剩兵136名，"外雇觅强壮夫役六百三十六名铡草拌料协同兵丁经喂"①。刘於义的肃标也是如此，肃标收喂甘标解到马1077匹，本标三营原额设马、步守兵2936名，先后出征口外并安站各官亲丁公费马步守兵1646名，把守三城并东关大梢门马步守兵42名，"三营只存马步守兵一百五十四名，尚不敷喂马兵一百一十五名"②。刘於义奏请饬地方官雇觅民夫分拨3营与肃标兵丁协同喂养。各营马匹冬春二季额支料草，除有本地额征本色估拨外，其余俱各照依题定的部价折给银两，各营用此所支折色银买备料草，在西路军出口以前，折色银两买补草料尚够用。

雍正七年以后，河西走廊驻扎大量军队，再加上口外军需不时在河西采办，料豆、草束价值昂贵，兵丁开支折色的时间与本地的收成时间不一，以甘提标为例，冬季料草银两例于十月初开领，春季料草银两例于正月初开领，草料一般在秋天价格便宜，冬天价格逐渐增长，到来年春天则更加昂贵，兵丁领到春季的银两已在正月，不得不高价寻觅购买，发放军饷时间与收获季节的差异性导致料豆不足，马匹疲瘦。雍正十年，驻甘之延、兴二镇官兵调赴军营，所需驮载马在甘提标摘拨2000匹，但甘提标马匹膘次不足，不能如数摘拨，甘提标仅摘1000匹，西宁镇摘拨

① 中国第一历史档案馆编：《雍正朝汉文朱批奏折汇编》，雍正十一年十二月十六日，署陕西总督刘於义等奏报宁夏肃州各营雇觅夫役协同兵丁饲喂军需马匹折，江苏古籍出版社1989年影印本，第25册，第484件，第640—641页。

② 中国第一历史档案馆编：《雍正朝汉文朱批奏折汇编》，雍正十一年十二月十六日，署陕西总督刘於义等奏报宁夏肃州各营雇觅夫役协同兵丁饲喂军需马匹折，江苏古籍出版社1989年影印本，第25册，第484件，第640—641页。

700 匹，大通镇摘拨 300 匹，查郎阿到肃后亲为查验，甘提标摘拨的 1000 马内尚有疲瘦者，又挑去 190 匹，只好在于驻肃满兵马匹内照数拨给。雍正十年闰五月，查郎阿奏请将冬春二季应支料豆银两统于七、八月间令各标营全行领回，趁物价平减之时将冬春两季所需之料草采买齐备，“俟十月初一日收槽，则处处攒槽喂养，合之原估额设本色料草佷足饲喂饱腾”①。

自雍正七年西路清军出口之后，陕西阖省营马都有摘拨军需之用。为了降低喂马的成本，防止士兵偷懒，前署总督查郎阿令马匹攒槽官喂，“复恐冬间草料价值腾贵，令其预先领回折价银两，乘时采买草料积备需用”②。但各镇标有时并不依照檄文办事，以甘肃提标五营为例，提标新旧营马额共 6018 匹，开除出征驻防并各差使马共 2694 匹外，尚该存马 3324 匹，内有领价未补缺马 377 匹，倒毙及易换未补马 121 匹，又留养黑城马 404 匹，实应存城攒槽官喂马共 2222 匹。但所有领归折价竟不先于秋时买齐料草，反假称折价不敷，将应存各营无眷属征兵名下饷银擅自挪移共银 6000 余两，混称每马 1 匹，每日不敷草料银 6 分，每兵二季当认还银 10.52 两，于各马兵名下扣饷还项。雍正十年正月，刘世明奏到任后，亲赴各厂点验，三膘适用之马仅 61 匹，次三膘可用者只 401 匹，略有精神膘息可以赶喂敷用者 911 匹，“余皆疲病垂毙不堪目击，殊属骇然”③。刘世明勒令经喂各官限四十日内，将各马匹赶喂有膘并速易换疲病之马另行验收，听候摘拨军需，“在厂牧放之马每年每百匹准开报倒毙一十五匹，其甘省内地各镇营派委军需马匹，每百匹一年准倒四匹”④。

雍正九年，柴达木驻扎兵丁已撤回，倒毙马匹毋庸摘补。调驻西宁

---

① 中国第一历史档案馆编：《雍正朝汉文朱批奏折汇编》，署陕西总督查郎阿奏报预支粮草银两于价平时先期购买缘由折，江苏古籍出版社 1989 年影印本，第 22 册，第 464 件，第 567 页。

② 中国第一历史档案馆编：《雍正朝汉文朱批奏折汇编》，署甘肃提督刘世明奏报查过营马情形并勒令赶喂易换另行验收事宜折，江苏古籍出版社 1989 年影印本，第 23 册，第 675 件，第 831—832 页。

③ 中国第一历史档案馆编：《雍正朝汉文朱批奏折汇编》，署甘肃提督刘世明奏报查过营马情形并勒令赶喂易换另行验收事宜折，江苏古籍出版社 1989 年影印本，第 23 册，第 831—832 页。

④ 中国第一历史档案馆编：《雍正朝汉文朱批奏折汇编》，雍正十一年八月二十一日，署陕西总督刘於义等奏请分饬口内口外驻防将弁按例开报倒毙马匹并准拨补折，江苏古籍出版社 1989 年影印本，第 24 册，第 780 件，第 955—956 页。

之西安绿旗官兵现在驻扎西宁，其驮载马匹尚无需用之处，所报倒毙马匹停其补额，但移驻西宁等处兵丁将来倘有调遣骑驮马匹最关紧要，行令达鼐等在于口上收买青海马匹，又令诺穆图采买番人马匹。雍正九年十一月，英诚公丰盛额等议奏，应令署陕督查郎阿即将前项买获马内挑取一二千匹，分派喂养以备拨用。查郎阿咨会在西宁办理噶斯军需的布政司诺穆图，等买获前项马匹到日，会同署西宁镇印务提臣冯允中协办西宁镇督统臣德成，挑取骨骼强健马者2000匹，由于沿边各标营俱有分喂军需马匹，不便再为分派，唯西宁镇标属现今别无分喂之马，查郎阿移咨冯允中等酌定附近营分，将所挑马匹分派，令各将弁严饬目兵加谨饲喂，所需料草应照例每马一匹日支料4京升、7斤重草2束，令地方官照依时价按数采买支给。[1] 雍正九年，驻防高台、肃州二处之凉州、固原、山西、宁夏等处绿旗兵3000名，共计马7500余匹。“自今年十月初一日收操起至明年三月底止，需喂养京斗料豆五万七千八百五十石零。”[2]

除此以外，各标营马匹放青收槽都有时间限制，陕甘各镇标定例，马匹五月下厂，九月收槽。雍正十一年，边地下霜甚早，即如甘凉牧厂各提镇牧放军需马匹，由于天气早寒，请于八月十六等日收槽喂养。[3] 但解送大营往往在五月或九月以后，这都导致马匹的不适应。雍正十年十月内，巴里坤大营欲檄调马1万匹，各标营俱以马匹放厂，九月初一日始行收槽，恐寒冬远涉口外，难于适用，纷纷呈请暂停解送出口，而各处陆续到肃之马也是膘壮者少，皮瘦者多。此项马匹及归化城解到马匹在甘、凉、肃及宁夏榆林等处喂养，雍正十一年二月，刘预义以军需营无檄调马匹之信，将来若迟至五月初一日以后始行檄调，或檄调之外尚有余剩马匹，自应照例于五月初一日放厂，军需马匹檄调不时，必须保全膘力，现在喂养的马匹若一下厂仍如上年疲馊不能适用，前功尽弃，

---

① 中国第一历史档案馆编：《雍正朝汉文朱批奏折汇编》，署陕西总督查郎阿奏报挑取军需马匹分派西宁镇标应喂养折，江苏古籍出版社1989年影印本，第30册，第236件，第502—503页。

② 《宫中档雍正朝奏折》，雍正九年六月二十四日，兰州巡抚许容奏报拨运料豆折，“台北故宫博物院”1979年印行，第十八辑，第425页。

③ 中国第一历史档案馆编：《雍正朝汉文朱批奏折汇编》，雍正十一年八月二十一日，署陕西总督刘於义等奏议令延固凉甘肃各提镇分喂养马匹解送西路军营折，江苏古籍出版社1989年影印本，第24册，第782件，第958—959页。

如果下厂之后全支料草，又属靡费，刘预义建议“似应将料豆每日四京升减去二升，给于二升，草每日十四斤减去四斤，给与十斤，停其下厂牧放，俱令在槽拴喂，使足保全膘息以备调遣”①。驻肃派拨前赴军营之江南满兵1000名、荆州满兵1000名虽未檄调出口，但调遣在即，所有马匹五月初一日以后，仍照每日支给料豆4仓升，7斤重草2束，拴喂以便檄调之日即行出口。不在檄调出口之的驻凉之河南满兵500名，亦系驻防听调之兵，其骑驮马匹或自四月初一日起至九月底照小草料之例，令其拴喂，或仍照上年之例酌量挑存，应用骑操马匹在槽喂养，其余悉令五月初一日下厂，九月初一日收槽。各属拴养军需马匹，例系五月初一下厂，停止料草。五月下场，九月收槽给马匹解送带来了不便。雍正十一年，宁属各营分喂马匹内奉文调拨4000匹解送甘州、肃州，平罗县洪广营解甘马224匹，派在五月初五日起程，自五月初一日至初四日，应需料豆35.84石，草1792束。有解甘马316匹，派在五月初三日起程，其初一、初二两日料草并请一例供支，许容请求五月初一日以后未解以前应需喂养料草似应准其支给，照例报销。并请将十一年提镇协营及各州县调解肃州转解大营及调解甘州、凉州等处马匹五月内所需料草准其供支。② 雍正十二年，凉州镇喂养的马匹有3000匹，固原镇喂养的鄂尔多斯马有5000匹。

（二）陕甘州县喂养牲畜的状况

雍正朝平准战争期间，陕甘各州县亦承担了部分军需马匹的喂养。喂养所需费用俱在军需项下报销。陕甘州县喂养马、驼所需棚、槽、磨、铡、笼、缰、席片、木料、锅、缸、盆、桶、盐、茶、酥油、柴烛、锨、镢等杂用器具，先给发银两令其随时随地照时价采买备用，“如有盈余以及估变银两俱为节省，倘时价不敷据实奏加。统俟驼只解送下厂，于各

---

① 中国第一历史档案馆编：《雍正朝汉文朱批奏折汇编》，雍正十一年二月二十日，署陕西总督刘於义等奏请军需马匹停其下厂牧放俱令在槽拴喂保其膘息以备调遣折，江苏古籍出版社1989年影印本，第24册，第14件，第18页。

② 中国第一历史档案馆编：《雍正朝汉文朱批奏折汇编》，雍正十一年八月二十四日，兰州巡抚许容奏报调解马匹于下厂月份支喂料草应准开销缘由折，江苏古籍出版社1989年影印本，第24册，第793件，第980—981页。

州县分晰造册至日核实报销”[①]。养马区域的选择与粮食采买区域是分开的。陕西马匹的喂养一般分配在各标营。甘肃河西驻扎大量的军队，河西一提三镇都要喂养马匹，且河西各州县系新设，除供支本地的驻军外，是西路军需粮食采买区，各州县很少喂养军需马匹，甘肃马匹的喂养一般分配在甘省河东。雍正十年，副都统达鼐等收买青海马匹，分发岷州、西和县、秦安县、礼县4处，每处各先派500匹，达鼐等又有续买马匹并诺穆图买获马匹，许容根据各县地方的大小、仓豆之多寡，秦安县添解412匹，礼县400匹，西和县200匹。新买之马从口外长途解送，沿途例有倒毙，赴各州县也病乏不堪。军需马匹的喂养按照军需马匹每年每百匹准其报倒4匹之例，每百匹每年准销4匹，多则勒令赔补。[②] 雍正十一年八月，蒙古王台吉等进贡及德尔芬等采买之马共存5971匹，归化城都统丹津处现存马内挑出1229匹，共凑7200匹，因边外无法行走，赤金牧场牧放马驼又较多，这些马匹放在陕甘各镇标喂养。河西当然是最理想的场所，但甘提、凉镇二标营见在喂存省军需马2000余匹，若将此项马7200匹分喂，“不特料草难于供支，即弁兵亦难于照管”；[③] 其次，宁夏镇距离稍远，但宁夏镇标亦有存剩军需马3000余匹正在喂养，唯有延绥、固原二提镇，两处料草价格平贱，延绥镇刚刚拨解喂养马1500匹，固原标喂养马700余匹。这批马中的2000匹进榆林之红山市口，交延绥镇属，其余5200匹马或进宁夏之横城口，或进中卫县口，赶送甘凉肃喂养。表6－7是雍正十一年八月后，各镇喂养军需马匹的数量。各镇喂养马匹不包括西宁镇标、榆林镇标。雍正十一年喂养的军需马匹已超过14200匹。

---

① 中国第一历史档案馆编：《雍正朝汉文朱批奏折汇编》，雍正六年十二月十四日，川陕总督岳钟琪奏汇陈官兵出征军需支用项目折，江苏古籍出版社1989年影印本，第14册，第145件，第203—218页。

② 中国第一历史档案馆编：《雍正朝汉文朱批奏折汇编》，雍正十年三月初九日，兰州巡抚许容奏报分派僻地州县喂养马匹数目等事折，江苏古籍出版社1989年影印本，第21册，第801件，第995页。

③ 中国第一历史档案馆编：《雍正朝汉文朱批奏折汇编》，雍正十一年八月二十一日，署陕西总督刘於义等奏议令延固凉甘肃各提镇分喂养马匹解送西路军营折，江苏古籍出版社1989年影印本，第24册，第782件，第958—959页。

表 6－7　雍正十一年八月后各镇喂养军需马匹的数量　（单位：匹）

各镇标名称	原喂马匹数量	十一年八月分喂马匹	分喂马匹总数
延绥镇标	0	2000	2000
固原提标	0	2000	2000
凉州镇标	2000	1000	3000
甘州提标	2000	1000	3000
肃州镇标	—	1200	1200
宁夏镇标	3000	0	3000
合计	7000	7200	14200

资料来源：中国第一历史档案馆编：《雍正朝汉文朱批奏折汇编》，雍正十一年八月二十一日，署陕西总督刘於义等奏议令延固凉甘肃各提镇分喂养马匹解送西路军营折，江苏古籍出版社1989年影印本，第24册，第782件，第958—959页。

（三）赤金牧厂军需牲畜的喂养状况

“驼只、骡头及骑驮马匹，旧例出口俱在边口地方喂养一月或四十日然后起行。”① 无论是从鄂尔多斯到巴里坤军营，还是从陕甘解送到巴里坤军营，距离辽远，马匹远涉长途，容易疲瘦。解送大营的马匹必须在中途休息。嘉峪关外赤金地方，牧场宽广，水草丰肥，是理想的驻牧场所。雍正七年采买的骆驼，内有疲瘦、产羔等症状的，留养在口内9000余只。雍正八年三月，除已挑选出口及变价倒毙外，尚有7000余只。② 除此之外，冬月草枯之时，大营难以经牧，大营的战马一部分即在大营附近喂养，以便调遣，其余的解送到赤金牧放，时交立夏，青草滋长，再将马匹解送口外军营。雍正九年冬天，巴里坤军营分派驼、马、骡头在各厂牧放，因准噶尔四处骚扰，提督纪成斌传令各厂官兵将骆驼6079只，马4619匹、骡1330头从巴里坤东返赶至柳沟、靖逆、赤金一带，拣

① 中国第一历史档案馆编：《雍正朝汉文朱批奏折汇编》，雍正六年十二月十四日，川陕总督岳钟琪奏汇陈官兵出征军需支用项目折，江苏古籍出版社1989年影印本，第14册，第145件，第203—218页。

② 中国第一历史档案馆编：《雍正朝汉文朱批奏折汇编》，雍正八年三月十六日，宁远大将军岳钟琪奏委员赴北路采买补足出口驼只所价银如何报销请旨遵行折，江苏古籍出版社1989年影印本，第18册，第122件，第163页。

择草厂驻歇牧放。[①] 雍正十一年八月以后，在上都达布孙讷尔牧群等处挑选及采买驼3000只，又有鄂尔多斯六旗购买之马9700匹，俱在赤金等处牧放过冬。[②] 表6－8是雍正九年以后赤金牧厂牧放牲畜的数量。

表6－8　　　　赤金牧厂牧养牲畜数量

年份	喂养牲畜种类	数量（匹、头、峰）	来源
雍正九年	骆驼	6079	巴里坤大营
	马	4619	巴里坤大营
	骡	1330	巴里坤大营
雍正十年	马	890	—
	骡	12	—
雍正十一年	骆驼	3000	上都达布孙讷尔牧群等处挑选及采买驼
	马	9700	鄂尔多斯六旗购买
	马	2000	大营赶回
	马	890	雍正十年陕西延绥兴汉、肃州四镇兵丁所留
	骡	12	—

资料来源：中国第一历史档案馆编：《雍正朝汉文朱批奏折汇编》，江苏古籍出版社1989年影印本，第14、18、19、21、24册。

（四）巴里坤大营附近的牲畜牧养

每逢冬季，巴里坤大营的战马除一部分赶送肃州分喂，其余的即在大营附近就近喂养以便调遣，“夏间马匹在军营附近处牧放。至冬月则酌量骑坐敷用留在军营，余马仍移在塔尔纳沁等处牧放”[③]。雍正八年冬天，准噶尔军队袭击了清军大营附近的牧厂，清军损失巨大。雍正九年冬天，岳钟琪与副将军常赍、石云倬等商议，将军营马匹分为三等，挑选头膘者1万匹留在军营供满汉官兵骑乘，就近在巴里坤南山一带牧放；次等

① 中国第一历史档案馆编：《雍正朝汉文朱批奏折汇编》，雍正九年正月初三日，署陕西总督查郎阿奏报料理巴里坤军营赶回驼马骡头并支给官兵口粮等事折，江苏古籍出版社1989年影印本，第19册，第520件，第778—779页。

② 中国第一历史档案馆编：《雍正朝汉文朱批奏折汇编》，雍正十一年八月二十一日，署陕西总督刘於义等奏议令延固凉甘肃各提镇分别派委马匹解送西路军营折，江苏古籍出版社1989年影印本，第24册，第782件，第958—959页。

③《宫中档雍正朝奏折》，雍正九年九月二十五日，宁远大将军岳钟琪奏报增兵驻塔尔纳沁折，“台北故宫博物院”1979年印行，第十八辑，第854页。

马匹赶过戈壁在内地赤斤湖一带牧放；所有三等马匹系疲乏之马，既不能赶过戈壁，又不能留在军营，仍留在塔尔纳沁牧放。[①] 雍正九年冬天，巴里坤军营分派驼马骡头在各厂牧放，因准噶尔四处骚扰，提督纪成斌传令各厂官兵将骆驼、马匹、骡头赶至柳沟、靖逆、赤金一带拣择草厂驻歇牧放。[②] 雍正十一年冬，查郎阿等奏留存大营之马 2400 匹在百里内之古尔班昌几斯经牧，"日给青稞三京升"[③]。雍正十二年七月，巴里坤军营，满、汉、蒙古官兵原存之马并解营之马共 57000 余匹。由于巴里坤军营附近地方草厂狭窄，冬天草枯，不能牧放，张广泗等将满、汉、蒙古等官兵马匹挑验分类，自六、七分以上至十分膘息，可备冬月御守之用者，共 3 万余匹，四、五分膘息者共 2 万余匹，三分以下膘息并病瘦者共四五千匹，计划将冬月守御之马自六分至十分膘息者酌留 25000 匹，仍照十一年分驻南北两山，于鄂畚矶、约洛兔、伊尔海兔、夸阿尔齐兔以南等处牧放；四五分膘息马匹，赶过戈壁至赤金一带托赖苏勒河并黑河源等处地方牧放；三分膘息以下并病瘦马匹，即于巴里坤附近选择和暖严密有草之处，盐池、土古鲁、北山一带并塔尔纳沁、南山、十道沟等牧放息养。[④] 雍正帝询问军营只留马 25000 匹是否满足守御之用，谕令张广泗与由京赴军营的查郎阿商议，查郎阿奏请将六七分以上至十分膘息者酌留马 28000 匹，四五分膘马 2 万余匹于赤金等处牧放过冬，三分膘息以下并病瘦马匹四五千匹即于巴里坤军营附近选择有水草之处牧放。[⑤]

---

① 《宫中档雍正朝奏折》，雍正九年九月二十五日，宁远大将军岳钟琪奏报增兵驻塔尔纳沁折，"台北故宫博物院" 1979 年印行，第十八辑，第 854 页。

② 中国第一历史档案馆编：《雍正朝汉文朱批奏折汇编》，雍正九年正月初三日，署陕西总督查郎阿奏报料理巴里坤军营赶回驮马骡头并支给官兵口粮等事折，江苏古籍出版社 1989 年影印本，第 19 册，第 520 件，第 778—779 页。

③ 中国第一历史档案馆编：《雍正朝汉文朱批奏折汇编》，雍正十一年十一月初四日，宁远大将军查郎阿等奏报拨留大营马匹拴槽喂养数目折，江苏古籍出版社 1989 年影印本，第 25 册，第 257 件，第 350—351 页。

④ 中国第一历史档案馆编：《雍正朝汉文朱批奏折汇编》，雍正十二年七月二十二日，西路副将张广泗等奏报豫筹巴里坤军营马匹过冬事宜折，江苏古籍出版社 1989 年影印本，第 26 册，第 603 件，第 716—719 页。

⑤ 中国第一历史档案馆编：《雍正朝汉文朱批奏折汇编》，雍正十二年八月十三日，署宁远大将军查郎阿奏覆查议巴里坤军营牧放马匹分派存留事宜折，江苏古籍出版社 1989 年影印本，第 26 册，第 698 件，第 839—841 页。

第三节　军需马驼的替换与解送

一　西路清军军需马匹的替换

陕甘各标营喂养的马匹，并不是全部通过肃州解送到口外的巴里坤大营。从雍正八年开始，西路的军事形势发生了变化，清军战线太长，军事力量不足，导致进攻不力，反而遭受准噶尔的袭击，各类牲畜也损失惨重。清军不得不从河西走廊乃至湖广、河南等地调兵应援，这些应援兵丁长途跋涉，进入陕甘境内后，所携带的骑驮马匹俱疲瘦不堪，影响了行军速度，不得不在陕甘沿途镇标替换。雍正十年，湖广官兵从赴口外应援，所带骑驮马骡4000匹（头），至西安之时，倒伤马74匹，更换疲乏261匹，只能买补、更换。湖广官兵乃到凉州拨调出口之时，十日之内连报倒毙马骡454头匹，病乏者2988头匹。湖广官兵行抵甘肃后摘调西宁、大通二镇之马照倒毙之数，补足倒毙马391匹，再从凉州镇营马内照疲瘦、病瘤，抽换疲瘦、病疲马骡753匹，驻庄之直隶、河南兵丁拨补倒毙马69匹，抽换续查出疲瘦马骡309匹头。①

驻扎河西的驻军马匹倒毙替补例不一。甘标驻防卜隆吉等处兵丁骑马500匹，自雍正八年十二月出口至雍正十一年八月陆续倒毙170余匹，驻防凉州河南绿旗兵丁倒毙骑驮马216匹，抽换湖广官兵疲瘦马247匹除陆续倒伤马91匹。甘标防兵马匹系在口外牧放，而驻凉河南兵丁马匹多系在槽喂养，有口内口外之区别，驻防卜隆吉等处兵丁马匹援照西宁口外哈尔海图之例，每百匹每年准报倒15匹。驻凉之河南等处兵丁马匹援照内地喂养军需马匹之例，每百匹每年只准报倒4匹，此准倒应补之马即在各属牧养收买青海马内按数拨给。②

① 中国第一历史档案馆编：《雍正朝汉文朱批奏折汇编》，雍正十年五月二十一日，署陕西总督查郎阿奏报于驻防兵丁中拨补抽换湖广调赴军营之马骡等情折，江苏古籍出版社1989年影印本，第22册，第453件，第544—545页。

② 中国第一历史档案馆编：《雍正朝汉文朱批奏折汇编》，雍正十一年八月二十一日，署陕西总督刘於义等奏请分饬口内口外驻防将弁按例开报倒毙马匹并准拨补折，江苏古籍出版社1989年影印本，第24册，第780件，第955—956页。

二 西路清军军需牲畜的解送

马匹、驼只、牛羊等的解送在军需运输中最为困难。马匹、驼只、牛、羊与粮饷不同，马匹、驼只、牛、羊不但在解送过程中要消耗料草，寒冬长途跋涉会导致马、驼大量死亡。因此军需马、驼、羊只往往是逐段解运，一般在每年的四月、五月间由赤金等牧场出发解送大营。解送的军需马匹、驼只，牛、羊往往来自几个地方：鄂尔多斯采买的马匹、驼峰解送肃州，再由肃州解往口外军营；另外，鄂尔多斯采买的军需马匹、驼峰解送到州县或各镇标喂养后再解送军营；再就是口外军营的马匹解入口内牧放再解往军营。

（一）解送过程中的人夫配置及物资供应

驼峰、骡头所需喂养遣送人夫旧例每5峰驼需1名喂养夫。骆驼自边口牵送至陕西省以及分发各州县，每5峰驼需1名牵送夫。骡头牵送各标并分派各州县，每2头骡需1名牵送夫，无论雇用长夫或用短夫，工价统一，每名每站给工价银4分，往回一体支给。各州县将驼只牵送赴甘肃牧放，草厂并各标营暨各州县将骡头牵送至甘肃交收，沿途所需牵送人夫，短夫递送与长夫牵送都存在弊端。短夫递送在于一时雇募之人一到驻宿站所便将驼只、骡头弃置不顾，四散不顾，或者中途逃去；长夫牵送不仅工价、鞋脚盘费昂贵，“势必里胥人等以私帮为名藉端派累”[①]。岳钟琪改用兵丁解送。陕甘所属营汛存营步守兵丁，应按驼只、骡头经过站数于该管汛内派步守兵100名驻扎一站，再派营弁一员管领牵送。如原汛兵数不足，即在附近营汛内派拨如数，计骆驼500峰，骡头200头各为一起，每一起以三日为期，陆续起发前往，兵丁按站遣送往返二日之外可以歇息一日，兵丁口粮盘费照驻防口外之例，每名日给京升粟米8合3勺，各于就近仓贮内按驻站日期支领，再照支给盐菜之例减半给银，每名日给盐菜银1分5厘于军需银内动发。应需口粮盐菜料草等项，各属造报至日核明报销。各营从内地解马赴肃，原系二马一兵牵送，一般令原

① 中国第一历史档案馆编：《雍正朝汉文朱批奏折汇编》，雍正六年十二月十四日，川陕总督岳钟琪奏汇陈官兵出征军需支用项目折，江苏古籍出版社1989年影印本，第14册，第145件，第203—218页。

解官及原来牵马兵役解送。①

雍正七年，西路军出口，官兵驮马 42041 匹，西路清军起程赴肃之时，住宿处所照例每匹马每晚支空草 1 束，照部价每束发银 1 分，如果有盈余即为节省，倘若时价不敷，应照部议据实奏加。"至于马匹于各喂养地方起程，道路远近不一，其起支草束数目于到肃之日汇册报销"②。驼峰、骡头沿途驻宿料草应令经过之地方官各按站数照例购办支给，各属造报至日，核明报销。③ 起解马匹口内照例每马日支料豆 3 京升、10 斤重草 1 束，每马各钉铁掌 1 副，再带余掌 1 副，每马 2 匹 1 兵牵送；口外每年青草直至五月才能发青，五月以前草枯地冻，必须逐站喂饲，每马日支料 2 京升，10 斤重草 1 束。口内的料草由各州县供应，口外的料草收贮各站，如解送多余马匹，再将多余马匹应需料草添运补足。戈壁中十一站除原备布槽，又发给银粮饬肃州道添砌土槽，檄肃州、安西二镇、哈密一协每站拨兵 20 名，各站所派之游守协助牵马兵丁一同经喂。五、六月解送马匹时，青草茂盛，马匹即有跑逸随地有草可食，不致瘦损，故每马百匹用兵 10 名。春天青草未生，马匹倘有跑逸，无草可食，必致疲乏，牵送每马 2 匹须用兵丁 1 人，300 匹上下为 1 起，每起派谨慎千把 1 员督率各标营原来牵马兵丁缓缓牵送大营。④

（二）西路军需牲畜的解送路段

1. 从喂养地到肃州

军需牲畜的喂养地主要是陕甘各州县、标营，从喂养地解送到肃州的主要有拖拽粮车的骡头，马匹、骆驼、耕牛、羊只。

---

① 中国第一历史档案馆编：《雍正朝汉文朱批奏折汇编》，雍正十一年十月初九日，署陕西总督刘於义等奏报筹画牵送马匹解赴肃州军营及喂饲防护缘由折，江苏古籍出版社 1989 年影印本，第 23 册，第 349 件，第 426—427 页。

② 中国第一历史档案馆编：《雍正朝汉文朱批奏折汇编》，雍正六年十二月十四日，川陕总督岳钟琪奏汇陈官兵出征军需支用项目折，江苏古籍出版社 1989 年影印本，第 14 册，第 145 件，第 203—218 页。

③ 中国第一历史档案馆编：《雍正朝汉文朱批奏折汇编》，川陕总督岳钟琪奏汇陈官兵出征军需支用项目折，江苏古籍出版社 1989 年影印本，第 14 册，第 145 件，第 203—218 页。

④ 中国第一历史档案馆编：《雍正朝汉文朱批奏折汇编》，雍正十二年二月十六日，署陕西总督刘於义等奏报署大将军查郎阿檄调马匹及办理情形折，江苏古籍出版社 1989 年影印本，第 25 册，第 678 件，第 870—873 页。

雍正七年，陕属州县标营分喂军需正骡11500头，这些骡头准备于雍正八年拽拉粮车出口。岳钟琪计划骡头分喂膘壮后，如有生病的骡头更换好骡，军需马匹解送起程之后，解交甘肃各属喂养，解送中按照牵马兵丁原站将骡头分起解送，除固原分喂骡300头，因固原系甘省地方，不用解送外，其余陕属分喂骡11200头，分作南北两路解送甘肃，“北路者解交平凉、庆阳、临洮等府属收喂；南路者解交巩昌府属收喂”①。南北各路都由各县知府负责验看，挑选壮健好骡解送，将膘力未足及生病骡头更换，甘肃省解收州县有知府验看，北路解交平凉、庆阳、临洮三府属收喂正骡、余骡共5414头，有微病微蹶骡头195头。南路解交巩昌府属收喂正骡、余骡共5865头，有各种病症者共607头。② 表6－9是雍正八年陕西各府州县解送骡头动用公用银的情况。

表6－9　雍正八年动用西安布政司库贮一钱五分公用银两数目

名称	数量	价银（两）
咸宁等县采买解肃骡800头案	余骡46头，每头价银20两	920
	喂养余骡46头草料夫价银	1387.865
	用过笼缰药油等项杂费银	421.4
西安清军制造解送骡头前掌	1005对	196.98
各县营守备、各县县丞等解骡赴肃盘费并咸长二县驮运铁掌脑包雇骡脚价	—	7451.72
西安府并乾华同三州采买解肃余骡	205头，每头价银20两	4100
咸宁、长安、咸阳等22州县喂养骡	205头草料夫价银	383.9868
	205头，用过笼缰药油等项杂用银	14.749
拨充西路军需余骡	9头，价值并草料	200.538

① 中国第一历史档案馆编：《雍正朝汉文朱批奏折汇编》，雍正七年十一月初四日，署陕西总督查郎阿奏报解甘收喂骡头病废情形并饬令买换补解折，江苏古籍出版社1989年影印本，第17册，第66件，第98—100页。

② 中国第一历史档案馆编：《雍正朝汉文朱批奏折汇编》，雍正七年十一月初四日，署陕西总督查郎阿奏报解甘收喂骡头病废情形并饬令买换补解折，江苏古籍出版社1989年影印本，第17册，第66件，第98—100页。

续表

名称	数量	价银（两）
各州县雇募解肃夫骡沿途倍增及在本地拴养扣食草料银	—	15438.16
押送肃州夫骡解官等盘费脚价银	—	2279.76
守备韩朝卿自归化城解送巴里坤马羊口食银	—	11.43
拨还神木道牧驼解马官员口食银	—	579.94
兴平县县丞解兰公用银1万两口食脚价银	—	29.2
西安城守营千总解凉马匹口食脚价银	—	9.12
咸长等四县解送帐房等项雇骡价银	—	3498.57
解送肃州帐房等项委官等口食脚价银	—	368.64
延川、清涧、鄜州等州县供支经过留养乏马料豆银	—	22.5815
宝鸡等州县长领喂驼杂费银	—	259.71296
合计	—	37574.35326

资料来源：中国第一历史档案馆编：《雍正朝汉文朱批奏折汇编》，江苏古籍出版社1989年影印本，第23册，第979—983页，第796件。

雍正十二年二月，刘於义接到查郎阿咨会，巴里坤大营尚不敷马15000匹，鄂尔多斯采买解送赤金之马沿途倒毙6000余匹，其中解送到赤者亦皮瘦瘠瘤，不堪应用，军营不敷之马均需在内地酌调。“现在军营需用之马需将副都统郭多浑解到之马，副都统黑色解来之马，从前内地喂养军需解营余剩之马并陕甘各营之马统行挑选，务须十分膘肥壮健，到营即可应用者方为有益。”① 四月，刘於义在内地各项马内挑选膘肥者壮健者15000匹，外备余马1500匹一并解送大营。②

各镇解送马匹时，沿途要预备所需草料，以西宁镇为例，刘於义从

① 中国第一历史档案馆编：《雍正朝汉文朱批奏折汇编》，雍正十二年二月十六日，署陕西总督刘於义等奏报署大将军查郎阿檄调马匹及办理情形折，江苏古籍出版社1989年影印本，第25册，第678件，第873页。

② 中国第一历史档案馆编：《雍正朝汉文朱批奏折汇编》，雍正十一年八月二十一日，署陕西总督刘於义等奏议令延固凉甘肃各提镇分别派委马匹解送西路军营折，江苏古籍出版社1989年影印本，第24册，第782件，第958—959页。

西宁总兵官范时捷调取采买马664匹，河州、洮岷二协拴养军需马128匹、余马80匹，共马872匹。范时捷将马匹解肃交刘於义转解，范时捷将马匹分为5起，于二月十五等日自西宁起程按站行走，于三月十五等日到肃州。为保持马匹的膘力，在解肃途中，范时捷命俱令预备制办笼屉、缰绳，钉掌工价并医药等项携带。除西宁镇标喂养的马匹，又续调西宁攒槽马500匹，分为3起于四月二十等日解送肃州，范时捷仍照前项预备沿途麦麸及笼缰医药等杂用。[①] 表6－10是西宁镇解送马匹的费用。费用在镇标有存剩买马及各项节省银内动用。

表6－10　　雍正十二年西宁镇解肃转解大营马匹费用

费用名称	费用标准	费用数目（两）
笼缰钉掌工价并医药等项	每匹马用银0.84两	735
牵送兵436名自西宁至肃步行往返给与鞋脚银两	每名给鞋脚银0.86两	374.96
自肃出口牵送兵264名	每名给鞋脚银1.2两	316.8
沿途前后招呼看视槽道支领料草及夜间督饬饲喂共添派马兵8名	往回饭食及骑马料草每人须银18两	144
西宁攒槽马500匹笼缰钉掌工价并医药等项	数目不详	300
牵马兵丁鞋脚银	数目不详	400
额外添派照护稽查马兵五名往回饭食骑马料草银	数目不详	90
合计	—	2360.76

资料来源：中国第一历史档案馆编：《雍正朝汉文朱批奏折汇编》，江苏古籍出版社1989年影印本，第26册，第382件，第448—449页。

2. 从赤金到巴里坤大营

从赤金解送大营牲畜有以下几种：第一种是从鄂尔多斯直接解往赤金牧厂，喂养一段时间后，解往大营；第二种是鄂尔多斯、归化城等处

① 中国第一历史档案馆编：《雍正朝汉文朱批奏折汇编》，雍正十二年五月二十七日，署西宁总兵范时捷奏报两次解送大营马数并动用存营节省银两情由折，江苏古籍出版社1989年影印本，第26册，第382件，第448—449页。

购买的牲畜在陕甘各镇标或州县喂养一段时间后解往赤金，再解往大营；第三种是大营的牲畜解往赤金牧放过冬，第二年三月、四月间解往大营。各营从内地解马赴肃州，再解送出口原系2马1兵牵送，照例支给盐菜口粮。自各标牵送马匹兵丁应需盘费银两俱照大军需案内牵送马匹之例，内地兵丁日支银6分，口外支银8分。[①] 向来牵送马匹出口皆系10马1夫，戈壁水泉只足饮马300余匹，一般定300匹为一起，沿途的台站都有草料供支。

解马出口一般有兵丁防护，桥湾以内及东黄芦岗等处，靖逆营、卜隆吉两处游击带兵防护，自尖山子至苦水台7站，安西镇总兵官防护，自隔子烟墩至奎素七站，檄令哈密副将防护。[②] 喂养之处，冬天照拴养马匹之例，每匹日给料豆4京升，7斤重草2束，[③] "凡驼只口内口外沿途行走，每只每站支七斤，重草二束，原无支给料豆之例"[④]，在解送过程中，一般选差干练勤谨之弁兵分起全数起解，小心管押，沿途从容行走，不准解送兵丁私自乘骑马匹，更不准赶着马匹奔跑。

从归化城、鄂尔多斯采买的马匹即使解送军营，也要首先在赤金牧放过冬，等来年四月、五月间，口外青草长发再缓缓赶送大营。从鄂尔多斯赶往赤金，一般有两条路可走，如果边外天气和暖，边外直接赶往赤金；如果八月、九月份边外下雪，难于行走，"再于所至之处就近或进宁夏之横城口或进中卫县口，由内地凉甘一带赶送"[⑤]。沿途地方官支给

---

① 中国第一历史档案馆编：《雍正朝汉文朱批奏折汇编》，雍正十年二月二十七日，署陕西总督查郎阿奏报肃州等处喂养驼马刻速解送分别料理缘由折，江苏古籍出版社1989年影印本，第21册，第768件，第946—948页。

② 中国第一历史档案馆编：《雍正朝汉文朱批奏折汇编》，雍正十年十月初九日，署陕西总督刘於义等奏报筹画牵送马匹解赴肃州军营及喂伺防护缘由折，江苏古籍出版社1989年影印本，第23册，第349件，第426—427页。

③ 中国第一历史档案馆编：《雍正朝汉文朱批奏折汇编》，雍正十年十月初九日，署陕西总督刘於义等奏报筹画牵送马匹解赴肃州军营及喂伺防护缘由折，江苏古籍出版社1989年影印本，第23册，第349件，第426—427页。

④ 中国第一历史档案馆编：《雍正朝汉文朱批奏折汇编》，雍正十年二月二十七日，署陕西总督查郎阿奏报肃州等处喂养驼马刻速解送分别料理缘由折，江苏古籍出版社1989年影印本，第21册，第768件，第946—948页。

⑤ 中国第一历史档案馆编：《雍正朝汉文朱批奏折汇编》，雍正十一年八月二十一日，署陕西总督刘於义等奏议令延固凉甘肃各提镇分别派委马匹解送西路军营折，江苏古籍出版社1989年影印本，第24册，第782件，第958—959页。

草料交赶送之人饲喂，限期酌量送至肃州查收，令派弁兵等专送赤金等处牧放过冬，或者在甘、凉地方查收，分令甘凉肃标营喂养过冬。从鄂尔多斯直接解往赤金，由沿边一带，绕过兰善山以北，额济内古尔内无人居住，瀚海地方，一般要共行走五六个月，牲畜的死亡率非常高。雍正十年七月，奉旨派出达宗安同副都统黑色、护军参领阿尔哈、木素头等侍卫喇嘛扎布前往西路木垒等处解鄂尔多斯马 1 万余匹，副都统敏德等送往赤金亦由此路行走，1 万匹马倒毙殆尽。[①] 雍正十一年五月，侍卫达宗安、喇嘛扎布、护军参领阿尔哈木素派往西路赤金、柳沟等处解送正额驼 3000 峰，余驼 242 峰俱照数交明该督刘於义，但他们的骑驮马匹死亡殆尽。

雍正十一年八月，蒙古王台吉等进贡及德尔芬等采买之马共存 5971 匹。西路预备马匹尚不足，再从归化城都统丹津处现存马内挑出 1229 匹，共凑 7200 匹，派员赶送赤金等处牧放过冬。口外路途迂远，解送费时，此前在上都达布孙讷尔牧群挑选及归化城、鄂尔多斯六旗购买马匹已经数月，尚未报到赤金、达里土等处。但边地下霜较早，如果将此 7200 匹马于八月内起程由口外赶送赤金，正好遇到遇霜雪之期。为了保持马匹的膘力，于宁夏等处进口赶送赤金，但赤金等处已有上都达布孙讷尔牧群等处挑选及采买驼 3000 峰，又有鄂尔多斯六旗购买之马 9700 匹，俱在赤金等处牧放过冬，如果将此项马匹赶至赤金牧放，“适值冰雪在地，口外草枯，未免不能上膘”[②]，最终刘於义决定将此马匹分槽喂养。[③]

雍正十年二月，肃州等处喂养骆驼 8700 余峰，赤金各厂悉有牧放之马，但尚未上膘，不适合赶赴军营。甘、凉、肃三处各营分喂军需马 6500 匹，登槽日久自必膘壮，岳钟琪檄饬参将李述泌将喂养之骆驼 8700

---

① 中国第一历史档案馆编：《雍正朝汉文朱批奏折汇编》，雍正十三年十一月十八日，署陕西总督刘於义奏陈侍卫达宗安等所骑驼马倒毙殆尽雇骡回京脚价可免追折，江苏古籍出版社 1989 年影印本，第 29 册，第 802 件，第 940—942 页。

② 中国第一历史档案馆编：《雍正朝汉文朱批奏折汇编》，雍正十一年八月二十一日，署陕西总督刘於义等奏议令延固凉甘肃各提镇分别派委马匹解送西路军营折，江苏古籍出版社 1989 年影印本，第 24 册，第 782 件，第 958—959 页。

③ 中国第一历史档案馆编：《雍正朝汉文朱批奏折汇编》，雍正十一年八月二十一日，署陕西总督刘於义等奏议令延固凉甘肃各提镇分别派委马匹解送西路军营折，江苏古籍出版社 1989 年影印本，第 24 册，第 782 件，第 958—959 页。

峰裹带料豆于三月底四月初赶到军营，并分檄飞饬甘、凉、肃三处将备等官速将分喂马6500匹选差弁兵解到赤金交与参将黄正位，即令该将督同贝子衮布之蒙古兵将此项解到马匹分起解连军营，务于三月底四月初解到大营，再将赤金所收马匹内挑出骨力坚实者6500匹带回内地各营汛分喂经收。[①] 为了保证驼峰在解送过程中不致疲瘦，副都御使孔毓璞酌议，每只每日于各原喂地方裹带京升料豆2升，仍于口外地方照例裹带料豆3京升，并令每站支给7斤、重草2束。现喂驼8700余峰内，如有疲瘦病废不能行走戈壁者，俱令李述泌挑留交与游击张振于赤金、靖逆二处拣择好水草地方牧放。至于应解马匹，甘、凉、肃三处原分喂马6500匹登槽前后日期不等，但凉、甘、肃三处共马6205匹，不敷马295匹，随咨甘肃巡抚许容就近在兰厅州分喂马内拨解，以符6500匹之数。马匹沿途所需料草应于口内地方照例按站支给料3京升，10斤重草1束，沿途加意饲喂，解到赤金交与参将黄正位接收，转解至大营。口外各站至桥湾俱有预备军需草束，其自各标牵送马匹前赴赤金之兵丁应需盘费银两俱照大军需案内牵送马匹之例，内地兵丁日支银6分，口外支银8分，以解到赤金之日为止，往回支给一体报销。

赤金牧放马匹，即照原解之数，令解马官兵管领带回内地分喂经牧，应将带回之马，除赤金、惠回、嘉峪关3站仍日支空草10斤，内地各站亦各支草10斤外，自进口之日起，每匹每日量给料1京升，凡在途间行走，每站每匹1京升支给。至登槽之日量加半升，隔五日再加半升，俱按日递加至4京升为止，仍照例五月初一日下厂牧放，九月初一日收槽喂养。[②]

雍正十年三月，查郎阿、二格奏接到大学士鄂尔泰来信，鄂尔泰令查郎阿将驼峰于五月初旬量裹料豆缓缓赶送军营，赤金牧放之马至五月草盛膘足，皆可乘骑，即于此内挑选膘力充实者取用，倘不足数，再于

① 中国第一历史档案馆编：《雍正朝汉文朱批奏折汇编》，雍正十年二月二十七日，署陕西总督查郎阿奏报肃州等处喂养驼马刻速解送分别料理缘由折，江苏古籍出版社1989年影印本，第21册，第768件，第946—948页。

② 中国第一历史档案馆编：《雍正朝汉文朱批奏折汇编》，雍正十年二月二十七日，署陕西总督查郎阿奏报肃州等处喂养驼马刻速解送分别料理缘由折，江苏古籍出版社1989年影印本，第21册，第768件，第946—948页。

内地喂养马匹内移取。赤金牧放之马至夏秋草盛水甘之时易于膘壮，再有需马之处取送亦近，何必送进内地牧放。参将李述密挑解驼 7780 峰，每驼裹带粮料 3 京斗自二月二十六日出口，接连解送前往大营。肃镇原喂之马 1000 匹亦即于二月二十六日解送赤金，即在赤金领回原牧放之马 1000 匹，至甘州之马接续出口者又有 1995 匹。其余甘凉等处马匹正在续发出口间，未经起解之马尚有 3500 余匹，查郎阿接奉廷议即飞差前赴高台、甘、凉等处，将沿途解送马匹就近截留，在本处支给料草喂养，其已经解到肃州之马即留在肃喂养，不令出口，赤金牧放马匹仍留赤金牧放，有已经领回尚未进口者，仍行赶赴赤金。肃镇已经领到肃之 1000 匹，令其休息数日仍复缓缓赶回赤金牧放。至于已经起解出口之驼只于三月初六日已到桥湾，即于初六初九等日从桥弯裹带草束分作三路起解。桥弯以西即系戈壁，计时已过戈壁远去，势难复行截留。其头起马匹亦于三月初七日到桥湾初八日即从桥湾起身，若复调赶回来，则从戈壁往返转与马匹无益，即于三月十二日戌时，将本日接奉廷议办理各缘由飞即密咨大将军并咨请转饬将已解前去之驼马务择水草丰肥之地经牧，其甘州续到之马 700 余匹俱已截留在肃喂养，其凉州头、二、三起马匹亦于三月十四日截留在甘州喂养，其兰州厅解送马匹已于三月十五日截留在山丹喂养。二格接到廷议，将解送巴里坤军营驼峰马匹赶回靖逆、赤金等处喂养。随将差员赴桥湾以西遇有驼马即行赶回，三月二十一日在桥湾戈壁赶回甘标马 940 匹，俱交在靖逆布隆吉喂养，二起马 1900 余匹已远过戈壁，难以赶回。赤金地方截留甘标马 96 匹。参将李述泌管解驼 7880 已全过戈壁。口外截留并从桥湾，赶回之马共计 1036 匹。二格、安西镇臣张嘉翰派勤干员弁于布隆吉、靖逆、赤金三处支领料草饲喂。①

雍正十年九月，鄂尔泰照会将西安督标、抚标、西安城守营、陕提标、宁夏镇标各营分喂马 7795 匹，西、凤、临、巩四府属喂养及拨给勇健营驼马 7000 匹，共 14795 匹，俱令于十月中旬一起解送肃州，令二格挑验膘力健壮者解送军营。其自肃至沿途支给料草，鄂尔泰商定将各项

---

① 中国第一历史档案馆编：《雍正朝汉文朱批奏折汇编》，雍正十年三月十九日，署陕西总督查郎阿奏报差员追赶驼马及截留马匹各情折，江苏古籍出版社 1989 年影印本，第 22 册，第 40 件，第 41—42 页。

马内挑选膘壮马1万匹解送军营。[①] 为保证马匹在寒冬解送大营，令原解官及原来牵马兵役解送，再于甘、凉二标拣选熟识马性善于喂饲之武弁33员，每一起饬令1员押解。安西镇及哈密副将、靖逆营、卜隆吉、嘉峪关三处游击就近每站派委或守备或千把1员各带兵定20名，预先修葺槽道，马匹解到协同解员喂养。其郭壁中11站，特于营弁内拣选惯解马匹、习知戈壁情形之朱国椝等11员分派各站加以料理。11站槽道缺少，令肃州道每站运磨豆粕300石，除桥湾以内俱有草束存贮，令其铡碎供支外，自东黄芦岗起至西黄芦岗11站，令将铡碎草每站运10万斤，其哈密至奎素4站，应需豆粕亦令运交哈密，至草束一项拨银10000两，解送哈密副将令就近采买草束，铡碎连豆分送各站供支。但各属及各标营军需马匹牧厂九月初一日始行收槽，各标营马匹牧厂于十月初一日始行收槽，恐寒冬解送大营难于适用，各属纷纷反对檄调，甘州提督宋可进解送收过临、巩各属马匹到肃，其中膘壮者少，疲瘦者多。且严冬天气寒冷，沿途解送马匹定致疲瘦，巴里坤又缺乏草料。十月，副将军张广泗照会鄂尔泰，“请将内地之马今冬暂停解送，明年四五月间陆续解来”[②]。刘於义将檄调之马已经到肃者暂留肃州喂养，未到肃者令缓缓赶送肃州，挑选预备。但肃州地方偏小，所存料草甚少价格昂贵，即使尽力采买也不能供喂养数千匹马之用，若将14000余匹之马俱解至肃州挑选听调，“设明年起解，必须长久饲喂，实难供应，若令赶回各处，又徒多往返”[③]，刘於义将甘提标起解马2490匹已经到肃者暂留肃州喂养，其解送尚未到高台者即截留高台县喂养，其余各标营及西凤、临、巩等属分喂马匹悉令缓缓赶至甘州喂养5000余匹，其余俱令在凉州截留饲喂，各照拴养马匹之例，每日支给京升料4升、7斤重草2束。

① 中国第一历史档案馆编：《雍正朝汉文朱批奏折汇编》，雍正十年十月初九日，署陕西总督刘於义等奏报筹画牵送马匹解赴肃州军营及喂饲防护缘由折，江苏古籍出版社1989年影印本，第23册，第349件，第426—427页。

② 中国第一历史档案馆编：《雍正朝汉文朱批奏折汇编》，雍正十年十月十六日，署陕西总督刘於义等奏报暂停解送军需马匹及分别截留凉甘肃等地喂养折，江苏古籍出版社1989年影印本，第23册，第377件，第456—457页。

③ 中国第一历史档案馆编：《雍正朝汉文朱批奏折汇编》，雍正十年十月十六日，署陕西总督刘於义等奏报暂停解送军需马匹及分别截留凉甘肃等地喂养折，江苏古籍出版社1989年影印本，第23册，第377件，第456—457页。

自嘉峪关前至巴里坤虽有五路可以行走，雍正十一年以前解送马匹其实只走三路，自三道沟分路前至安西，由长流水至隔子烟墩，走塔尔纳沁为南路；自桥湾、黄芦岗、尖山子等站至隔子烟墩走塔尔纳沁为中路；自桥湾分路由一百棵树星墩至琐琐阿卜走塔尔纳沁为中北路；走此三路俱可放心，但桥湾以内多有水草，即无草之处俱有预备制草可以接济，而自塔尔纳沁前至大营水草甚大可以牧放。唯中间所走地方三路俱系戈壁，其间有数处水草甚微所有之水只能饮马300匹，所有之草，每马300匹为一起只能饲喂三四起，迨三四起后牧齿践踏即水草缺少，马匹不能饱食，以致向来到营疲瘦。雍正十一年，江宁满兵于四月初七初八初九等日出口，勇健营官兵于四月初十日由甘州赴肃出口，统计骑驮马匹几及10000匹，亦皆由此三路前赴军营，牧放蹂践，郭壁内之草益加微细。每日俱以300匹为一起，每起派官1员，兵30名，各带骑驮马匹分作三路，拣觅有水草之地缓缓赶送，自嘉峪关至三道沟、桥湾未曾分路之前，每马每日供支10斤重空草1束，分路之后，俱令不必喂饲草料，迨赶至三四千匹之后，郭壁之草若果俱行食尽，或只可赶牧若干马匹之处，将其余马匹俱令于桥湾中路行走，将去冬所备郭壁中路各站料草每马除牧放外，每日量给料豆1.5升，草5斤，由塔尔纳沁前赴大营。①

雍正十二年二月，刘於义接到查郎阿咨会，大营尚不敷马15000匹，鄂尔多斯采买解送赤金之马沿途倒毙马6000余匹，其解送到赤者亦皮瘦瘠瘤，不堪应用，军营不敷之马均需在内地酌调。“现在军营需用之马需将副都统郭多浑解到之马，副都统黑色解来之马，从前内地喂养军需解营余剩之马并陕甘各营之马统行挑选，务须十分膘肥壮健，到营即可应用者方为有益。”② 四月，刘於义等在于内地各项马内挑选膘肥者壮健者15000匹，外备余马1500匹一并解送大营。由于沿途赶送喂养得当，四月二十一日起至六月初一日止，除沿途走失倒毙外，实在到营正余马

---

① 中国第一历史档案馆编：《雍正朝汉文朱批奏折汇编》，雍正十一年四月初八日，署陕西总督刘於义等酌报酌量办理解送马匹前赴军营情形折，江苏古籍出版社1989年影印本，第24册，第236件，第294页。

② 中国第一历史档案馆编：《雍正朝汉文朱批奏折汇编》，雍正十二年二月十六日，署陕西总督刘於义等奏报署大将军查郎阿檄调马匹及办理情形折，江苏古籍出版社1989年影印本，第25册，第678件，第870—873页。

16210 匹。[①] 表 6－11 是雍正十二年解往军营马匹的来源。

表 6－11　　雍正十二年解往军营马匹来源　　（单位：匹）

马匹来源	马匹数量	马匹来源	马匹数量
陕提标	805	西宁镇	666
甘提标	1884	甘属各州县喂养青海马	1541
凉镇标	1909	茶马	737
宁夏镇标	3607	陕省延绥镇喂养挑退	196
肃州镇标	243	三原泾阳两县应补解马	75
西宁镇标	133	甘提标	616
凉州	600	大通镇	500
郭多浑等解到延绥镇	1999	—	—
合计	11180	—	4331
	15511		

注：雍正十二年的马匹来源主要是陕甘各镇，茶马的数量只有 737 匹，所占比例不大。

资料来源：中国第一历史档案馆编：《雍正朝汉文朱批奏折汇编》，江苏古籍出版社 1989 年影印本，第 25 册，第 870—873 页，第 678 件。

表 6－12　　各年解送大营马匹数量　　（单位：匹）

年份	解送马匹的数量	解送马匹的来源及数量
雍正八年	14000	恩赏马 10000
		甘属喂养马 4000
雍正九年	6500	甘凉肃三处原喂马
雍正十年	14795	西安督抚标城守营陕提标宁夏镇标分喂马 7795
		西凤临巩喂养及拨给勇健营马 7000
雍正十一年	15000	—
雍正十二年	16120	—

资料来源：中国第一历史档案馆编：《雍正朝汉文朱批奏折汇编》，江苏古籍出版社 1989 年影印本，第 18 册，第 272 页；第 23 册，第 426—427 页；第 25 册，第 870—873 页；第 26 册，第 532 页。

① 中国第一历史档案馆编：《雍正朝汉文朱批奏折汇编》，雍正十二年六月初十日，宁远大将军查郎阿等报验收内地解营马匹数目折，江苏古籍出版社 1989 年影印本，第 26 册，第 446 件，第 532 页。

第四节　西路清军军需牛羊的采买

一　军需牛只的购买

牛只是西路军需案中采买最少的。采买的牛只，少部分作为官兵的口粮，以抵补羊只的不足，大部分是用来西路屯田耕种。雍正六年，西宁总兵周开捷估算，西路军折给口粮共需牛39000只，所需牛只于雍正六年于鄂尔多斯及北口外等处照数采买齐备，秋季解赴甘肃收养。

雍正九年，西路清军在吐鲁番增兵，岳钟琪议买牛只以备耕种之用。雍正十年，将已买之牛1000只拨给孔毓璞屯田之处应用，巴里坤附近屯田、吐鲁番维吾尔族民众屯种均需要牛只，岳钟琪收买运户骡头作为鲁谷庆明年耕种之用，仅挑骡2200头。驴虽可以用来耕种，但价格昂贵，且秋天难于牧放，准备差员于喀尔喀采买牛2000只，加上前次购买的1000只，总共3000只。但喀尔喀牛只仅足供北路粮运台站之用，岳钟琪令许容于甘省沿边一带，如西宁、庄浪、洮、岷、河、兰、巩昌等藏族耕种牛只就近采买，并知会达鼐等在青海亦酌量采买，于九月间赶赴肃州交署总督查郎阿委员赶送巴里坤以为鲁谷庆等处耕作之用，所需价银动用正项银两归军需项下据实报销。[①] 许容考虑到兰州原无藏族，而巩属之洮卫、岷州又去肃太远，不能买解，决定按照等次，头等给银10两，二等每只给银8两，在青海采买500只，西宁府属西宁县采买200只，凉州府属平番县采买100只，凉州府属武威县采买200只，古浪、镇番、永昌三县各采买100只，甘州府属张掖县采买200只，山丹县采买100只，肃州属高台县采买100只，共2000只，并令各买加一余牛随群解送军营。赶送夫役查照雍正七年赶送食牛之例6牛1夫，日给工食银4分，自各本地起程至肃，往回一体支给。青海、蒙古牛500只系彝情衙门采买，侍郎钟佛保自行遴员押解，选用当地民众赶送，照例给予往回盘费银每日5分。沿途料草亦照例每牛日给

---

① 中国第一历史档案馆编：《雍正朝汉文朱批奏折汇编》，雍正十年八月十八日，兰州巡抚许容奏报酌定买解西北军需牛只各项事宜折，江苏古籍出版社1989年影印本，第23册，第131件，第165—167页。

料 2 京升，小草 1 束，令沿途地方官按站预备料豆、草束。侍郎钟佛保在青海及西、碾二县采买之牛由扁都口捷路解送甘州归入大路，自西宁至甘州之马营墩站按照程途里数酌带银两自行买喂，一体报销。雍正十年九月十五日，督巡陕甘经略鄂尔泰认为，驻扎之兵已少，所种之地无多，应需牲畜亦必省减，耕牛涉远运送，沿途必须饲喂。据副都御史孔毓璞料估计，自肃出口赶赴军营，每一只牛逐站备办草料及从口内运送料豆脚价并牵夫雇值等项约费银 25 两，连送牛 2000 只应费银 50000 两，再加上九月出口，正值严寒霜雪之时，牛只难免倒毙，靡费钱粮。岳钟琪已挑买驴 2200 头，又于喀尔喀地方买牛 1000 只，仅足供鲁谷庆耕种之用，“则前项运送牛二千只，应请停止”。副都御史臣孔毓璞屯田之处缺少耕牛，已经采买之牛可拨用 1000 只，其余牛 1000 只内有未买者即令停买，已买者即令变价还项。[①] 但北路的牛只也并未解送军营，鲁骨庆等处维吾尔族民众已经全行搬移到塔尔纳沁地方暂住，其原驻鲁谷庆等处兵丁亦已撤回，鲁谷庆等处无须耕种牛只，将已买之牛 1000 只仍听孔毓璞于屯田之处耕用外，未买牛 1000 只已移咨兰州抚臣许容停其采买。[②] 雍正十一年二月，情况发生了变化，吐鲁番维吾尔族民众虽已迁移，但巴里坤附近之地尚需屯种，需用牛只迁徙到口内口外，现在屯田吐鲁番维吾尔族人安插当地均需拨给牛只，行令署督刘於义、巡抚许容等酌量将停买之牛仍行采买预备拨给巴里坤屯种以及口内口外安插的维吾尔族人。[③] 署大将军查郎阿咨称查巴尔库尔（巴里坤）附近屯种之地约需牛 1000 只，前因有北路买牛之议，今北路既未采买，自应在甘省采买牛内解营 1000 备用，饬令各属将续买牛 1000 只陆续赶

① 中国第一历史档案馆编：《雍正朝汉文朱批奏折汇编》，雍正十年九月十五日，督巡陕甘经略一应军务鄂尔泰等奏报停止运送甘省备买鲁骨庆耕种牛只缘由折，江苏古籍出版社 1989 年影印本，第 23 册，第 292—293 页。

② 中国第一历史档案馆编：《雍正朝汉文朱批奏折汇编》，雍正十年十二月十三日，署陕西总督刘於义等奏报将已买牛只留给孔毓璞耕田并咨许容停买折，江苏古籍出版社 1989 年影印本，第 23 册，第 621 件，第 763 页。

③ 中国第一历史档案馆编：《雍正朝汉文朱批奏折汇编》，雍正十一年二月二十日，署陕西总督刘於义等奏报在甘续买牛一千只于四五月内分起解送军营折，江苏古籍出版社 1989 年影印本，第 24 册，第 13 件，第 17 页。

解来肃，四月、五月内青草正肥时派拨弁员分起缓程解送军营。[①]

二 军需羊只的采买

雍正六年，西路预备军需，羊只是作为军需口粮，同粟米、白面、炒面一起搭放给兵丁，西路大营马步守兵并余丁、跟役人等共33594名，每兵10名每日给羊1只，六个月共需羊604692只，每只约需银6钱，共应需银362815.2两。购买的羊只赶进口内下厂牧放，计划雇募鄂尔多斯牧人牧放。雍正七年现买羊262383只，侍郎顾鲁在归化城等处买羊18万只，光禄寺卿吴达礼在鄂尔多斯采买羊82383只，每羊1000只需牧人2名，雇人164名，每名每日给公价银5分。下厂牧放羊只在宁夏、凉州各镇属草厂牧放，每羊1000只派兵6名，羊2000只合为一群，派外委1名督率经管，各厂俱系口外草地，兵丁口粮照出口驻防之例，每名每日给京升粟米8合3勺，俱于各就近仓贮内动支，再照支给盐菜之例减半给银，每名每日给盐菜银1分5厘，于军需银内动给。“至于续买羊只应需官兵并应给口粮银两亦照此例办理”[②]。这些羊只赶送宁夏、凉州牧放患病倒毙，岳钟琪奏请买茶易换，并将羊毛、羊皮变价续卖羊只。雍正七年正月，岳钟琪奏报现倒毙者不下10000余只，岳钟琪于军需银两内动银3000两购买茶叶，委衙门笔帖式奇书将此项银两买备茶、布，前往宁夏沿边一带易换羊只抵补倒毙之数。[③] 由于所买茶叶不是宁夏口外蒙古族所需的种类，只好将茶叶分发凉州、西宁易换。[④] 表6－13是购买羊只情况。

---

① 中国第一历史档案馆编：《雍正朝汉文朱批奏折汇编》，雍正十一年二月二十日，署陕西总督刘於义等奏报在甘续买牛一千只于四五月内分起解送军营折，江苏古籍出版社1989年影印本，第24册，第13件，第17页。

② 中国第一历史档案馆编：《雍正朝汉文朱批奏折汇编》，雍正六年十二月十四日，川陕总督岳钟琪奏汇陈官兵出征军需支用项目折，江苏古籍出版社1989年影印本，第14册，第145件，第203—218页。

③ 中国第一历史档案馆编：《雍正朝汉文朱批奏折汇编》，雍正七年正月十三日，川陕总督岳钟琪奏覆预备军需事宜折，江苏古籍出版社1989年影印本，第14册，第238件，第326页。

④ 中国第一历史档案馆编：《雍正朝汉文朱批奏折汇编》，雍正七年四月二十三日，川陕总督岳钟琪奏报筹补倒毙羊只缘由折，江苏古籍出版社1989年影印本，第15册，第102件，第138页。

表 6 - 13　　羊只采买

采买人	采买地	采买羊只数量
王原圻	内地	180000 只
吴达礼	鄂尔多斯	82383 只
顾鲁	归化城	52210 只
三达礼奇书	—	66926（马、牛、驼抵羊）
	宁夏	21481 只
—	甘凉肃	37749 只
达鼐	西宁	40000 只
噶尔马	西宁	50750 只
—	甘属	驴 770 头（抵羊 1540 只）
合计	羊 464573 只，马 66926 匹、牛 66926 只、驼 66926 峰、驴 770 头	

资料来源：中国第一历史档案馆编：《雍正朝汉文朱批奏折汇编》，江苏古籍出版社 1989 年影印本，第 18 册，第 20 件，第 31—35 页。

西路清军未出口之前，“以上原买、续买并设法易换及用皮毛变价采买，共羊五十三万三千零三十九只”①。雍正六年十一月，羊只由鄂尔多斯赶至宁夏、凉州时，由于厂内水冻草枯，又值腊月大雪，以上羊只在解送过程中均有倒毙。副都统达鼐、笔帖式噶尔玛所买羊只全部交给各台吉选派蒙古牧人牧放赶解，倒毙的羊只照数补解。归化城原买羊只交鄂尔多斯牧人赶至宁夏接收，陆续倒毙 30325 只，牧人亦照原买价值自认赔补。宁夏、凉州两处倒毙数达到 7 万余只。② 岳钟琪于西安司库动军需银 10800 两，遣员前往山西蒲州采买茶叶运往西宁，派员赴沿边各藏族部落易换羊只，前后两次动用银 13800 两，买运茶叶 3 万余封，在西宁口外换羊 8 万余只，抵补倒毙 8 万余只之数。岳钟琪命将倒毙羊只羊皮并孳生

① 中国第一历史档案馆编：《雍正朝汉文朱批奏折汇编》，雍正八年二月二十五日，宁远大将军岳钟琪奏报军需养只细数及经管牧放解送各员勤怠请旨分别劝惩追赔折，江苏古籍出版社 1989 年影印本，第 18 册，第 20 件，第 31—35 页。

② 中国第一历史档案馆编：《雍正朝汉文朱批奏折汇编》，雍正七年四月二十二日，川陕总督岳钟琪奏报筹补倒毙羊只缘由折，江苏古籍出版社 1989 年影印本，第 15 册，第 102 件，第 138 页。

之羊羔皮以及厂内收取之羊毛变价还项，按数抵补动用银两。宁夏解收归化城、鄂尔多斯羊只收放至解送总共倒毙 59177 只，解交凉州牧放羊 10 万只解至凉州沿途倒毙 5390 只，凉州接收 94610 只，在厂牧放倒毙 52525 只，又解送出口之时挑退疲病羊 5623 只。马、驼、牛只抵羊 66926 只，解送出口牛 714 只抵羊 4284 只，留于口内沿途变价牛 6382 只，缺抵额羊 36614 只，牛只变价还项，应于原买羊数内扣除，以上未经解送出口，除鄂尔多斯牧人认赔，宁夏存厂变卖、沿途变价抵羊牛只，共缺额羊 72562 只，无人认赔实倒羊 117092 只。前后共采买羊 533092 只，今除倒缺之外，应解送出口羊 343385 只。西路清军驻扎巴尔库尔，所带马驼并各处解到军需羊只为数甚多，在附近哈密的毛害兔、塔尔纳沁、忒古里德、盐池各地方驻歇，接收西宁、宁夏各口外解送之羊只兼令牧放。虽然岳钟琪命令在解送牲畜过程中要缓慢行走，途中遇到好水草之处可以牧放歇息，雍正七年十一月二十七日始抵巴里坤。① 在解送过程中，由于解送起始地不同，羊只状况各异，各起解送羊只倒毙状况不一。表 6－14 是各起羊只解送倒毙状况。

表 6－14　　西路清军解送羊只出口倒毙情况　　（单位：只）

解送人	羊只来源	羊只数	解送口外倒毙数	变价还项数	剩余数	解送大营后倒毙	解到大营剩余数
顾鲁	归化城	52210	0	0	52210	0	52210
达鼐、噶尔马	西宁	90750	0	0	90750	0	90750
宁夏镇标前营游击马纪官	宁夏牧放并奇书采买	88739	69697	3580	15462	9061	6401
督标千总梁光杰	凉州府牧放并甘凉肃采买	55515	18856	4183	32476	3671	28805
游击王世恩管解	凉州采买羊只	24319	7703	—	16616	0	0

① 《宫中档雍正朝奏折》，雍正七年十二月初七日，宁远大将军岳钟琪奏报牧放军营马驼羊只折，“台北故宫博物院”1979 年印行，第十五辑，第 229 页。

续表

解送人	羊只来源	羊只数	解送口外倒毙数	变价还项数	剩余数	解送大营后倒毙	解到大营剩余数
出口骡马抵羊数	—	31852	0	0	0	0	—
出口牛抵羊数	714	0	0	0	0	(954) 259	954
总计	—	343385	96256	7763	239366	13687	225679

资料来源：中国第一历史档案馆编：《雍正朝汉文朱批奏折汇编》，雍正八年二月二十五日，宁愿大将军岳钟琪奏报军需羊只细数及经管牧放解送各员勤怠请旨请分别劝惩追赔折，江苏古籍出版社 1989 年影印本，第 18 册，第 20 件，第 31—34 页。

239366 只羊抵营后，其中宁夏解送之羊 15462 只，倒毙 9062 只；千总梁光杰等解到羊 32476 只接收之后倒毙 3671 只。解送赤金牧放牛 714 只陆续倒毙牛 259 只，应作羊 954 只，“以上三项共倒毙羊一万三千六百八十七只，此抵营以后倒毙之实数也……今总计现在应有之确数并西宁口外彝员自认赔补及马驼应抵，通核共存羊二十二万五千六百七十九只。”① 岳钟琪奏请甘肃续买羊 12 万只，并另用折价银在巴里坤以西各回部落采买羊 5 万只，又利用吐鲁番的屯种麦石来抵补羊 10 余万只，又奉旨在北路采买羊 10 万只，“以此计算与原估续买五十七万之数仍有余裕”②。岳钟琪未出口之前用银采买羊共 533039 只，除鄂尔多斯牧人自认赔补并口内变价还项羊共 80325 只，再加上抵营后倒毙羊 13678 只免于赔补。其自各厂牧放及委员管解接收之后，口内、口外共倒毙 213348 只需要赔补。其中岳钟琪奏请动用军需用采买茶叶易换羊只，并请将各厂羊毛、羊皮变价买补。其中笔帖式奇书所带茶叶至宁夏盈余银 2872. 168 两，又收皮毛变价银 1743. 79 两；千总梁光杰将凉州场内皮毛变价，得银 3726. 555 两；笔帖式噶尔玛运茶 24000 封在西宁口外易换羊只，得盈余

① 中国第一历史档案馆编：《雍正朝汉文朱批奏折汇编》，雍正八年二月二十五日，宁愿大将军岳钟琪奏报军需羊只细数及经管牧放解送各员勤怠请旨请分别劝惩追赔折，江苏古籍出版社 1989 年影印本，第 18 册，第 20 件，第 31—34 页。

② 中国第一历史档案馆编：《雍正朝汉文朱批奏折汇编》，雍正八年二月二十五日，宁远大将军岳钟琪奏报军需羊只细数及经管牧放解送各员勤怠请分别劝惩追赔折，江苏古籍出版社 1989 年影印本，第 18 册，第 20 件，第 34 页。

银19000余两；游击王世恩管解之羊沿途倒毙，所收羊皮7000余张尚未估价外，倒毙之羊变价银1199.85两。“以上设法采买茶叶作价换羊之盈余及皮毛变价银共二万八千五百四十二两三钱六分零。约足抵补倒毙羊七万一千只之原价。”① 雍正八年二月，岳钟琪奏请牧放解送各官在牧场及解送过程中倒毙羊只照各官原领羊免赔2/10，计79045只，此外之羊悉令赔补。至于解到大营后，宁夏前营游击马纪官等人所解羊只又倒毙9061只，督标千总梁光杰所解羊只又倒毙3671只，由于这些羊只由宁夏、凉州解送，路程比归化城近，解送官员沿途耽搁导致羊只死亡，这些羊只由官员全赔。表6－15是各官牧放解送羊只赔补情况。

表6－15　各官牧放解送羊只赔补情况　（单位：只）

官员	数量	倒毙数	免赔数	茶价变卖皮毛银抵羊	应赔数
宁夏牧放各官	232058	64567	26410	71000	16731
凉州牧放	94610	52525	18922	17410	16193
游击马纪官	88739	69697	17747	23000	28950
千总梁光杰	55515	18856	11103	6324	1429
游击王世恩	24319	7703	4863	2840	0
合计	495241	213348	79045	71000	63303

资料来源：中国第一历史档案馆编：《雍正朝汉文朱批奏折汇编》，雍正八年二月二十五日，宁远大将军岳钟琪奏报军需羊只细数及经管牧放解送各员勤怠请分别劝惩追赔折，江苏古籍出版社1989年影印本，第18册，第20件，第31—34页。

副将马顺在塔尔纳沁牧放羊115348只，内除自雍正八年七月起至十一月底至，倒毙并食用羊8096只，存羊107252只，赶赴长流水牧放羊12834只。② 雍正七年出口驻扎在巴里坤的兵丁每人支领一年盐菜银两，但巴里坤并无牛、羊可以购买。岳钟琪将归化城解到之进剿军需羊只内先动支20000余只，预支给兵丁，令在营兵丁、跟役每名各领羊1只，

① 中国第一历史档案馆编：《雍正朝汉文朱批奏折汇编》，雍正八年二月二十五日，宁远大将军岳钟琪奏报军需羊只细数及经管牧放解送各员勤怠请分别劝惩追赔折，江苏古籍出版社1989年影印本，第18册，第20件，第31—34页。

② 中国第一历史档案馆编：《雍正朝汉文朱批奏折汇编》，雍正九年二月十三日，护理宁远大将军纪成斌奏报查明损失官兵牲畜枪炮粮石数目折，江苏古籍出版社1989年影印本，第19册，第663件，第1010—1015页。

“其所支之羊只仍于伊等应支口粮米面内扣存十日以抵预支羊只之数”[①]。雍正七年冬，计划在甘属采买羊 12 万只，于冬月买足派拨官兵解至赤金湖牧放，雍正八年清明以后赶解巴里坤大营。[②] 雍正八年六月，宁、西、甘、凉四府正羊 12 万只，余羊 12000 只，解到口外正余羊 122407 只，挑出有膘解送羊 79066 只，挑留赤金牧放羊 43341 只，分为四路由郭毕地方拨运粮草预备饲喂解送。[③]

雍正九年，巴里坤有羊 10 余万只，十年进军，必须羊只以资兵食，岳钟琪请求雍正帝命津多尔济亲王丹，采买羊 10 万只，于雍正九年六七月间解送巴里坤。[④] 随着战局的变化，雍正十一年从鄂尔多斯买到的羊只，接奉廷议在原游牧处牧放，军营需用时，再行派员赶送，十二年二月，又接到廷议将前项采买羊 38250 只，山羊 7500 只送往赤金、达里图。但在解送途中，“时原挑膘壮好羊一路赶来今膘息销逊”[⑤]，由于四月以后，内地解来马匹与赤金调解马、驼并现存营马、驼大约六七万，军营附近草场较少，将来分牧马、驼之所尚恐草场不够，势难更留为牧羊之厂，奏请将此项羊只仍令署总督刘於义就近委员查收牧放。雍正十一年，雍正帝预计十二年北路大兵过阿尔泰进剿，对军需物资的需求达到高峰。“若以羊只兼支，则羊只万难涉远驱赶行走，甚费周章”[⑥]，岳钟琪奏请将

① 《宫中档雍正朝奏折》，雍正七年十二月初七日，宁远大将军岳钟琪奏报支发羊只给出征兵丁折，“台北故宫博物院”1979 年印行，第十五辑，第 227 页。

② 中国第一历史档案馆编：《雍正朝汉文朱批奏折汇编》，雍正八年六月十七日，钦差兵部尚书查弼纳等奏覆参革守备杨芳等收解军需羊只推诿阻挠一案情形折，江苏古籍出版社 1989 年影印本，第 18 册，第 697 件，第 934 页。

③ 中国第一历史档案馆编：《雍正朝汉文朱批奏折汇编》，雍正八年六月十七日，钦差兵部尚书查弼纳等奏报甘属采买军需羊只挑解留牧缘由折，江苏古籍出版社 1989 年影印本，第 18 册，第 698 件，第 938—939 页。

④ 中国第一历史档案馆编：《雍正朝汉文朱批奏折汇编》，雍正九年二月初九日，宁远大将军岳钟琪奏覆酌议吐鲁番巴尔库尔等地军务敬陈广为屯种等管见十六条折，江苏古籍出版社 1989 年影印本，第 19 册，第 654 件，第 990—1001 页。

⑤ 中国第一历史档案馆编：《雍正朝汉文朱批奏折汇编》，雍正十二年二月十七日，署宁远大将军查郎阿奏请仍令刘於义委员查收牧放鄂尔多斯羊只折，江苏古籍出版社 1989 年影印本，第 25 册，第 696 件，第 896—898 页。

⑥ 中国第一历史档案馆编：《雍正朝汉文朱批奏折汇编》，雍正十一年八月二十一日，署宁远大将军查郎阿奏覆密议明年进剿准噶尔事宜请旨遵行折，江苏古籍出版社 1989 年影印本，第 24 册，第 784 件，第 961—969 页。

羊只改为羊肉干。军营口粮需羊10万只制造羊干，令陕甘两省分办，陕西巡抚史贻直檄行榆林、延安、绥德等地采买羊5万只。[①]

表6-16　　西路军各年购买羊只

年份	购买数量（只）	购买地
雍正七年	232210	归化城
	82383	鄂尔多斯
	120000	甘州
	50000	巴里坤以西
	21481	购买地不详
	10000	北路
	93264	甘凉肃
	181500	西宁
	88739	宁夏
雍正八年	120000	宁夏、西宁、甘州、凉州
雍正九年	10000	鄂尔多斯
雍正十一年	50000	榆林、绥德、延安
雍正十二年	45750	鄂尔多斯

资料来源：《雍正朝汉文朱批奏折汇编》，江苏古籍出版社1989年影印本，第14册，第203—218页；第18册，第938—939、994页。

第五节　西路清军回撤兵丁牲畜的处理

雍正九年，随着战局的变化，巴里坤大营兵力不足，陕甘各标营亦无新的兵源可以抽调，不得不从外省抽调兵源，外省兵丁经过长途跋涉，进入陕甘境内，随带骑驮马匹倒毙、伤亡严重，不得不在陕甘各标营选拨，陕甘诸镇买补缺额。大量的军需马匹、骆驼被赶送到军营或牧养在河西走廊。雍正十三年，清廷与准噶尔议和，平定准噶尔的军事行动出

① 中国第一历史档案馆编：《雍正朝汉文朱批奏折汇编》，雍正十一年八月二十六日，署陕西巡抚史贻直等奏报秋禾茂盛及秦民乐为军营输送羊只折，江苏古籍出版社1989年影印本，第24册，第805件，第994页。

现转向，驻扎在巴里坤、乌鲁木齐等处的驻军徐徐回撤，当时，预备交付军营的马匹大约有 20000 匹，军需所存之马及军营撤回兵丁交存之马 53752 匹、驼 14042 峰。① 西路清军马匹、驼峰的处理成为一大问题。

一　河西驻军及大营官兵马匹的处理

雍正十二年，随着口外战局的稳定，应援兵丁开始回撤，最先回撤的自然是驻扎在河西走廊，添补河西驻防空虚的客兵。八月，廷议将驻扎凉州之直隶兵 500 名，驻肃州之河南兵 500 名，驻凉州之河南满洲兵 500 名，驻宁夏之太原满兵 300 名，驻靖逆之固原兵 500 名，驻沙州之甘州兵 1500 名，凉州兵 1000 名，共 4800 名在本年即撤。内除满洲兵丁有自带之马，允许乘骑回汛外，所有官马俱令交纳备用，不得私行骑回，以陕甘购买马匹甚难，将各处防兵马匹留甘备用。② 但所留马匹加上甘省各镇喂养，准备解赴大营的马匹，以及各镇标马兵的马匹，数量巨大，陕甘各镇标根本无法喂养。以凉州镇为例，驻凉州之河南满兵应留马 1700 余匹，驻凉州之直隶兵应留马 1400 余匹，加上凉州镇原喂保德等所解之马及旧案存剩军需马 3000 余匹，合计共有 6000 余匹。甘省现喂保德等所解马 10000 匹，存喂旧案军需马 2000 匹，西宁、凉州、肃州、宁夏各处防兵交存马 7000 余匹，若俱用料草喂饲，费用繁多，若俱令凉州镇喂养，所有兵丁人数不敷。况且甘、凉所产谷草、豌豆甚少，价值昂贵，如从河东拨运，脚价很高。由于固原镇属计划分喂鄂尔多斯马 5000 余匹，已经奉旨暂停解赴口内，而且河东豆草较之凉州平贱，喂养马匹可以节省钱粮。刘於义将凉州、河南满兵及直隶兵丁交留马 3000 余匹分发固原标协营路喂养。雍正十三年七月，兵部命各省督抚、提镇确查各镇营汛马匹缺额状况，“倘有缺额除一面勒令买补，仍

① 中国第一历史档案馆编：《雍正朝汉文朱批奏折汇编》，雍正十三年十一月初十日，署宁远大将军查郎阿等奏覆遵议拨给甘凉宁夏等处驼马事宜并陈分别坐扣情形折，江苏古籍出版社 1989 年影印本，第 29 册，第 736 件，第 831—835 页。

② 中国第一历史档案馆编：《雍正朝汉文朱批奏折汇编》，雍正十二年九月二十四日，署陕西总督刘於义等奏请将豫直两省兵丁交流马匹分发固原标协营路喂养折，江苏古籍出版社 1989 年影印本，第 27 册，第 36 件，第 40—41 页。

令各该督题查明题参议处”[①]。陕甘也包括在内，但陕甘二省军兴以来，马匹价格昂贵，各提镇标营大小员弁俱以甚难购买，将随丁马匹或摘拨军需，或因营兵缺马无处购觅，暂拨补额，俱将马价存贮各标营，查郎阿认为，“若一例查参，实有不胜其参者，又现今草豆价值虽略平减，较之他省实属昂贵，若即责令各标营买补马匹，养廉名粮喂马之外所除无几，陕甘二省大小武员未免艰于自给”[②]，查郎阿奏请陕甘各标营查明马价暂行收贮，等西路军全撤，草料平减之后买补喂养，如有缺额，再行题参。查郎阿请求停止买给甘、凉、固原所撤回汛之兵应给马匹，各标营有应买补马匹，即以防兵交留之马拨补。[③] 雍正十三年八月，查郎阿等接到廷议，军营各牧场现存马匹，除挑给留守兵丁外，其余马匹分给撤回兵丁骑驮到肃，交刘於义等查收，分发甘、凉、西宁、肃州各标营牧放备用。

应撤回绿旗兵统计13070余名，各标营撤回兵骑驮马，大营及各牧厂有马34400余匹，驼9180余只内，挑留驻营之兵11000名，以2兵3马计算，应留马16500匹，2兵1驼计算，应留驼5500只。索伦、奉天船厂巴图鲁官兵应添给马、驼外，其余马、驼即应分给应撤各标营兵丁为骑驮之需。甘提标、凉州、西宁、大通、肃州五处官兵俱系沿边营汛，现今挑选战兵，应将所用马、驼俱骑驮回营，即留营经牧以备边防；陕甘两抚标及松藩兵丁并挑回之督标、固原、兴汉、延绥、宁夏兵丁所给马、驼，若俱令回至各汛，则路途遥远马、驼过分劳伤，腹地营汛草场甚少，难以经牧，“应将所领马、驼于到肃之日交出，分发沿边各标营牧放备用”[④]。其次是预备交付军营的马匹大约有20000匹，“若收槽喂养，

① 中国第一历史档案馆编：《雍正朝汉文朱批奏折汇编》，雍正十三年八月二十五日，署陕西总督刘於义奏请饬令各标营查明马价暂行收贮俟大兵全撤再行买补缺马折，江苏古籍出版社1989年影印本，第29册，第40件，第45—46页。

② 中国第一历史档案馆编：《雍正朝汉文朱批奏折汇编》，雍正十三年八月二十五日，署陕西总督刘於义奏请饬令各标营查明马价暂行收贮俟大兵全撤再行买补缺马折，江苏古籍出版社1989年影印本，第29册，第40件，第45—46页。

③ 中国第一历史档案馆编：《雍正朝汉文朱批奏折汇编》，雍正十三年八月二十五日，署陕西总督刘於义奏请饬令各标营查明马价暂行收贮俟大兵全撤再行买补缺马折，江苏古籍出版社1989年影印本，第29册，第40件，第45—46页。

④ 中国第一历史档案馆编：《雍正朝汉文朱批奏折汇编》，雍正十三年五月十三日，宁远大将军查郎阿等奏覆酌议撤留兵丁并派拨行走料理马驼等项各缘由折，江苏古籍出版社1989年影印本，第28册，第333件，第399—410页。

糜费钱粮”，十三年八月，廷议允准刘於义所奏，照马群之例长行牧放。①

各案军需现存之马及军营撤回兵丁交存之马统计4万余匹，甘、凉等提镇挑选战兵，西宁、凉州驻防满兵均须拨给马匹，军机处令查郎阿会同刘於义等核算，应需马匹除拨给站兵并驻防满兵外，余存马匹即以拨给标营兵丁，嗣后标营兵丁遇有应补之马即不必另行给价采买，预备交付军营的马匹现存甘、凉、肃一带，令查郎阿等酌量将标营应补之马即拨给现今撤回之兵携带回汛，以省解送之繁。宁夏官兵、西安满兵应行自立马匹，宁夏镇营、西安满兵都有喂养之军需马匹，即行拨给。凉、甘、肃、西宁一提三镇共收军营马22211匹，除变价马144匹，倒毙马40匹，实在分收马22027匹。甘、凉、肃、宁夏、西宁、河州、陕提共喂军需马15225匹，二项合计马37252匹；巴里坤留驻之兵11000名，留马16500匹。

为了降低马、驼的损耗，防止兵丁盗卖捏报存营马匹，酌定在场牧放驼峰每年每百峰倒毙4峰以内者，免其赔补；如倒毙至4峰以上者，即着落经牧之将弁兵丁赔补，分给战兵饲喂之驼；每年每百只准其倒毙2只，如在2只以内，免其赔补，即将余驼补额；如在2只以外者，一面将余驼补足外，一面劝令赔补驼价；饲喂军需马匹定例每百匹准其倒毙4匹，由于在场常年牧放与饲喂不同，每百匹准其倒毙6匹，如倒毙逾额，即勒令赔补马价。有实心牧喂驼马膘壮倒毙数少者，“按其多寡之数，官则分别记功，兵则分别奖赏”②，“如有盗卖隐匿抵换捏报等事，一经审实即将该弁兵照军法从重治罪，并将该管提镇以下一并严参，将在厂分牧以来凡有倒毙之马驼俱著该提镇赔补”③。

西安、宁夏满兵补立之马及将来驻防凉州庄浪满兵拨给之马应还马价，本应照军需马匹每匹13两之价，从满兵饷银内陆续坐扣。但雍正七

---

① 中国第一历史档案馆编：《雍正朝汉文朱批奏折汇编》，雍正十三年十一月初十日，宁远大将军查郎阿等奏覆遵议拨给甘凉宁等处驼马事宜并陈分别坐扣情形折，江苏古籍出版社1989年影印本，第29册，第736件，第831—835页。

② 中国第一历史档案馆编：《雍正朝汉文朱批奏折汇编》，雍正十三年十一月初十日，宁远大将军查郎阿等奏覆遵议拨给甘凉宁等处驼马事宜并陈分别坐扣情形折，江苏古籍出版社1989年影印本，第29册，第736件，第831—835页。

③ 中国第一历史档案馆编：《雍正朝汉文朱批奏折汇编》，雍正十三年十一月初十日，宁远大将军查郎阿等奏覆遵议拨给甘凉宁等处驼马事宜并陈分别坐扣情形折，江苏古籍出版社1989年影印本，第29册，第736件，第831—835页。

年绿旗兵丁出口之时，经岳钟琪摘拨西安八旗马 9000 匹，俱以每匹 8 两发给银两令满兵买补，现今拨补西安、宁夏及移驻凉州庄浪满兵之马照每匹 8 两之价在该兵饷银内分作 30 个月坐扣。拨给宁夏满兵驼 530 只，照每只 30 之价于马价扣完之后，再分作 30 个月坐扣。

表 6 – 17　军营及各标镇马匹的处理

军队名称	军队人数（名）	拥有马骡	补充标准	补充马骡驼	来源
自巴里坤撤回西安兵丁	2799	现存马匹骡头 3055	每人三马	5342 匹	凉州镇分收牧场马内照数拨补
宁夏北路、西路军营撤回满兵	—	—	—	马 2710 匹，驼 530 峰	宁夏现牧军需马匹内全数拨给并将宁夏镇现牧驼 100 只拨给外，其余在凉镇现收军营驼内拨给
至绿旗兵丁	8181	—	每人 1 马	凉甘肃西宁大通自营骑回原汛共马 911 匹外，拨给 7270 匹	各营现牧军需马及分收大营马匹内拨给马
驻防凉州庄浪满兵	3000	—	—	9000 匹	凉甘肃西一提三镇共收军营马
驻防哈密之兵	5000	—	—	—	—
各标营按兵数之多寡酌量分派	—	—	—	12000 匹	—
驻防布隆吉	5000	—	—	7500 匹	巴里坤存留马匹

资料来源：中国第一历史档案馆编：《雍正朝汉文朱批奏折汇编》，江苏古籍出版社 1989 年影印本，第 29 册，第 736 件，第 831—835 页。

二　西路清军军需驼只的处理

除了存营及各镇喂养马匹外，尚有在肃州的驼峰及存营及运粮驼

14042峰需要处理。驼峰非民间通用之物，军需物资停运之后，价值顿减，无人承买。大营、哈密在西路军回撤之后驻防官兵，又议增设提镇，需要运送军需物品，例如安西兵粮俱系肃州运送出口，每年需费脚价1万余两，车骡一散，无人承运，刘於义奏请以此赤金牧放的驼2000余峰并赤金预备军需驼峰，令各提镇分厂牧放，遇有应运物件，各提镇派出押官令地方官雇夫牵运。雍正十三年，又奉廷议，令于甘、凉、西、肃挑出战兵22000名，预备齐全马驼物件，一遇调遣即立刻起程。甘提标原有驼100峰，除带往巴里坤驼10峰，防兵带至安西倒毙驼22峰，留存安西镇驼68峰，甘标并无剩余驼峰，肃州镇、凉州镇只各有驼40峰，西宁镇有驼100峰，除带往巴里坤驼60峰，存营驼40峰。口外新设提镇并无驼峰。刘於义计划将此项驼峰分给甘、凉、西、肃及口外三提镇运送物资。[①] 赤金等处将余存驼5000余峰交与安西镇官兵牧放，此项长牧之驼与防兵额设之驼不同，别无调遣，每年应将此项驼之就近赶至肃州驼运一二次，尽足供支防兵口粮。[②] 表6－18是赤金及口外大营驼峰分配情况。

表6－18　　　　赤金及口外大营驼只分配

军队名称	人数（名）	补充驼标准（峰）	应分给驼（峰）
甘凉西肃宁夏固原河州战兵	22000	4兵给驼1	5500
甘凉西肃宁夏固原河州战兵	22000	兵100名设炮1位，应给驼3	应给配炮驼660
凉州庄浪添驻满兵	3000	同上	应设炮30位，应给配炮驼90
宁夏满兵	—	—	430
驻防哈密兵丁	5000	4兵给驼1	留驼1250

① 中国第一历史档案馆编：《雍正朝汉文朱批奏折汇编》，雍正十三年六月初八日，署陕西总督刘於义奏陈粮运告竣请准输粮石以换车辆等情折，江苏古籍出版社1989年影印本，第28册，第431件，第538—546页。

② 中国第一历史档案馆编：《雍正朝汉文朱批奏折汇编》，雍正十三年十一月初十日，署宁远大将军查郎阿等奏覆筹画赤金等处分驻防兵住房口粮盐菜银两事宜折，江苏古籍出版社1989年影印本，第29册，第737件，第837—839页。

续表

军队名称	人数（名）	补充驼标准（峰）	应分给驼（峰）
桥湾驻防安西靖逆	5000	4 兵给驼 1	留驼 1250
安西镇官兵	—	—	余存驼 5000 余

资料来源：中国第一历史档案馆编：《雍正朝汉文朱批奏折汇编》，江苏古籍出版社 1989 年影印本，第 29 册，第 737 件，第 837—839 页。

三 西路清军军需骡头的处理

雍正十三年六月以后，军需粮石的运送停止，承担运送任务的骡头已无粮可运，那些由官方采买，在运输途中倒毙的骡头，军需道各将运价扣算。但那些现存的骡头更是需要处理，现存车 9707 辆，骡 6758 头，驼 2104 峰，“若照议原价变抵，并无亏缺，但思粮运既停，物价顿减，引以肃州极边弹丸，各物无处售卖，若再欲饲喂，骡头市集待价立致亏帑”①，但军兴以来，大量购置车骡，造成民间车骡短少，肃州、高台、张掖百姓纷纷具呈，欲将各色米、麦、稞、豆粮 15 京石易换骡车 1 辆，以资耕作，粮石请分作三年清还。刘於义到肃后，点验实数，择壮健骡头完好车辆分给殷实百姓，疲损车骡不便分给百姓，仿照百姓以粮 15 石分作三年清还之法，令肃州道等择口内有水可耕之地，用此项车骡广行屯垦，每车骡 1 辆亦于三年内纳粮 15 石，所开地亩，三年后分给该州县百姓承种起科，“如此通融办理，约计三年之内可得粮十万余石，庶国帑不至无著，而边储亦得充盈”②。

四 噶斯路回撤兵丁马匹的处理

雍正十二年，廷议将驻扎哈尔海图京城满兵 200 名、西安绿旗兵 1000 名撤回原处，空缺由西宁、大通镇标派兵 1000 名前赴驻扎。所有撤

---

① 中国第一历史档案馆编：《雍正朝汉文朱批奏折汇编》，雍正十三年六月初八日，署陕西总督刘於义奏陈粮运告竣请准输粮石以换车辆等情折，江苏古籍出版社 1989 年影印本，第 28 册，第 431 件，第 538—546 页。

② 中国第一历史档案馆编：《雍正朝汉文朱批奏折汇编》，雍正十三年六月初八日，署陕西总督刘於义奏陈粮运告竣请准输粮石以换车辆等情折，江苏古籍出版社 1989 年影印本，第 28 册，第 431 件，第 538—546 页。

回京城满洲官兵、西安绿旗官兵马匹俱留在西宁。五月二十一日，西安绿旗兵859名从哈尔海图撤回西宁，六月初一日，额色尔津放卡绿旗官兵151名撤回到西宁，六月初六日，哈尔海图撤回到宁京城官兵224名，以上三起兵丁，实存马、骡2404头，加上自买马、骡5头及找回走失骡1头，共2410头，沿途及验收前倒毙60匹头。以上三起共收马骡2350匹头，内无病骟马1012匹，儿马91匹，骒马159匹，骟骡12头，儿骡3头，骒骡54头，有病骟马864匹，儿马29匹，骒马106匹，骟骡3头，儿骡1头，骒骡20头。总共无病马骡1331匹头，有病马骡1019匹头。[①]原收马骡2350匹头内，将儿、骟、骡5头抵给潼关营把总王福业等自买马5匹，所有的马骡交西宁、大通两镇。八月，"原收无病马骡小心牧放，俱经起膘，有病马骡设法调治，亦痊愈十分之七"[②]，"两镇共验明堪喂马二千一十九匹头内，骟马一千六百六十三匹，儿骒马共二百七十五匹，骟骒骡八十一头，又不堪喂养应行变价马骡共二百三十七匹头"[③]。十二年春间，所解军需马匹均系骟马，儿、骒、马匹及骟骡、骡头既经署总督刘於义以今年解肃俱经挑退，由于此项留宁马匹，九月以后既须收槽喂养，"其中儿马、骒马及骟骡、儿骡遇有进征行走，均不比骟马得用"[④]。不便一例收槽喂养，经刘於义跟副将军臣张广泗咨商之后，移文两镇将验定骟马共1663匹，照军需马匹之例于九月初一日起先行收槽喂养，西宁县、大通卫照例供支料草；儿骒马275匹，骟骒骡81头，同挑退病废马骡238匹头，照营马之例，再在厂牧放一个月，交与地方官分别确估变价，将来收入噶斯军需项下备用。表6－19

① 中国第一历史档案馆编：《雍正朝汉文朱批奏折汇编》，雍正十二年六月十五日，办理噶斯军需范时捷等奏报哈尔海图撤回官兵马骡数目并分交两旗牧放折，江苏古籍出版社1989年影印本，第26册，第472件，第563—567页。

② 中国第一历史档案馆编：《雍正朝汉文朱批奏折汇编》，雍正十二年八月二十四日，办理噶斯军需范时捷奏报酌议哈尔海图撤回收槽变价马骡数目折，江苏古籍出版社1989年影印本，第26册，第731件，第892—894页。

③ 中国第一历史档案馆编：《雍正朝汉文朱批奏折汇编》，雍正十二年八月二十四日，办理噶斯军需范时捷奏报酌议哈尔海图撤回收槽变价马骡数目折，江苏古籍出版社1989年影印本，第26册，第731件，第892—894页。

④ 中国第一历史档案馆编：《雍正朝汉文朱批奏折汇编》，雍正十二年八月二十四日，办理噶斯军需范时捷奏报酌议哈尔海图撤回收槽变价马骡数目折，江苏古籍出版社1989年影印本，第26册，第731件，第892—894页。

是两镇牧放马匹的状况。

表 6－19　　西宁大通两镇牧放回撤兵丁马匹

镇标名称	分与马骡数（匹/头）	倒毙数（匹/头）	现存马骡数（匹/头）	无病堪喂马骡（匹/头）	骟马（匹）	儿马（匹）	骒马（匹）	骟骡（匹）	骒骡（匹）	病废不堪喂养马骡（匹/头）	骟马（匹）	儿马（匹）	骒马（匹）	骡骡（头）
西宁	1172	38	1134	1012	840	53	77	7	35	122	74	3	44	1
大通	1173	51	1122	1007	823	42	103	4	35	115	84	11	17	3
合计	2345	89	2019	2019	1663	95	180	11	70	237	158	14	61	4

资料来源：中国第一历史档案馆编：《雍正朝汉文朱批奏折汇编》，江苏古籍出版社 1989 年影印本，第 26 册，第 731 件，第 892—894 页。

五　西路清军军需牲畜的追赔

军需牲畜赔补的主要是马匹。定例直省各营除提督、总兵外，副将以下千、把总以上，每官每月扣饷银 2 钱，马兵扣银 1 钱，步兵扣银 5 分，守兵扣钱 3 分，并赔椿银两以备各营买马之用。若买马之外有余省银两，年终报兵部核明送户部充饷。[①] 赔椿定例，兵丁领骑官马一年倒毙者，赔椿银 10 两，两年倒毙者赔椿银 9 两，照领骑年分递算减。江南、四川等十省，营马骑过三年倒毙者免赔椿银，直隶、陕西等五省骑过五年倒毙者免赔椿银。自康熙二十四年以后，四川、陕西、山西、河南、湖广等省倒毙营马俱赴西宁等处牵领招中茶马补额，所以按年赔椿必骑过年限倒毙者，其领补之马方免赔椿银两。康熙三十七、四十四等年，四川、湖广等省俱以西宁路远，兵丁前赴领马沿途倒毙致有赔椿之苦，题请停其牵领茶马，仍动朋银按每匹 12 两定价给兵丁买补倒毙马匹。陕甘各营自康熙四十五年停止招中茶马之日，亦无茶马可领，其倒毙营马

① 中国第一历史档案馆编：《雍正朝汉文朱批奏折汇编》，雍正七年三月十三日，川陕总督岳钟琪奏请更改兵丁独用已资买补倒毙营马定例折，江苏古籍出版社 1989 年影印本，第 14 册，第 679 件，第 893—894 页。

应仍遵定例，照依各省请动朋银买补。凡有倒毙马匹俱系兵丁自己出资买补，以致陕甘各营相沿，唯有肃州镇属席喇等族每年额交贡马120余匹拨补甘州提标、肃州镇标倒毙之马，因此，陕甘通共经制营马39000余匹，每年只有甘、肃两标开报倒毙马120余匹，此外通省营马概不开报倒毙者二十余年。即甘提、肃镇两标若非因领前项贡马，则并此120余匹倒毙亦概不开报。通省各标营所扣朋银合计，陕甘藩库每年共58000余两不等，俱按年奏报听候部拨。雍正七年出口之前，对陕甘军需马匹追赔的弊端作了纠正。雍正七年三月，岳钟琪以积惧相承，陕甘兵丁买补营马已二十余年，较之各省兵丁尤为可悯。请先将西藏回秦之兵所有倒毙马匹动支上年朋扣银两，比照川省现行之价给与兵丁速行买补，加意喂养以备摘调解补巴里坤之倒缺马驮外，将陕甘营马嗣后每年买补倒毙之处，请自雍正庚戌年为始，仍遵定例动支朋银给兵买补。[①]

雍正六年四月初三日，回汛官兵于出口之日摘给千把总王刚等四员驮马12匹，马兵40名骑驮马100匹。官兵回汛之后，官兵驮马72匹除沿途倒毙马16匹外，其余马56匹悉系劳伤疲瘦，岳钟琪令将疲瘦马匹照例变价贮库，并将倒毙马匹数目咨明兵部，兵部令照数追赔。岳钟琪认为，兵丁远戍塞外，虽轮流更换，而往返长途，经年劳苦，“所有骑驮马匹沿途保无倒毙，若悉令兵丁买补在荷戈穷卒力所难赔，倘遽为议免，更恐伊等漫不经心，惰于牧放，益滋倒毙”[②]。岳钟琪请求按照从前川省出师官兵自西藏至裹脚塘倒毙安站马匹，部议照例免赔十分之三之例，将放卡兵丁倒毙马匹援照十分之内准其倒毙三分之例免其赔补，如有倒毙三分之外者，仍令追赔。

雍正七年，预备西路军需，从鄂尔多斯买回的马、驼，经宁夏赶入口内俱疲受不堪。岳钟琪只好调王翰京至西安，将不堪马、驼令其收领变价还项，派委妥员分路前往各标属确查挑验。除口齿健壮，膘力丰满，

---

① 中国第一历史档案馆编：《雍正朝汉文朱批奏折汇编》，雍正七年三月十三日，川陕总督岳钟琪奏请更改兵丁独用已资买补倒毙营马定例折，江苏古籍出版社1989年影印本，第14册，第697件，第893—894页。

② 中国第一历史档案馆编：《雍正朝汉文朱批奏折汇编》，雍正七年二月二十五日，川陕总督岳钟琪奏请准放卡兵丁倒毙马匹照十分之三例免其赔补折，江苏古籍出版社1989年影印本，第14册，第524件，第696—697页。

或口力及时，因从口外远来一时落膘，喂养堪用者俱令喂养外，其有口齿甚老者、本系劳伤喂亦无益者，俱逐一查出发交吴达理、王翰京并协同采买之各司官照原价变卖还项。若原价不敷以及沿途支给之草料、麦麸等项用过银两各按数核明，俱在承买马、驼之满、汉文武各官员赔补。①

雍正十三年，对雍正七年鄂尔多斯采买各案中马驼的倒毙进行追赔。未发州县以前倒毙驼 278 峰，价银 4267.3 两，将司库现贮之平余银 5148.8 两内拨银 4267.3 两抵补。各州县接收喂养之后，倒毙驼 1411 峰，"内倒毙驼二百九十一只四分四厘，应照每百只免赔四只之例，免其赔补，其余倒毙驼一千一百一十九只五分六厘，应照依原价在原喂各官名下追赔"②。

① 中国第一历史档案馆编：《雍正朝汉文朱批奏折汇编》，川陕总督岳钟琪奏报钦差吴达礼采买马驼不勘情节请着落各员变赔缘由折，江苏古籍出版社 1989 年影印本，第 14 册，第 36 件，第 49—50 页。

② 中国第一历史档案馆编：《雍正朝汉文朱批奏折汇编》，雍正十三年九月初三日，署陕西总督刘於义奏报查议买驼只倒毙及原报余平银两应令各官分赔缘由折，江苏古籍出版社 1989 年影印本，第 29 册，第 96 件，第 110—112 页。

第七章

雍正朝西路军需补给与甘肃社会

平准战争期间，因西路军需补给，清王朝将大量白银以筹备军需的形式消耗在西北边疆地区，白银的输入刺激了西北社会经济的发展并提高了市场整合程度。平准战争以来，为了满足军需补给，大规模屯田使得西北的土地得到开垦，移民增加了西北的人口，农牧业商品化程度提高，以粮价为代表的物价上涨，促进了清代西北粮食市场、畜牧业产品市场的整合。在雍正朝平准战争期间及战后，为了减轻陕甘百姓的负担，清王朝不断蠲免陕甘赋役，抚恤陕甘灾民。总而言之，康雍乾时期，可以说是西北社会经济快速发展的时期，经济的快速发展离不开清王朝对西北边疆的经略。本章以受平准战争影响最大的甘肃为例，从平准战争前及战争进程中物价波动、赋役蠲缓、官方牧厂三个方面来论述平准战争对西北社会经济的推动作用。由于平准战争对西北农业发推动作用在前几章论述屯田时已有论及，本章不再涉及。另外，关于清代甘肃粮食市场的整合，学者亦有论述，本章亦不赘述。

第一节　康雍乾财政状况与平准战争中的军费

一　康雍乾时期的财政状况

清初，随着政权逐渐稳固，恢复社会经济成为清王朝的主要任务。清代前期，随着“更名田”“摊丁入亩”等土地、赋役制度改革措施的实施，社会经济得到发展，清王朝的财政收入逐渐好转，财政收入总量不断上升。顺康时期正处经济恢复的非常时期。顺治九年（1652），岁入总额 2428 万两；康熙二十四年（1685），岁入 3123 万两；雍正三年

(1725)，岁入3585万两；乾隆十八年（1753），岁入4069万两；乾隆三十一年，岁入4858万两。[①] 国库收入屡年递增。图7－1是康熙六年至乾隆三十九年的户部存银趋势。

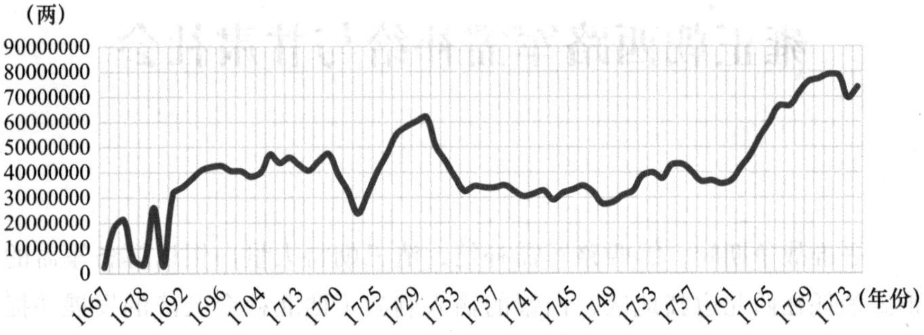

图7－1　1667—1774年户部存银趋势

资料来源：《乾隆上谕档》，档案出版社1991年版，第7册，第280条，第2209页。

从康熙六年到乾隆三十九年户部银数的变动可以看出清王朝的经济状况在持续好转，雍正初年户部库存银“三千余万，国用充足”[②]。雍正年间，户部存银数目在持续增加，有学者评价：“雍正发动平准战争，是以充足的国库收入为后盾的，三千余万两的经济实力支持着他的战争费用……战争使得财政窘困。”[③] 雍正朝发动平准战争时，确实充足的国库收入是战争强有力的后盾，仅户部存银超过6000万两。雍正八年，户部存银数应该是清初以来最高的，达到了6200万两，此后存银数持续减少。雍正十二年，户部存银数与康熙六十年差不多，从雍正八年到雍正十二年，户部存银数总共支出了29679921两，平准战争中军需银的数目将近7000万两。减少的近3000万两白银大部分应该是用于军需。

二　雍正朝平准战争中的军费投入

从清康熙、雍正、乾隆时期平准战争的军费投入来看，平准战争期

---

① 何本方：《清代户部清关耗羡归公的改革》，《南开史学》1984年第3期。
② （清）昭梿：《啸亭杂录》卷1《理足国币》，中华书局1980年版，第9页。
③ 左书谔：《雍正平准战争中的几个问题》，《青海民族学院学报》1987年第2期。

间军费投入巨大，但军费投入对清王朝的财政影响有限，战争使得清王朝财政窘困的观点显然站不住脚。雍正六年十二月，雍正帝以西路之兵所需驼峰、马匹自西宁赴驻扎过冬之处，其间需用钱粮自应多于北路，命怡亲王等寄信与岳钟琪预备钱粮要充裕，不可过于节省，拨解陕西的银两雍正五年下半年采办各项支发告罄，雍正六年春天需用孔亟，岳钟琪认为“是以前请再拨二百五十万两，宁使多余，俟军需办完之日核明存剩若干，或以此添备将来出口兵丁之皇赏，或抵充甘省应拨之饷银，以公完公。”① 清王朝充足的财政成为军需补给的有力保证。表 7－1 是雍正五年（1727）至雍正十三年，每年军需银两数目及库存银两数目。从雍正五年开始到雍正十三年，清王朝支出的军需银两 66736462 两，这个数目与 7000 万两比较接近，雍正朝平准战争支出五六万千两的说法，应该是真实可靠的。

表 7－1　雍正年间用过军需银两并库存银两数目　（单位：两）

年份	军需银数目	库存数目	户部存银数相比前一年减少
雍正五年	244394	55252933	—
雍正六年	4659536	58235780	—
雍正七年	8120870	60248747	—
雍正八年	3880376	62183349	—
雍正九年	15525264	50375953	11807396
雍正十年	9780325	44392848	5983105
雍正十一年	8555732	37933747	6459101
雍正十二年	12168462	32503428	5430319
雍正十三年	381503	34530485	—
合计	66736462	—	—

资料来源：《雍正朝上谕档》，档案出版社 1991 年版，第 3 册，第 568—569 页。

雍正帝战争之前的军需筹备过程中，曾多次谕令平准战争采办军需

① 中国第一历史档案馆编：《雍正朝汉文朱批奏折汇编》，雍正七年二月初一日，川陕总督岳钟琪奏承请敕部速议军需条目并讯拨军需银两折，江苏古籍出版社 1989 年影印本，第 14 册，第 384 件，第 512—513 页。

动用公帑，例如雍正六年十一月谕令，“查此番采买军需……悉动帑金照时价购办”，雍正七年七月，雍正再次发布上谕给地方督抚，“此次军需等项悉用公帑公项办理，丝毫不使累及官民，著该督抚再行晓谕使深山僻壤之人一体周知”①。雍正九年四月，“即以西陲用兵之事言之……王大臣等密奉指示，一丝一粟，皆用公帑制备，纤毫不取给于民间……及至雍正七年，大军将发，飞刍挽粟，始有动用民力之时，朕皆敕令地方有司，照数给与脚价，严禁克扣短发侵蚀等弊”②。大量的军需物资、战时劳务通过白银、铜钱等货币采购，大量货币被消耗在西北边疆地区，对西北边疆社会经济的影响是显而易见的。

第二节　西路军需补给与清代甘肃的粮价

一　雍正朝平准战争前的甘肃粮价

清初，甘肃的社会经济在恢复中向前发展。但由于地广人稀，再加上相对恶劣的自然气候条件的制约，甘肃社会经济发展较缓。物价是衡社会经济的一大指标，作为物价变动晴雨表的粮价则是衡量社会经济发展的重要指标，本节以甘肃的粮价为个案，考察甘肃社会经济。

由于顺治、康熙朝粮价定期奏报制度尚不完善，奏折中的粮价比较混乱，粮食度量器具杂乱，各地奏报的粮食品种不一，很难从零散的粮价奏折中判断甘肃粮价波动状况。例如康熙四十六年（1707），甘肃提督殷泰奏报雨水粮价折：

> 又若粮米价值，甘州、宁夏地方，素产稻米，每京斗一石，银一两二、三钱至一两七、八钱。其粟米甘、凉、宁、西所属，每石银一两三、四钱至一两七、八钱。麦豆杂粮，贱者每石银五六钱，贵者至一两三、四钱。惟肃州镇与凉属庄浪营，宁夏花马池粮米较之甘、凉、宁、西价值，每石多银二、三钱至五、六钱不等，亦缘

---

① 《宫中档雍正朝奏折》，雍正十二年十二月十八日，兰州巡抚许容奏陈买运军需粳米价银遭部驳回难以遵办折，“台北故宫博物院”1979年印行，第二十三辑，第901页。

② 《清世宗实录》卷105，雍正九年四月庚子，中华书局1985年影印本，第8册，第390页。

地方丰歉不同，至粮米贵贱不一也。[①]

甘肃提督殷泰的粮价奏报就粮食种类而言，囊括了甘肃最主要的几种粮食作物，如稻米、粟米、麦、豆，就粮价所属区域而言，主要是宁夏、河西走廊，但殷泰的奏折中几乎没有涉及粮价波动趋势、波动原因。殷泰所奏报的粮价只能作为参考。由于粮价奏报尚未形成制度，粮价奏报折中，往往粮价波动缺乏比较，粮价波动原因的解释得比较模糊。例如康熙四十七年，甘肃提督殷泰奏折中将粮价波动归因于“缘上岁远近收获不同，地方出产或异，故价格低昂，并不一也”[②]。康熙四十九年，“各处出产收获不同，亦有运贩远近不一，是以价有低昂”[③]。随着粮价奏报制度的完善，粮价奏报内容逐渐详细，根据粮价奏折中的粮价与地方志中的粮价结合直观判断，粮价低廉与波动剧烈是这一时期甘肃粮价的特征，粮价低廉如康熙五十一年（1712），平凉、庆阳、临洮、巩昌，麦价每石“二钱九分”，最高不超过每石“五钱二分”[④]。康熙五十三年，平凉、庆阳、临洮、巩昌，麦价“每斗值价银二分八厘”[⑤]，每石的价格也不过三钱。康熙六十年，合水县“斗粟七钱”。[⑥] 雍正四年（1726），通渭县，“大稔，民间谣云，雍正王朝喜，百钱一斗米”。[⑦] 每石的价格一钱左右。再以宁夏镇为例，康熙五十年六月，宁夏镇，小麦每石“四、

---

① 中国第一历史档案馆编：《康熙朝汉文朱批奏折汇编》，康熙四十六年七月二十六日，甘肃提督殷泰奏报雨水粮价折，档案出版社1985年版，第1册，第693—694页。

② 中国第一历史档案馆编：《康熙朝汉文朱批奏折汇编》，康熙四十七年五月十一日，甘肃提督殷泰奏报甘肃雨水沾足田苗茂盛并粮价折，档案出版社1985年版，第2册，第36—38页。

③ 中国第一历史档案馆编：《康熙朝汉文朱批奏折汇编》第2册，康熙四十九年六月初八日，陕西提督江琦奏报雨水情形及粮价折，档案出版社1985年版，第911—912页。

④ 刘子扬、张莉编：《康熙朝雨雪粮价史料》，康熙五十一年五月十六日，甘肃巡抚乐拜报平凉等四府宁夏等四道麦子豌豆等收成分数并报各地小麦粟米等粮食价银，线装书局2007年版，第9册，第2372—2375页。

⑤ 刘子扬、张莉编：《康熙朝雨雪粮价史料》，康熙五十三年九月初九日，甘肃巡抚绰奇报甘肃属地米谷时价，线装书局2007年版，第11册，第3234页。

⑥《（乾隆）合水县志》下卷《祥异》，《中国地方志集成·甘肃府县志辑》，凤凰出版社2008年版，第23册，第233页。

⑦《（乾隆）通渭县志》卷1《灾祥》，《中国地方志集成·甘肃府县志辑》，凤凰出版社2008年版，第9册，第17页。

五钱至七、八钱”。[①] 当年九月，宁夏镇小麦，每石“六钱三分，二钱七分”。[②] 粮价波动剧烈如康熙五十三年六月，宁夏镇粟米，每石“一两一、二钱至一两六、七钱”。[③] 当年九月，宁夏镇粟米，每斗“七分一厘至一钱二分”。[④] 每石的价格在0.7两至1.2两间。

从上述杂乱的粮价数据分析，同全国其他区域相比，除稻米外，清初甘肃各类粮食价格相对低廉，尤其是甘肃陇东南粮价确实低廉，即便是灾荒年也是如此，出现了灾荒年粮价低廉，流民、灾民遍地的矛盾现象。例如康熙五十二年，庄浪，旱灾，“饥，斗粟银三钱”[⑤]。康熙五十三年，环县，旱灾，“大歉，斗米三钱”[⑥]。康熙五十三年，庆阳县，旱灾，“夏禾无收，米、麦每斗四、五钱不等。人饥死者多，环县逃荒者更甚”[⑦]。康熙五十九年七月至康熙六十年夏，静宁县，“旱，大饥，斗米千钱，发帑赈济”[⑧]。康熙五十九年七月至康熙六十年夏，合水县，“春大旱……斗粟七钱，是年秋大收”[⑨]。康熙六十年，通渭县，“夏春大旱，至五月始雨，斗粟至九百钱，是年秋禾大稔”。[⑩] 雍正五年，合水县，“旱，

---

① 中国第一历史档案馆编：《康熙朝汉文朱批奏折汇编》，康熙五十年六月初六日，甘肃提督江琦奏报雨水情形折，档案出版社1985年版，第3册，第524—527页。

② 刘子扬、张莉编：《康熙朝雨雪粮价史料》，康熙五十年九月初三日，甘肃巡抚乐拜报平凉等四府宁夏等五道收成分数并报小米麦子豌豆糜子每仓石售价，线装书局2007年版，第8册，第2171—2173页。

③ 中国第一历史档案馆编：《康熙朝汉文朱批奏折汇编》，康熙五十三年六月十八日，署甘肃提督路振声奏报雨水情形折并报粮价折，档案出版社1984年版，第5册，第650—654页。

④ 刘子扬、张莉编：《康熙朝雨雪粮价史料》，康熙五十三年九月初九日，甘肃巡抚绰奇报甘肃属地米谷时价，线装书局2007年版，第11册，第3234—3235页。

⑤ 庄浪县志编纂委员会：《庄浪县志》，中华书局1998年版，第76页。

⑥ 《（乾隆）环县志》卷10《纪事》，《中国地方志集成·甘肃府县志辑》，凤凰出版社2008年版，第15册，第66页。

⑦ 《（乾隆）新修庆阳府志》卷37《祥异》，《中国地方志集成·甘肃府县志辑》，凤凰出版社2008年版，第22册，第467页。

⑧ 《（乾隆）静宁州志》卷8《杂集志》，《中国地方志集成·甘肃府县志辑》，凤凰出版社2008年版，第17册，第449页。

⑨ 《（乾隆）合水县志》下卷，《祥异》，《中国地方志集成·甘肃府县志辑》，凤凰出版社2008年版，第23册，第233页。

⑩ 《（乾隆）通渭县志》卷1《灾祥》，《中国地方志集成·甘肃府县志辑》，凤凰出版社2008年版，第9册，第17页。

斗米三钱”[①]。雍正五年，正宁县，“旱，斗米银三钱”[②]。一方面灾荒年流民四起、饿殍遍地；另一方面，粮价却又并不是很高，这种矛盾的现象背后，实际上是甘肃社会经济状况落后，无论是商品，还是货币，均供应不足，市场整合程度低的反映。由于清初甘肃社会经济发展落后，市场上粮食等商品供应不足，但货币同样供给不足，在自然灾害的影响下各地的粮价波动剧烈。

二　西路军需补给与甘肃的粮价波动

平准战争期间，大量白银通过购买军需粮食，牲畜，置办军需运输工具、支付脚价的方式流入陕甘社会。康熙末年到雍正年间，清王朝动用货币在陕西、甘肃大量购买牲畜、粮食，“大兵所需米石，交甘肃所在购备”。[③] 例如，康熙五十四年五月，“应运肃州等处米二万石至哈密”。[④] 康熙五十四年八月，“甘肃所贮米麦，及现在采买米石，足给兵丁”。[⑤] 军需采购刺激了陕甘社会经济的发展，甘肃人口增加，土地得到垦开垦，反映在物价上，大量白银涌入市场，推高了当地的粮价，以粮价、牲畜价格为代表的物价波动剧烈。康熙五十九年，甘肃“沿边歉收，米价昂贵，兵力拮据”。[⑥] 雍正二年，甘肃最高麦价，肃州，每石“二两四、五钱至二两六、七钱”。[⑦]

清廷对西路军需的采购非常谨慎。首先是采买区域的选择上，尽量

---

① 《（乾隆）合水县志》下卷《祥异》，《中国地方志集成·甘肃府县志辑》，凤凰出版社2008年版，第23册，第233页。

② 《（乾隆）正宁县志》卷13《祥异志》，《中国地方志集成·甘肃府县志辑》，凤凰出版社2008年版，第9册，第381页。

③ （清）傅恒等奉敕纂：《平定准格尔方略》，前编卷之二，全国图书馆文献微缩复制中心1990年，第52页。

④ （清）傅恒等奉敕纂：《平定准格尔方略》，前编卷之二，全国图书馆文献微缩复制中心1990年，第47页。

⑤ （清）傅恒等奉敕纂：《平定准格尔方略》，前编卷之二，全国图书馆文献微缩复制中心1990年，第58页。

⑥ （清）赵尔巽：《清史稿》卷8，《圣祖本纪三》，中华书局1977年版，第300页。

⑦ 中国第一历史档案馆编：《雍正朝汉文朱批奏折汇编》，雍正二年九月十八日，署甘肃巡抚傅德奏报收成分数米粮时价折，江苏古籍出版社1989年影印本，第3册，第495件，第657—658页。

避免军需购置影响当地的粮价，康熙朝采买军需，很少在河西三镇及西宁镇采购，例如西宁，“地瘠而气寒，不能具五谷”[①]。康熙五十四年六月，采买军需时，将采买区域定在了河东，“河西非产米之区，仓厫多贮麦豆，应于河东临省采买”[②]。康熙五十七年十二月，西宁驻军采购军需米豆，“若临时采买，恐米价腾贵。请于平、巩、宁夏等处各仓所贮粮石拨米四万石、豌豆六万石，运至兰州、庄浪以备军需，应如所请”[③]。其次，清廷采买军需，尽量避免在灾荒年采买，康熙五十四年六月，议政大臣苏努等奏报，“近年，甘肃等地歉收，现今又值青黄不接之际，况且仓贮之谷，皆系小麦、豌豆，一时难以采买米谷”[④]。雍正三年，宁夏地方收成较好，粮价低廉，“查市价每仓石银八钱二、三分，即岁暮春初价值渐长亦不过每石增银数分”，甘肃巡抚石文焯奏请及时购买粟米三万三四千石贮仓作为新设驻防官兵食；[⑤] 第三，官方在采买军需，遵循市场规律，杜绝扰民，杜绝强买强卖。雍正帝曾下旨：“著该地方官酌量本地情形，不必相强，若有将盈余之谷，情愿出粜者，著动支官银，照时价籴买，存贮公所”[⑥]。雍正朝平准战争期间，军需粮食的采买基本上在上述三大原则之间平衡。雍正七年，西路清军出口所需军粮早已储备齐全，当年并没有大规模采购，靖远县，“大熟，斗米百钱”[⑦]。雍正八年，通渭县，“岁大有，斗粟止百二三十钱”。[⑧] 这种状况一直维持到雍正八年。雍正八年，西路清军采买军需粮食主要是在河西、西宁，再就是宁

① （清）杨应琚撰，崔永红校注：《西宁府新志》卷8，《地理志（六）》，青海人民出版社2016年版，第147页。

② （清）傅恒等奉敕纂：《平定准格尔方略》，前编卷之二，全国图书馆文献微缩复制中心1990年版，第52页。

③ 《清圣祖实录》卷282，康熙五十七年十二月壬子，中华书局1985年版，第756页。

④ 中国第一历史档案馆编译：《康熙朝满文朱批奏折全译》，康熙五十四年六月十四日，议政大臣苏努等奏报备办进剿军需折，中国社会科学出版社1996年版，第1025页。

⑤ 《宫中档雍正朝奏折》，雍正三年十一月十六日，甘肃巡抚石文焯奏报购米储备折，“台北故宫博物院”1979年印行，第五辑，第384页。

⑥ （清）傅恒等奉敕纂：《平定准格尔方略前编》卷之二，全国图书馆文献微缩复制中心1990年版，第337页。

⑦ 《（乾隆）续增靖远县志》卷1《祥异》，《中国地方志集成·甘肃府县志辑》，凤凰出版社2008年版，第15册，第302页。

⑧ 《（乾隆）通渭县志》卷1《灾祥》，《中国地方志集成·甘肃府县志辑》，凤凰出版社2008年版，第9册，第17页。

夏府、平凉府。雍正七年至九年，“雍正七年，武威县采买粳米，又武威、永昌、古浪三县采买粟米。雍正八年，武威县采买雍正九年应需粳米、粟米。武威、永昌、镇番、古浪四县采买雍正九年应需粟米”。①

从雍正七年开始，甘肃仍有局部歉收的情况，例如雍正八年，靖远县，“禾稼茂盛，大生鼠虫，食禾殆尽”②。雍正八年，古浪县，“雨雹，二坝伤禾麦”③。雍正九年，庆阳县，“秋禾不实。八月二十日，霜，歉收”④。雍正九年，宁夏，“宁夏上岁冬间雪大，今岁春间无雨，米价稍觉腾贵”⑤。雍正十三年，清水县，“水灾”。⑥ 雍正十三年，礼县，“水灾”。⑦ 但局部歉收的情况对粮价的影响非常有限，对粮价产生影响的主要是大规模的军需采购，“甘、凉、肃承办军需总汇粮食，价增数倍”。⑧ “值军兴之际，物价未免稍昂，民力尚未饶裕”⑨。雍正七年以后，清军不得已在河西采买、屯种，河西走廊成为军需补给最近的区域。雍正七年之前，军需采购已经影响到了粮价，雍正七年，嘉峪关外的沙州收成较好，粮价较低，小麦每京石市价银一两二钱六分。⑩ 以肃州为例，肃州离嘉峪关较近，西路清军所有的兵马、夫役俱从嘉峪关出

① 中国第一历史档案馆编：《雍正朝内阁六科史书·户部》雍正十年六月十七日，办理西路军需督察院左副都御史孔毓璞题采买驻凉满兵应需粮料不敷银请于临省拨解本，广西师范大学出版社 2007 年版，第 8 册，第 481—483 页。

② 《（乾隆）续增靖远县志》卷 1《祥异》，《中国地方志集成·甘肃府县志辑》，凤凰出版社 2008 年版，第 15 册，第 302 页。

③ 《（乾隆）古浪县志》卷 37《祥异》，《中国地方志集成·甘肃府县志辑》，凤凰出版社 2008 年版，第 38 册，第 402 页。

④ 《（乾隆）新修庆阳府志》卷 37《祥异》，《中国地方志集成·甘肃府县志辑》，凤凰出版社 2008 年版，第 22 册，第 467 页。

⑤ 夏普明主编：《中国气象灾害大典·宁夏卷》，气象出版社 2007 年版，第 26 页。

⑥ 《（乾隆）清水县志》卷 11《灾祥》，《中国地方志集成·甘肃府县志辑》，凤凰出版社 2008 年版，第 33 册，第 302 页。

⑦ 《（乾隆）直隶秦州新志》卷 6《灾祥》，《中国地方志集成·甘肃府县志辑》，凤凰出版社 2008 年版，第 29 册，第 142 页。

⑧ 刘郁芬修，杨思、张维等纂：《甘肃通志稿·甘肃军政志》，《西北稀见方志文献》第 28 卷，兰州古籍书店 1990 年版，第 401 页。

⑨ 席裕福：《皇朝政典类纂》卷 22，《田赋二十二·屯田·西路屯田》，台北：文海出版社 1982 年版，第 586—587 页。

⑩ 《宫中档雍正朝奏折》，雍正七年十二月初七日，宁远大将军岳钟琪奏报购买小麦收贮折，“台北故宫博物院” 1979 年印行，第十五辑，第 231—232 页。

口，必先住歇肃州，而本地粮食出产并不多，肃州驻军首先就是粮价波动的受害者，肃州兵丁折色粮料。原定折色价格，“粟米每市斗一斗价银七钱，折京斗一斗价银二钱九分四厘，豌豆每市斗一斗价银九钱，折京斗一斗价银三钱七分八厘。每小草一束价银三四分不等。是现今肃州市价较之从前原长数倍”①。“肃州乃弹丸之区，产量有限。今岁军兴以来，大兵过往五方云集。食用浩繁，以致市价腾贵数倍，标兵额食本色少而折价色多，每石折支银两实不敷籴买本色二三斗之用。”查郎阿请求按照口外安西兵丁增加折色，获准。② 在军需补给的影响下甘肃尤其是河西走廊粮价持续保持高位的状况一直持续到雍正十三年平准战争结束。

第三节　西路军需补给与赋役蠲免

清代陕甘灾害频繁，尤其是旱灾。1644—1949 年，陕甘共发生 189 次旱灾，三年两旱；甘宁青地区共发生旱灾 203 次，也是三年两旱。本时期西北地区大致有 12 个较大的旱灾期。1720—1721 年，即康熙五十九、六十年，1745—1759 年，即清高宗十年至二十四年为其中两个较大的旱灾期。③ 雍正朝恰处在两个较大的旱灾期中间。1723—1735 年，陕甘地区虽不完全是风调雨顺，但灾害大多只是在局部地区发生，清王朝在陕甘，尤其是在甘肃进行了大规模的赈恤，主要是因为平准战争期间，甘肃是西路清军“师行要道”“军需总汇”。甘肃自然条件差，地瘠民贫，灾害频繁，钱粮欠缺，清廷对甘肃社会加意蠲恤，雍正多次在蠲免甘肃赋役的上谕中赞扬甘肃民众在平准战争期间的贡献。雍正九年春正月：

谕内阁，朕思惠黎元之道，莫先于除赋蠲租，使万姓均沾渥泽。陕西甘肃二省，经理军需数年，凡米粮刍牧车马牲畜之类，皆动支

① 《宫中档雍正朝奏折》，雍正七年十一月二十二日，陕西总督查郎阿奏报肃州粮价并增给兵丁粮价银两折，“台北故宫博物院”1979 年印行，第十五辑，第 91—92 页。

② 《宫中档雍正朝奏折》，雍正七年十一月二十二日，陕西总督查郎阿奏报肃州粮价并增给兵丁粮价银两折，“台北故宫博物院”1979 年印行，第十五辑，第 91—92 页。

③ 袁林：《西北灾荒史》，甘肃人民出版社 1994 年版，第 68 页。

> 公帑备办，一丝一粟，不使扰民，然朕每念地方既有军务，纵不取办于民财，未尝不资藉于民力，而陕甘二省之民人，踊跃趋事，甚为可嘉。年来已屡降蠲赋之旨，兹特再沛恩膏。[①]

雍正十三年十月，鉴于陕甘民众在平准战争中"挽运军需粮饷。效力独多，其踊跃趋事之诚，甚属可嘉"，乾隆皇帝体恤陕甘民众，谕令总理事务王大臣会同九卿、定议具奏如何加恩陕甘民众。[②] 直到乾隆元年正月，乾隆皇帝还在上谕中道："甘省百姓连年承办军需，急公踊跃，甚属可嘉，皇考屡沛恩膏，朕亦深加体恤。[③]"

"甘肃兆民，被恩尤厚，数十年来，全蠲正赋，豁免旧欠，缓征平粜，借给籽种，发帑赈济。"[④] 雍正朝对甘肃的蠲恤分为蠲免赋役、赈恤。

一　西路军需补给期间的赋役蠲免

"蠲免之制有二：曰恩蠲，曰灾蠲。恩蠲者，遇国家庆典，或巡幸，或用兵，辄蠲其田赋。"[⑤] 雍正朝蠲免甘肃赋役主要有恩蠲、灾蠲，蠲免赋役主要有三种情况：一是蠲除积逋；二是因被灾按照分数蠲免；三是蠲免下一年赋役。

（一）蠲除积逋

雍正元年，按分数蠲免康熙六十年平凉等厅州县卫所被灾钱粮，自雍正元年为始，永行停止陕西、甘肃二属各州县卫所地丁银两额外征收银米。[⑥] 雍正九年，免雍正八年分西宁水灾额赋有差。[⑦]

雍正十三年十月，蠲免康熙六十一年起至雍正十二年至各属未完银

---

① 《清世宗实录》卷102，雍正九年正月戊辰，中华书局1985年影印本，第8册，第348页。

② 《清高宗实录》卷5，雍正十三年十月壬午，中华书局1985年影印本，第9册，第234页。

③ 《清高宗实录》卷11，乾隆元年正月癸丑，中华书局1985年影印本，第9册，第348页。

④ （清）许容监修，（清）李迪等撰，刘光华等点校整理：《甘肃通志》卷17《蠲恤》，兰州大学出版社2018年版，第651页。

⑤ 刘锦藻：《清朝续文献通考》，王云五：《万有文库（第二集·十通第十种）》，商务印书馆1936年版，第8363页。

⑥ （清）许容监修，（清）李迪等撰，刘光华等点校整理：《甘肃通志》卷17《蠲恤》，兰州大学出版社2018年版，第666页。

⑦ 《清世宗实录》卷104，雍正九年三月辛未，中华书局1985年影印本，第8册，第378页。

103000余两，未完粮95万余石，未完草990余万束。[①] 宽免肃州威虏堡维吾尔族民众七、八两年所借小麦1299石2斗。[②]

（二）因灾蠲免

雍正元年，按分数蠲免甘属古浪冰雹伤禾钱粮。[③] 雍正六年，照分数蠲免兰州厅并武威县冰雹打伤禾苗钱粮。[④] 雍正七年，免甘肃州县灾赋有差，照定例蠲免平番县、河州冰雹打伤禾苗钱粮，照分数蠲免平凉县夏秋禾、安定县秋禾被灾钱粮，蠲免河东、河西各属民户、屯户及番民等本年应征各项银粮草束，照例蠲免靖远厅并接收兰州卫等处地方秋禾被灾，豁免宁夏、西宁及甘凉肃、靖逆、赤金、柳沟等卫所额征本色。[⑤] 雍正八年，蠲免甘肃地丁钱粮，免征宁夏、河西四府州县暨肃州道属赤金、柳沟各卫所额征粮料、草束，蠲免甘属靖逆卫雍正八年应征粮、草，蠲免雍正八年河州厅、洮州卫、归德所、西宁府属、凉州府属应征番粮、草束。[⑥] 雍正九年，蠲免雍正九年甘肃所属额征地丁银。[⑦] 雍正十年，悉行蠲免甘省地丁银两及民屯粮草。雍正十一年，蠲免本色。雍正十二年，免固原属之平原所下马关及灵州花马池、中卫县香山、礼县大潭一里本年秋禾歉收额赋、所借口粮。[⑧] 雍正十三年，本年钱粮全行蠲免。[⑨]

---

① 中国第一历史档案馆编：《雍正朝汉文朱批奏折汇编》，江苏古籍出版社1991年版，第29册，第502件，第563—564页。

② （清）彭元瑞：《清朝孚惠全书（下）》，《蠲除积逋》卷57，北京图书馆出版社2005年版，第497—499页。

③ （清）许容监修，（清）李迪等撰，刘光华等点校整理：《甘肃通志》卷17《蠲恤》，兰州大学出版社2018年版，第666页。

④ （清）许容监修，（清）李迪等撰，刘光华等点校整理：《甘肃通志》卷17《蠲恤》，兰州大学出版社2018年版，第666页。

⑤ （清）许容监修，（清）李迪等撰，刘光华等点校整理：《甘肃通志》卷17《蠲恤》，兰州大学出版社2018年版，第668页。

⑥ 《清世宗实录》卷95，雍正八年六月己未，中华书局1985年影印本，第276页；（清）许谷监修，（清）李迪等撰，刘先华等点校整理：《甘肃通志》卷17，兰州大学出版社2018年版，第668页。

⑦ 中国第一历史档案馆编：《雍正朝汉文朱批奏折汇编》，江苏古籍出版社1991年版，第20册，第35件，第58页。

⑧ 《清世宗实录》卷150，雍正十二年十二月辛酉，中华书局1985年影印本，第8册，第861页

⑨ （清）彭元瑞：《清朝孚惠全书（中）》，《截拨裕食》卷47，北京图书馆出版社2005年版，第195页。

（三）蠲免来年赋役

就蠲免而言，雍正年间，规模最大的蠲免是蠲免当年额赋，蠲免积逋、蠲免下一年赋役的情况相对较少。雍正七年，免甘肃庚戌（八年）全年额赋。[①]

就蠲免原因而言，因旱灾蠲免的情况较少，这与陕甘官员奏报的雨雪状况基本上符合。

二　军需补给期间对甘肃的赈恤

雍正朝甘肃虽然并没有发生大的灾荒，但甘肃本来就地瘠民贫，正如甘肃巡抚石文焯所奏："惟是甘属地方土瘠民贫，通省额赋仅二十余万，当军兴多年之后，官民兵丁备极艰苦，又值连岁收成浅薄。"[②] 在这种背景下局部的灾害也会加剧民众的生活困苦，清王朝并没有因忙于平准战争忽略了对灾民的赈恤，由于承办军需，清廷对甘肃的灾荒可以说是加意抚恤。正如雍正十年七月，雍正给内阁的上谕："甘肃地方，年来预备军需，虽事事取办于公帑，而百姓输挽效力，亦甚勤劳，朕心轸念，屡加恩泽……因念甘肃为军需总汇之区，百姓急公趋事，所当格外加恩。"[③]

雍正年间，对甘肃的赈恤都主要以水、冰雹灾、虫灾、瘟疫引起的损失为主，对因旱灾引起粮价波动的赈恤亦有。雍正三年六月，西宁、平番二县所辖境内有数处村堡因初遭受冰雹，甘肃巡抚石文焯饬地方官吏踏勘后加意抚恤，复委西宁道赵世锡前往查勘灾情后酌给籽种，令其及时补种荞麦，并缓征当年额赋。[④] 雍正四年四月初，岷州雹雨损伤田禾、房屋，甘肃巡抚石文焯委派巩昌府通判张弘勋查勘后，"酌给籽种

---

① （清）许容监修，（清）李迪等撰，刘光华等点校整理：《甘肃通志》卷17，兰州大学出版社2018年版，第667—668页。

② 中国第一历史档案馆编：《雍正朝汉文朱批奏折汇编》，雍正三年六月二十八日，甘肃巡抚石文焯奏报夏禾收获秋禾茂盛折，江苏古籍出版社1989年影印本，第5册，第415—416页。

③ 《清世宗实录》卷121，雍正十年秋七月壬辰，中华书局1985年影印本，第8册，第595页。

④ 《宫中档雍正朝奏折》，雍正三年六月二十八日，甘肃巡抚石文焯奏报夏收分数折，"台北故宫博物院"1979年印行，第四辑，第583页。

屋价加意抚绥”[①]。宁夏府属之宁夏、宁朔二县，巩昌府之安定县遭受雨雹，甘肃巡抚石文焯委派宁夏道陈履中，巩昌府知府王汉周等踏勘情形，“查明伤损田禾之民人酌给资助加意抚恤”[②]。雍正十年闰五月间，甘肃临、巩、平凉、西宁所属州县，遭受暴雨冰雹，伤损田禾，西宁、碾伯二县的麦豆又遭受虫灾，甘肃巡抚许容委员查勘后抚绥。雍正帝谕旨：“甘省预备军需，而州县中，又有被灾歉收之处，该督抚须多方赈恤。毋使贫民失所。”[③] 雍正十年七月，雍正帝听闻兰州、平凉、西宁等府所属州县内田禾有雹损虫伤之处，“已谕该督抚留心赈恤，停止催科”[④]。雍正十一年，秦州属秦安县崇新里王家庄山水陡发，淹死男妇大小九口，田禾房屋亦有冲坏，庞家庄、师家庄、高家庄人口房屋损坏田禾亦有微伤，动给该县公用粮 26 石，银 21 两抚恤，“将所伤人口大口给银二两小口给银一两，所冲房屋每间给银五两，口食不足之民每名给粮二斗，加意赈恤”[⑤]。雍正十一年，兰州因雍正十年冬雪少，粮价昂贵，民众生活颇为艰难。兰州巡抚许容提出“凡有缺乏口粮籽种者俱行酌量借给，而市粮稀少之地亦皆发仓平粜”[⑥]。当年，凉州府平番县秋成歉薄，平番市集无粮粜卖，平番县知县张梦水将存贮减粜粮价银 650 两发给里民，令向邻邑买粮运粜，以济民食。平番并无仓贮粮石为接济赤贫之民。陕西总督刘於义随檄饬布政司，速令平番县知县张梦水确查正实贫民，动用社仓减粜存剩粮 1100 余石，“按计户口大小，动用社仓余剩粮石酌量借给，并已檄布政司于邻近州县仓贮内动用脚价转搬接济”[⑦]。

---

① 《宫中档雍正朝奏折》，雍正四年五月初一，甘肃巡抚石文焯奏报地方雨水折，“台北故宫博物院”1979 年印行，第五辑，第 887 页。

② 《宫中档雍正朝奏折》，雍正四年九月二十日，甘肃巡抚石文焯奏报秋收折，“台北故宫博物院”1979 年印行，第六辑，第 620 页。

③ 《清世宗实录》卷 120，雍正十年六月癸未，中华书局 1985 年影印本，第 8 册，第 591 页。

④ 《清世宗实录》卷 121，雍正十年秋七月壬辰，中华书局 1985 年影印本，第 8 册，第 595 页。

⑤ 《宫中档雍正朝奏折》，雍正十一年八月十六日，兰州巡抚许容奏报地方收成并赈恤秦安被水灾民折，“台北故宫博物院”1979 年印行，第二十二辑，第 6 页。

⑥ 《宫中档雍正朝奏折》，雍正十一年二月二十六日，兰州巡抚许容奏报地方得雨折，“台北故宫博物院”1979 年印行，第二十一辑，第 173 页。

⑦ 中国第一历史档案馆：《历史档案》2004 年第 4 期，署理陕西总督刘於义为平番县借动减粜银两及社仓粮石事奏折，雍正十年十一月二十四日，雍正朝设立社仓史料（下）。

六月，秦州属之秦安县王家庄，“山水陡发，淹死男妇大小九名口，田禾房屋亦有冲坏”①。沙洲因山水骤发，冲决永丰渠口，冲损房舍五百七十八间。② 雍正十二年八月，西宁府属西宁县沙塘川地方七月初因暴雨导致山土坍塌，压伤民人包玉章、包孟章等大小12口，18间房屋，并牛只农具口粮等。七月初五，庆阳府属宁州中村堡亦因暴雨冲入堡内，民人李如良家大小6口被渰伤，其余30余家被渰，家具、口粮亦被水浸漫。许容行文布政司飞饬各该府，“按所伤人口大小给棺木银二两，小口给棺木银一两，并将损伤房屋牲畜器具酌给银两加意安顿，仍给各口粮以资食用，统于公用项下核实报销”。庆阳府属之环县各乡夏田收成不足5分，许容随即饬令庆阳府知府刘运昌“将应征钱粮暂缓征比，并查照减收应免分数在于公项内拨补，或有口食不继之民即动发社仓酌量借给”③。雍正十二年春，兰州、平番以及西宁等处因冬天降雪较少，暖冬导致牛羊微有疫病，西宁所属两县一卫传染较多。前据西宁道杨应琚禀议请借动社仓粮石，按牛只倒毙之多寡，酌量散给易买驴头，以济农务。④ 雍正十二年十二月，因本年分秋禾歉收，赏给陕西固原属之平原所下马关、灵州花马池、中卫县香山、礼县大潭一里贫民口粮。⑤ 雍正十三年，甘肃省歉收，雍正谕令蠲免地丁钱粮之外，又将本年额征本色粮石缓至来年夏收，后命许容等根据年岁光景奏闻再行征收，“更令于冬底明春动用仓储借给米粮务令户口有资”⑥。九月，兰

---

① 中国第一历史档案馆编：《雍正朝汉文朱批奏折汇编》，雍正十一年八月十六日，兰州巡抚许容奏闻收成分数并赈恤秦安县被水灾民情形折，江苏古籍出版社1991年版，第24册，第795件，第934页。

② （清）黄文炜：《重修肃州新志》，乾隆二年（1737）刻本，《中国地方志集成》第48册，凤凰出版社2008年版，第201页。

③ 《宫中档雍正朝奏折》，雍正十二年八月十二日，兰州巡抚许容奏报西宁地方遭雨成灾并赈恤情形折，“台北故宫博物院”1979年印行，第二十三辑，第397页。

④ 《宫中档雍正朝奏折》，雍正十二年二月初四日，兰州巡抚许容奏报地方得雨情形折“台北故宫博物院”1979年印行，第二十二辑，第576页。

⑤ 《清世宗实录》卷150，雍正十二年十二月辛酉，中华书局1985年影印本，第8册，第861页。

⑥ 中国第一历史档案馆编：《雍正朝汉文朱批奏折汇编》，雍正十三年十一月二十一日，兰州巡抚许容奏请动发社仓粮石赈济固环无业之民及安插移民折，江苏古籍出版社1989年影印本，第30册，第5件，第7页。

州、西固厅及平凉府、固原州、环县诸处歉收，百姓生活艰苦。“著传谕该督抚等于蠲免额粮外，加意扶绥，作何赈恤之法，务使乏食穷民均沾实惠”①。平凉府所属厅州县并巩昌府属西固厅、庆阳府属环县及宁夏府灵州花马池、石沟等堡、中卫香山一带收成稍歉，除将各该处本年额征本色粮石缓至来年夏收后根据年岁光景再行征收，“至于冬底明春，恐此数收诸处有乏食之百姓，著该督抚系行查勘用仓储借给米粮，务令糊口有资，不致失所。又闻固原、环县等处之民，移就邻村营生者，著该地方官安插料理，至来年青黄之时该督抚尤宜留心体察善为抚恤，毋得疏忽”②。许容檄行藩司转行该道府将在固环本地无业之民及移就邻封随地安插之民实在无计营生者查明人口数目，“按照定例动拨社仓粮石自本年十二月初一日起至来年二月底止，大口日给三合小口日给二合，赈给三个月口粮”③。灵州之花马池及石沟等八山堡、中卫香山、庆属环县，除特旨全行蠲免本年地丁银两外，平凉府并西固、环县纳额粮27358石，河西、花马池、石沟等堡亦有额粮1618石零，缓至来年夏收后再行催征充饷，再固原、环县、西固、花马池、石沟、香山等处百姓冬底明春须接济，“已饬该道府率有司确查乏食之家借散两月口粮，如有不足再酌给一两个月，俾令口食有资”④。雍正十三年春夏之交，雨泽衍期，水草缺乏，雍正皇帝担心甘肃河东百姓就食陕西，陕西史贻直、硕色飞饬各属对到陕西的甘民安插照料，“兹据陇州、汧阳二州县已报有固原等处旧食贫民一百五十三名口”⑤。

陕甘民众在平准战争中受益，“肃州军兴以来，运粮车夫，采割草

---

① （清）彭元瑞：《清朝孚惠全书（中）》卷27，《偏隅赈借一》，北京图书馆出版社2005年版，第195页。

② （清）彭元瑞：《清朝孚惠全书（上）》卷12，《偏隅蠲缓一》，北京图书馆出版社2005年版，第403页。

③ 中国第一历史档案馆编：《雍正朝汉文朱批奏折汇编》，雍正十三年十一月二十一日，兰州巡抚许容奏请动发社仓粮石赈济固环无业之民及安插移民折，江苏古籍出版社1989年影印本，第30册，第5件，第7页。

④ 《宫中档雍正朝奏折》，雍正十三年八月二十二日，兰州巡抚许容奏报地方收成并缓征地方钱粮折，“台北故宫博物院”1979年印行，第二十五辑，第210页。

⑤ 《宫中档雍正朝奏折》，雍正十三年六月，史贻直奏报扶绥甘肃灾民折，“台北故宫博物院”1979年印行，第二十四辑，第838页。

束夫役，俱系陕甘无业贫民，流寓佣作，以为度日之计，不下万人”①。雍正十三年六月，署陕西总督刘於义奏称，西路清军回撤后，这些流寓佣作的穷民，难以自给，令沿途地方官，给与口粮，解送回籍安插。②

除对受灾民众进行赈恤外，平准战争期间，对甘肃的地方官抚恤，雍正七年九月，“命将甘肃西宁、大同、历年军需各案应赔倒毙驼只银两，全行豁免”③。甘省自康熙三十四年起至五十七年间，因供应喇嘛、赈济贫民以及军需脚价买借驼马等项，借动银两议定扣捐官役俸工还项，迄今未经完补银两尚有87000余两，乾隆考虑到若照旧扣解此项未完银粮还需数年方能扣清，而县令等基层官吏生活匮乏，“著该部及行文该省督抚将未经扣完银粮八万七千有零，自乾隆元年为始，停其扣捐，以示朕加惠甘省官吏之至意”④。

为使赈恤落到实处，雍正七年十一月，雍正帝派兵部尚书查弼纳前往往陕总理稽查军需诸务，惩处侵欺扰民地方官、扰累民间的棍徒胥役，题参怠忽迟延军务的文武员弁。⑤ 雍正警告官吏不要侵蚀中饱，“该督抚等务体朕心，督率有司，敬谨奉行，俾秦民均沾实惠。傥有豪胥猾吏，舞弊作奸，使泽不下逮者，经朕访闻，定将该管大小官员，严加议处”。⑥

总之，平准战争期间，尤其是雍正朝平准战争期间，甘肃因承办军需，清王朝对甘肃的赋役进行大规模蠲缓，对甘肃的灾荒加意抚恤。清王朝对甘肃的惠政，给清代甘肃的社会经济发展提供了良好的环境。

---

① 《清世宗实录》卷157，雍正十三年六月壬辰，中华书局1985年影印本，第8册，第926页。

② 《清世宗实录》卷157，雍正十三年六月壬辰，中华书局1985年影印本，第8册，第926页。

③ 《清世宗实录》卷86，雍正七年九月戊寅，中华书局1985年影印本，第8册，第145页。

④ （清）彭元瑞：《清朝孚惠全书》卷57，《蠲除积》，北京图书馆出版社2005年版，第846册，第736页。

⑤ 《清世宗实录》卷88，雍正七年十一月戊子，中华书局1985年影印本，第8册，第184页。

⑥ 《清世宗实录》卷121，雍正十年秋七月壬辰，中华书局1985年影印本，第8册，第595页。

第四节 军需补给与马场的设立

一 平准战争期间马匹损耗

在马厂设立之前，甘肃各督标、八旗、镇标、抚标均有牧厂。雍正七年，西路军出口所需牲畜数量巨大，陕甘各镇标、州县都承担喂养牲畜的任务。购买的马匹、驼只先要被放在牧厂放养，然后解送口外。各标营放养马匹是以四月初一日放厂，放厂期间停止支给草料，九月初一日收槽后再支给料豆。但甘肃河西气候较冷，四月间草枯水干，雍正十年，二格奏请将马匹下厂日期改为五月初一日，即使如此，马匹解送到肃挑选时往往膘壮者少，皮瘦者多，不论是从鄂尔多斯直接解送赤金，还是从陕甘各镇标解送肃州再解送大营，长途远距离跋涉，马匹的损耗非常高，以江宁、荆州驻防八旗官兵为例，江宁八旗官兵1000名、荆州八旗官兵1000名于雍正十一年四月初自肃起程。[①] 自肃州出口时，江宁八旗官兵合计马、骡4276匹头，荆州八旗官兵合计马、骡3243匹头，抵塔尔纳沁后，江宁八旗官兵沿途及抵塔尔纳沁倒毙马、骡562头，丢失马、骡492匹头，又自塔尔纳沁赶赴牧场丢失马、骡196匹头，共倒毙丢失马、骡1250匹头。荆州八旗官兵沿途倒毙丢失马、骡392匹头，又自塔尔纳沁赶赴牧场丢失马、骡237匹头，共倒毙马、骡629匹头。雍正十一年七月初旬，江宁八旗官兵倒毙马、骡79匹头；八月，倒毙马、骡254匹头。荆州八旗官兵倒毙丢失马骡419头。由于两营所存马骡亦多疲瘦，不能留在塔尔纳沁过冬，挑选可用者存留在营，其余疲瘦及马、骡赶赴呵呵沙石牧放。查点之后江宁八旗官兵续倒毙伤损马骡2239匹头。荆州八旗官兵续又倒毙马骡153匹头，只剩马骡1963匹头，除挑留塔尔纳沁大马800匹，骡100头外，赶赴呵呵沙石之马骡1053匹头。赶赴呵呵沙石，江宁八旗官兵倒毙马骡879匹头，只剩220匹头。荆州八旗官兵赶赴呵呵沙石马骡倒毙917头，只剩149匹头，计算两营赶赴呵呵沙石之

---

① 中国第一历史档案馆编：《雍正朝汉文朱批奏折汇编》，雍正十一年四月初八日，署陕西总督刘於义奏闻官兵护送头起回民到达安西日期折，江苏古籍出版社1989年影印本，第24册，第35件，第293页。

马骡，江宁八旗官兵已倒毙 8/10，荆州八旗官兵已倒毙 9/10，挑留塔尔纳沁的马匹，江宁八旗官兵原留马 1030 匹，又据报倒毙 265 匹，仅存 765 匹，原留骡 110 头俱已倒毙无存；荆州八旗官兵原留马 800 匹，又据报倒毙丢失 239 匹，仅存 561 匹。原留骡 100 头仅存 16 头。亦甚疲瘦，“合计留存塔尔纳沁及赶赴呵呵沙石牧放者江宁只有马骡九百八十五匹头，荆州只有七百二十六匹头，较之原出口时骑驼之数，以十分核算所仅存止二分有奇，且疲瘦不堪应用者十之八九”①。如此高的损耗，导致清军对马匹的需求量非常高，不得不从鄂尔多斯、归化城购买。连年西路军需调解马匹，陕甘两省购觅甚难，俱从北路归化城等处解送，由于路途遥远，马匹的死亡率也非常高。雍正十二年，西路大营不敷马 15000 匹。由鄂尔多斯采买解送赤金之马沿途倒毙 6000 余匹，其解送到赤者也皮瘦瘠瘤，不堪应用。② 在归化、鄂尔多斯购买羊只、马匹等牲畜，除一部分运送肃州，转运大营外，一部分在陕甘喂养，陕甘各镇标都有自己的马厂，额外拴养马匹，以备不时之需。各标营俱以马匹放厂，九月初一日始行收槽，但解肃再转运大营，仍然膘壮者少，疲瘦者多，无法适应前线需要，“不惟糜费钱粮且长途远涉，难免疲乏之瘦损之弊”③，所以，寻求离边疆道里近便，成本低廉的军需马匹对西北清军来说比较迫切。

二　平准战争与马厂的设立

雍正十二年八月，平准战争尚在进行中，刘於义上奏折，追述前代在西北养马的历史，请求在甘州一提、凉州、西宁、肃州三镇分设马场四处，每场各买骒马 1000 匹，儿马 200 匹，各派游击总理其事，本营千

① 中国第一历史档案馆编：《雍正朝汉文朱批奏折汇编》，雍正十二年二月十七日，署宁远大将军查郎阿等奏参江宁荆州两满营丢失倒毙马骡官员折，江苏古籍出版社 1989 年影印本，第 25 册，第 697 件，第 899—901 页。

② 中国第一历史档案馆编：《雍正朝汉文朱批奏折汇编》，雍正十一年十二月二十六日，署陕西总督刘於义等奏报署大将军查郎阿檄调马匹及办理情形折，江苏古籍出版社 1989 年影印本，第 25 册，第 678 件，第 870—873 页。

③ 中国第一历史档案馆编：《雍正朝汉文朱批奏折汇编》，雍正十二年八月初三日，署陕西总督刘於义奏请于黄羊川等处设置马厂牧马以裕边防折，江苏古籍出版社 1989 年影印本，第 26 册，第 654 件，第 782—783 页。

把为牧长、牧副，本营兵丁为牧丁，管理放养马匹。

四处马场分别设在摆羊戎、花海子、大草滩、黄羊川地方，每处各设马厂一处，每场先采买骒马1000匹，儿马200匹，以为牧放孳生之用。儿骒马匹在西宁口外及陕、甘内地购觅，骒马每匹约需价银8两，儿马每匹约需价银12两。摆羊戎马厂交西宁镇经理，大草滩马厂即交甘提标经理，黄羊川马厂即交凉州镇经理，花海子马湃带湖马厂虽系安西镇所属地方，但去安西寮远，至嘉峪关止二百里，应就近交肃州镇经理，安西镇防护。每场各派游击一员，总理其事。本营千把担任牧长、牧副，本营兵丁担任牧丁，"每年以资生马匹之多寡定各提镇之殿最。如此经理数年马匹蕃息于边疆，防守永远有益"①。

当年，骒马2640匹由鄂尔多斯解送横城口，雍正十二年十一月至十三年六月，鄂尔多斯解来骒马陆续交清，署督刘於义照数接收，分给各提镇牧放孳生，其余不敷儿、骒马匹俱令各提镇照数买补。经署甘州提督二格，署凉州镇副将马纪师、署西宁镇散秩大臣范时捷、肃州镇总兵沈力学酌商后，马群的分群按照太仆寺考成条例。

> 每厂骒马一千匹，儿马二百匹，共儿、骒马一千二百匹，照太仆寺条例分群数目酌议，每厂因分为五群，每群骒马二百匹，儿马四十匹，马数无多，不必设立旗长翼长，止派游击一员统率料理，每群派千总或把总一员为牧长，外委一员为牧副，兵丁十名为牧人，令其长川牧放，统以三年为期考核，孳生多寡以定赏罚。②

关于考核，太仆寺条例规定：三年内每3匹马取孳生马1匹，条例比较含糊，考核标准采取《大清律·孳生马匹条例》："凡上驷院太仆寺所管游牧马群，每三年整顿一次，不论骒马、儿马、马驹每三匹内核算当

① 中国第一历史档案馆编：《雍正朝汉文朱批奏折汇编》，雍正十二年八月初三日，署陕西总督刘於义奏请于黄羊川等处设置马厂牧马以裕边防折，江苏古籍出版社1989年影印本，第26册，第654件，第782—783页。

② 中国第一历史档案馆编：《雍正朝汉文朱批奏折汇编》，雍正十三年十一月十五日，署陕西总督刘於义奏报遵旨接收鄂尔多斯骒马情形并请酌定孳生马匹考成条例折，江苏古籍出版社1989年影印本，第29册，第775件，第893—899页。

孳生马一匹等语，自因遵照不论骒马儿马马驹每三匹核算孳生马一匹，不得单以骒马核算”①。除此之外，对兵丁的饷银，官弁的赏罚条例作了修改。马厂各兵，每兵每月给银 3 钱添补鞋袜。牧兵内小心勤慎历久不懈者，各提镇于公费银内自行犒赏。今派标营将弁千把外委酌量议叙，兵丁酌量赏给银两。

河西各提镇设立马厂放养马匹成效还是显著的，甘肃提督豆斌查标原设孳生儿骒马 1230 匹，自乾隆元年起至十五年考成，孳生儿骒马 3990 匹，未经印烙孳生马驹 1686 匹，俱在大草滩一带牧放。又原设孳生并备战驼大小共 1782 只，俱在山丹硖口新河一带牧放；又本标营马 4173 匹俱在扁都口外野马川、古佛寺一带牧放，以上孳生并营马 12800 匹。②

① 中国第一历史档案馆编：《雍正朝汉文朱批奏折汇编》，雍正十三年十一月十五日，署陕西总督刘於义奏报遵旨接收鄂尔多斯骒马情形并请酌定孳生马匹考成条例折，江苏古籍出版社 1989 年影印本，第 29 册，第 775 件，第 893—899 页。

② 《宫中档乾隆朝奏折》，乾隆十七年七月廿四日，甘肃提督豆斌奏报俟夷商回巢后亲身查阅马驼过冬草场折，“台北故宫博物院” 1982 年印行，第三辑，第 440—441 页。

结　语

从康熙三十五年清廷对准噶尔用兵开始，军需补给一直是困扰清军的重大问题。从雍正二年开始，清廷不断对西北用兵，先是平定青海，继尔清军进藏。雍正七年，西路、北路两路清军西征准噶尔。雍正朝西路军需补给正是在清廷持续用兵的背景下进行的。就雍正七年到雍正十三年西路军需补给而论，雍正朝西路军需补给比较成功。雍正朝西路军需补给的成功。首先在于雍正朝吸取了康熙朝军需补给的经验教训，设置了专门的机构——军机处，提前筹划军需补给，并设专门的大员负责军需补给；其次，雍正朝西路军需补给的成功，乃至平准战争军需的成功补给离不开康雍乾时期社会经济的繁荣，综合国力的强盛。平准战争是一场持久战，战争前后六十余年，清王朝与准噶尔汗国的战场逐渐西移。随着战场向西移动，清军的补给线不断向前延伸，补给线路途遥远，沿途自然环境恶劣，补给过程更加艰难，清王朝在平准战争期间国库充盈，平准战争耗费了清王朝大量的白银。可以说，没有康、雍、乾时期清王朝的强盛，就不可能取得平准战争持久战的最终胜利；再次，平准战争中，西路军需补给的成功，离不开内地民众，尤其是陕甘民众对统一战争的支持。西路清军所需的大部分粮食、一部分马匹、羊只、骆驼、牛只等牲畜补给主要来源于陕甘，陕甘民众为西路清军提供了大量的粮食、牲畜等军需物资。清军西路军需的补给主要依托台站，采用官方运输与民间商人运输相结合的方式。在军需运输过程中，陕西、甘肃民众不畏艰辛、不惧寒暑，长途跋涉千里，利用驴子、牛只等畜力作为动力，借助简陋的运输工具源源不断地将巨量军需物资运送到西路前线，支持清王朝经略西北边疆，维护国家统一的战争。当然，雍正朝陕甘相对良好的气候条件是西路军需补给成功不可或缺的因素。

军需补给的对象主要是前线的清军，亦包括驻扎河西走廊、西宁府、青海柴达木盆地应援的清军。西路军需不仅供给清军将士，还接济运输军需的运户。平准战争期间，为避免吐鲁番的维吾尔人遭受兵燹，清廷将他们迁徙到河西走廊。军需物资亦周济东迁的吐鲁番维吾尔人。清军也接济游牧的蒙古族民众。

雍正朝西路军需的补给区域逐渐西移，由康熙朝的河南、陕西等地西移到陕西西安府、凤翔府（宝鸡）、甘肃河东、河西诸府州，乃至哈密、吐鲁番、巴里坤等地。

清代前期，甘肃社会经济贫乏，尤其是河西走廊人烟稀少，供给有限，清军应援军队驻扎在河西走廊。出于供给军需的需要，清军将屯田的区域从河西走廊的凉州、甘州、肃州拓展到哈密、吐鲁番、乌鲁木齐。西路清军的军需粮食需求多样化，西路清军从不同的区域采办军需粮饷。粳米主要在宁夏府采买，甘州、肃州、高台供应一小部分。由于西路清军大量开垦屯田，青稞的供给区域也发生了变化，由兰州府、西宁府逐渐转到河西走廊以及巴里坤等地，而小麦主要在甘肃河东诸府采办；雍正九年以后，随着西路军需的增加，甘肃仓贮不足，粮石供不应求，捐纳成为解决军需的一种方式，但捐纳在军需中所占比重很小，西路军需的供给区域逐渐扩大到陕西南部地区。西路军需补给刺激了屯田，但屯田生产的粮食作为军需补给，供应战争具有一定的滞后性，屯田在西路军需补给中所占的比重是逐渐增加的，直到战争末期，屯田的作用，尤其是河西屯田才在军需补给中显现出来。

西路清军牲畜的补给由于所需牲畜种类的不同，其来源则呈现出多元化趋势。在战争初期，西路清军乘骑的马匹主要由陕西、甘肃的驻军提供。后续所需马匹、驼只、主要由鄂尔多斯及蒙古各部供给，牛、羊的采买区域主要集中在陕甘地区；用来运输军需的骡头、驴子的采买更是涉及河南、河北等北方多个省份。

西路军需补给对陕甘社会经济的影响深远。甘肃是西路军需主要的补给区，就甘肃社会经济而论，西路军需的补给刺激了甘肃社会经济的发展。就甘肃的农业而言，在平准战争之前，甘肃地广人稀。雍正朝在河西设置郡县，大量向河西移民。为解决军需，西路清军在河西走廊的凉州府、甘州府、肃州、关西，移民屯田，河西走廊的屯田规模不断扩大，平准战争过后，这些屯田民地化，河西走廊的垦田面积大大扩充，提升了河西走廊的农业发展水平；在战争过程中，清王朝意识到牲畜短缺的问题，为解决牲畜的补给，清王朝在河西设立马场，推动了河西畜牧业的发展。大量甘肃民众自觉或不自觉地参与到军需的生产、运输过程中，在军需补给中获取收益，凭此，提高了他们的生活水平。

平准战争中大量白银以购买军需补给的方式消耗在甘肃。甘肃货币供应量增加，对粮食、牲畜等军需物资的需求直接刺激了甘肃农业生产、畜牧业的发展，影响了甘肃物价的波动、加速了甘肃的商品流通，提高了甘肃粮食市场的发育、整合程度。大量白银消耗在甘肃，还吸引了大量外来人口进入甘肃，再加上社会安定，甘肃人口持续增长，推动了社会经济的发展。承担军需补给无法避免地加重了民众的负担。在战争过程中及战后，清王朝为减轻甘肃民众的负担，不断蠲缓甘肃民众的赋役，民众从平准战争军需补给中获益，增加了民众对清王朝的国家认同。此外，甘肃由“边陲”转变为内地的进程加快。

毫无疑问，平准战争时期是清代甘肃社会经济发展最为迅速的时期，清代甘肃社会经济的发展离不开清王朝对西北边疆的经略。

参考文献

一　古籍档案

（清）阿桂、（清）和绅：《钦定户部军需则例》，《续修四库全书》第857册，上海古籍出版社2002年版。

（清）拜斯呼朗纂修：《乾州新志》，雍正五年刊本影印，华北地方志第292号。

陈高华、张帆、刘晓、党宝海点校：《元典章》，中华书局·天津古籍出版社2011年版。

长白椿园氏：《新疆舆图风土考》，光绪八年上海点石斋石印本影印，西部地方志第4号。

（清）祁韵士编纂：《西陲总统事略》，台北：成文出版社1968年版。

（清）常星景：《隆德县志》，康熙二年抄本，华北地方志第334号。

陈赓亚著，甄暾点校：《西北视察记》，甘肃人民出版社2002年版。

陈鸿宾等纂修：《渭源县志》，民国十五年抄本影印，华北地方志第326号。

（清）陈士桢修：《兰州府志》，道光二十年刊本影印。

（清）陈之骥：《靖远县志》，道光十三年刊本，华北地方志第551号。

（清）达灵阿修，（清）周方炯纂：《重修凤翔府志》，乾隆三十一年刊本影印，华北地方志292号。

（清）高弥高等纂修：《肃镇志》，顺治十四年抄本影印。

（清）高蔚霞修，（清）苟延诚纂：《通渭新志》，华北地方志第330号。

（清）耿喻修、（清）郭殿邦：《金县志》，康熙二十六年抄本影印，华北地方志第325号。

顾颉刚著，达浚、张科点校:《西北考察日记》，甘肃人民出版社 2002 年版。
(清) 呼延华国:《狄道州志》，乾隆二十八年修，华北地方志第 324 号。
(清) 黄璟、(清) 朱逊志等纂修:《山丹县志》，清道光十五年抄本，华北地方志第 347 号。
(清) 黄泳第:《成县新志》，乾隆六年刊本，华北地方志第 332 号。
(清) 穆彰阿:《嘉庆重修一统志》，《四部丛刊》，中央编译出版社 2015 年版。
(清) 傅恒等奉敕纂:《平定准噶尔方略》，景印文渊阁四库全书，台北：台湾商务印书馆 2008 年版。
(清) 邱大英:《西和县志》，清乾隆三十九年抄本，华北地方志第 331 号。
(清) 邵陆:《庄浪县志》，乾隆三十四年抄本，华北地方志第 335 号。
《清实录》，中华书局影印本 1986 年版。
(清) 舒其绅修，(清) 严长明等纂:《西安府志》，乾隆四十四年刊本影印，华北地方志第 313 号。
(清) 苏履吉修，(清) 曾诚纂:《敦煌县志》，道光十一年刊本影印，华北地方志第 351 号。
"台北故宫博物院" 编:《宫中档雍正朝奏折》，"台北故宫博物院" 1979 年印行。
陶保廉著，刘满点校:《辛卯侍行记》，甘肃人民出版社 2002 年版。
(清) 王全臣纂修:《(康熙) 河州志》，清康熙十六年刻本影印。
(清) 王烜纂修:《陇州志》，清乾隆十一年修，民国重印本影印，华北地方志第 333 号。
(清) 王学伊纂修:《固原州志》，清宣统元年刊本影印，华北地方志第 337 号。
(清) 魏源:《圣武记》，中华书局 1984 年版。
(清) 吴鼎新修，(清) 黄建中纂:《皋兰县志》，清乾隆四十三年刻本。
(清) 徐敬:《续修会宁县志》，清道光二十年刊本影印，华北地方志第 327 号。
(清) 许容监修，(清) 李迪等撰，刘光华等点校整理:《甘肃通志》，兰州大学出版社 2018 年版。
（清）许协修，（清）谢集成纂：《镇番县志》，道光五年刻本，华北地方志第 343 号。
（清）伊桑阿等纂，关志国、刘震缨点校，杨一凡、宋北平主编：《大清会典（康熙朝）》，凤凰出版社 2016 年版。
（清）佚名纂修：《玉门县志》，华北地方志第 339 号。
（清）殷化行：《西征纪略》，清道光三年刻本。
（清）袁大化修，王树枏、王学曾纂：《宣统新疆图志》，凤凰出版社·上海书店·巴蜀书社 2018 年版。
《元史》，中华书局 1976 年版。
（清）张伯魁：《直隶肃州新志》，嘉庆十四年刊本，华北地方志第 563 号。
张伟仁主编：《明清档案》，台北："中研院"历史语言研究所，1986 年。
（清）张美修，曾钧等纂：《五凉全志》，乾隆十四年刊本影印，华北地方志第 560 号。
（清）张延福：《泾州志》，乾隆十八年抄本，华北地方志第 340 号。
（清）张彦、（清）包永昌纂修：《洮州厅志》，清光绪三十三年抄本，华北地方志第 349 号。
（清）张治道：《太微嘉靖集》，明嘉靖三十一年汾州孔天胤刻本影印。
《清史稿》，中华书局 1976 年版。
中国第一历史档案馆编：《清代起居注册（康熙朝）》，中华书局 2009 年版。
中国第一历史档案馆编译：《康熙朝满文朱批奏折全译》，中国社会科学出版社 1996 年版。
中国第一历史档案馆编：《雍正朝汉文朱批奏折汇编》，江苏古籍出版社 1989 年版。
中国第一历史档案馆编：《雍正朝起居注册》，中华书局 1993 年版。
（清）钟赓起：《甘州府志》，乾隆四十四年刊本，华北地方志第 560 号。
（清）周树清纂：《永登县志》，民国抄本，华北地方志第 344 号。
周希武著，王晶波点校：《宁海纪行》，甘肃人民出版社 2002 年版。
（清）周国铣修，（清）叶芝纂：《伏羌县志》，乾隆三十五年刊本，华北地方志第552号。
(清) 朱超纂：《清水县志》，乾隆六十年抄本影印，华北地方志第328号。

二 专著

白翠琴：《瓦剌史》，吉林教育出版社1991年版。
陈锋：《清代军费研究（第二版）》，武汉大学出版社2013年版。
陈高华、钱海皓总主编：《中国军事制度史》，大象出版社1997年版。
陈庆英、高淑芬主编：《西藏通史》，中州古籍出版社2003年版。
成崇德主编：《清代西部开发》，山西古籍出版社2002年版。
程龙：《北宋西北战区粮食补给地理》，社会科学文献出版社2006年版。
戴逸主编，成崇德著：《18世纪的中国与世界·边疆民族卷》，辽海出版社1999年版。
丹碧·格·李杰编著：《卫拉特蒙古托忒文字历史文献译编》，新疆人民出版社2008年版。
高锐主编：《中国军事史略》，军事科学出版社1992年版。
高文学主编：《中国自然灾害史（总论）》，地震出版社1997年版。
郝维民、齐木德道尔吉主编：《内蒙古通史纲要》，人民出版社2006年版。
马大正、成崇德主编：《卫拉特蒙古史纲》，新疆人民出版社2006年版。
李秀梅：《清朝统一准噶尔史实研究——以高层决策为中心》，民族出版社2007年版。
廖德清主编：《中国古代军事后勤史资料汇编》，金盾出版社1996年版。
刘光华：《汉代西北屯田研究》，兰州大学出版社1988年版。
刘文鹏：《清代驿传及其与疆域形成关系之研究》，中国人民大学出版社2004年版。
卢明辉：《清代蒙古史》，天津古籍出版社1990年版。
罗尔纲：《湘军兵制》，中华书局1984年版。
军事科学院主编：《中国军事通史》，军事科学出版社1998年版。
王辅仁、陈庆英编著：《蒙藏民族关系史略：十三至十九世纪中叶》，中国社会科学出版社1985年版。

王希隆：《清代西北屯田研究》，兰州大学出版社 1990 年版。
王业键、黄国枢：《近代中国农村经济史论文集》，台北："中研院"近代史研究所，1989 年。
翁独健主编：《中国民族关系史纲要》，中国社会科学出版社 2001 年版。
乌云毕力格、白拉都格其主编：《蒙古史纲要》，内蒙古人民出版社 2006 年版。
武国卿、慕中岳：《中国战争史》，人民出版社 2017 年版。
萧一山：《清代通史》，商务印书馆 2019 年版。
杨建新、马曼丽主编：《西北民族关系史》，民族出版社 1990 年版。
杨建新主编：《中国西北少数民族通史·清代卷》，民族出版社 2009 年版。
杨学琛：《清代民族史》，四川民族出版社 1996 年版。
叶显恩主编：《清代区域社会经济研究》，中华书局 1992 年版。
袁林：《西北灾荒史》，甘肃人民出版社 1994 年版。
曾问吾：《中国经营西域史》，商务印书馆 1936 年版。
张羽新：《清代前期西部边政史论》，黑龙江教育出版社 1995 年版。
中国社会科学院民族研究所民族历史研究室主编：《卫拉特蒙古史入门》，青海人民出版社 1989 年版。
庄吉发：《清高宗十全武功研究》，中华书局 1987 年版。
《准噶尔史略》编写组编著：《准噶尔史略》，广西师范大学出版社 2007 年版。
［美］帕特里克·奥沙利文等：《战争地理学》，荣旻译，解放军出版社 1988 年版。
［日］若松宽：《清代蒙古的历史与宗教》，马大正等编译，黑龙江教育出版社 1994 年版。
［苏联］伊·亚·兹拉特金：《准噶尔汗国史》，马曼丽译，商务印书馆 1980 年版。

三　学术论文

阿拉腾奥奇尔：《卫拉特蒙古史研究述评（1949—2019）》，《中国边疆史地研究》2020 年第 4 期。

巴赫:《论噶尔丹汗》,《新疆师范大学学报》(哲学社会科学版)1988 年第 4 期。
陈金钟:《阿尔布巴阐述平定准噶尔之战》,《中国藏学》1989 年第 4 期。
成昌文:《清代前期“平准保藏”挫败沙俄染指西藏的斗争》,《西藏民族学院学报》1980 年第 2 期。
崔永红:《清代雍、乾时期河西屯田的述论》,《中国社会经济史研究》1990 年第 1 期。
达力扎布:《近十年国内蒙古史研究的回顾与展望》,《中央民族大学学报》(哲学社会科学版)2019 年第 6 期。
戴良佐:《清代用兵新疆驼运所起作用》,《清史研究》1994 年第 2 期。
邓锐龄:《1720 年清军进入西藏的经过》,《民族研究》2000 年第 1 期。
邓涛:《“九边”视野下的康熙帝第三次亲征噶尔丹——兼论对康熙朝时局的影响》,《西北民族论丛》2018 年第16 辑。
董建勇:《中国古代屯田起源探析》,《石河子大学学报》(哲学社会科学版)2007 年第 4 期。
杜江:《从普宁寺的修建略述达瓦齐与阿睦尔撒纳》,《新疆大学学报》(哲学社会科学版)1982 年第 2 期。
杜文龙、谢守和、穆军:《军需保障一体化新论》,《军事经济研究》2005 年第 4 期。
范沛潍:《康熙第二次亲征噶尔丹的时间》,《史学月刊》1982 年第 4 期。
冯绳武:《论甘肃的交通》,《兰州大学学报》(社会科学版)1986 年第 2 期。
郭美兰:《清代军机处满文〈熬茶档〉与准噶尔史研究》,《中国边疆民族研究》2008 年第 1 辑。
郭孟良:《清初茶马制度述论》,《历史档案》1989 年第 3 期。
郝树声、张德芳:《略论清代甘肃的田赋》,《兰州学刊》1985 年第 4 期。
何本方:《清代户部清关耗羡归公的改革》,《南开史学》1984 年第 3 期。
黑龙:《康熙帝首次亲征噶尔丹与昭莫多之战》,《满语研究》2009 年第 2 期。
洪用斌:《试论乌兰布通战争的结局》,《内蒙古社会科学》1984 年第 6 期。

洪用斌：《昭莫多之战》，《内蒙古社会科学》1980 年第 2 期。
华立：《从日本的“唐船风说书”看康熙二十九年的乌兰布通之战》，《中国边疆史地研究》2010 年第 3 期。
金峰：《清代内蒙古五路驿站》，《内蒙古师范学院学报》（哲学社会科学版）1979 年第 1 期。
金峰：《清代新疆西路台站（二）》，《新疆大学学报》（哲学社会科学版）1980 年第 2 期。
金峰：《清代新疆西路台站（一）》，《新疆大学学报》（哲学社会科学版）1980 年第 1 期。
李清凌：《1980 年以来西北开发研究》，《中国边疆史地研究》2004 年第 2 期。
李敏：《论清代新疆屯田的重大历史作用》，《西域研究》2001 年第 3 期。
李绍明：《清初平定准部扰藏和抵御沙俄侵略的斗争》，《西南民族学院学报》（哲学社会科学版）1979 年第 1 期。
李蔚：《试论元代西北屯田的若干问题》，《兰州大学学报》（社会科学版）1993 年第 2 期。
李古寅：《汉代河西军屯劳动者成份和生活状况》，《甘肃社会科学》1983 年第 4 期。
梁志胜：《八十年代以来西北古代区域经济史研究综述》，《西北史地》1993 年第 2 期。
刘锦增：《清代吐鲁番的屯田及其影响》，《新疆大学学报》（哲学社会科学版）2017 年第 1 期。
刘锦增：《平定准噶尔战争中的军粮供应问题研究》，博士学位论文，陕西师范大学，2018 年。
刘如仲：《〈抚远大将军西征图卷〉考释》，《西藏研究》1984 年第 1 期。
刘壮壮：《绩效 · 技术选择 · 政策演变：清统一前新疆屯垦（1644—1759）》，《农业考古》2016 年第 6 期。
柳升祺：《十八世纪初清政府平定西藏准噶尔之乱始末》，《民族研究》1998 年第 1 期。
吕强：《康乾平叛战争与肃州城镇经济的发展》，《兰州学刊》2009 年第 1 期。

马大正：《厄鲁特蒙古史研究综述》，《中国史研究动态》1984 年第 8 期。
马汝珩：《康熙三征噶尔丹》，《文史知识》1983 年第 10 期。
马汝珩：《论阿睦尔撒纳的反动一生》，《新疆大学学报》（哲学人文社会科学版）1979 年第 1 期。
马汝珩：《1977—1989 年卫拉特蒙古史研究》，《卫拉特史论文集》，《内蒙古师范大学学报》（哲学社会科学版）1990 年第 3 期专号。
纳森巴雅尔：《伊犁格登山纪功碑相关史实考辨——以清代满文档案资料为线索》，《满族研究》2018 年第 4 期。
裴杰生：《准噶尔部的平定与土尔扈特部回归祖国原因探析》，《伊犁师范学院学报》（社会科学版）2007 年第 2 期。
齐吉祥：《清朝平定准噶尔贵族的叛乱》，《历史教学》1982 年第 1 期。
齐木德道尔吉：《昭莫多之战以后的噶尔丹》，《内蒙古大学学报》（哲学社会科学版）1994 年第 1 期。
齐清顺：《清朝“平准”战争战略方针的转变及其影响》，《西域研究》1998 年第 1 期。
齐清顺：《18 世纪前半期清朝与准噶尔对吐鲁番地区的争夺》，《西域研究》2005 年第 1 期。
庆阳地区编史办：《隋、唐、宋时期庆阳地区道路的发展》，《西北史地》1988 年第 4 期。
任凭：《康熙三次对准部噶尔丹战争评述》，《丽水师专学报》（社会科学版）1984 年第 1 期。
任伟：《读〈平定准噶尔告成太学碑〉》，《中原文物》1993 年第 3 期。
史棣祖：《清朝平定准噶尔部贵族的叛乱及其意义——从新疆昭苏县格登山石碑谈起》，《内蒙古社会科学》1998 年第 6 期。
史棣祖：《清朝平定准噶尔部贵族的叛乱及其意义—从新疆昭苏县格登山石碑谈起》，《文物》1976 年 12 期。
苏奎俊：《清代巴里坤屯田论述》，《新疆社科论坛》2010 年第 1 期。
汤代佳：《试论甘肃在平准之战中的地位》，《甘肃社会科学》2000 年第 4 期。
唐博：《乌兰布通之战考释——关于〈中国近事报道〉的讨论》，《兰州学刊》2008 年第 9 期。

吐娜：《清朝出兵准噶尔中的察哈尔蒙古》，《内蒙古社会科学》1998 年第 6 期。
王东平：《战争的角落：平定准噶尔战争中两个清军战俘的人生际遇》，《中国边疆史地研究》2010 年第 6 期。
王宏钧、刘如仲：《清代平定准噶尔贵族叛乱的历史画卷》，《文物》1976 年第 12 期。
王希隆：《平准战争中的转输与屯田》，《西北民族大学学报》（哲学社会科学版）1996 年第 2 期。
王希隆：《清前期吐鲁番维吾尔人迁居瓜州的几个问题》，《兰州大学学报》（社会科学版）1989 年第 4 期。
王思治：《康熙的决策与昭莫多之战》，《史学月刊》1991 年第 1 期。
王钟翰：《胤祯西征纪实》，《燕京学报》1950 年第 48 期。
吴学轩：《班第在平定准噶尔战争中的武功述略》，《和田师范专科学校学报》2016 年第 5 期。
项勇：《略论准喀之战与喀尔喀附清》，《新疆大学学报》（哲学人文社会科学版）2008 年第 2 期。
邢玉林：《乌兰布通之战》，《民族研究》1986 年第 4 期。
徐凯：《噶尔丹属下多尔济之口供》，《历史档案》1982 年第 4 期。
杨秉新：《班第、鄂容安殉难地考》，《西域研究》2009 年第 3 期。
杨鸿英：《乾隆朝两次平定准噶尔始末》，《故宫博物院院刊》1988 年第 4 期。
杨敏曾：《青海罗卜藏丹津战地考》，《地学杂志》1914 年第 3 期。
杨珍：《康熙二十九年"亲往视师"再析》，《清史研究》2013 年第 3 期。
袁森坡：《康熙与昭莫多之战》，《故宫博物院院刊》1980 年第 1 期。
袁森坡：《乾隆帝进军西北失误续议》，《中国边疆史地研究》1992 年第 2 期。
袁森坡：《乌兰布通考》，《历史研究》1978 年第 8 期。
袁森坡：《乌兰布通之战考察》，《历史研究》1983 年第 4 期。
张建斌：《康熙朝平准援藏战争中军粮保障问题研究》，硕士学位论文，中国人民大学，2008 年。
张连银、李运超：《清代台站功能辨析——以 1715—1759 年间的西路粮运台站为例》，《青海师范大学学报》（哲学社会科学版）2013 年第 2 期。

张连银：《西路军需补给与西北屯田——以 1729—1735 年为考察时段》，《青海社会科学》2011 年第 1 期。

张羽新：《乾隆对彻底平定准噶尔的指导作用》，《新疆社会科学》1984 年第 1 期。

张羽新：《乌兰布通之战的胜败问题》，《历史研究》1986 年第 5 期。

赵天：《策妄阿拉布坦侵扰西藏的原因》，《西域研究》1996 年第 2 期。

赵艳玲、于多珠：《乾隆帝用兵统一准噶尔蒙古的决策刍议——以乾隆帝在热河的活动为例》，《河北民族师范学院学报》2015 年第 4 期。

周轩：《论乾隆皇帝在平准战争中的用人之误》，《伊犁师范学院学报》（社会科学版）2007 年第 1 期。

朱诚如：《清代康雍乾三朝对准噶尔部战争述评》，《辽宁师范大学学报（社会科学版）》1986 年第 2 期。

左书谔：《平准战争与康熙朝的后勤供应》，《新疆师范大学学报》（哲学社会科学版）1987 年第 1 期。

［俄］A. M. 波兹德涅耶夫：《噶尔丹与策妄阿拉布坦》，李佩娟译，《蒙古学资料与情报》1987 年第 1 期。

后　记

从大学本科算起，我学习、研究历史学已有27个年头。10年的学生时代，17年的教学生涯，内心备受痛苦，痛苦源于对历史学的执着与迷茫。别人无法理解这种痛苦。从学习历史到研究历史，再到在大学教授历史，是我自己的选择。博士毕业后，有一段时间总是很迷茫，迷茫历史学的功用，迷茫史学对社会的贡献，迷茫自己博士毕业后仍无法窥得史学研究的门径，无法登堂入室。

选择“雍正朝平准战争”作为博士学位论文题目是我当年跟随导师杨国桢先生修《清史·道光朝传》时，在厦门大学图书馆翻阅清代档案时所定。当时，选取雍正朝平准战争军需补给研究作为博士学位论文，一方面是自己对这个问题研究不深，想厘清平准战争军需补给细节；另一方面，我参与杨先生承担的“清史工程”子项目《清史·道光朝传》，没有时间去系统学习史学理论，寻找资料。当然，选择这一题目还因为支撑该题目的档案资料多，做起来相对容易。当时，国内学习西方史学如火如荼，各种研究范式被国内学者学习、模仿。因急于毕业，自己的博士论文选题没有问题意识，论文书写也是比较传统的叙事史学的路子，只是将相关内容粗略组织，勾勒出研究框架，并没有对论文进行认真的思考、修改。

博士毕业后，我对自己所治专业的迷茫持续了将近十年。十年间，国内外的史学研究迅猛发展，等我再重新捡起这枚钝剑时，突然发现，刘锦增等年轻学者在平准战争军需补给研究方面成果累累。十年的工作、学习，也让我对历史学的认识比以前成熟，助力我逐渐走出迷茫。西北师范大学的简牍学一流学科突破工程更让我意识到我们这一代人的使命，欲为一流学科建设贡献力量促使我重新翻开我的博士学位论文，重新去修改。经过近一年的修改，即将付梓。在此，我感谢我的母校西北师范大学、厦门大学，这是我曾经学习、撰写论文的地方，感谢我的导师田澍教授、杨国桢教授，他们是我学习明清史的引路人。感谢我的妻子宋桂英女士操劳家务，教育我们的孩子，尤其是在我承担历史文化学院行政工作期间，支持我的工作。感谢康智杰书记领导下的历史文化学院党委对拙著出版大力支持。感谢刘再聪教授在院长任上与中国社会科学出版社协调、沟通。在论文的修改过程中，本人参考了刘锦增博士的研究成果，在此致谢！最后感谢中国社会科学出版社的李嘉荣女士，她不厌其烦地校对我的书稿。拙著的出版会督促我更加冷静地去思考自己的专业，认真对待学术，于我而言，这是一个新的起点。

2024 年 7 月 21 日夜撰于中亚塔什干